Norbert Muigg

Sprache des Herzens

Begegnungen mit Weisen der Maya

Ibera

Dieses Buch widme ich meinem geistigen Begleiter Moses, dessen Botschaft vom gelebten Gesetz der Liebe mir immer näher kommt. Ich trage seinen Stab als Symbol, als Leitbild für meine Wanderschaft in die vierte Dimension der Liebe. Ich widme es der Maya-Kraft Kukulcán, die mir klar machte, dass sich die Kraft der Liebe nicht immer sanft, freundlich und romantisch ausdrückt. Sie trägt die vielen Gesichter eines mit Klarheit, Mut und Weisheit gelebten Lebens.

Norbert Muigg

Sprache des Herzens

Begegnungen mit Weisen der Maya

Ibera verlag, wien

Die Deutsche Bibliothek – CIP-Einheitsaufnahme
Muigg, Norbert:
Sprache des Herzens:
Begegnungen mit den Weisen der Maya / Norbert Muigg.
– Wien: Ibera-Verl., 2004
ISBN 3-900436-90-8

2. Auflage 2004

Bild Schutzumschlag: Tonfigur des Kukulcán,
Grabbeigabe der Maya – im Besitz von Christine und Norbert Muigg
Herstellung: Ebner & Spiegel GmbH, Ulm
ISBN 3-900436-90-8

Inhaltsverzeichnis

Danksagung

Wann auch immer ich meine Familie mit Briefen über die Begegnungen und Erlebnisse mit den Maya in Guatemala beunruhigte, wußte ich, daß ich dadurch oft allerlei Besorgnisse bei meiner Mutter und bei meinen neun Geschwistern auslöste. Es war für mich trotzdem wichtig, sie in meine sich verändernde, neue Welt miteinzubeziehen und ihnen mitzuteilen, was mir in einer für sie so fremden Kultur wichtig geworden war. Meine Mutter und meine Geschwister äußerten ihre Zweifel nie durch einen Vorwurf. Durch diese offene Haltung konnte ich die Familie und viele Freunde und Bekannte an meiner Veränderung teilhaben lassen.

Für diese Offenheit danke ich auch meinen Kindern Daniel, Florian und Sarah aus tief empfundener Liebe.

Ein Jahr vor der Rückreise in meine Tiroler Heimat gestaltete Dr. Peter Huemer die ORF Sendung „Im Gespräch", in der ich gemeinsam mit meiner Frau versuchte, einen Einblick in unser Leben als Maya-Priester und Brückenbauer zwischen den Kulturen zu geben. Nach der Sendung wurde mir von Brigitte Strobele angeboten, die sich in meiner Person verbindenden Kulturen des Christentums und der Maya in einem Buch darzustellen. Eva Ulmer-Janes war mir bei der Umsetzung behilflich. Den österreichischen Brückenbauern bin ich dafür sehr dankbar.

Im Zusammenhang mit diesem Buch wurde von einem holländischen Filmteam ein Kinofilm mit dem Titel „Año cero" gedreht, der Ausschnitte aus dem Leben und die Weisheit einiger in diesem Buch erwähnten Maya-Ancianos zeigt. Ich danke dem Team für seinen Einsatz und die gute Zusammenarbeit. Dieser Film wird es vielen Menschen ermöglichen, die Kraft und Schönheit Guatemalas, das von der westlichen Welt als Entwicklungsland bezeichnet wird, nachzuempfinden.

Mein Dank gilt den Maya-Ancianos, die mir die Chance gaben, die vielen beschriebenen und unbeschriebenen Erlebnisse und Erfahrungen zu machen.

Sie gaben mir die Erlaubnis, ihre Weisheit, ihre Lebenserfahrung als Teil des wiederkehrenden Maya-Bewußtseins in diesem Buch weiterzugeben. Diesem Auftrag möchte ich in aller Demut und in tiefem Respekt vor einer jahrtausendealten Kultur gerecht werden.

Ich bedanke mich auch bei all jenen, die mir den Mut und die Kraft gaben, an mich selbst und an meine Wahrheit zu glauben. Das waren und sind vor allem meine Frau Christine sowie meine geistigen Führer und Helfer, mit denen mich all meine Liebe verbindet.

Fulpmes, September 1999

Vorwort

Don Anacleto ist heute 93 Jahre alt, hat 28 Kinder von sechs verschiedenen Frauen und ist stolz auf seine Großfamilie. Er möchte keines seiner Kinder missen, meint er, und er kenne sie alle mit Namen. Jedes habe die Möglichkeit gehabt, seinen Begabungen entsprechend eine Ausbildung zu machen. Einige seiner Kinder leben in den USA, und er pflegt regen Kontakt zu ihnen.

Als ich vor vier Jahren erstmals zu Don Anacleto kam, wartete ich in einer Hängematte vor seinem Heilungsraum. Rund um sein Haus lagen alte Autobestandteile. Seine Vorliebe gilt nämlich bereits ausgedienten Autos, die er je nach Zustand repariert oder zerlegt, um neue Autokreationen zu schaffen. Mit diesen Gefährten kann er seine Reisen zu Zeremonien machen, aber ich nehme an, daß so manches Auto seiner Bauart dem Ziel nicht allzu nahe kam. Ein altes Auto in Guatemala hat gerade noch Motor, vier Räder, vielleicht noch Bremse und Kupplung. Alles andere ist unnötiger Ballast, der nicht der Fortbewegung dient.

Mir war erzählt worden, daß Don Anacleto sich Ausländern gegenüber gelegentlich eher abweisend zeige, und so rechnete ich damit, zusammen mit meiner Frau Christine den weiten Weg möglicherweise vergeblich gemacht zu haben. Seine alte Indianerhütte machte einen armseligen, aber gemütlichen Eindruck. Der Warteraum war ein mit Wellblech überdachter Vorhof, in dem in Stücke gesägte Baumstämme als Sitzgelegenheiten dienten. Wer Glück hatte, konnte sich in eine der wenigen Hängematten legen, um auf den Heiler und Magier Anacleto zu warten.

Es gab keine Terminvereinbarungen, und so kamen die Leute und warteten, bis sie an der Reihe waren. Don Anacleto kümmerte sich wenig um die Anzahl der wartenden Menschen.

Wenn es notwendig war, arbeitete oder unterhielt er sich mit seinen Patienten eben so lange, bis er das Gefühl hatte, daß es genug sei, oder bis sie selbst das Gefühl bekamen, die anderen geduldig Wartenden nicht noch länger hinhalten zu können.

Ich wurde bereits nach einer Stunde in einen dunklen Raum gerufen. Kerzen brannten auf Altären, ein Wasserglas stand in der Mitte eines alten Tisches, dessen Holz schon schwarz und abgegriffen war. Alles war genau so, wie man es im Haus eines richtigen Mystikers und Magiers erwartet. Die Hütte hatte einen Lehmboden, und im Schimmer der Kerzen konnte man die verstaubten Reliquien aller möglichen Religionen erkennen. Außerdem hingen viele Bilder verschiedener Größe an Holzlatten.

Don Anacleto schaute mir in die Augen, öffnete seine Arme und umarmte mich herzlich. Ich war fassunglos, hatte ich doch eher damit gerechnet, abgewiesen zu werden. „Es ist schön, daß du zu mir gekommen bist, mein Bruder“, sagte er und hielt mich noch immer fest. Die Sekunden dieser kraftvollen und herzlichen Umarmung werde ich nie vergessen. So viel Wärme hatte ich keinesfalls erwartet. Er bot mir einen alten Stuhl an und begann von sich zu erzählen. Erst nach einiger Zeit erkundigte er sich, warum ich hergekommen sei, und meinte, ich solle doch auch meine Frau rufen, die noch vor der Hütte auf mich wartete. An diesem Morgen saßen wir beide zwei Stunden bei dem damals 89jährigen Anciano und hatten das Gefühl, uns gegenseitig unser ganzes Leben in dieser kurzen Zeit mitteilen zu müssen.

Wie er uns berichtete, war er vor ein paar Jahren in einem seiner Träume von einem indischen Meister zu sich gerufen worden. Das war für ihn eine große Ehre, allerdings auch mit viel Aufregung verbunden. Noch nie zuvor hatte er ein Flugzeug bestiegen, und plötzlich sollte er sogar auf einen anderen Kontinent fliegen.

Don Anacleto besorgte sich zum ersten Mal in seinem Leben einen Reisepaß, obwohl er zu diesem Zeitpunkt nicht das Geld hatte, um seinen Traum wahr werden zu lassen. Bald darauf kam ein Amerikaner zu ihm, den er heilen konnte und der ihn so gut bezahlte, daß er damit die Kosten des Flugs nach Indien bestreiten konnte. Einige Tage später saß Don Anacleto wirklich erstmals in seinem Leben in einem Flugzeug, um allein nach Indien zu fliegen. Er vertraute seinem Traum und wußte, daß er den Ort, an dem dieser Meister lebte, finden würde.

Der kleine, betagte Mann saß uns gegenüber auf einem wackeligen Stuhl und erzählte uns von seiner Begegnung mit Sai Baba. „Als ich dort ankam, war ich sehr überrascht. Viele Tausende Menschen warteten, um diesen Meister zu sehen. So nahm ich an, daß es sich um einen sehr bekannten Mann handeln müsse. Ich fragte mich, warum er ausgerechnet mich gerufen hatte, wo er doch so viele Menschen kennt."

Unter all den Menschen wartete der Anciano auf seine erste Begegnung mit Sai Baba, der ihn gleich in der Menge erkannte und zu sich rief. Sai Baba lud ihn in seine Privatgemächer ein, wo er einige Tage mit ihm verbrachte. Don Anacleto erhielt verschiedene Aufträge, die er in Guatemala ausführen solle, und reiste dann mit einem großen Foto von Sai Baba wieder zurück in seine Heimat. So erklärte er uns, wie er zu dem auffallenden Bild des indischen Meisters gekommen war, das über einem seiner Altäre angebracht war.

Später warteten Christine und ich allein in diesem dunklen, geheimnisvollen Raum und redeten über die vielen magischen Gegenstände, die auf den Altären standen. Meine Frau hatte gesundheitliche Probleme, und Anacleto wollte ihr etwas für ihre Heilung mitgeben. Er kam aus dem Nebenraum mit einer Flasche zurück und erklärte ihr, daß sie täglich vor dem Frühstück und vor dem Zubettgehen ein Gläschen dieser Medizin trinken solle. Die Flüssigkeit war eine Mischung von Pflanzenessenzen und Asche. Sie schmeckte fürchterlich, und ich war mehr als froh, sie nicht selber trinken zu müssen, doch nach einer Woche war Christine wieder gesund.

Don Anacleto verschwand nochmals und ließ uns erneut warten. Er wolle auch mir etwas mitgeben, meinte er. Wir beide wurden schon ganz nervös, denn wir wußten, daß vor der Hütte noch viele Leute warteten. Wir waren nun schon fast zwei Stunden mit Anacleto zusammen, aber er ließ uns einfach nicht gehen.

Als er wieder in den Raum kam, konnte er nicht sprechen, denn er hatte irgendetwas in seinem Mund. Er kniete sich vor mir nieder, nahm meine beiden Hände und legte mir aus seinem Mund etwas in die Hände, die er gleich darauf schloß. Er sagte: „Geh, mein Bruder, nimm dieses Geschenk von mir, es symbolisiert alles, was du auf deinem Lebensweg brauchst." Mein Herz klopfte vor Aufregung, als er mich neuerlich umarmte und sich von uns beiden verabschiedete.

Als wir hinaustraten, lächelten uns die wartenden Menschen freundlich zu. Wir entschuldigten uns dafür, daß es so lange gedauert hatte. Dann setzte ich mich auf das Gehäuse eines alten Autogetriebes, das neben Anacletos Hütte lag, und bewunderte das Geschenk, das ich gerade bekommen hatte. Es war ein Nylonsäckchen, gefüllt mit allem möglichen. Am schönsten fand ich zwei kleine Ledersandalen, die nicht größer als zwei Zentimeter waren. Sie waren für mich ein Zeichen dafür, meinen Lebensweg in Demut und Bescheidenheit zu gehen. Dieses kleine Plastiksäckchen trug ich Monate in meiner Tasche, bis es sich auflöste und ich eines Tages merkte, daß ich einen Teil des Inhalts bereits verloren hatte.

Jahrelang hatte ich nicht mehr das Bedürfnis gehabt, Don Anacleto zu besuchen, obwohl meine erste Begegnung mit diesem Anciano so berührend war. Im Januar dieses Jahres kam er mir wieder in den Sinn, und ich beschloß, ihn mit einer Gruppe von Freunden aufzusuchen. Wir konnten uns nicht anmelden und so rechneten wir damit, ihn unter Umständen nicht anzutreffen. Ich wußte nicht einmal, ob er überhaupt noch lebte. Wenn ja, mußte er inzwischen schon an die 93 Jahre alt sein.

Meine Freunde warteten im Auto, da sein Haus verschlossen war. Er hatte offensichtlich in den letzten Jahren angebaut, womit er auch seine Wohnqualität erheblich verbessert hatte. Ich ging zum Hintereingang des Hauses und traf dort seine Frau, die mich nicht wiedererkannte. Wir hatten uns vor vier Jahren nur für einen kurzen Moment gesehen. Ich fragte nach Don Anacleto, und in diesem Moment drückte er mich auch schon mit voller Kraft an seine Brust. Wieviel Herzlichkeit und Kraft strahlte dieser alte Mann noch immer aus!

Er hatte mich sofort erkannt und griff mit beiden Händen in meine Locken. „Du hast sie noch immer“, meinte er lachend. Er erzählte mir gleich, unter welchen Schmerzen er vor einigen Monaten sein linkes Augenlicht verloren hatte. Niemand habe ihm helfen können, und am meisten tue ihm leid, daß er keine weiten Strecken mehr mit seinem Auto fahren könne. Er bedauerte, daß er heute keine Zeit für mich und meine Freunde habe, weil eine Frau aus den USA zu ihm komme, und bat uns, am nächsten Tag noch einmal vorbeizuschauen. Er wolle etwas ganz Besonderes für uns vorbereiten.

Wir fuhren weiter nach Semuk Champey, einem wunderschönen, unberührten Platz mit vielen kleinen und großen, untereinander verbundenen Wasserbecken, die zum Schwimmen einluden und in deren tiefem Blaugrün sich die Reinheit der umliegenden Natur spiegelte. In der Höhle von Lanquin machten wir auf einem Maya-Altar gemeinsam eine Zeremonie, und dann fuhren wir 60 km Schotterstraße zurück in die nächste größere Stadt, Cobán.

Als wir am nächsten Tag zu Don Anacleto kamen, bat er uns in sein Wohnzimmer. Er ließ sich von mir die Freunde aus der Schweiz, aus Rußland und aus Österreich vorstellen und freute sich sichtlich, mit so vielen unterschiedlichen Menschen zusammen zu sein. Er erzählte uns, daß er letztes Jahr erneut von Sai Baba gerufen worden sei. Diesmal habe er sogar das Geld für die Reise geschickt bekommen. So hatte der Anciano seine zweite Reise nach Indien angetreten und wurde wie beim ersten Mal aus der Menge von zigtausenden Menschen herausgebeten, um einige Stunden mit Sai Baba zu sprechen und von ihm Hilfe und Ratschläge für sein Land zu bekommen.

Seine sicher vierzig Jahre jüngere Frau setzte sich zu uns und lächelte jeden einzelnen an, ohne viel zu sprechen. Sie stand auf, brachte uns etwas zum Trinken und fragte uns, ob wir hungrig seien. Sie wolle uns gerne Tamales aufwärmen, die sie noch vom Vortag hatte. Wir lehnten dankend ab, kamen wir doch gerade von einem Frühstück mit Tortillas, Frijoles und Huevos Rancheros mit dem üblicherweise dünnen, auf der Herdplatte aufgekochten Kaffee.

Gespannt warteten wir auf die angekündigte Überraschung Don Anacletos. Er kam nun zur Tür herein und hielt einen großen Tonteller in den Händen, der mit Blumen geschmückt war. Er stellte den Teller auf ein Kästchen, holte das Bild des indischen Meisters und stellte es auf einen alten, ausgefransten und abgewetzten Lehnstuhl. Nun nahm er den Blumenteller, betete vor dem Bild Sai Babas und kam auf mich zu. Er kniete mit dem Blumenteller vor mir nieder und bat mich, das Geschenk, auf das er mit seinem Finger zeigte, vom Teller zu nehmen. Zwischen die Blumen hatte er für jeden von uns ein Plastiksäckchen gelegt, wie ich es schon von meinem ersten Besuch kannte, es aber nun mit anderen Gegenständen gefüllt. So übergab Don Anacleto jedem einzelnen von uns kniend, was er mit Hingabe vorbereitet hatte. Durch diesen heiligen Akt der Liebe wurde jeder einzelne von uns zutiefst berührt. Er verabschiedete sich, indem er den Kopf eines jeden zwischen beide Hände nahm und links und rechts herzhaft küßte.

Als wir zurück in die Stadt fuhren, wurde mir bewußt, daß die wahren Meister unseres Planeten einander kennen mußten. Täglich bekommen wir in den Medien die Gesichter derjenigen gezeigt, die die Geschicke der Völker leiten, die kriegerischen Auseinandersetzungen zu verantworten haben und im selben Augenblick über Menschlichkeit und Frieden sprechen. Die wahren Hüter unserer Erde aber betreiben eine Politik des Friedens und der Liebe nach ihren eigenen Gesetzen und Vorstellungen und wissen voneinander. Sie sind in Liebe miteinander verbunden, rufen einander auf ihre Weise und verbinden sich in einer Form, die viel effektiver und tiefer ist, als es die herkömmlichen Kommunikationsmöglichkeiten erlauben. Sie stehen nicht unter dem Druck von Wirtschaftsimperien und Gesellschaftsstrukturen und brauchen auch nicht das Gefühl, Macht über andere zu besitzen und Menschen kontrollieren zu können. Es geht ihnen darum, Liebe und Wahrheit zu vermitteln und damit anderen auf ihrem Weg zu helfen. So öffnen die wahren Weisen die Herzen der Menschen und erinnern sie daran, daß jeder einzelne Mensch aus seiner eigenen Quelle zur Erfüllung finden kann. Das schließt all die Erlebnisse und

Erfahrungen als Kind, Jugendlicher und Erwachsener mit ein. Wir haben lediglich den Code vergessen, der uns dieses in uns gespeicherte Wissen wieder zugänglich macht.

Im Alltag spiegelt sich dieser Zustand im Gefühl des Verlassenseins, der Entwurzelung und Entfremdung von Mutter Erde. Wir erleben uns in einer Art kosmischer Einsamkeit und erschaffen uns selbst Trennung, Krankheit und Schmerz. In dieser Zeit des Wandels sind wir aufgefordert, uns dieses Urwissens wieder bewußt zu werden und zu erkennen, daß unsere menschliche Entwicklung, die Entwicklung unseres Planeten sowie die des gesamten Kosmos von unserem persönlichen Engagement, von unserem Erkennen und von unserer bewußt gelebten Liebeskapazität abhängig ist.

Auf meinem Lebensweg wurde ich bisher sehr oft von alten Menschen begleitet. Ich fühlte mich schon als Kind in ihrer Gesellschaft wohl und wußte, daß ich von ihnen, unabhängig von meinem Alter, in meinem tieferen Sein erkannt wurde. In meiner Jugend waren es Menschen, die mich durch die Andersartigkeit ihrer Lebensführung und durch die Wärme, die sie ausstrahlten, anzogen. Aber auch als Erwachsener begegnete ich immer wieder Menschen, die mich an der Hand nahmen und ein Stück weit begleiteten, um mich dann jedoch wieder meiner eigenen Entwicklung zu überlassen.

Es ist nicht unbedingt notwendig, den Kulturkreis zu wechseln, um die Reinheit des Herzens von Weisen zu erfahren und von ihrem Wissen zu profitieren. Wir sollten sie vielmehr in unserer unmittelbaren Umgebung wiederfinden, sie erkennen, ihre Lebenserfahrung annehmen und uns an ihrer Weisheit orientieren.

Ich habe mich entschlossen, in meinem Leben nicht nach Meistern zu suchen und bin auch heute noch davon überzeugt, daß wir auch durch die Summe der Lebenserfahrungen und Begegnungen den Weg zur Essenz des Lebens finden können. Die großen Veränderungen in und um uns werden uns erkennen lassen, wie nahe wir dem Meister in uns selbst sind, inwieweit wir auf unsere innere Stimme hören und zur Zusammenarbeit fähig sind. Alle Weisheit des Herzens wird aus uns selbst und aus den Menschen, denen wir zugeführt werden, offenbar. So wie die Sprache der Musik eine universelle Verbindung schafft, führt uns auch die Sprache des Herzens zu unserem wahren Sein.

Das ist die eigentliche Botschaft der Maya und ihrer Prophezeiungen von den zurückkehrenden Lichtboten, die einst vor vielen Jahren der Menschheit Wissen und Bewußtsein um die Einheit des Seins brachten und versprachen wiederzukommen, um ihr Werk auf dem geliebten Planeten Erde zu vollenden und uns von einem einseitig materiell orientierten Dasein, von Leid und Schmerz zu befreien.

I. Begegnungen mit Weisen der Maya im Lauf der Zeit

Meine Kindheit und Jugend im Tiroler Stubaital wurde in mir zu einem späteren Zeitpunkt noch einmal lebendig. Auf einem anderen Kontinent suchte ich vieles, was ich den Aussagen der Maya-Weisen nach bereits gefunden hatte. So erinnerte mich Don Julian, der Regenmacher von Palín, bei meiner Initiation zum Maya-Priester daran, mich wieder mit meinen Wurzeln, mit meiner Herkunft zu verbinden. Als ich Wochen später in meine Tiroler Heimat flog, verabschiedete er sich von mir mit dem Auftrag, die Verbindung zu den Kräften meines Landes zu suchen. Er sprach dabei von meinen Ahnen, von der Kraft der Bergwelt, von den geistigen Kräften des Christentums und den Erfahrungen meiner Kindheit und Jugend.

Ich war etwas enttäuscht von ihm, weil ich glaubte, in Guatemala all das gefunden zu haben, wonach ich suchte. Er gab mir das Gefühl, daß meine Reise wieder enden sollte, wo sie begonnen hatte, an den Stätten meiner Kindheit, in meiner eigenen Kultur. Ich hatte aus der Welt des mich beengenden Christentums, vielmehr den bedrängenden Mauern der Kirche fliehen wollen, um eine neue Lebensweisheit zu suchen. Die Erinnerungen an meine Kindheit schienen aufgearbeitet und vergangen zu sein. Nun sollte ich in meine Heimat zurückkehren, um mich meinen Erfahrungen als Maya-Priester neu zu stellen und beide Welten miteinander zu verknüpfen.

Was hatten all die Kindheitserlebnisse mit mir als Erwachsenem noch zu tun? Ich hatte außer den Maya-Ancianos noch eine Bibliothek voller Bücher, die mir alles vermittelten, was ich wissen wollte. In verschiedenen Therapieformen war ich mehr oder weniger auf den Kopf gestellt worden, hatte mich und meine Einstellung zum Leben verändert. Ich hatte mich für eine neue Kultur, für eine freie, ungebundene Spiritualität geöffnet und fühlte mich als Weltbürger. Was sollte ich also noch in der Welt, die ich verlassen hatte, finden, um endlich ganz frei zu werden?

Gewöhnt an den täglichen Sonnenschein in Guatemala, paßte sich meine Stimmung nun den kühlen, nebeligen Novembertagen an. Ich war damit beschäftigt, Verwandte und Freunde zu besuchen, die ich seit Jahren nicht mehr gesehen hatte. Ich nahm mir wieder Zeit für Spaziergänge in einer Landschaft, die mir sehr vertraut war. Ich besuchte den alten, bereits verfallenen Bauernhof und erinnerte mich an die vielen Erlebnisse mit meinem alten Freund, einem alleinstehenden Bauern. Zu dieser Zeit hatte ich verschiedene Feld- und Waldstücke kennengelernt. Während wir die einzelnen Felder bearbeiteten, nahm ich die Unterschiedlichkeit dieser Plätze wahr. Es gab Felder, auf denen ich mich besonders wohl fühlte, und andere, die ich einfach nicht mochte. Der Bauer suchte für die nachmittägliche Jause immer denselben Platz auf, wo wir uns niederließen, Speck und Bauernbrot aßen und uns unterhielten. So begann ich die Kraft der verschiedenen Bereiche in der freien Natur bewußt wahrzunehmen. Es gibt Plätze, die ich als Kind immer wieder aufsuchte, weil ich mich dort wohl und geborgen fühlte, und solche, die mir bis heute als geheimnisvoll in Erinnerung geblieben sind.

Obwohl ich damals noch nicht wußte, was Meditation war, suchte ich doch unbewußt die Stille, wenn ich traurig oder ganz besonders glücklich war. Ich fand an diesen Orten Trost, Beruhigung, Hilfe und eine Verbindung zum Mystischen. Es ist sicher kein Zufall, daß eine dieser besonderen Gegenden im Stubaital allgemein als „Himmelreich" bekannt ist. In der Natur gelang es mir immer besser, mit mir selbst ins reine zu kommen. Es gab bestimmte Bäume, die ich regelmäßig besuchte, umarmte und bei denen ich meinen Kummer lassen konnte.

Ich ging vorbei an dem kleinen Einfamilienhaus am Waldrand, wo ich als Junge einen alten Schmied besucht hatte, der im Keller seines Hauses seine kleine Werkstatt hatte. Er stellte noch nach Art seiner Vorväter Nägel und Ahlen her. Im Lärm seines kleinen Fallhammers zwitscherten Hunderte von Vögeln, die er gefangen hatte. Wenn die Einsamkeit der Vögel in

Gefangenschaft mich auch sonst oft bedrückte, so hatte ich bei diesem Mann doch das Gefühl, daß alle diese Vögel mit ihm glücklich waren. So lernte ich Stieglitz, Kreuzschnabel, Zeisig, Rotkehlchen, Fink, Gimpel, Goldammer und andere bei uns heimische Vogelarten kennen. Nand, wie dieser Tiroler „Anciano“ genannt wurde, liebte seine Arbeit, seine kleine Schmiede. Wenn ich zu ihm kam, schaltete er den Fallhammer ab, erzählte mir Geschichten aus seinem Leben und erschloß mir die Vogelwelt meiner Heimat. Zu ihm konnte ich kommen, wann immer ich wollte. Er hielt einfach in seiner Arbeit inne und nahm sich Zeit für mich. So wurde ich bereits als Bub in seine Lebensweisheit eingeweiht und war stolz darauf, sein Vertrauen zu genießen. Es war dies mein kleines Geheimnis, das ich nicht einmal mit meinen besten Freunden teilte. Ich hatte Angst, daß sie mich auslachen und damit auch verletzen würden.

Bald kam die Zeit, da ich selbst stundenlang die Vögel in freier Natur beobachtete und mir meine erste kleine Vogelfalle bastelte. Wenn es mir dann wirklich gelang, einen Vogel zu fangen, nahm ich ihn in meine Hand. Ich spürte dabei das aufgeregt schlagende, kleine Herz dieses Geschöpfs, behielt den Vogel einige Tage in einer Steige, um ihn dann wieder in die Freiheit zu entlassen. So hatte es mir auch mein weiser, alter Freund, der Schmied, gezeigt. Wenn er spürte, daß ein Vogel unglücklich bei ihm war, gab er ihm seine Freiheit zurück. Bei uns daheim, im Wohnzimmer einer zwölfköpfigen Familie, konnte sich ein Vogel wohl kaum besonders wohl fühlen.

Was mir schon damals an diesem Mann auffiel, war, daß er immer einen glücklichen und zufriedenen Eindruck machte. Jeden Tag zur gleichen Zeit holte ihn seine Frau zur vormittäglichen Jause und zum Nachmittagskaffee. Wenn ich in der Nähe dieses einfachen Menschen war, spürte ich viel Wärme und eine innige Beziehung. Meine Eltern wunderten sich oft, daß es kaum einen Nachmittag während der Woche gab, an dem ich zuhause blieb.

Immer hatte ich das Bedürfnis, meinen Freiheitsdrang auszuleben. Freiheit bedeutete für mich, dem Gefühl für Wohlbefinden nachzugeben, zu den Menschen zu gehen, die mich mochten, in den Wald zu laufen oder auch mit dem Moped meines Vaters unerlaubterweise die Feldwege unsicher zu machen. Freiheit erkämpfte ich mir mit allen Mitteln der Unfolgsamkeit und unter oftmaliger Mißachtung mancher Aufgabenbereiche in Familie und Schule. Es gab Zeiten, in denen ich keinerlei Anweisungen meiner Eltern befolgte und einfach von Zuhause weglief, Nachmittage in der Natur oder bei meinen Freunden verbrachte und am Abend vollkommen verdreckt heimkam. Meine Mutter verlor oft die Nerven, und mein Vater litt als Hauptschuldirektor doppelt unter meinem Unwillen, in der Schule Verantwortung zu übernehmen. Dementsprechend ließen meine Leistungen in der Schule auch nicht sehr viel Hoffnung auf eine weitere Schullaufbahn aufkommen. Irgendwann wachte ich aber doch aus meinen Träumen von einem unbeschränkten Leben auf und erkannte, daß der Erfolg nach einer Anstrengung auch seine Qualitäten in sich birgt. Daß ich aber eines Tages selbst als Lehrer in der mir damals verhaßten Schule stehen würde, hätte ich mir niemals vorstellen können.

Von meinen Eltern und Geschwistern bekam ich immer sehr viel Verständnis und vor allem auch viel Liebe. In einer Großfamilie wie der unseren gab es außerdem genügend Schlupfwinkel für meinen unbändigen Freiheitsdrang. So konnte ich zwar an vielen Nachmittagen meine Freizeit genießen, ab acht Uhr abends aber wollte meine Mutter keine Kinder mehr sehen und mit meinem Vater allein sein. Die Abende verbrachte ich darum mit meinen unsichtbaren Freunden, mit den armen Seelen in der anderen Welt. Ich spürte sie oft, wartend und auf Hilfe hoffend, und fühlte, daß ihre Hilferufe nur von wenigen Menschen gehört wurden. Ich machte es also zu meiner täglichen Aufgabe, mit ihnen zu sprechen und für sie zu beten. Dabei hielt ich die Regel ein, dem Vaterunser das Ave Maria gegenüberzustellen. Ich wollte die göttliche Mutter nicht hintanstellen und sorgte so für den Ausgleich. An diesen Abenden hatte ich meistens ein Gefühl des Glücks, das mich dann ruhig einschlafen ließ. Manchmal spürte ich die unsichtbaren Wesen allerdings sehr nahe. Ich hörte sie an den Wänden kratzen, und da kam es dann auch vor, daß ich Angst bekam und nur schwer einschlafen konnte. Wie viele Kinder empfand ich Verstorbene noch als Teil unserer diesseitigen Welt, weil sich manche von ihnen nur schwer von hier zu trennen schienen. Wenn ich vor einem Sarg stand, glaubte ich oft, den Verstorbenen zu spüren. Manchmal war dieses Gefühl so real, daß ich fürchtete, der Deckel des Sarges werde sich jeden Moment wieder heben.

So betete ich für die Verstorbenen und wünschte ihnen eine gute Reise in den Himmel, den ich mir nie so recht vorstellen konnte. Vor allem fiel es mir sehr schwer, Gott als strengen und strafenden Richter anzunehmen. Ich war lange Zeit sehr beunruhigt von dem, was mir in der Schule und in der Kirche über Gott erzählt und beigebracht wurde. Konnte es denn wirklich sein, daß dies derselbe Gott war, den ich fühlte, dem ich in der Natur, in meinen Gebeten begegnete? Wenn ich mit meinen Engeln in Verbindung stand, fühlte ich Wärme und Geborgenheit. In diesem Zustand verlor ich jede Angst, auch die Angst, vielleicht einmal nicht in den Himmel zu kommen. So nahm ich die allgegenwärtige Gefahr, in der Hölle zu landen, genausowenig ernst wie Strafandrohungen meines Vaters, die er nie einhalten konnte, weil er mich zu gern hatte.

In unserer Familie war es üblich, am Freitagabend in der Stube eine Andacht zu halten. Jedes einzelne Kind sollte einige Zeit allein vor dem Herz-Jesu-Bild im Gebet verbringen. Auch der Erzengel Michael sollte in den Anbetungen um Hilfe und Schutz für die Familie angerufen werden. Unser Familienleben war damals eingebettet in spirituelle Rituale. Doch meine Geschwister und ich gingen immer mehr in Opposition zu diesen verkrusteten, kirchlichen Strukturen. Allmählich löste sich diese Form des religiösen Familienlebens auf. Meine Mutter war in dieser Zeit vollauf damit beschäftigt, sich um das leibliche Wohl ihrer zehn Kinder zu kümmern. So blieb meinem Vater keine andere Wahl, als all seine guten Vorsätze ad acta zu legen.

Mit seinem Vorhaben, uns das Musizieren zu lehren, erging es ihm ähnlich. Seine Privatlektionen in Cello, Gitarre und anderen Instrumenten, die er alle spielen konnte, scheiterten meist am Widerstand seiner Kinder. Eines Tages beschloß er, uns dem Treiben dieser kranken Gesellschaft zu überlassen. Jeder sollte seine eigenen Erfahrungen machen, er beschränkte sich ab nun darauf, seine Kinder nur auf alles aufmerksam zu machen, woran sie Schaden nehmen könnten. Seine Liebe zur Welt der Kinder, seine Sehnsucht nach einer heilen Welt drückte er in hunderten Liedern aus, die er in stundenlanger Abgeschiedenheit in seinem Zimmer schuf. Zeitlebens hatte ihm seine Mutter gefehlt, darum wollte er uns vor der inneren Vereinsamung bewahren, die er als Pflegekind erlebte hatte.

Ich stand ihm immer sehr nahe und liebte es, wenn er sich mit Freunden bei uns zuhause traf. Jede Woche kamen seine Musikerkollegen, um mit ihm zusammen Kammermusik von Mozart, Schubert oder Beethoven zu spielen. Für uns Kinder waren sie „die Arbeiter". Leider dauerte es selten länger als eine halbe Stunde, bis wir mit aller Strenge aus der Stube gewiesen wurden, weil wir störten. Ich kann mich noch genau erinnern, daß ich dieser Musik lauschte, die mir zwar langweilig schien, mich aber dennoch stark prägen sollte.

Viel interessanter als die Musik war für uns Kinder der Gesichtsausdruck der Musiker, wenn sie förmlich in ihre Instrumente hineinkrochen, um darin ihr Glück zu finden. So erfuhr ich erstmals, daß Musik Menschen glücklich machen kann. Ihre Gesichter spiegelten die Intensität ihrer Gefühle, eine ganz eigene Art der Hingabe, die uns damals unverständlich war. Manchmal gab es zwar Meinungsverschiedenheiten zwischen den anderen Musikern und meinem Vater, aber über all diesen Schwierigkeiten stand die Musik, die sie alle wieder vereinte. An diesen Abenden wurde in mir der Grundstein meiner Liebe zur Musik gelegt.

Der Kampf meines Vaters um Ehrlichkeit, sein Einsatz für kulturelle Werte und gesunde pädagogische Strukturen wurden oft im engen wie im weiteren Umfeld nicht verstanden, so daß er sich schließlich in seine eigene Welt zurückzog. Wir konnten ihn alle nicht verstehen, als er meiner Mutter zu Weihnachten einen Ring mit einem schwarzen Stein schenkte und meinte, er werde nicht mehr lange leben. Schließlich war er so gut wie nie krank.

Morgens sah ich oft einen Aschenbecher voll Zigarettenstummeln am Stubentisch. Daneben stand sein Südtiroler Rotwein und die Gitarre an den Stuhl gelehnt. Daher wußte ich, daß er oft die Nächte durcharbeitete. Hin und wieder überraschte er uns mit einem neuen Liederbuch, das er veröffentlichte, von dem aber vorher kaum jemand von uns gewußt hatte. Eines Tages räumte er einen Kasten aus. Im Garten stappelte er einen riesigen Haufen Papier und zündete ihn an. Als ich ihn fragte, was er hier verbrenne, meinte er, dies seien all seine Geschichten, Gedichte und Gedanken der letzten Jahre und Jahrzehnte. Er räume jetzt mit allem gründlich auf und empfinde das als Erleichterung. Mir war unbegreiflich, wie man die Arbeit so vieler Tage und Nächte einfach vernichten konnte. Im Jahr nachdem er meiner Mutter den schwarzen Ring gegeben hatte, erlitt er einen Herzinfarkt und ging im Beisein seiner Lieblingstochter in die andere Welt.

In all den Jahren pflegte ich regelmäßig den Kontakt zu immateriellen Wesenheiten. Wenn ich an einem Wegkreuz vorbeikam, erkannte ich die Mahnung unserer Vorfahren, um Segen für unsere Heimat zu bitten. Ich spürte, daß diese christlichen Symbole bewußt an bestimmten Stellen angebracht worden sind, um Wanderer an die Verbindung von Natur und Göttlichkeit zu erinnern. Offensichtlich gab es viele Menschen, die sich die Mühe machten, Wegkreuze und Marterln mit Blumen zu schmücken. Da ich sie aber nur selten dabei beobachten konnte, schloß ich daraus, daß es wohl vielen Menschen ähnlich ergehen mußte wie mir. Sie betrachteten die Kontakte mit dem Geistigen als ihr persönliches Geheimnis. Dies bestätigte meine Haltung, auch meine Erlebnisse mit der unsichtbaren Welt für mich zu behalten.

Angesichts eines Kruzifixes war mir schon als Kind und Jugendlicher immer eigenartig zumute. Warum mußte man Jesus so oft leidend und sterbend darstellen? Hatte er nicht auch andere Seiten gehabt, die es wert sind, beachtet zu werden? Vor allem verstand ich nicht, daß jemand sterben mußte, damit andere erlöst werden können. Jedenfalls hätte ich auf meinen Fahrradtouren lieber einen anderen Jesus angetroffen.

Den Bezug zur Jungfrau Maria fand ich besonders in der Zeit meines Wehrdienstes beim Bundesheer. Allein schon der

Umgang mit der Waffe verletzte meine Gefühle. Auf eine Pappkartonfigur in menschlicher Gestalt zu schießen war mir zuwider. Nach Monaten schaffte ich es, mich mit Hilfe meines Fußpilzes wenigstens Stunden innerhalb dieser für mich widersinnigen staatlichen Verpflichtung freizukämpfen. Die Kaserne, in der ich meine Ausbildung machen mußte, hatte keinen Sanitätsdienst, und so ertrotzte ich mir die Erlaubnis, wochenlang jeden Tag quer durch Innsbruck zu gehen, um in einer Kaserne mit Sanitätsdienst meine Fußbäder machen zu können.

Auf diesem Weg kam ich immer an einer Kirche vorbei. Als ich diesen Gang zum ersten Mal machte, mußte ich einfach in diese Kirche hineingehen. Einerseits wollte ich damit Zeit schinden, andererseits aber spürte ich auch eine sehr starke Anziehung, die, wie sich bald herausstellte, von einem Marienaltar ausging. Tag für Tag besuchte ich diese Kirche und geriet in eine immer engere Beziehung zu einer Kraft, die ich mir nicht erklären konnte. Die Jungfrau Maria hatte in meinen Augen das Image, den Freuden des Lebens nicht gerade offen gegenüberzustehen. Die oft kitschigen Darstellungen der Gottesmutter waren für mich schon Anlaß genug, diese Kraft einer überholten, rigiden Kirchenstruktur zuzuordnen. Ich mochte auch keine Mädchen, die eine madonnenhafte Ausstrahlung hatten. Trotzdem war da etwas, das mich zu Marienaltären hinzog. Ich betete zur Mutter Maria, wie ich es schon als Kind gelehrt worden war. Das Ave Maria war damals noch die einzige mir bekannte Möglichkeit, um mit ihr in Verbindung zu treten.

Bei diesen Kirchenbesuchen nahm ich mir erstmals die Freiheit, diese Form des Gebets zu variieren. Oft saß ich einfach nur eine Stunde da und genoß die Stille. Manchmal begann ich, mit dieser Statue wie mit einer lebendigen Frau zu reden, und bat sie immer wieder darum, mir zu helfen, ein nettes Mädchen zu finden. Alle Wünsche und Besorgnisse, die ich der göttlichen Mutter an ihren Altären anvertraute, fanden eine baldige Lösung, die ich auch ihrer helfenden Kraft zuschrieb. Als ich Christine kennenlernte, war es für uns schon nach wenigen Wochen klar, daß wir zusammenziehen wollten; ich hatte keinen Zweifel daran, daß diese Frau die richtige für mich sei. Als sie mir eines Tages erzählte, daß sie als Kind täglich darum gebetet hatte, einen netten Mann zu finden, mußten wir beide herzlich lachen. Ich fand es vor allem amüsant, daß mich die Gottesmutter offenbar „nett" gefunden hat.

Ich sang zu dieser Zeit in einem Kammerchor und nützte auf Auslandstourneen die Gelegenheit, der Wirkung von alter und zeitgenössischer Musik auf die Energiefelder alter Kathedralen nachzuspüren. Die französischen Kirchen und Dome aus der Romanik machten mich auf ein Christentum aufmerksam, das mir sehr viel näher war als die Ausprägung, die ich aus meiner heimatlichen Umgebung kannte. Ich hatte mich in der Lehrerausbildung näher mit dem Christentum befassen wollen und mich daher entschlossen, die Ausbildung zum Religionslehrer zusätzlich zu der in meinen Lieblingsfächern Englisch, Musik und Sport zu machen. Mein Religionsprofessor war Dr.Reinhold Stecher, der spätere Innsbrucker Bischof, der mir die ersten Zugänge zu einer bewußt gelebten Spiritualität eröffnete und mir und einigen meiner Freunde die Sicherheit gab, abseits der üblichen Normen ein eigenes religiöses Leben entwickeln zu dürfen. Ich verließ mich dabei einzig auf mein eigenes Empfinden und wollte meine Suche durchaus auch auf andere Kulturen und Religionen ausdehnen.

Als Lehrer bemühte ich mich, dem Maßstab gerecht zu werden, den ich als Kind an meine Lehrer gelegt hatte, und versuchte, in das mir zunehmend starrer und rigider erscheinende Schulsystem die Ansichten meines Vaters einzubringen. Er hatte gemeint, daß es in der Schule immer auch „menscheln" solle. Die schönsten Momente meines Lehrerdaseins waren die, in denen Freude und Begeisterung oder auch die Kraft der Stille das Klassenzimmer in einen Ort der Begegnung und des Miteinanders verwandelten. Am meisten liebte ich Kinder, deren Augen strahlten, wenn sie mich ansahen. Ich spürte, daß auch mich viele Kinder liebten, und das machte meine Arbeit als Lehrer zu einem beglückenden Erlebnis. Das hatte ich mir schon als Kind von der Schule gewünscht.

Immer stärker wurde der Drang, mich selbst besser kennenzulernen. Nachdem mir eines Tages in einer Wiener Buchhandlung ein Buch mit dem Titel „Feuer der Sinnlichkeit, Licht des Herzens" aufgefallen war, meldete ich mich kurzentschlossen zu einen Tantra-Kurs an, den die Autoren dieses Buches in Deutschland anboten. Ein paar Wochen darauf saß ich bereits in einem Kreis von Menschen, die wie ich Kontakt zu sich selbst, zu ihrer Sexualität, zu ihren Gefühlen und Lebensstrukturen suchten. Diesem Seminar folgten Ausbildungen in verschiedenen Therapiemethoden. Meine schönsten Erinnerungen an diese Zeit beziehen sich auf Situationen, in denen etwas bisher Unfaßbares in mir frei wurde. Meine Frau begleitete mich durch diese Phase der Suche mit Verständnis und Vertrauen.

Sooft ich während meiner Ausbildung selbst in starke innere Bewegungen geriet, flüchtete ich mich in einen alten Dom in der Nähe des Seminarhauses. In der Seitenkapelle stand eine Marienstatue, vor der ich fast jeden Tag in freien Stunden saß und alles aufschrieb, was in mir ablief. Die Energie dieses Ortes beruhigte mich und stärkte mein Vertrauen, daß schon alles seine Richtigkeit habe. Der bewußte Umgang mit der sexuellen Energie hatte in mir wieder einmal ein Gefühl von Unsicherheit verursacht, mir ein schlechtes Gewissen gemacht, und das konnte ich vor dem Bildnis Marias ablegen. Wenn mein inneres Kind im Rahmen der therapeutischen Prozesse aufgewühlt war, tat mir diese schützende, weibliche Kraft wohl. Ich spürte die göttliche Mutter, wenn ich über die weichen, in Novembergrau gehüllten Hügel wanderte und vor mich hinweinte. Jesus sah ich zwar immer noch als den Leidenden am Kreuz, über seine Mutter hatte ich aber die Verbindung zum Schönen und Freudvollen im Leben gefunden. Vor dem Marienaltar konnte ich Freud und Leid dieser Tage mit einer Frau teilen, die in mir so präsent war, daß ich mich wie in der Zeit meines ersten unbeschwerten Verliebtseins fühlte.

In einem dieser therapeutischen Prozesse, kurz vor unserer Entscheidung, nach Guatemala zu gehen, hatte ich eine ganz besondere Vision. Ein Therapeut saß an meiner Seite und führte mich während einer Trancereise. Musik und Sprache halfen mir dabei, Bilder und Symbole aus den Tiefen meines Unterbewußtseins an die Oberfläche zu heben und mir meine eigene

Wahrheit bewußt zu machen. Ich sah mich inmitten von Chaos, in einem unbeschreiblichen Durcheinander. Unnütze Möbel und seltsame Gegenstände lagen um mich herum. Ich fühlte mich einsam und verlassen, empfand mein Leben als sinnlos. Da stand ich also zwischen all meinen Habseligkeiten und Relikten aus früheren Lebensphasen, desorientiert und unsicher und hielt eine Lichtkugel in der Hand. Langsam veränderte sich meine Position. Ich erhob mich, ja ich fühlte mich immer leichter, begann zu schweben und sah plötzlich alles aus größerer Distanz. Die Situation war amüsant, denn ich konnte mich selbst von oben betrachten. Ich sah keine Notwendigkeit, dieses Chaos zu ordnen, nahm nur die wenigen Dinge, an denen mein Herz hing, an mich und verließ den Raum.

In vielen verschiedenen Bereichen meines Lebens versuchte ich zu dieser Zeit mein Bestes zu geben. Ich wollte etwas bewegen und Neues aufbauen. Meine Gedanken waren nur auf den Erfolg dessen gerichtet, wofür ich mich einsetzte. In diesen Jahren organisierte ich Kammermusikabende, Symposien und ein zweiwöchiges Festival mit Musik, Literatur, Theater und bildender Kunst mit jährlich wechselnder Thematik. Ich hatte dadurch immer weniger Zeit für meine drei Kinder und ein immer angespannteres Verhältnis zu meiner Frau. Ich war nervös und konnte dem Druck, den ich mir selbst machte, kaum mehr standhalten. Meine Frau unterstützte mich in diesen zehn Jahren intensivster Arbeit nach Kräften und war inzwischen wie ich an die Grenze dessen gelangt, was wir beide fähig waren zu ertragen. Ich versuchte, mittels Kulturveranstaltungen Menschen zu sensibilisieren, und verlor dabei die Sensibilität für meine eigene Familie.

Nun stand ich vor der Ausweglosigkeit meiner derzeitigen Lebenssituation und mußte mich neu orientieren. Einige Monate vorher war mir ein Posten an der österreichischen Schule in Guatemala angeboten worden. Christine und ich waren uns sofort einig, diesen Schritt in eine neue Welt mit ganzem Herzen und mit allen Konsequenzen tun zu wollen. Wir konnten uns durch diese Entscheidung selbst befreien und einen neuen Lebensabschnitt beginnen.

Ein weiteres Bild meiner Trancereise betraf meinen Arbeitsplatz. Ich befand mich dabei in einem leeren Raum, in dem ich nichts sehen und finden konnte. Vorerst hatte ich dabei ein eigenartiges, irritierendes Gefühl. Hinter mir stand jemand, den ich nicht erkennen konnte, und beschützte mich. Vor der Tür wartete noch jemand. Ich vermutete, daß Menschen zu mir kommen wollten, dies aber noch nicht konnten. Inzwischen beruhigte sich die Atmosphäre im Raum, es war still. Eine Kerze brannte auf meinem leeren Schreibtisch und erleuchtete den Raum. Die Verbindung zwischen mir und diesen unsichtbaren Wesen, dieser beschützenden Kraft weckte in mir ein Sehnen nach etwas Unbekanntem und gleichzeitig nach etwas, was mir nahe war. Die Lichtkugel in meiner Hand gab mir Sicherheit.

Nach diesem Erlebnis an meinem Arbeitsplatz wurde ich in einen Raum in mir selbst geführt. Dieser Raum war sehr ruhig, aber auch fast leer. Hier saß Buddha und daneben eine Göttin in Gestalt einer schönen, kraftvollen Frau. In diesem Raum musizierte ein Mann für mich, den ich kannte und sehr schätzte und der mich in den Turbulenzen meines Workaholic-Daseins schon öfter mit seiner Musik, mit seiner ganzen Persönlichkeit angerührt hatte. Es war der Sufimeister Oruc Güvenc, mit dem ich in meinen Kulturprogrammen viel zusammenarbeitete. Er stand mir durch einige Jahre sehr nahe, hatte meine verrückte Lebensweise längst durchschaut und mich trotzdem nie deswegen kritisiert. Er hatte nur seine Musik als Sprache des Herzens verwendet. Wir hatten zusammen bereits ein neues Musikfestival konzipiert, in dem Musik die Herzen der Menschen erreichen sollte. Dabei hatte ich übersehen, daß ich selbst dieser Sprache noch nicht mächtig war. Darum ist auch nichts daraus geworden.

Wie konnte es sein, daß nun ausgerechnet Oruc meinen inneren Raum mit seiner Musik und seinem Wesen füllte? Er hatte zwar all meine Wertschätzung, und ich spürte auch, daß er mir seine Welt nahebringen wollte, konnte mir aber niemals vorstellen, den Weg der Derwische zu gehen. Als ich später die Bücher von Reshad Feild las, packte mich eine große Sehnsucht, Oruc wiederzubegegnen. Er ist der große Weise, den ich zwar nur mehr selten treffe, mit dem ich aber immer sehr stark verbunden bleibe.

Alle Anwesenden in diesem meinem inneren Raum waren in der Stille, durch die Musik miteinander verbunden. Und in der Mitte lag sie erneut, die Lichtkugel, ein Geschenk, das weder Absender noch Adressaten hatte. Ich genoß diese friedliche, wohltuende Ruhe und fühlte mich von göttlichen Wesen gestützt und getragen. Meine Frau Christine stand in diesem Moment hinter mir. Ohne sie sehen zu können, spürte ich ihre Kraft, ihren Schutz und ihre Liebe für diesen Raum in mir. Sie hatte Anteil an dieser liebevollen Stimmung und hielt sich dabei im Hintergrund.

So verließ ich nicht nur in der Trance meine gewohnte Lebenssituation, sondern packte zwei Wochen nach diesem Erlebnis die Koffer und bestieg mit meiner Familie das Flugzeug nach Guatemala. Ich konnte gerade „Buenos dias“ und „Adios“ sagen, zu mehr reichte mein Spanisch nicht. Der Auslandsposten mußte unverzüglich angetreten werden, und so verschwand ich mit meiner Familie ganz plötzlich aus den mich bisher so bestimmenden Bereichen Schule und Kulturarbeit.

Als ich aus den kleinen Fenstern des Flugzeugs auf die vielen zurückbleibenden Familienmitglieder und Freunde blickte, kamen mir die Tränen. Ich konnte es kaum fassen, daß ich wirklich dabei war, meine Heimat, mein kulturelles Umfeld, alles, was mir vertraut war, für Jahre zu verlassen. Jeder hielt meine Frau und mich für verrückt.

Erste Schritte in eine andere Welt

In Guatemala selbst wurde mir erst richtig bewußt, wie unzureichend vorbereitet ich auf diesen neuen Kontinent gekommen war. Alles war mir fremd. Vor allem das Sprachproblem, die fehlende Möglichkeit, mit Menschen direkt sprechen zu können, bewirkte, daß ich mich ausgeschlossen und hilflos fühlte. Meine Lehrerkollegen warnten mich vor den Tücken dieses Landes, und ich hatte Angst, mich in dieser fremden Welt niemals zurechtfinden zu können. Im Straßenverkehr galt das Recht des Stärkeren, links und rechts neben meinem Mietauto schienen sich die Leute im Slalom den schnellsten Weg zu bahnen. Als mir eines Tages gar ein Lastwagen ohne Führerhaus entgegenkam, wähnte ich mich auf einem anderen Planeten. Der Fahrer saß über dem offenen Motor seines Fahrzeugs, das Lenkrad war das einzige, woran er sich festhalten konnte. Ich versuchte mir vorzustellen, wie wohl ein österreichischer Polizist auf einen solchen Verkehrsteilnehmer reagieren würde. Wahrscheinlich bestünde die Gefahr eines Herzversagens.

Wir benutzten also in den ersten Wochen ein altes Mietauto. Als wir am späten Abend im Wohnzimmer bei einem Gläschen Wein zusammensaßen, hörten wir einen lauten Knall. Wir dachten, irgendwo sei eine Eisentür ins Schloß gefallen. Als ich am nächsten Tag zu meinem Auto kam, stand ich vor einem Totalschaden. Das Auto war von hinten angefahren und an einen Baum geschoben worden. Der Anblick war jämmerlich, und es war mir ziemlich peinlich, die Leihwagenfirma anrufen zu müssen. Mit dem Selbstbehalt hätte ich mindestens ein gleichwertiges Auto kaufen können.

Einige Wochen später ging ich am frühen Morgen in die Garage. In der Nacht waren Diebe eingestiegen und hatten in unserem nächsten Leihwagen fein säuberlich das Autoradio abgeklemmt und mitgenommen. Dann brach sich mein Sohn das Schlüsselbein, wir mußten ins Spital fahren. Während er medizinisch versorgt wurde, stahl man am Parkplatz das Auto, das ich für diesen Notfall von einem Bekannten ausgeliehen hatte. Wir lebten drei Monate lang als fünfköpfige Familie in einem einzigen Zimmer. Die Kinder beschwerten sich außerdem, daß sie in der Schule kein Wort verstehen konnten. Das war wohl die dunkelste Zeit in unserer Familiengeschichte, die wir ausgerechnet in den Monaten durchmachen mußten, wo wir alle Kraft gebraucht hätten, um mit der neuen Sprache, mit den neuen Arbeits- und Lebensbedingungen zurechtzukommen.

In kurzer Zeit stieß uns all das zu, was ich mir in Horrorvisionen von diesem angeblich so gefährlichen Land ausgemalt hatte. Was ich damals noch nicht erkannte, war, daß meine persönliche Angst mit den Geschehnissen in unmittelbarem Zusammenhang stand. Ich hatte mir diese Ereignisse wahrlich ausgemalt, sie in meiner Angst schon vorher als Denkmuster kreiert, um dann von einer Art kosmischer Kopiermaschine die Antwort auf meine Gedanken zu erhalten.

Schließlich kulminierte diese Phase in einem großen Befreiungsakt. Wir kauften uns einen alten Camper und beschlossen, in den Ferien mit unseren Kindern nach Mexiko zu fahren. Obwohl wir auch davor gewarnt worden waren, hörten wir auf unsere innere Stimme und fuhren einfach los. Am ersten Tag hatten wir gleich drei Reifenpannen, davon eine mitten in der Nacht auf einer Schnellstraße. Aber auch das konnte uns nicht davon abhalten weiterzufahren. Das waren nur letzte kleinere Behinderungen nach einer Welle von Pech und Unglück, und es war Zeit, sie nicht mehr als Warnung, sondern als Herausforderung zu sehen.

Die ersten Begegnungen mit den Mexikanern gestalteten sich bereits unvergeßlich. Schon an der Grenze spürte ich die unerwartete Offenheit und Freundlichkeit der Beamten. Als ich zur letzten Station in einer Reihe von Dienststellen kam, die mit irgendwelchen unverständlichen Formularen zu versorgen waren, hieß es, man müsse nun unser Auto von Bakterien säubern. Zuerst traute ich meinem Spanisch nicht so recht, aber ich hatte wirklich richtig gehört. Ein Beamter mit einer Gesichtsmaske und einem Sprühgerät kam auf uns zu und wollte in das Auto einsteigen, während unsere drei kleinen Kinder gerade auf den Betten des Campers spielten. Daher hielt ich ihn auf und versuchte, ihn mit Händen und Füßen von der Gefährlichkeit seines Vorhabens zu überzeugen. Die Kinder und meine Frau verstärkten durch Gesten mein Abwehrgehabe, und so gelang es uns schließlich, die Aktion „Töten der Bakterien im Fahrzeug" auf den Unterboden und die Reifen zu beschränken.

Als ich mit meinem Camper eine Woche später die gesamte Seitenfront eines Geländewagens eindrückte, wollte mich der Besitzer des Wagens anfänglich ohrfeigen. Ich konnte mich kaum verständigen und versuchte ihm radebrechend klar zu machen, daß ich mir meiner Schuld bewußt war. Eine Menschenansammlung beobachtete das Schauspiel. Die Sachlage war klar. Ich hatte ein parkendes Auto gerammt und suchte nun einen Weg, den schreienden und tobenden Besitzer irgendwie zu beruhigen. Polizisten mischten sich ein und brachten uns schließlich zum Polizeirevier. Auf dem Weg dorthin hatte ich die Möglichkeit, mich beim Autobesitzer zu entschuldigen und meine Bereitschaft zu zeigen, den Schaden zu bezahlen.

Bereits auf dem Weg zur Polizeistation verbündeten wir uns gegen die Polizei. Wir gingen zu einer Bank, wo ich mit der Kreditkarte Bargeld abhob, um die vereinbarte Schadenssumme zu begleichen. Die Polizei hatte ganz andere Absichten. Sie wollten abseits des bereits geregelten Falles für sich das Maximum herausholen. Mein inzwischen zum Komplizen gewordener „Gegner" verlangte sofort nach dem Polizeipräsidenten. Wir wurden in ein kleines Büro geführt, in dem hinter einem kleinen Schreibtisch der reichlich korpulente Polizeichef saß. Die Szene war wie aus einem alten Film geschnitten.

Die Ausstrahlung dieses mexikanischen Machos mit martialischem Schnurrbart und strengem Gehabe machte mich fürs erste unsicher. Mein Komplize griff in seine Rocktasche und holte eine Handvoll Geldscheine heraus, die er ganz offen auf den Schreibtisch legte. Der Polizeipräsident zeigte sich sehr zufrieden, lächelte und versprach uns jede Hilfe. Er schickte die hinter uns stehenden Polizeibeamten weg und meinte, sie sollten uns einfach in Ruhe lassen. Ein Polizist bat uns noch höflich um eine kleine Gabe, die er auch bekommen sollte, dann ging ich mit meinem neuen Freund zurück zu unseren beschädigten Autos. Er erließ es mir, mich an dieser Bestechungsaktion finanziell zu beteiligen, wir umarmten uns zum Abschied.

Dieses und viele andere Erlebnisse im Umgang mit Menschen stärkten mein Vertrauen in mich selbst. Ich bemerkte, daß ich die Situationen zumindest mitgestalten konnte und daß dies nicht nur im Umgang mit mir wohlgesinnten Menschen möglich war. Vor allem verlor ich die Angst vor Menschen, die anders sprachen und handelten, als ich es gewohnt war.

Die Tage dieses Urlaubs waren Tage einer neuen Freiheit. Ängste lösten sich auf, uns war bewußt, daß wir uns in ein schwarzes Loch hineinfallen hatten lassen. Nun sahen wir den sprichwörtlichen Silberstreif am Horizont. Die wunderbare Landschaft Yucatáns, die beeindruckenden Pyramidenstädte und die weißen Karibikstrände gehörten ab jetzt zu unserem neuen Lebensstil. In Chiapas und Yucatán hatten wir aber auch die ersten Begegnungen mit Indianern. Ich erinnere mich an eine bewegende Situation in einer kleinen Gemeinde in Chiapas. Wir fuhren mit unserem Camper ins Zentrum des Dorfes, parkten vor der Kirche am Marktplatz und betraten die Kirche. Eine Anzahl von Heilern kniete vor verschiedenen Heiligenstatuen. Sie hielten ihre Patienten am Handgelenk fest. Wir setzten uns ins Kirchengestühl und überließen uns dieser geheimnisvollen Atmosphäre. Unsere Kinder wurden dabei ganz ruhig, setzten sich auf den mit Kiefernadeln bestreuten Boden des Altarraums und waren für zwei Stunden nicht mehr zu spüren. Wir hatten es sonst noch nie geschafft, sie zu besonderen Gelegenheiten still zu halten, nun aber war das kleine Wunder passiert. Sie suchten die Nähe der verschiedenen Heiler und vergaßen dabei vollkommen auf uns. Als ein Heiler auf mich zukam, fürchtete ich zuerst, er wolle etwas mit mir machen, was mir nicht geheuer war. Ich schaute zwar dem Treiben in dieser Kirche sehr gern zu, wollte mich aber unter keinen Umständen auf einen dieser „Brujos", dieser Hexer, einlassen. Man konnte ja nicht wissen, was so einer mit einem anstellte, und außerdem fühlte ich mich gesund. Ich hatte Gott sei Dank keinen Anlaß gefunden, Heilung zu suchen. Der Heiler blieb nur kurz vor mir stehen und sagte nichts. Er schaute mich nur an, als wollte er sagen: Warum bist du eigentlich hier? – um sich dann wieder seiner Zeremonie mit einer Indianerfrau zu widmen. Bei einem Ausländer, den ich dort traf, erkundigte ich mich, was hier eigentlich stattfinde, und erfuhr so alles, was er über die Pulsheiler von Chiapas wußte.

Kranke Menschen kommen dort einfach in die Kirche, bitten einen Heiler um Hilfe, der sie an der Hand nimmt und mit ihnen von einer Heiligenstatue zur anderen geht. Dabei wird auch der Puls gefühlt. Wenn sich bei einem bestimmten Heiligen der Puls verändert, gilt dies als klares Zeichen dafür, daß der für die Heilung der Krankheit zuständig ist. Dann beginnen die Heiler vor der entsprechenden Statue ihr indianisches Heilungsritual.

Die Begegnung mit den Pulsheilern von Chiapas war für uns die erste mit Heilern aus dem indianischen Kulturkreis. Das waren Heiler, die mit christlichen Mächten zusammenarbeiteten. Ihre Sprache gab dem Ritual sehr viel Kraft, wie überhaupt eine sehr starke Energie in diesem Ort spürbar war. Nach dem Besuch der Kirche gingen wir auf den Marktplatz, wo auf einer Terrasse Indianer saßen, die miteinander diskutierten. Die Sprache, Gestik und Haltung dieser Männer beeindruckten mich tief. Von ihnen ging sehr viel Kraft aus, und es wundert mich nicht, daß einige Jahre später gerade die Indianerstämme in Chiapas der mexikanischen Regierung offen Widerstand leisteten.

Unsere erste Reise durch Mexiko war zu einem wunderschönen Erlebnis geworden, den ganzen Monat lang gab es keine bedenkliche Situation mehr, und keiner von uns dachte mehr an Gefahren. Wir reisten unbehelligt und ohne Angst, begeisterten uns an den faszinierenden Ausgrabungsstätten von Yucatán und tauchten erstmals in die Kraft der Maya- und Aztekenkultur ein. Dazwischen erholten wir uns an den wunderschönen Karibikstränden und wunderten uns, daß die Kinder von dort unbedingt zu den Maya-Tempeln zurückfahren wollten.

Nach unserer Rückkehr nach Guatemala beschlossen wir, unsere Befreiungsphilosophie weiterzuleben, an den Wochenenden zu reisen und alle Plätze aufzusuchen, die uns interessierten. Darum fuhren wir an einem dieser heißen Nachmittage mit Freunden auf den Müllplatz der Stadt, um die bedrückende Armut der Menschen dort kennenzulernen. Wir hatten des öfteren von den Müllmenschen gehört und wollten uns die Zustände selbst ansehen, um dort vielleicht eine Aufgabe für uns zu entdecken.

So fuhren wir also eines Tages einem alten gelben Müllwagen oder vielmehr dem, was noch davon übrig geblieben war, nach und erreichten schon nach kurzer Zeit die riesigen Müllhalden, die mitten in der Stadt lagen und bei entsprechender Windlage einen faulen, toten Gestank über mehrere Stadtteile verbreiteten. Niemand schien uns besonders zu beachten. Pferdegespanne, alte Lastwagen und auch neuere Gefährte kamen durch das Eingangstor und luden Müll ab, der dann von einem Bagger verteilt wurde. Wir beobachteten eine schwangere Frau, die auf einem dieser frisch aufgeschütteten Müllberge Gegenstände suchte, die sich vielleicht verkaufen ließen. Kinder spielten dazwischen und rauften mit den Geiern um das, was von den Lastwagen abgeladen wurde. Zwei Männer kämpften um ein altes Fahrrad, das gerade von einem der Müllwagen fiel und das jeder für sich haben wollte. Ein alter Mann saß auf dem Boden und aß, was er gerade aus dem Müll gezogen hatte. Tausende Menschen lebten zwischen den Müllhalden wie in einer Höllenstadt, teils in Wellblechhütten, teils in zusammengebastelten Kartons. Wir waren bestürzt über den Anblick, der sich uns bot. Erneut bemächtigte sich meiner ein Gefühl der Hilflosigkeit. Wie sollte all diesen Menschen wohl geholfen werden können? Warum mußten sie unter derart entwürdigenden Umständen leben? Welche Zukunft wartete auf das Kind, das diese junge Frau in sich trug und das wohl bald in einer der Wellblechhütten zur Welt kommen würde?

Auch noch zu Hause waren wir wie gelähmt angesichts des Ausmaßes an Elend und unserer Ohnmacht, einen relevanten Beitrag zur Bekämpfung der Armut leisten zu können. Das Schicksal dieser Menschen bedrückte uns so sehr, daß wir erneut die Orientierung in unserem Denken und Fühlen verloren. Hatten wir uns noch vorstellen können, einem einzelnen Menschen, einer Gruppe von Menschen sinnvoll zu helfen, war dies nun auf Tausende bezogen unmöglich geworden. So entschloß sich meine Frau, ihre Hilfe als freiwillige Mitarbeiterin im staatlichen Hospital anzubieten.

Sie arbeitete dort in der Kinderstation und kam täglich vollkommen ausgelaugt nach Hause. Die Not der unteren sozialen Schichten war dort überdeutlich sichtbar. Gerade Frauen und Kinder sind der Aggression besonders ausgesetzt. Christine bekam erstmals Einblick in eine Welt der Gewalt, des Mißbrauchs von Kindern und deren Verwahrlosung, des völligen Verlusts von Respekt und Liebe. Brachten wir Hilfspakete von Freunden aus Tirol in das Hospital, wurden sie oft vom Personal mitgenommen. Die mißhandelten Mütter schliefen nachts neben ihren Kindern auf dem Boden, um sie stillen zu können. Die neugeborenen Kinder wurden in Zeitungspapier eingewickelt, weil es oft keine Windeln mehr gab, manchmal war nicht einmal fließendes Wasser vorhanden.

Die Kinderstation war andererseits aber auch ein Ort der Begegnung und der mütterlichen Fürsorge. Viele Mütter wohnten oft für Wochen dort, um ihre Kinder zu betreuen, bis sie sie wieder mit nach Hause nehmen konnten. Sie waren auch für die Mahlzeiten zuständig, die nur selten aus der Spitalsküche kamen, weil keine Mittel dafür vorhanden waren. Täglich kamen freiwillige Helfer, um dem Personal und den überforderten Ärzten zuhilfe zu kommen. Oft waren es Frauen aus reichen Familien, die notwendige Operationen im Ausland bezahlten oder Hilfsaktionen in ihren Kreisen initiierten. Meine Frau erkannte zu dieser Zeit, daß diese Form von Helfen für sie nicht angebracht war. Sie mußte feststellen, daß sie infolge ihrer Offenheit und Hilfsbereitschaft selbst Schaden litt, körperlich matt und kraftlos und in dieser extremen Situation einfach überfordert war.

In dieser Zeit hatte sie einen sehr klaren Traum. Sie sah sich zusammen mit wohlhabenden Leuten, die um Hilfe und Heilung zu ihr kamen. Wir beide wußten nicht recht, was wir mit diesem Traum anfangen sollten. All unser Engagement galt den Armen, denen wir helfen wollten. Wie sollten wir plötzlich unsere Aufmerksamkeit auf die lenken, denen wir die Schuld für die Armut in diesem Land in die Schuhe schoben? So blieben wir beide dabei, den Traum als kleine Entgleisung des Unbewußten abzutun und weiter entsprechend unseren Möglichkeiten und Vorstellungen mit den Armen mitzuleiden, was sich auch oft in unserer Befindlichkeit ausdrückte. Bei jedem bettelnden Kind begannen wir zu diskutieren, ob es angebracht sei, Geld, Lebensmittel oder was auch immer zu geben oder nicht. An einer von Auspuffgasen vernebelten Straßenkreuzung mitten in der Stadt trafen wir immer wieder eine Frau mit einem Baby im Arm. Mit Blicken versuchte sie bei den Autofahrern Mitleid zu erregen. Die Frau war stets dieselbe, die Babies wechselten nahezu täglich.

Um Mitternacht bettelten kleine Kinder an den Straßenkreuzungen, deren Mütter hinter den nächsten Hausecken warteten, um ihnen alles Geld gleich wieder abzunehmen. Wir waren emotionell im Zwiespalt und fanden keinen eindeutigen, klaren Umgang mit solchen Situationen. Schließlich beschlossen wir, auf unsere innere Stimme zu hören und jeden einzelnen Fall intuitiv zu lösen. Das war das beste Training, um die Täuschungsversuche der Geschäftstüchtigen von den Hilferufen der wirklich bedürftigen und nicht arbeitsfähigen Menschen unterscheiden und den Segensspruch eines Bettlers als kostbares Geschenk annehmen zu lernen.

Meine Frau wollte sich bewußt der nach dem Lesen der Tagespresse oder nach Schilderungen von Freunden immer wieder aufkommenden Angst widersetzen. Deshalb begannen wir, einmal pro Woche Obst und Gemüse am berüchtigten Terminal, dem größten Markt der Stadt, einzukaufen. Dies war einerseits eine Gelegenheit, uns der direkten Konfrontation auszusetzen, aber andererseits auch eine, die Vitalität dieses Landes in ihrer bunten Fülle zu erleben. Wenn schließlich Tausende Menschen dort jeden Tag wieder lebend herauskamen, mußte das doch auch für uns zu schaffen sein. So gingen wir, ganz einfach in Jeans und T-Shirt gekleidet, auf den wohl schmutzigsten Markt weit und breit. Unser Geld hatten wir ohne Geldtasche in der Hosentasche oder, wie es viele Indigenafrauen machen, im Geheimversteck unter der Bluse. Uhren und Schmuck ließen wir daheim. Auf diesem Platz kletterten täglich viele tausend Menschen aus überfüllten Bussen, hoben Säcke und Körbe mit frischem Gemüse oder Früchten vom Autodach, um diese dort dann auf der Straße oder in schäbigen Bretterverschlägen zu verkaufen.

Christine legte für die Fahrt zum Terminal sogar den Ehering ab, der eines Tages einfach nicht mehr zu finden war. Da es damit zu meinem Ehering kein Gegenstück mehr gab, trug ich auch meinen nicht mehr, sondern legte ihn in unsere bescheidene Schatztruhe. Einige Monate später wollten wir zwei neue Ringe machen lassen. Wir lernten einen über 90 Jahre alten Juwelier kennen, der ein sehr bewegtes Leben hinter sich hatte. Er war in Belgien Ballettänzer gewesen, war aber im Zweiten Weltkrieg nach Südamerika emigriert. Dort ging durch einen Fabriksbrand alles verloren, was er sich in mühsamer Arbeit aufgebaut hatte. Schließlich kam er nach Guatemala, wo er sich in den Kopf setzte, die Jademinen der Maya zu suchen, die zuvor noch niemand gefunden hatte. Nach vielen Jahren der Suche fand er an einem von Schlangen verseuchten Ort eine Mine, aber auch die prachtvollsten Kunstschätze der Maya, die er alle in seinem Haus und in seiner Werkstatt aufgestellt hatte. Sein Haus war quasi ein Museum voll der schönsten Jadeskulpturen und Keramiken. Darunter war eine Maya-Figur aus grüner Imperialjade, die dieser Anciano ganz besonders schätzte. Er war ein begabter Künstler und wurde anläßlich von Staatsbesuchen oft darum gebeten, für die Gäste offizielle Geschenke anzufertigen, deren Kopien er uns voller Stolz zeigte.

Für mich und meine Frau sollte er nun zwei Ringe machen, mit denen wir nach einer Zeit der Krise und Neuorientierung in der Partnerschaft die Wiederauferstehung unserer Beziehung feiern wollten. Als wir uns verabschiedeten, meinte der alte Mann, wir sollten acht geben, denn in diesem Bezirk gäbe es sogar am frühen Nachmittag viele Diebe. Die Eisentür fiel ins Schloß, und wir standen auf der Straße. Gegenüber war unser

Auto verparkt, obwohl der Parkplatz rundherum fast leer war. Irgendetwas schien nicht mit rechten Dingen zuzugehen. In diesem Moment kamen zwei Männer auf uns zu, ein weiterer Mann schnitt uns den einzigen noch offenen Fluchtweg ab. Uns wurde augenblicklich klar, daß dies nun unser erster Überfall war. Der Juwelier hatte uns ausgerechnet an diesem Tag einen antiken Maya-Anhänger gegeben, weil er unser großes Interesse gespürt hatte und uns eine Freude bereiten wollte.

Ich nahm meine Frau an der Hand und spürte in diesem Moment eine unglaubliche Kraft in mir. Ich sagte zu ihr: „Laß dich nicht beirren, wir gehen einfach auf unser Auto zu.“ Ich starrte den Männern unverwandt in die Augen und verlor vollkommen überraschend jegliche Angst. In Sekundenbruchteilen veränderte sich die Situation. Alle drei Männer wurden mit einem Mal unsicher. Ja, einer von ihnen veränderte seinen Gang und benahm sich so eigenartig, daß wir uns heute noch genau an sein „Davontanzen“ erinnern können. In kurzer Zeit löste sich die Spannung, die Männer begannen zu laufen und verschwanden in einer Seitengasse. Wir stiegen ins Auto, ich manövrierte es aus der Parkklemme und fuhr los. Plötzlich begannen meine Kniee zu zittern, ich konnte kaum mehr Auto fahren. Gleichzeitig wußte ich, daß uns unsere innere Sicherheit, vor allem aber eine durch uns wirkende Kraft beschützt und aus dieser gefährlichen Lage befreit hatte. Das war mein erstes Erlebnis mit einer geistigen Schutzmacht, das mir viel Vertrauen in unsere göttliche Führung einflößte. Unser Beitrag, die Gegenleistung für diesen Schutz mußte aber das Aufgeben jeglicher Angst und jeglichen Zweifels sein. Im Zustand der negativen emotionellen Erregung sind wir nämlich von den geistigen Wesen nur schwer zu führen, die Angst bringt uns energetisch auf dieselbe Stufe, auf der kriminelle Akte stattfinden. So werden wir sogar zum Magneten für Erfahrungen, die wir eigentlich verhindern möchten.

Die in Auftrag gegebenen Eheringe holten wir einige Wochen später ab. Eine Frau übergab uns das Säckchen mit den Ringen und meinte, sie seien die letzte Arbeit ihres Vaters gewesen, der vor zwei Wochen für alle überraschend verstorben sei.

Einen Monat nach diesem Erlebnis beschlossen wir, einander auf unserer zweiten Urlaubsfahrt an der Baja California erneut das Ja-Wort zu geben. Die Zeiten der äußeren Bedrängnisse waren nicht zuletzt auch eine enorme Herausforderung für unsere Partnerschaft. Gemeinsam mit unseren Kindern saßen wir an einem fast wüstenartigen Platz hoch über einer wunderschönen Bucht an der Westküste der Baja unter einem riesigen Kaktus. In dieser Bucht vollführen die im Januar aus dem Norden kommenden Wale ihre Hochzeitstänze und ziehen viele Schaulustige an. Während unser damals noch kleiner Sohn Daniel sich damit beschäftigte, große Skorpione aus ihrem Loch zu kitzeln, nahmen wir unsere beiden Ringe aus der Tasche und gaben einander das Versprechen, gemeinsam unseren Weg in Guatemala fortzusetzen. Die Alternative wäre gewesen, meinen Vertrag an der österreichischen Schule zu kündigen und in der Tiroler Heimat wieder neu zu beginnen. Der Ring, den mir meine Frau dabei ansteckte, verlor nach Monaten seine Jadefüllung, ich mußte erneut feststellten, daß es anscheinend kein äußeres Symbol für unsere Verbindung geben sollte.

Als wir nach vielen tausend gefahrenen Kilometern wieder nach Guatemala einreisten, war es gerade Weihnachten, und wir mußten den Heiligen Abend planen. Wie sollten wir dieses Fest nun feiern, ohne Christbaum, ohne verschneite Berge, ohne die Weihnachtsbräuche, die wir immer gepflegt hatten und die uns in diese von den Kindern so geliebte Stimmung versetzten? In der Weihnachtshitze von Acapulco kamen wir mit den Kindern überein, daß es diesmal keine Weihnachtsgeschenke geben werde. Aus Zacatecas in Mexiko hatte ich einen riesigen Rauchquarz mitgebracht, den wir als Christbaum verwenden wollten. Wir beschlossen, zu den warmen Quellen in der Nähe der Ortschaft Zuníl im Hochland Guatemalas zu fahren, um dort unsere Reise mit einer Weihnachtsfeier abzuschließen. Wir waren neben einer dort ansässigen Familie die einzigen Gäste. Riesige Farne hingen über das dampfende, von üppigem Grün umgebene Wasserbecken. Von einer Felswand floß das heiße Wasser, das nach Essig schmeckte, in ein Becken. Man konnte sich wunderbar auf den Rücken legen und wurde vom schweren Wasser getragen. Unser Kristall wurde von den Kindern geschmückt, während viele Schwimmkerzen im heißen Wasser die Dunkelheit ein wenig erhellten. Der Nebel machte aus unserer Weihnachtsfeier ein mystisches, romantisches Fest. Ich setzte mich mit meiner Gitarre an den Rand des Beckens, und wir sangen die Weihnachtslieder aus unserer Heimat, die teilweise von meinem Vater stammten und in uns ein wenig Heimweh weckten. Ich erzählte meinen Kindern die Weihnachtsgeschichte, während sich der Geruch des Weihrauchs mit dem leicht schwefeligen Geruch des Thermalwassers vermischte. Anschließend setzten wir uns in den Camper und aßen, was uns vom Reiseproviant noch geblieben war. Mit einem Fläschchen Wein, das wir von der Baja mitgenommen hatten, ließen wir die Reise ausklingen. Die Kinder waren übermüdet vom heißen Wasser und schliefen bald. Über die Lautsprecher des Autoradios hörten wir das Doppelkonzert von Bach und dankten unseren geistigen Beschützern für die Begleitung auf der Reise, die uns 14.000 Kilometer weit durch Mexiko und die USA geführt hatte.

Heiler des Herzens

Als wir nach Guatemala City zurück kamen, weinten unsere Kinder, weil unsere Reise bereits zu Ende war. Sie hatten sich wohl gefühlt, während ich müde und abgespannt war. Die lange Fahrt, der Druck der Verantwortung und so manche Panne oft abseits jeglicher Zivilisation wirkten sich aus. Darum wollte ich mich noch einige Tage vor dem Schulbeginn im Januar erholen und lag in der warmen Morgensonne, als es an der Tür läutete. In der Nachbarschaft lag eine alte Indigenafrau im Sterben und wollte sich von uns verabschieden. Als wir den dunklen Raum betraten, in dem es nach Krankheit und abgestandener Luft roch, konnten wir nur noch an ihren Augen ablesen, wie sehr sie uns erwartet hatte. Im Hintergrund saßen Verwandte, es wurde nicht gesprochen. Wir grüßten kurz und setzten uns ans Krankenbett. Christine hielt die erkalteten Füße der Frau, während ich meine Hand auf ihr Herz legte. Wir beide spürten, daß sich ihr Energiekörper schon von der schweren physischen Hülle zu lösen begann, und unterstützten diesen wichtigen Prozeß. Während sie röchelte und Erstickungsanfälle hatte, sahen wir gleichzeitig das Aufleuchten ihrer Seele, die sich bereits frei fühlte. Nur ihre Angst hielt die Indigenafrau noch in ihren körperlichen Beschwernissen fest. Ich gab ihr all meine Liebe, streichelte ihre abgearbeitete, schwache Hand und schaute ihr in die Augen.

Ich hatte ein Gerät mitgebracht, mit dem ich gelegentlich Farb- und Lichttherapie mache, und leuchtete nun mit der Farbe Blauviolett in ihre sich lösenden feinstofflichen Bereiche. Mit der grünen Lichtenergie der Liebe und mit dem gelben Licht des Christusbewußtseins bereiteten wir den Weg für sie. Die Angehörigen beobachteten uns, nahmen Anteil und unterstützten uns energetisch. Der Puls der Indianerin beruhigte sich, die Spannung in ihrem Körper löste sich und ihre Augen leuchteten dankbar. Ruhig und ohne Angst ging sie in die andere Welt. Da niemand das Geld für ein Begräbnisinstitut hatte aufbringen können, bat mich ihr Sohn, den Sarg mit meinem Auto zum Friedhof zu bringen. So begann für uns das Neue Jahr in Guatemala gleich mit einem besonderen Ereignis.

Einen Tag nach ihrem Tod half ich also, den Sarg mit der alten Indigena in meinen Geländewagen zu hieven. Die Trauergemeinde versammelte sich in unserem Garten, während ich den Kofferraum meines Autos noch rasch in einen würdigeren Zustand brachte. Leider hatte mein Auto keinen Gang, der dem Gehtempo des Begräbniszugs entsprochen hätte. Das automatische Getriebe war auf derlei Anforderungen offensichtlich nicht abgestimmt. Im Rückspiegel sah ich, daß die Distanz zur Trauerfamilie immer größer wurde und die Leute atemlos hinter meinem Auto herrannten. So vereinbarte ich mit dem Enkel der Verstorbenen, der im Kofferraum den Sarg festhielt, damit er nicht verloren gehe, mir ein Klopfzeichen zu geben, wenn ich wieder stehenbleiben und warten sollte.

Die Tote wurden mit Gebeten, zu denen in bestimmten Zeitabständen auch nach dem Begräbnis noch die ganze Sippe zusammenkam, in die andere Welt begleitet. Ihr wurde damit auf sehr liebevolle Weise ermöglicht, sich von dieser Welt zu lösen. In der Nacht vor dem Begräbnis spielten die Kinder im Garten, bis sie irgendwo einschliefen, während ihre Eltern bei Kaffee und Süßbrot um die Tote waren, miteinander sprachen und dann wieder beteten. Alles lief ruhig und gelassen ab, das Sterben gehörte einfach zum Leben dazu. Eine junge Indianerfrau aus dem Hochland, die in unserem Haus arbeitete, erklärte uns die Bräuche, die auch noch in ihrer Heimatgemeinde gepflegt wurden, und bereitete immer wieder Kaffee und Brote für die Nachbarn zu, wie es am Land üblich zu sein schien.

Sie hatte während der zwei Monate unserer Abwesenheit unser Haus gehütet und machte nun einen bedrückten Eindruck auf uns. Christine erzählte sie, daß sie bei einem Arzt gewesen war, der bei ihr Brustkrebs festgestellt habe. Sie wolle zu einem Heiler gehen, zu dem sie volles Vertrauen hatte. Unser Angebot, sie in einem Privathospital unterzubringen, wollte sie nicht annehmen. Sie habe ihre Kontakte, meinte sie, und schloß damit jegliche Hilfe unsererseits aus. An drei Wochenenden besuchte sie den erwähnten Heiler, dann nie mehr wieder. Dabei brachte sie Plastik-Doppelliterflaschen mit gefärbtem Wasser mit, das sie täglich dreimal zu sich nahm. Wir sprachen nie mehr über ihre Krankheit, da sie überzeugt war, geheilt zu sein, und es sollte sich herausstellen, daß sie recht hatte.

Eines Tages kam ihre Mutter zu uns und bat, bei uns übernachten zu dürfen. Sie war eine freundliche alte Frau, die ihre Hände kaum mehr bewegen konnte. Nichts konnte sie mehr ohne Schmerzen anfassen. Am nächsten Tag fuhr sie bereits um vier Uhr früh los, weil sie um fünf Uhr dort sein müsse, um im Lauf des Vormittags den Heiler sprechen zu können. Sie ging wohl zum selben Mann, der bereits ihre Tochter geheilt hatte, wovon wir immer noch nicht ganz überzeugt waren. Die alte Frau kam an den zwei darauffolgenden Wochenenden wieder, nach dem dritten Besuch bei diesem Heiler lösten sich ihre Krankheitssymptome auch für uns unübersehbar auf. Das konnten wir nun nicht mehr für einen weiteren glücklichen Zufall halten, und so beschlossen meine Frau Christine und ich, mit einer kranken Bekannten dorthin zu fahren.

Als wir nach einer einstündigen Fahrt im Morgengrauen zu diesem Mann kamen, standen dort schon an die hundert Leute Schlange und warteten. Sein Haus, oder wie auch immer man dazu sagen mochte, stand in einem Wald. Rundherum gab es Bananenbäume, einen Schweinestall mit einem großen Eber, Hühner, die frei umherliefen, und ein unbeschreibliches Durcheinander, aber keinerlei Sitzgelegenheiten. Ein Mann bewachte die Menschenmenge mit einem Gewehr und erteilte strikte Anweisung, still zu sein und den „heiligen" Platz nicht zu stören. Jeder bekam eine Nummer in die Hand gedrückt. Die Sonne ging auf und brannte unerbittlich auf die kranken, wartenden Menschen nieder. Wir glaubten, in einen Alptraum geraten zu sein, tauschten aber nur hin und wieder Blicke aus.

Keiner wollte aussprechen, was ihm durch den Kopf ging. Unsere ohnehin schon sehr skeptische Bekannte hielt uns für verrückt und blieb nur, weil wir nun schon mal da waren. Die mit uns wartenden Menschen waren voller Hoffnung. Keiner beschwerte sich über die nahezu unerträglichen Zustände. Manche von ihnen hatten eine Tasche mit, in der sich neben einer leeren Plastikflasche für die „Medizin", wie sie es nannten, auch eine Decke befand. Auf der hatten einige bereits die Nacht im Freien verbracht, um am frühen Morgen möglichst bei den Ersten zu sein. Sie gingen der Reihe nach in den Heilungsraum, den sie alle nach circa fünf Minuten schon wieder verließen. Ein Mann saß vor der Hütte und stoppte die Zeit, machte jeden einzelnen aufmerksam, sobald seine paar Minuten vorbei waren. Wir schüttelten immer wieder den Kopf über das, was sich an diesem Ort abspielte. Nach ungefähr fünf Stunden waren wir dann an der Reihe und durften in das „Allerheiligste" eintreten.

Ein Mann um die fünfzig saß hinter einem Schreibtisch, auf dem eine Glas- oder Kristallkugel, ein Wasserglas und ein Revolver großen Kalibers zu sehen waren. Rundherum gab es diverse Heiligenbilder, Jesus am Kreuz, Sai Baba, Marienstatuen, kitschig bemalte Heiligenfiguren und unter dem Tisch einen übelriechenden Hund. Der Mann hielt einen Kuli in seiner Hand und fragte, wer von uns geheilt werden wolle.

Als unsere Bekannte sagte, sie sei sehr krank, starrte er in die Kugel, klopfte mit seinem Kuli an das Wasserglas und meinte, er könne für sie nicht viel tun, weil sie kein Vertrauen habe. Er könne ihre Krankheit unter diesen Umständen nur stabilisieren und müsse dafür eine Operation machen. Er lächelte uns alle drei an, und ich spürte einen Hitzeschwall, mein Herz begann förmlich zu brennen. All das konnte ich nicht einordnen: ein Revolver auf dem Tisch, die liebevolle Ausstrahlung dieses Mannes im weißen Arztkittel, die Heiligenbilder und Statuen und der vor der Tür sitzende Zeitwächter, der uns gerade mitteilte, unsere fünf Minuten seien vorbei. So standen wir auf und fuhren wortlos nach Hause. Unsere Bekannte hatte genug von Heilern und starb einige Monate später, ohne jemals wieder von diesem Vormittag gesprochen zu haben.

Meine Frau hatte wie ich einen Hitzeschwall in ihrem Herzen verspürt, und ich wußte, daß ich dort noch einmal hingehen mußte, um mehr zu erfahren, um die Menschen zu beobachten und mit diesem Mann in meinem noch immer gebrochenen Spanisch zu reden. Ich hatte bereits erkannt, daß es ungeachtet all der widrigen Umstände und Bedingungen dort eine Botschaft für mich, für uns gab. Christine hatte das gleiche Gefühl und so fuhren wir einige Wochen später ein zweites Mal zu Don Chepe, wie ihn all die wartenden Leute nannten.

Diesmal passierte etwas ganz Unerwartetes. Als wir hinkamen, warteten wie üblich an die hundert Leute im Morgengrauen. Ein Pickup fuhr vor, und eine Frau wurde aus dem Auto gehoben. Sie mußte Sauerstoff bekommen, zwei Helfer trugen die Sauerstoff-Flaschen neben ihr her. Sie wurde zu Don Chepe gebracht und fuhr dann wieder fort. Ich schüttelte verwirrt den Kopf, als plötzlich die Frau des Heilers zu uns kam, uns an der Hand nahm und direkt zu Don Chepe führte. Nun saßen wir wieder vor ihm. Erneut durchfuhr mich eine Hitzewelle. Ich wischte mir die Schweißperlen von der Stirn, mein Herz begann stärker zu schlagen. Don Chepe schaute uns an, und wieder hatte ich das Gefühl, einem regelrechten Liebesschwall ausgesetzt zu sein.

Ich sagte ihm, daß wir nicht hier seien, weil wir Heilung bräuchten, sondern um ihn zu sehen. Er klopfte auf sein Wasserglas, schaute in seine Kugel und sagte mir, ich benötige eine Operation am Lungenflügel, der von schlechtem Blut verstopft sei. Meine Frau habe schlechtes Gewebe im Unterleib, das er auch entfernen müsse. Wir sollten mit seiner Frau einen Operationstermin vereinbaren. Er stand auf, umarmte uns, und schon hörten wir den Zeitwächter, der uns aufmerksam machte, daß unsere Zeit vorbei sei. Wir bekamen einen Operationstermin in vierzehn Tagen, bezahlten 60 US-Dollar pro Operation im voraus und erhielten je eine Doppelliterflache mit gelbem und grünem Wasser. Dies sollten wir als Vorbereitung für die Operation täglich trinken.

Wie sollte ich die Situation beschreiben, in der wir beide nun waren? Wir saßen im Auto, sprachlos und ohne jede Vorstellung, was nun passieren würde. Worauf hatten wir uns da eingelassen? Was bedeutet Operation an diesem für uns Europäer nicht gerade vertrauenerweckenden, alles andere als sterilen Platz? Don Chepe war Heiler und nicht Arzt, hatte keinen OP-Raum und wenn, dann höchstens einen, wo wir schleunigst die Flucht ergriffen hätten. Wir fuhren verwirrt nach Hause, unser Weltbild, unser Denken war wieder einmal ziemlich durcheinandergeraten. Das Heilwasser zu trinken war mir kein Problem; schlimmstenfalls ein paar Parasiten mehr zu haben, spielte nun auch keine Rolle mehr. Aber was bedeutete die Information, ich hätte ein Problem mit meiner Lunge, und wie könnte dieser Mann eine erfolgreiche Operation durchführen?

Meine Frau kämpfte mit dem Gedanken an eine Unterleibsoperation. Wir hatten noch eine Galgenfrist von vierzehn Tagen. Ich erinnerte mich daran, daß ich nie Dauerläufe machen konnte, ohne in schreckliche Atemnot zu geraten. Meine Frau hatte immer wieder leichte Schmerzen im Unterleib, denen sie allerdings nie besondere Beachtung schenkte. Die Diagnose konnte also theoretisch richtig sein, die Behandlungsmethode entzog sich allerdings unserem Vorstellungsvermögen.

Wir tranken täglich unsere sogenannte Medizin, und der Tag der Wahrheit kam näher. Wir sprachen in dieser Zeit kaum über diese Sache. Wie hätten wir auch diskutieren können über etwas, wofür uns jede Erfahrung fehlte? Ich meinte, wir sollten uns einfach vertrauensvoll auf die Situation einlassen, und so brachen wir an dem besagten Samstag zu unserer Operation auf. Wir fuhren durch die noch schlafende Stadt, es war fünf Uhr früh. Wir lenkten uns gegenseitig ab, indem wir die Pracht der Vulkane im Morgengrauen bestaunten. Aus dem Krater des noch aktiven Vulkans Pacaya direkt vor uns stieg alle paar Minuten Rauch auf, manchmal konnte man mit freiem Auge eine rote Lavafontäne sehen, die hochgeschleudert wurde. Wir fuhren auf den Fuß dieses Vulkans zu und nahmen uns vor, ihn doch einmal zu ersteigen. Bisher hatten wir nicht den Mut gehabt, weil dort angeblich immer wieder Touristen beraubt und überfallen wurden. Auf dieser Fahrt sprachen wir über alles außer dem, was uns nun erwarten sollte.

Es wäre nicht notwendig gewesen, schon so früh aufzubrechen, denn die Operationen machte Don Chepe immer zuletzt, nachdem bis zu 150 Patienten durchgeschleust worden waren. Das hatten wir beide aber in der Aufregung vergessen, und so traf es uns erneut, stundenlang in der Hitze zu warten. Wir nahmen die Gelegenheit wahr, mit den anderen Patienten zu sprechen. Nahezu jeder hatte eine Heilungsgeschichte aus seiner Verwandtschaft oder seinem Bekanntenkreis zu erzählen. Über eine Operation wollte keiner so recht Auskunft geben, es sei halt eben eine Operation, meinten die Leute. Es war bereits zwölf Uhr, als die letzten aus Don Chepes Behandlungsraum verschwanden. Es begann in Strömen zu regnen. Wir fanden gerade noch einen Platz zum Unterstellen. Mit uns waren es zehn Personen, die auf eine Operation warteten. Und wieder mußten wir je eine Doppelliterflasche Heilwasser ausfassen, um sie dann in den Heilungsraum mitzunehmen.

So saßen wir also auf den Plastikstühlen im Vorraum, jeder in seine Gedanken versunken. Der Regen prasselte so laut auf das Wellblechdach, daß jedes Gespräch unmöglich war. Ich war sehr müde und merkte, daß es anderen Leuten ebenso erging. Hatte das schon mit dem zu tun, was uns erwartete? Eine alte Frau hing schlafend über einem Stuhl, während ihr Mann wartete, bis sie aufgerufen wurden. Christine überlegte noch einmal, ob es in Zeiten von Aids angebracht sei, sich in einer einfachen Indigenahütte operieren zu lassen.

Wir waren nicht die ersten, die an die Reihe kamen, und ich war sehr froh darüber. All meine Aufmerksamkeit richtete sich auf das, was sich hinter dem Vorhang abspielte. Man hörte nur die Stimme von Don Chepe, obwohl jeder Patient eine Vertrauensperson, einen Verwandten oder Freund, dabei haben mußte. So gingen immer zwei und zwei Leute in den Behandlungsraum. Dann hörte man nur noch ein paar kurze Anweisungen und das Schließen einer Tür, hinter der der Heiler mit dem Kranken verschwand, während die Begleitperson im Behandlungsraum allein zurückblieb. Schmerzensschreie gab es keine, was mir angenehm auffiel. Nach etwa zehn Minuten kam der Operierte auf eigenen Beinen wieder heraus. Ein Mann hatte ein Pflaster am Kopf. War darunter seine Operationswunde?

Nun wurden wir beide aufgerufen und wieder liebevoll begrüßt und umarmt. Damit honorierte Don Chepe den Vertrauensvorschuß, den er von uns beiden erhielt. Don Chepe gab Christine eine Marienstatue in die Hand und bat sie, sich mit dieser Kraft zu verbinden und die Operation in Gedanken zu begleiten. So setzte sie sich vor seinen Altar und hielt die Marienstatue an ihr Herz. Er klopfte erneut an seine Kugel und an sein Wasserglas, die Botschaft war klar, meine Lunge mußte gereinigt werden. Mich beruhigte diese Übereinstimmung mit der vorigen Diagnose, die er sich über vierzehn Tage hinweg kaum gemerkt haben konnte, er hatte sie auch nicht aufgeschrieben. Dann nahm er mich an der Hand und führte mich in einen Nebenraum, der ziemlich dunkel war. Ich konnte nur ein hohes Bett sehen, ein Nachtkästchen, auf dem Alkohol stand, Watte und ein Kreppband. Zu meinem großen Schrecken sah ich ein Messer und eine Klinge in Form eines Dreiecks. Panik durchfuhr mich, meine Gedanken reduzierten sich auf: „HIV, Schmerz, vielleicht komme ich dabei um." Ich wurde angewiesen, mein Hemd auszuziehen und mich bäuchlings auf das Bett zu legen. Diesmal spürte ich den Schweiß nicht aus der heißen Quelle der Liebe. Es war purer Angstschweiß, der in kurzer Zeit Gesicht und Körper bedeckte. Mit Alkohol wurden die Stellen gereinigt, die Don Chepe im Sinne hatte zu öffnen, und ich sah, daß sich seine Hand dem Nachtkästchen näherte und das Dreiecksmesser ergriff.

Wenn ich Angst hätte, meinte er nur, werde es weh tun. Ich solle tief durchatmen. Keinerlei Anästhesie, kein Schmerzmittel – ich sollte wirklich einfach aufgeschnitten werden? In diesem Moment spürte ich schon die Messerklinge an meiner linken Seite, einige Male wurde ich geritzt und dann geschnitten; zuerst links und dann gleich darauf rechts auf Höhe der unteren Lungenspitzen. Es tat sehr weh. Ich war an der Grenze dessen, was ich an Schmerz und Angst ertragen konnte, während er mir ruhig zusprach. Es sei alles in Ordnung, ich solle nur tief durchatmen und Vertrauen haben. Mit Wattebäuschen wischte er das Blut ab. Ich konnte sehen, daß ein Bausch nach dem anderen blutdurchtränkt zu Boden fiel. Nach ein paar Minuten ließ der

Schmerz nach, ich spürte seine Hand an den Wunden und hörte, daß er Stücke vom Kreppband abriß und einfach über meine Wunden klebte. Nun durfte ich aufstehen. Er zeigte mir die blutgetränkten Wattebälle. Dies sei altes, schlechtes Blut, das meine Lunge verstopft hatte. Ich solle kein Schweinefleisch essen, ansonsten seien keinerlei Verhaltensvorschriften nötig. Alles sei in bester Ordnung.

Meine Angst hatte sich gelegt, die Präsenz dieses Mannes erfüllte mich mit dem Gefühl vollkommenen Vertrauens. Als ich aufstand, umarmte er mich, und wieder durchflutete mich so eine machtvolle Welle von Liebe, die ich noch immer kaum fassen konnte. Nun ging ich zu Christine zurück und übernahm die Marienstatue, mit der ich nun meinerseits beten und Unterstützung leisten sollte. Wie froh war ich, daß ich bereits alles überstanden hatte. Ich sah Christines flehenden Blick, doch wenigstens in wenigen Worten zu erklären, was passiert war.

Don Chepe nahm auch sie an der Hand, erstellte die Diagnose mit Kristallkugel und Wasserglas, kam erneut zum selben Ergebnis und führte Christine in den Nebenraum. Minutenlang war es still, ich hörte nur ihr lautes Atmen. Ich hielt die Marienstatue fest in der Hand und betete um Christines Schutz. Don Chepe sprach kaum mit ihr. Als sie zurückkam, zeigte er uns beiden einen nicht sehr ansehnlichen Gewebefetzen aus ihrem Unterleib. Sie sagte mir, sie habe wirklich das Gefühl gehabt, daß tief in ihrem Körper geschnitten worden sei, aber sie könne nach wie vor nicht fassen, was da passiert sei.

Wir bedankten uns und nahmen unsere Wassermedizin. Er erklärte uns kurz, daß das Wasser vor der Operation der energetischen Reinigung gegolten habe. In vierzehn Tagen sollen wir wiederkommen, um die zweite Medizin zu holen, die zur Harmonisierung unseres verletzten Energiekörpers beitrage, und nach nochmals vierzehn Tagen bekämen wir das Wasser für unseren energetischen und geistigen Schutz, zur Festigung des neuen, geheilten Energiekörpers.

Es hätte vieles gegeben, was wir bei der Heimfahrt hätten austauschen können. Wir taten es nicht. Es war uns peinlich, über das Erlebte zu sprechen. Es war geschehen, was wohl geschehen mußte, und wir fuhren heim, um zu frühstücken. Operationen dieser Art schließen ein geruhsames Frühstück unmittelbar danach nicht aus.

Von diesem Tag an fühlte sich meine Lunge frei an, ich kann seither ohne Atemnot laufen. Auch Christine war die Schmerzen im Unterleib los. Ich verknipste einen ganzen Film, um meine Wunde zu dokumentieren, die fünf Stunden nach der Operation bereits geschlossen war. Das Kreppband konnte ich bald entfernen, es blieb nur ein leichtes Brennen, eine rote Narbe, die aber schon nach ein paar Tagen nicht mehr sichtbar war.

Dieses Erlebnis war der Beginn einer jahrelangen Freundschaft mit Don Chepe. Wann immer wir Lust hatten, konnten wir zu ihm kommen. Für uns stand trotz wartender Menschenmenge jederzeit die Tür offen. Wir mußten nie wieder warten und hatten viele schöne und lehrreiche Begegnungen mit ihm. Don Chepe ist kein Mann vieler gelehrter Worte über Heilungssysteme. Wenn wir in Nöten waren, half er uns wie allen anderen auch mit der zu diesem Zeitpunkt nötigen Information. Mit einer Schutzzahl, mit einem Heilwasser, das ich inzwischen als Kraftessenz zu respektieren gelernt habe.

Als ich ihn einmal fragte, warum er einen Revolver auf seinem Tisch liegen hätte, meinte er, daß schon einige Male Neider versucht hätten, ihn zu töten. Da er um sein Haus noch keinen Schutz habe, müsse er auf diese Weise ein klares Zeichen setzen, daß er gewillt sei, sich zu verteidigen. Er spüre oft, daß Menschen zu ihm kommen und vordergründig um Heilung bitten, in Wirklichkeit aber anderes vorhätten. Solche Leute erkenne er sofort und lasse sie von seinen Helfern hinausschmeißen. Weil auch in Spitälern Patienten öfter den Wunsch äußerten, sich lieber an ihn zu wenden, gäbe es auch viel Mißgunst und Neid bei den Ärzten, vor allem wenn seine Arbeit erfolgreicher als die bisherige Behandlung war.

Manchmal fuhr ich zu Don Chepe, weil ich fühlte, daß er mich rief. Wenn ich zusammen mit anderen im Vorzimmer seines Behandlungsraumes wartete, kam er gelegentlich heraus und bat mich, ihm Energie zu senden. Einige Minuten der Konzentration auf ihn genügten, dann bedankte er sich. Auf diese Weise lernte ich Energie weiterzugeben und war immer wieder erstaunt, wie schnell sich ein Effekt einstellte. Bei vielen Alltagsproblemen erhielten wir von Don Chepe Rat und Hilfe, eines Tages aber meinte er, wir sollten heimfahren und selbst einen Behandlungsraum einrichten.

Ich fragte ihn, welche Leute seiner Meinung nach zu uns kommen sollten, wo wir doch kaum jemanden in Guatemala kannten. Er meinte nur, wir sollten abwarten und Vertrauen haben. Wenn die Zeit reif sei, würden unsere geistigen Führer uns die richtigen Menschen schicken und uns anleiten. Kaum hatten wir einen Raum liebevoll mit einem Altar und mit unseren Ritualgegenständen eingerichtet, rief am nächsten Tag ein Mann an und bat um eine Behandlung. Er hatte von uns auf einer Party bei Freunden gehört. So begann unsere Heilarbeit im Kraftfeld und mit aller Unterstützung von Don Chepe. Am Anfang kam es noch oft vor, daß wir Don Chepe um Hilfe baten, indem wir uns, wie vereinbart, einfach mental mit ihm in Verbindung setzten. Nachts stellten wir einen Wasserkelch unter das Bett, nahmen in einer gemeinsamen Meditation zu später Stunde mit ihm Kontakt auf und spürten seine Anwesenheit und Führung. Es war die Zeit, zu der auch er auf dem Flachdach seines Hauses betete und meditierte.

Die Prophezeiung aus Christines Traum, daß wir für die Reichen des Landes arbeiten werden, stellte sich alsbald als richtig heraus. Wir behandelten nun nahezu täglich Menschen, die aus der guatemaltekischen Oberschicht kamen. Zu dieser Zeit wohnten wir etwas außerhalb der Stadt in einem kleinen Vorort, und unsere Nachbarn waren arme Indigenafamilien. Nachdem es uns gelungen war, die Gesichtslähmung eines Mädchens aufzulösen, kamen öfter auch arme Leute zu uns, an die wir heute mit viel Freude zurückdenken. Ihre Dankbarkeit, die sie durch Blumen und Speisen ausdrückten, war ein berührendes Geschenk für uns.

Infolge von Don Chepes zahlreichen Erfolgen wurde die Menschenschlange vor seinem Haus immer länger. In der Dunkelheit kam es gelegentlich vor, daß wartende Menschen überfallen und beraubt wurden, und so umgab der Heiler sein Anwesen mit einer großen Schutzmauer. Trotz der geringen Honorare von etwa ein US$ für eine Behandlung und sechzig US$ für eine Operation dauerte es nicht lange, bis Don Chepe zu bescheidenem Wohlstand kam und sein Haus umbaute. Leute spendeten für eine neue Kapelle, in der die Wartenden inzwischen beten konnten, und in der Garage stand Don Chepes neuer Geländewagen. Sein Hobby war und ist noch heute, am Nachmittag spazierenzufahren und sich dabei zu entspannen. Nachts meditiert und betet er nach wie vor meist auf dem Flachdach seines Hauses. Mit seiner Familie befindet er sich im Kriegszustand, seine Schwester hat seinen Aussagen nach ein Zentrum für Schwarze Magie. Sie nützt ihre Fähigkeiten, um Menschen zu schaden und mit magischen Mitteln die dunklen Mächte zu bedienen. Auch dafür gibt es genug Auftraggeber. Es sind Menschen, die, statt Gerichtskosten zu bezahlen, lieber einen Schwarzmagier engagieren, um Rache an jemandem zu üben.

Es kam immer öfter vor, daß Don Chepe sich Zeit für uns nahm und uns einiges über sein hartes und entbehrungsreiches Leben erzählte. So bekamen wir nach und nach Einblick in seinen Werdegang und in das umfassende Vertrauensverhältnis, das er zu seiner göttlichen Führung hatte. Den Auftrag zu operieren habe er in einer klaren Vision bekommen. Ein göttliches Wesen, wie er es ausdrückte, habe ihn gerufen und angewiesen, sich einfach seiner Führung anzuvertrauen. Am nächsten Tag hatte Don Chepe sich die in der Vision aufgezählten Dinge besorgt und seine erste Operation unter der Anleitung seines geistigen Führers gemacht. Er habe dabei zum ersten Mal gespürt, daß seine Hände von einer anderen Kraft bewegt werden, und geschehen lassen, was im Willen Gottes sei.

Das klang alles sehr einfach und für mein Verständnis doch schwer nachvollziehbar. Seine Operation sei mehr ein Verletzen des Fleisches, meinte er einmal, um im physischen Körper das in jeder Zelle gespeicherte Bewußtsein des Menschen zu verändern. Auf diese Weise sei es ihm möglich, einen Kopftumor aufzulösen, ohne durch die Schädeldecke schneiden zu müssen, was mit einem gewöhnlichen Messer ja nicht möglich sei. Ein Tumor sitzt eben nicht nur an einer bestimmten Stelle im physischen Körper, sondern auch im Energiekörper. Daher gibt es die Möglichkeit, den Energiekörper zu operieren, dann löst sich der Tumor im physikalischen Körper von selbst auf. Den Heilungseffekt solcher Operationen konnten wir bei einem Kind sehen, das an einem Gehirntumor litt. Nach der Operation sah man nur ein kleines Pflaster an der Stirn. Der Tumor war innerhalb einer Woche auf ein Drittel seiner Größe reduziert und verschwand kurze Zeit später ganz.

Bei vielen Operationen wird aber auch krankes Gewebe herausgeschnitten. Die physische Operation wird also gekoppelt mit einer Operation im Energiekörper. Das Zusammenspiel beider Eingriffe löst schließlich den Krankheitsherd auf. Ich wußte von vielen Menschen, die zu Don Chepe gekommen waren und von schweren Krankheiten geheilt werden konnten. Sie mußten ja auch zu einer Nachbehandlung kommen und das zweite Heilwasser zur Harmonisierung des Energiekörpers abholen. Oft sprach ich mit Leuten, die mir die Geschichte ihrer raschen Gesundung erzählten und nun ihre Angehörigen zu Don Chepe begleiteten.

Die jahrelange Schwerarbeit hat Don Chepe inzwischen müde gemacht, sodaß er nur mehr drei Tage in der Woche arbeitet. Das bedeutet, daß manchmal bis zu 200 Menschen an einem Tag behandelt werden müssen. Der direkte Kontakt zu Don Chepe hat sich auch dadurch etwas reduziert, daß er sehr wenig zuhause ist. Er hat sich irgendwo eine kleine Finca gekauft, um den Menschenmassen zu entgehen, und meint, es genüge, über unsere Altäre in Verbindung zu bleiben. Er war und ist für uns ein Phänomen, das den üblichen Vorstellungen von einem Heiler widerspricht und viele Fragen offen läßt. Zum Beispiel kann ich nicht erklären, wodurch das Schmerzempfinden der Patienten, die Vertrauen haben, ausgeschaltet wird und wieso es möglich ist, in einen Körper tief hineinzuschneiden, ohne dabei ein Blutbad anzurichten.

Mein Sohn Florian war der einzige, der eine von Chepe verordnete Operation mit offenen Augen auf dem Rücken liegend mitverfolgte. Gemäß der Diagnose des Heilers mußte bei ihm die Blase gehoben werden. Jahrelang hatte er das Problem des

Bettnässens. Don Chepe öffnete ihm die Bauchdecke und bat Florian, wegzusehen, damit ihm nicht schlecht werde. Der damals vielleicht zehnjährige Bub war aber sehr neugierig und erzählte uns anschließend den genauen Ablauf der Operation. Don Chepe habe mit ihm gesprochen und dabei die Augen geschlossen gehabt. Florian hatte selbst seine offene Bauchdecke gesehen und tief im Inneren einen leichten Schmerz gefühlt, als Don Chepe im Körper geschnitten hatte. Direkt nach der Operation ging er mit mir in ein Restaurant, das hatte ich ihm vorher versprechen müssen. Das jahrelange Bettnässen war für immer vorbei.

Abseits aller mystischen Zusammenhänge sehen die dort ankommenden Menschen Don Chepe als letzte Hoffnung und ihre Behandlung als göttliches Geschenk. Dementsprechend beten viele in tiefer Gläubigkeit während der Wartestunden um Heilung, die sie schließlich im engen Kontakt mit Don Chepe annehmen. Niemand käme auf die Idee zu hinterfragen, was dort passiert. Es steht nicht zur Debatte, ob Don Chepe ein Scharlatan oder ein großer Heiler ist. Es zählt einzig, daß viele bei ihm gesund werden, deswegen kommen die Menschen zu ihm. Natürlich gibt es auch Menschen, denen Don Chepe nicht helfen kann. Er selbst sagt dazu: „Ich bin nur Werkzeug einer höheren Macht und tue, was mir möglich ist. Es liegt an Gott zu bestimmen, ob der richtige Zeitpunkt für die Heilung gegeben ist."

Oft wurde ich von Bekannten in Zusammenhang mit den Operationen dieses Heilers auf die Fernsehfilme über Scharlatane auf den Philippinen hingewiesen. Medienberichte über die Tricks der Heiler verschaffen uns aufgeklärten Europäern offenbar tiefe Befriedigung und die Bestätigung dessen, was wir immer schon gewußt haben. Vor allem helfen sie uns dabei, an unserem Weltbild möglichst unbeirrt festzuhalten. Aber ebenso wie die Absicht eines Heilers oder Scharlatans hinterfragt wird, könnte man auch die Absicht eines Filmteams oder einer Sendeanstalt in Frage stellen. Viele Menschen zweifeln überhaupt jede Art von geistigem Heilen an, weil sie keinerlei Erfahrung damit haben. Sie bilden sich ihr Urteil aufgrund von Schilderungen anderer Personen und übernehmen deren Meinung. Manchen verbieten sogar ihre religiösen Überzeugungen, eigene Erfahrungen zu sammeln.

Überall, wo Menschen existentiell bedroht sind, begegnen uns neben den ehrlich bemühten Helfern auch Geschäftemacher. Viele Ärzte leisten einen hohen Einsatz und geben ihr Bestes, aber es gibt eben immer wieder auch Vertreter dieses Berufsstandes, die ihre Position zur Erhöhung ihres Profits ausnützen. Wir müssen immer darauf achten, keinen Klischees zu folgen und uns selbst ein differenziertes Bild zu machen.

Don Chepe hat mich gelehrt, ihn über alle Ungereimtheiten seiner Persönlichkeit und seines Lebensstils hinweg als Menschen mit Stärken und Schwächen wahrzunehmen. Wenn Wartende sich nicht zu benehmen wissen, bricht er in Jähzorn aus, und es kann vorkommen, daß die betreffende Person von ihm selbst hinausgeschmissen wird. Manchmal kommt es sogar vor, daß er nach ähnlichen Vorfällen auch alle anderen Menschen nach Hause schickt. Er könne unter diesen Umständen nicht arbeiten, stellte er einmal fest, als zwei Frauen einander in die Haare gerieten, ließ einfach alle Patienten stehen und fuhr im Auto weg. Inzwischen ist er zu Wohlstand gekommen, durch anstrengende tägliche Arbeit und nicht auf Kosten anderer. Ob arm oder reich, jeder bezahlt das gleiche bescheidene Honorar. Der Heiler des Herzens nimmt aber auch noch die Menschen wahr, die um Hilfe rufen, aber kein Geld haben.

Vielen Schamanen und Heilern, die vollkommen verarmt auf die Almosen der Leute angewiesen sind, rate ich, sich selbst und ihre Arbeit aufzuwerten und aus ihrem inneren Reichtum auch einen bescheidenen äußeren Wohlstand zu schaffen. Der Ausgleich von Geben und Nehmen muß auch bei armen Menschen gewährleistet bleiben. Gottes Energie ist zwar kostenlos und nicht bezahlbar, aber sie braucht Menschen, die sie umsetzen, die sich die Zeit und Mühe dafür nehmen und mit ihrer Verantwortung und Hingabe die Menschen durch ihre Veränderung führen.

Im Heilungsbereich manifestiert Don Chepe für mich die Kraft der Liebe und des göttlichen Vertrauens. Er ist ein Mann, der tausenden und abertausenden Menschen Heilung gab und gibt, die sich keine andere Behandlungsmethode leisten könnten. Kranke, die zu ihm kommen, sind vielfach schon austherapiert und haben infolge des Fehlens einer Versicherung bereits ihr weniges Hab und Gut verloren. Schwere Krankheiten nehmen in Guatemala vielen Menschen ihren letzten Rückhalt. Es ist letztlich unser westliches Heilungssystem, das auch armen Menschen vieles verspricht, doch allein die Beschaffung von Antibiotika kostet oft mehr als den Monatslohn eines Arbeiters. So hat sich in den Ländern der Dritten Welt ein Heilungssystem erhalten, das denen Halt und Hilfe gibt, für die allein aufgrund der finanziellen Situation kein anderes in Frage käme. Umgekehrt können wir uns aber gerade angesichts dieser Traditionen wieder überlegen, was eigentlich Heilung bedeutet und inwiefern wir über den Weg der Krankheit wieder zu innerer Harmonie und zum Kontakt mit unserer eigentlichen Lebensaufgabe zurückfinden können.

Don Sebastián, Schamane und Heiler

Unsere eigene Heilung und die vielen Gespräche mit Don Chepe ließen in mir erstmals den Wunsch aufkommen, weitere Schamanen und Weise der Maya zu suchen und von ihnen zu lernen. Wir planten zu den Wochenenden Familienausflüge in das über 2000 Meter Seehöhe gelegene Hochland, in die Dörfer mit ihrem grellbunten Alltagstreiben. In den Monaten der Regenzeit verschwinden die kleinen Indianerhütten zwischen den Maisfeldern. Die Vegetation wuchert dank des Regens, der in den Monaten Juni bis Oktober nahezu täglich für ein paar Stunden niederprasselt. Tiefschwarze Wolken schieben sich von der Küste her bis zu den Vulkanen und entladen sich am frühen Nachmittag in gewaltigen Gewittern, dann bricht die Sonne wieder durch und bringt die feuchten Felder zum Dampfen.

Wir fuhren also wieder einmal mit dem Auto durch die wunderschöne Landschaft hoch über dem Atitlánsee, der auf mich von Anfang an einen geheimnisvollen Magnetismus ausübte. Der See ist umgeben von Vulkanen, an deren Hängen unzählige Maya-Altäre von einer vergangenen Zeit zeugen. Menschen aus aller Welt fühlen sich angezogen von dem Kraftplatz, den die Maya als „Tor zum Universum" bezeichnen. Über diese energetische Brücke ist es für die geistigen Wesen leichter, in die Schwingungsfrequenz unseres Planeten einzudringen. Daher sind die sogenannten „Tore" auch Orte, an denen besondere Bauwerke auf starken Kraftplätzen stehen. Ich denke dabei an das „Tor des Nahen Ostens", Jerusalem, an die ägyptischen Pyramiden, an Tikál, wo den Mayaüberlieferungen nach die Essenz ihres Wissens in den heiligen Tempeln und Pyramiden gespeichert ist und zur Zeitenwende wieder verfügbar werden wird. Vergangene Kulturen wußten um diese besonderen Orte und erwarteten dort auch ihre göttlichen Boten, die großen Helfer für die Menschheit.

Von Sololá über die Aldea Saquciguán führte unser Weg, bis wir auf halber Strecke in einem kleinen Dorf namens Mercedes Halt machten und in der Hoffnung, hinter der nächsten Hügelkuppe den Atitlánsee zu sehen, ausstiegen. So war es dann auch, wir waren vom Anblick des tiefblauen Sees überwältigt. Von hier aus betrachtet hatte er die Form eines Vogels, vielleicht einer Taube mit ausgebreiteten Flügeln. Das Wasser spiegelte verschiedene Farben. Wasserströmungen und Windböen, die über die steilen Abhänge hineinbrachen, erzeugten auf der Wasseroberfläche feine Rippen. Boote, die von Panajachel nach Santiago Atitlán unterwegs waren, sahen aus wie Spielzeugschiffchen, die sich langsam ihrem Ziel näherten.

Die Aussicht und auch der Platz auf dieser Hügelkuppe faszinierten uns so, daß wir einen Nachbarn aufsuchten, um Erkundigungen über dieses Grundstück einzuholen. Über ein paar Stufen erreichten wir den Vorhof der kleinen Indigenahütte. Hühner stoben davon, und ein Hund versperrte uns kläffend den Weg. Eine ältere Frau schaute ängstlich aus dem Küchenfenster. Bald kam ein alter Mann in abgetragener Indigenatracht heraus und erzählte uns in gebrochenem Spanisch, daß der Besitzer des Grundstücks einen Käufer suche. Wir redeten noch über das Wetter und die Ernte, die heuer bestimmt gut ausfallen werde, und verabschiedeten uns von ihm. Er rief uns noch nach, er sei gerne bereit, gegebenenfalls das Grundstück zu bewachen.

Noch am selben Tag besorgten wir die nötigen Informationen und beschlossen, den Besitzer aufzusuchen und erste Gespräche über einen möglichen Ankauf zu führen. Zur gleichen Zeit erzählte uns eine Bekannte von einem alten Maya-Priester in Chichicastenango, dem damals 88jährigen Don Sebastián, den wir ein paar Wochen später auch aufsuchten. Ein Grundstück im Herzen des Indigenagebietes zu kaufen, schien uns vorerst einmal verwegen. So wollten wir den ortsüblichen Bräuchen entsprechend einen Schamanen dazu befragen. Ein Indigena würde uns vielleicht auch Antworten auf die vielen offenen Fragen geben können.

Auf dem Markt von Chichicastenango herrschte das landesübliche bunte Treiben. Die Farbigkeit der Trachten, der Eifer und

Fleiß der Indigenas beeindruckten mich. Als ich mit ständig geneigtem Haupt zwischen den für meine Körpergröße viel zu niedrigen Marktständen durchging, wurde ich ständig hin- und hergeschoben. Eine Frau mit einem Korb voller Hühner auf dem Kopf konnte im Gemenge nicht schnell genug weiter und drängte sich mit aller Kraft durch. Ein Hühnerschnabel streifte mich im Gesicht, während ich zugleich von der anderen Seite Druck verspürte. Ein Mann mit einem riesigen Maissack auf dem Rücken wollte so schnell wie möglich ans Ziel und schob sein durch die Last verdoppeltes Körpergewicht durch die sich nur langsam bewegende Menschenmenge. Die einzige Möglichkeit zu entkommen war, sich in einen Marktstand zu retten und zu warten, bis sich die Druckverhältnisse geändert hatten.

Von weither kommen die Indigenas zum Markt, um ihre Waren hier anzubieten. Zweimal wöchentlich werden Hunderte von Marktständen auf- und wieder abgebaut. Die Indigenas tragen ihre restlichen Waren auf dem Rücken davon, übergeben ihre Säcke den Hilfschauffeuren der Busse, die sie auf die Dachgalerien hinaufwerfen, und reisen dorthin zurück, woher sie gekommen sind. Kommt man zwischen den Markttagen nach Chichicastenango, ist der Ort nahezu ausgestorben. Auf dem Marktplatz sind keine Stände, nur einige wenige Frauen in bunten Trachten sitzen dort, um Obst und Gemüse zu verkaufen.

Alle Kleidungsstücke und ihre Muster sind sehr symbolträchtig und erzählen vom spirituellen Weltbild der Indigenas. Der purpurrote Huipil von Chichicastenango hat eine strahlenförmige Sonne am Halsausschnitt und einen runden schwarzen Mond auf den Schultern. Die Sonne umrahmt also den Kopf, das Denken der Frauen, der Mond ihren Körper, den empfangenden Schoß. Sonne und Mond zusammen repräsentieren die Fruchtbarkeit, das Zusammenwirken von männlicher und weiblicher Kraft. Ein Huipil besteht aus drei Stoffbahnen, auf deren mittlerer ein doppelköpfiger Adler, der Balam-Acap, einer der ursprünglichen Lichtboten der Maya, zu sehen ist. Kleine rote und gelbe Kreise und Parallelogramme stellen die Sterne dar, Schlangenlinien, die den Abschluß der mittleren Stoffbahn bilden, die Wellen des Meeres. Legt man den Huipil flach auf, bildet er ein Kreuz mit der Sonne in der Mitte, ein Symbol für das Maya-Kreuz und die vier Himmelsrichtungen, ein Zeichen des unendlichen Lebens, des „Corazón del cielo, Corazón de la tierra". Wer den Huipil trägt, ist also eingehüllt in die Urkraft von Himmel und Erde und erhält Schutz und Führung auf seinem Lebensweg.

Viele Indigenas kommen auch immer noch mit den aus ihren Dörfern stammenden Heilern und Maya-Priestern an diesen alten Pilgerort und suchen Hilfe, Befreiung von ihren Leiden oder Rat in Notsituationen.

Don Sebastián kniete an diesem Tag in der Kirche über dem von den Eroberern zerstörten Sonnentempel in Chichicastenango. Die Spanier hatten zwar die eigentliche Pyramide zerstört, die Treppe aber stehen gelassen und als Aufgang zur Kirche verwendet. Als wir nun die Stufen des Maya-Tempels zum Eingang der katholischen Kirche hinaufstiegen, konnten wir von oben das lebhafte Treiben auf dem Markt beobachten, Indigenas, Händler und Touristen liefen wie bunte Ameisen umher.

Vor dem rußgeschwärzten Kirchenportal aber brannte das heilige Feuer der Maya-Quiché. Eine Priesterin hielt dort gerade ihre Maya-Zeremonie ab, Maya-Priester schwenkten ihre Rauchfäßchen und murmelten Gebete. Wir traten in den mystischen, von Rauchopfern vernebelten Kirchenraum ein. Der Mittelgang war voller brennender Kerzen, voller Blumen und Rosenblätter. Indigenas in ihrer farbenprächtigen Kleidung knieten demütig auf dem Boden und beteten. Maya-Priester machten ihre Heilungsrituale, riefen Geistwesen an und verbündeten sich gleichzeitig mit den christlichen Heiligen. Ein starkes Kraftfeld von Maya-Spiritualität und Christentum umgab uns. Katholischer Priester war keiner zu sehen.

Einer der Maya-Priester war der Anciano Don Sebastián. Er kniete allein an einem mit Kerzen und Räucherwerk bestückten Altar und betete in tiefer Versenkung. Ein betrunkener Bettler kam in die Kirche, ging auf Don Sebastián zu, störte ihn in seiner Andacht und bat ihn um Geld. Wir saßen in den Kirchenbänken und wunderten uns über der Frechheit dieses Bettlers. Ich hätte den Bettler sicher ignoriert und abgewiesen. Don Sebastián öffnete die Augen, verbeugte sich vor dem Mann, griff in seine Tasche, holte einige Quetzales heraus und gab sie dem Mann. Die Situation löste sich auf, und Don Sebastián vertiefte sich wieder in sein Ritual. Ich fühlte von diesem Mann in diesem Moment soviel Liebe und Kraft ausgehen, daß wir ihn anschließend um eine Zeremonie für uns und unser noch nicht erworbenes Grundstück baten. Meine Intuition und mein Herz hatten mich zu diesem Mann geführt.

Wir verabredeten einen Termin in vierzehn Tagen, an einem Samstagmorgen, vor der Kirche der 30.000 Einwohner zählenden Stadt Sololá. Tage vorher waren Christine und ich schon sehr nervös. Noch nie waren wir bei einer Maya-Zeremonie dabei gewesen, und das Grundstück, das nach Anraten von Don Sebastián gereinigt werden sollte, gehörte noch nicht einmal uns. Damit nur ja nichts dazwischen komme, brachten wir unseren Geländewagen extra zum Service. Die Fahrt von Guatemala City ins Hochland war für Freitag nachmittag geplant. Vollgepackt mit unseren drei Kindern, Picknickkorb und unseren heiligen Requisiten verließen wir die Stadt. An einer Tankstelle fiel uns auf, daß die Autoreifen rauchten. Die Felgen waren glühendheiß. Ich spritzte Wasser darauf, das augenblicklich verdampfte. Wir hatten gerade noch rechtzeitig vor einem Brand angehalten und konnten das Auto nur noch abschleppen lassen. Das gesamte Bremssystem mußte erneuert werden. Also kehrten wir mit dem Taxi zurück nach Hause und baten Freunde in höchster Aufregung um ihren VW-Bus.

Am Samstag um vier Uhr früh starteten wir den nächsten Versuch, um Don Sebastián nicht zu versetzen. Alles schien glatt zu gehen, wir fuhren durch die Dunkelheit ins Hochland. Die Kinder schliefen friedlich, und ich genoß das Autofahren im langsam aufkommenden Morgengrauen. Am Straßenrand kamen uns schon Indigenas entgegen, die zur Arbeit gingen. Sie waren in ihre bunten Tücher eingemummt. Auf über 2000 Meter Seehöhe ist es in der Nacht kühl und feucht.

Auf halber Strecke krachte plötzlich ein Felsbrocken zehn Zentimeter neben meinem Kopf durchs Seitenfenster ins Auto. Die Kinder schreckten auf und begannen zu weinen. Mir war sofort klar, daß uns jemand mit allen Mitteln davon abhalten wollte, die Zeremonie zu machen. Wie schon oft in solch heiklen Momenten spürte ich eine starke Lichtkraft rund um mich, die mir bestätigte, daß es sich hier um keinen Zufall handelte. Ich mußte mich also erneut dieser Zerstörungskraft stellen und war überrascht, daß ich keinerlei Angst empfand. Meine Frau war so erschrocken, daß ihr die Knie zitterten. Sie sagte zu mir: „Du hättest tot sein können! Wäre es nicht besser umzukehren? Es sträubt sich offenbar alles gegen unser Vorhaben."

Ich war entschlossen, nun erst recht dem „Feind" ins Auge zu sehen, und war voll innerer Stärke und Zuversicht, daß alles in Ordnung sei und wir einfach weiterfahren sollten. Ich beruhigte meine Frau und meine Kinder im Wissen, daß uns keine Macht aufhalten könne. Wir kamen zur rechten Zeit an, trafen wie vereinbart Don Sebastián und seine Frau vor der Kirche von Sololá und fuhren mit ihnen gemeinsam zum vier Kilometer entfernten Grundstück. Don Sebastián meinte auch, daß mächtige Wesen unsere Zeremonie verhindern wollten. Auch er habe das gespürt und uns beschützt. Wir sollten uns keine Sorgen machen, unsere Lichthelfer würden uns zu unserer Bestimmung führen. Was dies bedeuten sollte, war mir zu diesem Zeitpunkt allerdings vollkommen unklar.

Wir gingen den Abhang des Grundstücks hinauf, vorbei an einem riesigen Avocadobaum mit Hunderten von Früchten, und blieben unter einer alten Schwarzeiche stehen. Don Sebastián küßte den Baum und grüßte ihn mit mir unverständlichen Worten in seiner Quiché-Sprache. Auf der Hügelkuppe suchte er den besten Platz für die Zeremonie und bereitete sie mit uns gemeinsam vor. Er kniete nieder, küßte den Erdboden und segnete den zu unseren Füßen liegenden Atitlánsee, der noch vom Morgennebel bedeckt war. Er sprach von einem heiligen Ort der Vorväter.

Die Sonne ging gerade auf, und rundum krähten die Hähne. Die Laub- und Nadelbäume begannen in verschiedenen Grüntönen zu leuchten. Don Sebastián erzählte uns, daß es bei den Maya üblich sei, ein Stück Land vor dem Kauf von negativen Kräften zu reinigen und die verstorbenen Besitzer um Einlaß zu bitten. Man könne ja im Grunde die Mutter Erde nicht besitzen, so wie man Wasser und Luft nicht besitzen könne. Ein

Grundstück zu kaufen, bedeute daher, diesen Platz von den Ahnen zu übernehmen, ihn als Lebensgrundlage zu nützen und zu verwalten.

Die Übernahme der Verantwortung beim Kauf eines Stück Landes war also nicht zu trennen von der Erlaubnis, sich im Kraftfeld des Platzes einnisten zu dürfen. Ich stellte mir das wie das Eindringen eines Fremdkörpers in einen lebenden Organismus vor. Die erste Reaktion ist meistens Abwehr. Mangel an Respekt vor den Geistwesen und den Vorfahren, die über Jahrtausende diesen Platz bewohnt hatten, läßt um den eindringenden Fremdkörper Mensch ein Geschwür wachsen. Das äußert sich vorerst in energetischer Form. Wir fühlen uns an diesem Platz nicht besonders wohl, es gibt Unstimmigkeiten in der Gemeinschaft der Leute, mit denen wir dort zusammen sind. Dunkle Mächte werden angezogen, und es passieren Dinge, die wir nicht verstehen können. Manchmal geht das so weit, daß sich Wesen an solchen Plätzen manifestieren und auf sich aufmerksam machen. Auf solche Phänomene reagieren die meisten Leute mit Angst, weil sie nicht damit umzugehen wissen.

Viele Menschen leben infolge ihrer Ignoranz den Kräften und Wesenheiten der Natur gegenüber in einem vergifteten Umfeld. Sie denken zwar über die Zerstörung der Umwelt durch chemische Substanzen und Abfälle nach, vergessen aber meist, daß wir mit unserem Denken, Fühlen und Handeln, mit unserer Respektlosigkeit die größten Verschmutzer der Natur und unserer Mit- und Umwelt sind. Das Bitten um Einlaß in ein bestimmtes Areal gibt Information darüber, ob wir dieses Ortes bereits würdig sind. Das heißt, es gilt festzustellen, ob wir mit unserer eigenen Vibration in Übereinstimmung und Gleichklang mit der Energie des Ortes kommen können. Wir können nämlich durchaus an uns arbeiten, um unsere Schwingungen zu harmonisieren und denen des Grundstücks anzupassen.

Die bei den Maya traditionelle Art und Weise, die Frequenzen eines Platzes zu verändern, ist die Anrufung von Geistwesen in Zeremonien und Ritualen. Jeder Mensch kann aber seine individuelle Form finden, die Schwingung seiner selbst oder eines Ortes zu verändern, wenn er sich dieser Möglichkeit bewußt ist. In Tirol ist es auch heute noch üblich, ein neues Gebäude einzuweihen oder zur Weihnachtszeit in Haus und Stall „Rauchen“ zu gehen. Dabei werden alle Räume mit Weihrauch von negativen, belastenden Energien gereinigt. In vielen Büchern finden sich Techniken aus unterschiedlichen Kulturen und Hinweise, wie wir uns mit bestimmten Orten harmonisieren können. Sobald wir bewußt mit Energien arbeiten, sind wir auch fähig, Reinigungs- und Heilungsarbeit zu leisten.

Don Sebastián erzählte uns von diesem „costumbre“, wie er es nannte, und zeichnete währenddessen mit Zucker das Maya-Rad mit dem Kreuz auf den gesäuberten Platz. Seine Frau lehnte an einem Baum und schien teilnahmslos zu schlafen. Unsere Kinder waren friedlich und spielten im Wald. Aus dem Nebel ragten die Spitzen der drei gegenüberliegenden Vulkane in den morgendlich geröteten Himmel. In mir war vollkommener Friede, und so kam mir erstmals der Gedanke, genau hier an dieser Stelle einen Ort des Friedens und der Heilung auch für andere zu schaffen. Don Sebastián forderte uns auf, einen Kreis zu bilden, und begann eine nahezu dreistündige Zeremonie. Die Wesen des Ortes wurden gerufen, christliche Heilige, Maya-Kräfte, Berge, Vulkane, Tiere invokiert, wir alle gerieten in eine heilige Stimmung, verharrten in heiligem Schweigen. Sogar die Kinder waren ruhig. Nach und nach löste die aufsteigende Sonne die Nebel über dem See auf und ließ die Vulkane in ihrer Pracht erscheinen. Ich war berührt von der Schönheit des Augenblicks und hatte das Gefühl, hier den Grundstein für meine neue Heimat gelegt zu haben.

Leider stand dieser Vorstellung die Realität unseres Kontostandes in Österreich klar entgegen, und wir sahen keine Möglichkeit, wie sich dieser Wunsch manifestieren sollte. Ich hielt mich selbst für verrückt, in Guatemala ein Grundstück kaufen zu wollen, ohne dieses Land zu kennen und abschätzen zu können, ob wir überhaupt hier bleiben würden. An einem Wochenendhaus war ich nie interessiert, zudem gab es viele Plätze, die ich in der Zeit unseres Hierseins mit meiner Familien besuchen wollte. Was sollte also die Zeremonie an diesem Ort? Warum die Bitte um Eintritt, wenn nicht einmal klar war, warum wir hier eintreten wollten? Wozu eine Kontaktaufnahme mit den dortigen Kräften, wenn alles rundherum unklar war? Meine Gedanken waren höchst widersprüchlich, Zweifel überkamen mich. Ich kannte mich in diesem Moment selbst nicht mehr.

Immer hatte ich eine starke Abneigung dagegen gehabt zu bauen, Schulden machen zu müssen und in Abhängigkeiten zu kommen. Mein Haus im Stubaital hatte mich, wie man als leidgeprüfter Häuslbauer sagt, Jahre meines Lebens gekostet. Wieviel Mühe wäre wohl erforderlich, in Guatemala ein Haus oder gar mehr zu bauen, und würde ich eine solche Anstrengung überhaupt überstehen? Ein Friedens- und Heilungszentrum, an dessen Problemen ich schließlich selbst zugrundegehen würde, konnte doch auch nicht viel Sinn haben. Während der Zeremonie fragte ich mich erneut, was wir überhaupt unter den Indigenas wollten, warum wir gerade bei einer Maya-Zeremonie säßen. Ich hielt mich selbst schlicht für größenwahnsinnig.

Welche Überlegungen meine Frau gerade plagten, konnte ich mir gut vorstellen. Wahrscheinlich erinnerte sie sich an die Zeit unserer Kulturarbeit, an die Bemühungen, mit wenig Geld große Ideen zu verwirklichen, und an die Spannungen, die daraus resultierten. Ich hörte ihre Gedanken förmlich und fühlte mich in meinen Zweifeln durchaus bestätigt. Unsere Kinder saßen bei uns und machten sich wohl ihre eigenen Gedanken über ihre Eltern.

Während der Zeremonie teilte uns Don Sebastián mit, daß wir mit Neidern zu rechnen hätten, wenn wir dieses Stück Land kaufen sollten. Es müßten zuerst die benachbart lebenden Indigenas beruhigt werden. Das hier sei ein heiliger Platz mit starken Maya-Kräften. Auf diesem Platz hätten seit jeher Maya-Altäre gestanden, die vielleicht in den letzten Jahrhunderten vergessen worden seien und nun neu erweckt werden wollten. Er meinte, daß wir auf der Spitze einer jahrtausendealten Pyramide stünden, die nun von Bäumen und Sträuchern überwuchert sei. Unsere Bestimmung sei es, diesen Platz zu heilen, ihn mit unserer Liebe zu beleben und hier Menschen zu ihrer Lebensaufgabe zu führen. Der Weg werde uns gewiesen. Damit bekam ich nun die Ausgangsbasis für meine Vision nachgeliefert. Ohne Geld, ohne klare Idee, ohne Zukunftsaussichten ein Projekt anzugehen, schien mir aber im Moment wenig realistisch. Also nahm ich die Sache nicht so ernst und ließ mir erst weitere Informationen geben.

Don Sebastián war nach wie vor in seine Gebete vertieft und murmelte in seinem Maya-Dialekt vor sich hin, erhob sich nun aber plötzlich und lud uns ein, Fragen zu stellen. Die heiligen Geistwesen seiner Vorfahren seien bereit, uns Antwort zu geben. Er lehnte sich an einen Baum und legte auf einem Brett eine Handvoll roter Bohnen aus. Kurz zuvor hatte er den Beutel über dem Zeremonialfeuer geschwungen und jeden einzelnen von uns damit gesegnet.

Ich stellte ihm die Frage, ob es richtig sei, inmitten einer Indigenagemeinde ein Grundstück zu kaufen und damit gleichsam in diese Kultur, in die Dorfgemeinschaft der Indianer einzubrechen. Don Sebastián schob die Bohnen hin und her. Eine kleine Gruppe von Bohnen wanderte nach oben, eine andere nach unten. Unter den roten Bohnen befanden sich auch einige schwarze, die sich meiner Ansicht nach per Zufall dazugemischt hatten. Die Finger spielten ein Spiel mit den Zauberbohnen, während Don Sebastián nach und nach in einen Trancezustand glitt. Er begann über meine Mutter zu sprechen, über die Eltern meiner Frau, über unsere Kinder, über Verstorbene und Maya-Kräfte. Dann öffnete er die Augen und interpretierte das vor ihm liegende Bohnenmosaik. Die Bohnen lagen in kleinen Grüppchen da. Ein paar wenige waren zum Rand des Brettes gewandert. Die schwarzen Bohnen deutete er als die dunklen Kräfte, die da und dort isoliert und für ihn damit auch neutralisiert waren. In einem Bohnengrüppchen befand sich eine schwarze Bohne im Zentrum, das war eine klare Aufforderung an ihn selbst, nach der Reinigungszeremonie in der Kirche seines Heimatortes an der Auflösung dieser Energieform weiterzuarbeiten. Sonst würde sie nämlich Schaden anrichten und unser Vorhaben stören. Auf diese spielerisch aussehende Weise bekamen wir Antwort auf viele unserer Fragen. Die wichtigste Frage war geklärt. Das Grundstück konnte von uns erworben werden.

Was hier entstehe, werde wichtig sein für unsere Familie, für die Region, für Guatemala und für die ganze Welt. Don Sebastián segnete zuerst mich, dann Christine und meine Kinder und bot uns an, uns mit all seinen Möglichkeiten und Helfern zur Seite zu stehen. Die Wesen des Grundstücks seien mächtig, und es werde der Tag kommen, an dem besonders ich selbst mich diesen Mächten stellen müsse, um sie für uns und unsere Idee zu gewinnen. Er erklärte uns, dieser Platz sei von den Vorfahren bewußt durch Zeremonien und unsichtbare Wächter vor Entweihung und Zerstörung geschützt worden. Wir seien aber an diesem Platz willkommen, ja man könne sagen, dieser Platz habe auf uns gewartet. Die Geister der Vorfahren hätten ihr Einverständnis dazu gegeben, daß wir uns hier niederlassen, und es werde die Zeit kommen, da wir ihnen begegnen sollten. Auf diese Prophezeiung hätte ich eigentlich verzichten können. Ich hatte weder Lust, einem Verstorbenen zu begegnen, noch konnte ich mir vorstellen, mich einer unsichtbaren Macht zu stellen. Nach Don Sebastiáns Schilderungen hatte ich fast das Gefühl, in einem Zauberwald zu sein, obwohl ich aus diesem Alter eigentlich schon heraus war.

Trotzdem blieben noch viele Fragen unbeantwortet und sollten das auch noch für Jahre bleiben. Don Sebastiáns Worte setzten in mir einiges in Bewegung. Viele Informationen konnte ich aber noch nicht annehmen. Nur meine Zweifel bezüglich des Grundstückkaufes waren aufgelöst. Eine unbeschreibliche Faszination erfaßte mich, das Unterfangen so bald wie möglich anzugehen. Nun konnte ich mir die Verwirklichung meiner Vision vorstellen. Wir würden hier einen Platz schaffen, den wir heilen und an uns anpassen müßten, der uns heilen würde und an dem auch viele andere Menschen ihre Ganzwerdung und Heilung erfahren könnten. Den Hinweis, daß ich mich mit den Wesen des Ortes verbinden sollte, konnte ich zu diesem Zeitpunkt noch nicht verstehen. Auch das Rendezvous mit den Ahnen und den unsichtbaren Schutzkräften war hoffentlich noch in weiter Ferne.

Obwohl an den Kauf des Grundstücks in absehbarer Zeit kaum zu denken war, wollte doch auch meine Frau mit aller Geduld und Kraft an dieser Vision festhalten. Nach den Informationen von Don Sebastián seien die Helfer aus dem Kosmos auf unserer Seite, und das dämpfte die Sorge, uns in große Schulden stürzen zu müssen. Schon oft in meinem Leben hatten wir die finanziellen Mittel für ein Projekt erhalten, wenn unser Beitrag dazu eingebracht war. In den zehn Jahren der Kulturarbeit verwalteten wir eine stattliche Summe an Subventionsgeldern, und auch das war letztlich die Umsetzung einer unerschütterlich bewahrten Vision. Warum sollte der Aufbau dieses Zentrums nicht gleicherart verwirklicht werden können?

Als Don Sebastián nach der Reinigungszeremonie auf der Straße ins Dorf Mercedes ging, küßten ihm Dorfbewohner, die ihm begegneten, die Hand. Ich war betroffen über den großen Respekt, der dem Anciano von unbekannten Menschen entgegengebracht wurde. Leider war dieser Respekt vor allem in den letzten Jahrzehnten durch den Einfluß von Kirche und Sekten immer mehr geschwunden. Man bezeichnete die Ancianos als Hexer und unterstellte ihnen, mit dem Teufel im Bunde zu sein. So machte man sie zu Außenseitern der Gesellschaft. Hin und wieder überwinden die einfachen Leute die Scheu vor ihnen und suchen einen von ihnen auf, weil sie das nötige Geld für eine ärztliche Behandlung nicht aufbringen können.

Don Sebastián, den ich in den folgenden Jahren als wahren Heiligen kennenlernen sollte, arbeitete in seiner Heimatstadt Chichicastenango als Heiler und Schamane. Wollte man ihn treffen, mußte man in die Kirche gehen. Er verbrachte täglich mehrere Stunden dort, um für Menschen zu beten. Bereits als Junge sei er gleichsam in der Kirche aufgewachsen, wo er sowohl den christlichen Heiligen als auch den Kräften der Maya begegnete. Er lebte in Armut in einem dürftigen Lehmziegelbau. Im Hinterhof mußte man über eine wackelige Stiege zu seinem kleinen Balkon hinaufklettern. Dort unterm Dach hatte er seinen Altar mit all seinen Maya-Kraftobjekten, mit Fotos von großen Zeremonien und mit Ahnen- und Heiligenbildchen. Wir besuchten ihn, wann immer wir in die Gegend kamen. Wenn wir ihm süßes Brot mitbrachten, freute er sich wie ein kleines Kind. Er war der Inbegriff von gelebtem Glauben und von gelebter Liebe, wahrhaftig ein Heiliger.

Täglich saßen Indigenas bei ihm auf dem Balkon, um ihn um Hilfe und Heilung zu bitten. Ich erinnere mich an eine Art Paartherapie mit einem Ehepaar, beide um die 40 Jahre. Die Frau war offensichtlich sehr erbost über ihren Mann, das war nicht zu übersehen. Aufgebracht setzte sie Arme, Beine, ja den ganzen Körper ein, um ihrer Unzufriedenheit Ausdruck zu verleihen. Niemandem machte es etwas aus, daß wir hinter dem Paar auf Don Sebastián warteten. Ich staunte, wie sich der sonst so liebevolle Sebastián in einen sehr scharf und klar artikulierenden, zornigen Mann verwandelte. Der angeklagte Ehemann sank immer tiefer in sich zusammen und fühlte sich wohl sehr schuldig. Nach dem heftigen Gespräch folgten dann die Zeremonie, die Klärung der Energien und eine Art Hausaufgabe für den zukünftigen Umgang miteinander. Don Sebastián begleitete die Menschen, die zu ihm kamen, durch weitere Zeremonien, die er dann ohne sie in der Kirche machte. Auf dieselbe Weise wollte er auch die dunkle Kraft auflösen, die sich unserem Vorhaben in den Weg gestellt hatte.

Als wir ihn nach einem Urlaub in Tirol besuchen gehen wollten, gingen wir wie üblich zuerst in die Kirche. Da wir ihn dort nicht antrafen, gingen wir zu seiner Wohnung, die zugesperrt war. Auf dem Balkon standen noch Tisch und Stuhl, alles weitere war bereits weggeräumt. Wir hatten den Eindruck, er müsse wohl übersiedelt sein, und freuten uns, daß es ihm vergönnt war, die letzten Lebensjahre in einem schöneren Haus zu verbringen. Als wir zurück auf die Straße gehen wollten, hielt uns ein Nachbar auf und erzählte, daß Don Sebastián vor einem Monat verstorben sei. Wir suchten seine Frau auf, die zu einem ihrer Kinder gezogen war und uns erzählte, daß er sich in der Kirche eine starke Verkühlung geholt habe. Er habe immer stärker gehustet, aber kein Geld für den Arzt gehabt. So starb Don Sebastián im Alter von 89 Jahren und wurde in allen Ehren als Anciano und über die Region hinaus bekannte Persönlichkeit auf dem Friedhof von Chichicastenango beigesetzt.

Die folgenden Monate standen im Zeichen der Preisverhandlungen und weiß Gott welcher Schwierigkeiten, die sich dem Kauf des Grundstücks entgegenstellten. Ich verlor oft den Mut, den Ankauf weiter zu betreiben, und war nahe daran, alles aufzugeben. Einzig die Aussage von Don Sebastián und meine inzwischen klarer gewordene Vision nährten immer wieder das Vertrauen, daß alles doch noch gut ausgehen werde.

Als eines Tages ein Freund aus Österreich kam und meinte, er werde sich an den Grundstückskosten beteiligen, konnten wir den ersten Schritt tun und die Unterzeichnung des Kaufvertrags vorbereiten lassen. An einem Samstag sollten zwölf Familienmitglieder des Verkäufers bei einem von uns beauftragten Rechtsanwalt zusammenkommen. Diese Leute lebten im Lande verstreut und hatten kein Telefon. Was das in Guatemala bedeutet, ist für einen Europäer kaum vorstellbar. Die Organisation dieses Treffens beanspruchte viele Wochen. Immer wieder hatten wir Termine vereinbart, aber immer wieder fehlten ein oder zwei zeichnungsberechtigte Personen, und damit war leider auch immer wieder alle Mühe des Rechtsanwalts vergeblich. Als es dann irgendwann doch gelang, waren alle Beteiligten in einem besonderen Zustand. Es flossen Tränen der Freude und der Trauer. Nach der Vertragsunterzeichnung kam eine alte Frau zu mir, nahm meine Hand und sagte: „Ich habe dieses Stück Land zeit meines Lebens geliebt, obwohl ich es nie bewohnen konnte. Ich fühle, daß Sie diesen besonderen Platz mit Liebe und Respekt behandeln werden." Dann begann sie zu weinen und ließ meine Hand nicht mehr los. Dieses Grundstück aufzugeben, bedeutete für diese Indianerfrau, einen Teil ihres Herzens zu verlieren. Ich konnte sie nur mit meinem Mitgefühl und meinem Versprechen trösten, daß wir dieses Stück Land ganz bestimmt mit aller Liebe und Wertschätzung verwalten werden. Einmal mehr war ich mir meiner großen Liebe zu den Indianern und ihrer Art zu denken und zu fühlen bewußt geworden.

Das Geld wurde nach Vertragsunterzeichnung auf die einzelnen Familienmitglieder aufgeteilt. Wir gaben die jeweiligen Anteile in zwölf Kuverts, da es in dieser Familie offensichtlich nicht selbstverständlich war, daß jeder seinen gerechten Anteil erhielt. Danach gingen wir zusammen essen. Anschließend fuhr ich mit meiner Familie zu dem Grundstück, das sich nun schon seit Monaten im Mittelpunkt unserer Aufmerksamkeit befand. Wir setzten uns an die Stelle, wo wir die Zeremonie mit Don Sebastián abgehalten hatten, und umarmten einander. Dabei spürte ich seine Anwesenheit und seine Freude, zu diesem heiligen Ort zu gehören. Wenngleich auch noch ein weiter Weg bis zur Errichtung eines Heilzentrums an diesem Ort vor uns lag, die Basis dazu hatte sich nun auch schon in der materiellen Welt manifestiert.

Als wir wieder in die Stadt zurückfahren wollten, kam uns am späten Nachmittag ein alter Mann entgegen, blieb stehen und begann ein Gespräch. Ich erzählte ihm, daß dieses Stück Land nun uns gehöre, und fragte ihn, was sich die Leute so über diesen Platz erzählen würden. Er antwortete, daß seit mindestens 60 Jahren niemand auf dem Grundstück gelebt habe. Eine Frau habe in einer einfachen Lehmhütte im unteren Bereich des Grundstücks gewohnt. Sie habe als Wächterin den Platz vor Rodung geschützt. Ansonsten werde dieser Platz von den Dorfbewohnern gemieden. Immer wieder gingen Geschichten um, daß ein Wesen, ein Wächter auf diesem Platz gesehen worden sei. Die Leute hätten Angst und sprächen von „verhexter Erde".

Das erinnerte mich an eine Geschichte, die mir ein einfaches Dienstmädchen in der Stadt erzählt hatte: In der Nähe ihres Dorfes sei eine alte Zeremonialhöhle der Maya. Niemand habe den Mut, die Höhle zu betreten und die alten Zeremonialgegenstände dort anzurühren. Die Leute meinten, die Höhle werde bewacht. Es gäbe immer wieder Diebe, die dort eindringen und kurze Zeit darauf sterben würden.

Die Nachbarn hatten also offensichtlich Angst, unser Grundstück zu betreten. Auch Don Sebastián hatte uns auf diese Schutzwesen der Maya aufmerksam gemacht. Er hatte uns erzählt, daß besondere Plätze der Maya in feierlichen Zeremonien von den Ahnen geschützt worden seien und daß dieser Schutz noch immer wirke. Ich konnte mir vorerst keine besseren Helfer vorstellen und wiegte mich in Sicherheit. Immerhin hatte ich die Information von Don Sebastián, daß es uns gestattet sei, hier zu leben und in diese geheimnisvolle Welt einzudringen.

Erfahrungen als Wegbegleiter

Trotz der Maya-Zeremonie und dem Einverständnis der ansässigen Wesenheiten hatten wir in der ersten Zeit einige Schwierigkeiten zu meistern. Als fremde „Eindringlinge“ im Dorf mußten wir lernen, Probleme mit einer anderen Einstellung als unserer gewohnten zu lösen. Vor allem war es wichtig, den Respekt vor der dort lebenden Bevölkerung nie zu verlieren. Als Basis für ein Friedens- und Heilungszentrum war der respektvolle Umgang mit den Menschen und Energien des Ortes unerläßlich. Schließlich steht es uns nicht zu, ohne vergleichbare Erfahrungen Menschen zu beurteilen, deren Vorfahren jahrhundertelang ausgenützt und unterdrückt wurden. Es gibt in jeder Gemeinschaft angenehme und weniger erfreuliche Begegnungen.

Als erstes bauten wir ein Haus für einen Verwalter, der sich um den Wald und um die Wege kümmern sollte. Außerdem war es höchst notwendig, den Nachbarn durch die Anwesenheit eines Wächters beizubringen, daß der Wald und unser Baumaterialienlager kein Selbstbedienungsladen waren. Also stellten wir einen sehr sympathisch wirkenden Mann dafür an.

Eines Tages stand ich gerade bei der Tankstelle von Sololá, als ein junger Mann zu mir kam. Er wohne in der Nähe unseres Grundstücks, sagte er, und müsse mich dringend um Hilfe bitten. Der von uns angestellte Verwalter sei im Besitz einer Waffe, die Nachbarn hätten Angst vor ihm. Waffenbesitz ist in Guatemala durchaus noch kein Anlaß dafür, daß sich Nachbarn ängstigen. Jede Finca wird von bewaffneten Wächtern vor Dieben und Eindringlingen geschützt, die Leute im Dorf waren sicher gewohnt, so etwas zu sehen. Wie sollte ich also diese Information deuten? Ich fuhr zurück zu unserem Grundstück. Als ich einparkte, wunderte ich mich, wie sehr sich inzwischen die Belegschaft im Haus meines Verwalters vermehrt hatte. Er kam ganz verlegen heraus und bat mich darum, mit seinen Freunden in einem Raum dieses Hauses eine Schneiderei einrichten zu dürfen. So könnten sie sich alle zu ihren niedrigen Löhnen etwas dazuverdienen.

Ich hatte bisher sehr viel Freude mit ihm gehabt, weil er sehr sauber und verläßlich seine Arbeit machte. Er hatte Hunderte von Adobeziegeln hergestellt, die wir für den Bau des Hauses benötigten. Dafür hatte er Lehm mit getrockneten Kiefernnadeln vermischt, in eine viereckige Form gestrichen und dann gestürzt und getrocknet. So entsteht der bei den Indianern übliche Baustein, der ohne feste Holz- oder Betonstruktur freilich für starke Erdbeben nicht geeignet ist. Allerdings haben Lehmziegel auch große Vorzüge, zum Beispiel sehr gute thermische Eigenschaften. Sie halten die Wärme des offenen Feuers im Haus, schützen aber auch wie kein anderer Baustoff vor der Hitze von außen. Hätte ich daher nicht gerade die Information über Unregelmäßigkeiten gehört, hätte ich vielleicht aus Hilfsbereitschaft den armen Männern gegenüber sogar mein Einverständnis gegeben.

Etwas skeptisch geworden klärte ich ihn darüber auf, daß ich eine Schneiderei mit irgendwelchen Männern, die ich nicht kannte, nicht dulden konnte, was er auch gleich verstand und akzeptierte. Ich stellte ihn wegen seiner Waffe zur Rede und gab ihm erneut zu verstehen, daß wir auf diesem Grundstück keine Waffen haben, geschweige denn einsetzen wollten. Er schwor mir, daß mein Verdacht nur auf die Lüge irgendeines Nachbarn zurückzuführen sein könne, der ihn nur schlechtmachen wolle. Zwei Wochen nach diesem Gespräch wurde ich ein weiteres Mal informiert, daß es zu einem Vorfall mit den Nachbarn gekommen sei. So opferte ich wieder einmal mein Wochenende, um ein noch nicht wirklich faßbares Problem zu lösen.

Freunde und Nachbarn teilten mir mit, daß mein Wächter und seine Freunde eine kriminelle Gruppe wären, die in Militäruniformen in der Nachbarschaft auf Raubzüge gingen. Mein Verwalter sei der Chef der Bande. Ich wollte es zuerst nicht glauben. Wie hatte ich diesen Menschen so verkennen können? Auch meine Frau hatte ihn für einen netten, freundlichen und sauberen Menschen gehalten. Wir hatten ihm oft unser Lob ausgesprochen und ihn immer wieder mit Geschenken überrascht.

Ich konnte meinen Wächter, der gleichzeitig Bandenchef war, nicht direkt auf die Umstände ansprechen. Mit vielen sanften Worten und ohne den Verdacht zu erregen, daß ich von seinem Treiben wisse, verabschiedete ich ihn nach und nach unter dem Vorwand, ihn nicht mehr bezahlen zu können. Zwei Wochen lang waren wir in höchster Besorgnis. Kurze Zeit nach dieser Kündigung wurden die Männer des Dorfes aktiv. Eines Abends überraschten sie die Bande, als sie gerade dabei war, sich in einem benachbarten Haus umzuziehen. Einige entkamen im letzten Moment. Mein Wächter aber wurde gefangen und vom herbeigerufenen Militär vor der Wut der Leute gerettet. Man erzählte sich, er sei im Militärgefängnis gelandet.

Wie in diesem Lande durchaus nicht unüblich, fand er einen Weg, bald wieder in Freiheit zu leben. Er konnte sich anscheinend von unserem Dorf nicht trennen und verlobte sich mit einem Indianermädchen aus der Nachbarschaft. Einige Zeit lebte er sogar bei ihr zuhause, um aber dann eines Tages doch endgültig zu verschwinden. Gelegentlich greifen Menschen am Land zur Selbsthilfe, wenn die Gerichtsbarkeit versagt. Ob mein Wächter der Lynchjustiz zu Opfer gefallen oder einfach weggegangen ist, ließ sich nie herausfinden

Ich war von dem Geschehenen derart schockiert, daß ich für Wochen keine Lust mehr hatte, unseren sogenannten heiligen Platz zu besuchen. Inzwischen hatte ich als Wächter und Betreuer eine Familie gefunden, die leider ebenfalls nach zwei Monaten gekündigt werden mußte. Sie verkauften Bäume um circa sechs US$ pro Stück an die Nachbarn und gaben den begeisterten Leuten sogar schriftliche Bestätigungen, daß sie einen Baum um ein Zehntel seines Wertes erstanden hätten. Auf diese Weise verloren wir an die dreißig der schönsten Bäume. Es blieb mir nichts anderes übrig, als die schriftlichen Zahlungsbestätigungen für die übrigen, noch nicht gefällten Bäume ausfindig zu machen, sie zurückzukaufen und den Leuten zu erklären, daß wir von unserem eigenen Wächter betrogen worden waren.

In den ersten Jahren machten wir auch noch andere unangenehme Erfahrungen mit Verwaltern, die für sich Mittel und Wege suchten, mit Verkäufen zu etwas mehr Wohlstand zu kommen. Meist handelte es sich um Familien, denen wir mit Kleidung, zusätzlichem Geld, medizinischer Hilfe und Betreuung geholfen und weit überdurchschnittliche Gehälter gezahlt hatten. Mitleid, Liebenswürdigkeit und vor allem unser Helfergeist wurden schlicht und einfach als Schwäche ausgelegt und ausgenützt. Diese Erfahrung war eine der schmerzlichsten im Umgang mit vielen armen Menschen in Stadt und Land. Wir mußten einsehen, daß eine tiefe Kluft zwischen den Weisen der Maya, die einst im Einklang mit der Natur lebten, und den entwurzelten und desorientierten Indigenas, die uns zu dieser Zeit begegneten, besteht. Einerseits waren wir in diese Dorfgemeinschaft geführt worden, sollten diesen heiligen Platz verwalten und zu einem Heilzentrum ausbauen, und andererseits wurden wir konfrontiert mit der harten Realität des guatemaltekischen Alltags.

Bald fiel mir aber auf, daß sich die Schwierigkeiten infolge unserer negativen Einstellung zu den Leuten gehäuft hatten. So beschlossen wir, von den mit unseren Baumaterialien instandgesetzten Hütten unserer Nachbarn und von unseren Wächtern einfach Fotos zu machen, die ich auf meinen Altar in der Stadt legte und in meine Meditationen und Gebete einschloß. Auf diese Weise löste ich nicht nur mein emotionales Problem, die Wut und Kränkung darüber, bestohlen worden zu sein. Es kam danach überraschenderweise auch kaum mehr zu Diebstählen. Eines Tages stellte sich ein Mann vor, der Arbeit suchte. Er erhielt gleich seinen Posten als unser neuer Verwalter und ist das Juwel, das wir so dringend gesucht hatten. Er verwaltet unser Anwesen nun schon seit Jahren mit viel Verantwortung und Liebe.

So lehrten mich die vielen Schwierigkeiten einen neuen Umgang mit den Menschen. In unserem Therapieraum in der Stadt haben wir eine eigene Sololá-Ecke mit Bergkristallen zur

Stärkung der lichten Energien und mit Obsidianen zur Abwehr destruktiver Kräfte eingerichtet. Eine alte Frau brachte mir bei, Energiefelder und Störzonen nur aus topographischen Plänen und über jede Distanz hinweg herauszufinden. So untersuchte ich zweimal die Woche den Plan unseres Grundstücks und wußte rechtzeitig, ob und wo es Probleme geben könnte. Ich konnte auf diese Weise ausfindig machen, welche Nachbarn mir weniger gut gesinnt waren, und Schutzsteine in der entsprechenden Richtung aufstellen. Am darauffolgenden Wochenende machte ich dann dasselbe vor Ort, bis ich fühlte, daß sich entweder die Lage beruhigt hatte oder ein energetischer Wall errichtet war. Don Sebastián hatte mich schon anfänglich darauf aufmerksam gemacht, daß dies möglich sei, jetzt hatte ich die Technik dazu gelernt.

Als ich wieder einmal am Wochenende die Bautätigkeit beaufsichtigen mußte, setzte ich mich in den noch offenen ersten Stock des Hauses, um eine Reinigungs-Meditation zu machen, und beschloß, bewußt eine Begegnung mit den Wesenheiten des Grundstücks herbeizuführen. Ich erinnerte mich an Don Sebastiáns Worte, daß der Tag kommen werde, an dem ich mich selbst den Wesenheiten des Ortes stellen müsse. Das hatte mich neugierig gemacht, obwohl auch zunehmend ein wenig Angst im Hintergrund schwelte, je näher ich den Zeitpunkt kommen fühlte. Nun war ich dazu bereit und beschloß, keinerlei Furcht aufkommen zu lassen, was auch immer passieren sollte. Ich wollte dabei allein sein, um niemanden zu verunsichern. Nun rief ich in Gedanken die Geistwesen des Grundstücks und stellte mir dabei vor, daß sich mein Körper erweitert und durchlässig wird. Innerhalb von Sekunden spürte ich, wie diese Wesen in meinen Körper einfuhren. Zuerst waren es nur leichte kalte Schauer, aber die Kräfte wurden immer stärker und mein Körper immer kälter und fremder. Meine Haare stellten sich auf. Noch nie in meinem Leben war ich von einem derart heftigen Gefühl innerer Kälte besetzt worden.

Schon vorher hatte ich mich darauf eingestellt, jeglicher Kraft in vollem Bewußtsein gegenüberstehen zu können, und so ließ ich alles einfach geschehen und beobachtete nur, wie es sich weiterentwickeln würde. Ich verlor jegliches Zeitgefühl. Ob ich Minuten oder Stunden zwischen den Dimensionen verbracht hatte und im Kraftfeld dieser Wesen war, konnte ich nicht mehr einschätzen. Mein Körper glich einem Eisklotz. Ich empfand die Anwesenheit dieser Energien einfach als sensationell, nie zuvor hatte ich etwas Derartiges gespürt. Seitdem erübrigt es sich für mich, über die Existenz dieser Wesen, wer immer sie sind, nachzugrübeln. Ich war in keinem Trancezustand, verlor auch nicht den Bezug zum Hier und Jetzt, stand aber gleichzeitig in einem ungeheuren Kraftfeld, das mich erfüllte und begeisterte. Ich war erstmals in meinem Leben ein Pendler zwischen den Welten, wußte intuitiv, daß jemand mich sicher durch diese Erfahrung führt, und hatte volles Vertrauen, daß alles gut ausgehen werde.

Ich hatte genügend Zeit, mir über die weiteren Schritte Gedanken zu machen, und begann nach und nach, mich mit der Kraft der Liebe zu verbinden. Wie ich auf diese Idee kam, kann ich nicht sagen. In meinem eiskalten Körper nahm ich plötzlich mein Herz wahr und begriff, daß ich meinen Körper mit Liebe wieder erwärmen könnte. So stellte ich mir diese Kraft als etwas Starkes, Weites und Warmes vor, das meinen Körper und die darin befindlichen Wesen einhüllte. In dem Moment wurde mir bewußt, welche Macht uns Menschen mit der Liebe zur Verfügung steht.

Die Kälte in meinem Körper wich nach und nach der sich ausbreitenden Wärme. Ich hatte das Gefühl, daß diese Eiswesen sich mit Wärme „anfüllten" und sich in ihr transformierten. In Gedanken begann ich nun einen Dialog mit ihnen und stellte ihnen die Idee eines Heilungs- und Friedenszentrums vor. Ich bat sie um Hilfe und Schutz für den Ort, an dem sie immer diese Wärme spüren sollten, und versprach ihnen, liebevoll mit ihnen zusammenzuarbeiten. Ich machte ihnen klar, daß ihre Programmierung als Schutzkräfte dieses heiligen Platzes verändert werden sollte. Wir seien hierher gekommen, um die Verbindung von Licht und Liebe mit ihnen zusammen an diesem Ort zu manifestieren. Nach und nach gewann ich den Eindruck, daß ich sie überzeugen konnte. Die Kälte löste sich vollkommen auf, und in mir breitete sich ein überwältigendes Glücksgefühl, ein wunderbares Gefühl von Einheit und Harmonie aus. Ich begann zu weinen.

Niemand hatte mir zuvor je erklärt, wie man sich in einer solchen Situation verhalten müsse. Alles geschah in einem Zustand des Vertrauens und im Einklang mit einer inneren Stimme, die mich durch dieses Erlebnis leitete. Das Bewußtsein der göttlichen Führung vermittelte mir ungeheure Kraft und Macht. Ich hatte nicht eine Sekunde lang Bedenken, daß mich die Wesenheiten überwältigen könnten, diese Sicherheit verdankte ich einem meiner geistigen Führer, dem Erzengel Michael. Von seiner Macht über das Böse war ich schon als kleiner Bub immer sehr beeindruckt. Als Erwachsener ordnete ich ihm den Ausgleich zwischen Licht- und Schattenwesen zu, in der Überzeugung, daß es nichts gibt, das wir bekämpfen müßten. Der Kampf gegen das Dunkle läßt das Dunkle stärker werden, das haben wir wohl jahrhundertelang in unserer Kultur und Religion praktiziert. Nun hatte ich mein erstes Erlebnis mit meinem Erzengel und wußte ab jetzt, daß ich über die Fähigkeit verfügte, die Mächte der Dunkelheit zu erwärmen und damit auch zu transformieren. Das heißt nun allerdings nicht, daß die Kraft, die ich in mir als Eiseskälte wahrgenommen hatte, eine dunkle Kraft war. Ich empfand sie vielmehr als unflexible Schutzkraft, die an unsere Zeit, an unsere Anwesenheit und Aufgabe angepaßt werden mußte.

Als ich in die Stadt zurückkam, erzählte ich dieses Erlebnis meiner Frau, und wir gingen gemeinsam zu unserem Altar- und Meditationsplatz, um uns für das Geschenk einer großen Erkenntnis zu bedanken. In den darauffolgenden Tagen kaufte meine Frau Farben und Papier. Ich kann mich nicht erinnern, sie je zuvor malen gesehen zu haben, aber nun saß sie mit ihren Utensilien auf dem Steinboden im Gang. Die Kinder schliefen bereits in ihren Zimmern, und ich las noch ein wenig und ging dann zu Bett.

Um zwei Uhr früh wachte ich auf. Christine schien in einer Art Trance zu sein und wirkte abwesend. Sie saß noch immer auf dem Boden, hielt einen Pinsel in der Hand und bat mich mit leiser Stimme, ihr zu helfen. Auf dem Blatt war eine Steingruppe zu sehen, rote Felder füllten den Raum dazwischen. Das Bild strahlte eine unglaubliche Kraft aus, und mir sagte meine Intuition, daß wir dieses Energiefeld auflösen müssen. Ich rief Christine zurück ins Wachbewußtsein und erdete sie. Langsam erwachte sie aus ihrem Zustand und legte sich zurück. Als ich mit den Händen über das Bild strich, wurde mir klar, daß der gemalte Platz wohl ein alter Opferplatz war. Die an ihn gebundenen Wesen spürte ich als beißende und kalte Energie. Darum legte ich Kristalle und einen großen Amethyst auf das Bild. Dann zündete ich Kerzen an und umgab die Wesen mit Licht und Liebe. Und wieder passierte das gleiche wie in Sololá: Die Qualität der Energien veränderte sich in Sekundenschnelle, und in mir breitete sich ein Gefühl von Glück und Wärme aus. Meine Frau malte die ganze Nacht weiter. Auf einem zweiten Bild bewegten sich Lichtwesen um die Steine und berührten sie mit ihren dünnen, goldenen Fingern. Die Steingruppe befinde sich auf unserem Grundstück, meinte Christine.

Die Geschehnisse aus alter Zeit hatten sich in einem Bild manifestiert und konnten selbst auf Distanz aufgelöst werden. Wir beide fanden diese Steingruppe eine Woche später auf dem Grundstück und brachten den Wesen dort Kerzen, Obsidiane und Quarze. Bereits in der Nähe dieser Steingruppe war uns beiden schwindlig geworden, unsere Knie waren weich und unsere Körper vibrierten innerlich. So hatten wir nun einen weiteren alten Kultplatz auf diesem Stück Land gefunden, der Heilung benötigte. Die transformierten Wesen und Kräfte sind noch immer spürbar. Wir führen inzwischen besonders gerne Menschen dorthin, die zu wenig geerdet sind. Sie spüren dort unmittelbar die Urkraft der Mutter Erde und das Öffnen der unteren Energiezentren.

Aus diesen Erlebnissen konnten wir beide sehr viel ableiten und lernen. Wir können offenbar alte Ritualplätze, Ausgrabungsstätten oder Friedhöfe bewußt wahrnehmen und dort gebundene Kräfte in Liebe auflösen, ohne direkt anwesend sein zu müssen. Wir tragen die Fähigkeit dazu in uns, und es bedarf nur eines einfachen Aktes der kosmischen Liebe, um solche

Kräfte zu transmutieren und zu befreien. Ich nehme dabei meist einen Kristall als Helfer zur Hand, stelle mir vor, daß sich die an einen bestimmten Ort gebundenen Wesen um mich versammeln, und beginne mental mit ihnen zu kommunizieren. Ich lade sie zu einer Lichtreise ein und kündige ihnen an, daß sie bei dieser gemeinsamen Reise Freiheit und Frieden finden werden.

Ich beginne damit, die Kräfte der Mutter Erde und die Lichtkräfte des göttlichen Kosmos zu rufen. Sie alle lade ich ein, mir bei diesem Akt der Befreiung der Seelen und gebundenen Wesen behilflich zu sein. Mit meiner mentalen Kraft und dem Kristall in der Hand verbinde ich sie mit dem violetten Feuer und stelle mir vor, daß sie von diesem Licht magnetisch angezogen und umgewandelt werden. Auch dabei ist es wichtig, die Entscheidungsfreiheit jedes Wesens zu respektieren und nur mit denen zu arbeiten, die bereit dazu sind. Diese Befreiungszeremonie ist sehr einfach, aber sehr effektiv. Wir können dabei auch Gebete sprechen und das Ritual unseren jeweiligen Weltbildern entsprechend gestalten. Für mich schloß sich dadurch der Kreis von meinen Kindheitserfahrungen mit den Armen Seelen bis zur Arbeit mit den Maya-Altären. Nach diesen Ritualen ist immer ein Gefühl der Freude und des Glücks in mir, und das werte ich als Dank der ins Licht geführten Wesen.

Alte heilige Orte sollten wir mit Ehrfurcht vor dem dort Geschehenen besuchen und uns einfühlen in der Absicht, die Qualität der dort wirkenden Energien zu erkennen. Dann werden wir intuitiv erkennen, was zu tun ist; ob die dort vorhandenen Wesenheiten mit uns zusammenarbeiten wollen oder ob es besser ist, dieses Kraftfeld gleich wieder zu verlassen. Wir können durchaus in verschiedenen Dimensionen und Ebenen große Dienste leisten und Wesen erlösen, die in vergangener Zeit an eine Aufgabe, an eine andere Macht oder an einen Ort gebannt worden sind oder sich selbst an diese Orte anklammern. Letzteres kann der Fall sein, wenn Menschen durch Unfälle oder Gewaltakte ihr Leben lassen mußten. Alte Gepflogenheiten wie das Aufstellen eines Kreuzes, die in Tirol üblichen Marterln, Blumen, das Foto eines Unfallortes auf einem Hausaltar zeugen von unserem Wissen um diese große Hilfe, die wir dadurch verunglückten Menschen zuteil werden lassen.

Den Lichtkräften stehen immer wieder Schattenkräfte gegenüber, und diese gibt es gerade auch an alten Kultplätzen zur Genüge. Deshalb sind auch die schon angesprochenen Tore ins Universum, die heiligen Orte des nahen Ostens zum Beispiel, häufig auch Schauplätze von Gewalt und Krieg. Viele Menschen wurden an den heiligen Stätten alter Völker getötet, sei es für Opferungen, in Kämpfen oder durch menschenunwürdige Arbeitsbedingungen. Wir spüren diese dunklen Energien und gehen ihnen normalerweise aus dem Weg. So gibt es bei den Maya Pyramiden, die keiner besteigen mag, oder alte Kultstätten in freier Natur, die uns abstoßen, weil sie einst mißbraucht wurden.

Manchmal können aber auch die Lichtkräfte für uns zu stark, für unser Bewußtsein einfach noch nicht faßbar sein. Wir müssen erst in sie „hineinwachsen". So regelt sich unsere Wahrnehmung unserer Kapazität entsprechend von selbst. Wir können nur aufnehmen, womit wir auch fähig sind umzugehen. Wir können aber auch gerade an diesen Orten der Kraft unser Bewußtsein erweitern und unsere Bereitschaft zu lernen kundtun.

Unsere Suche nach Heilern und Schamanen, das Einfühlen in Menschen, die so anders sind als wir, hat uns oft vor schwierige Entscheidungen gestellt. Immer wieder kamen Zweifel auf, immer wieder mußten wir unseren Verstand umgehen und mit dem Herz erspüren, ob wir auf dem richtigen Weg sind, ob wir uns auf eine Beziehung einlassen oder einen Kontakt lieber wieder abbrechen sollen.

Eines Tages kam eine Bekannte zu uns und erzählte, sie habe einen sehr starken Schamanen getroffen, der ihr geholfen habe und den sie uns gerne vorstellen würde. Meine Frau war zu diesem Zeitpunkt in vielen Ungewißheiten, körperlich ging es ihr nicht gut, und auch der Alltag spiegelte diesen Zustand. Sie war sofort bereit, diesen Mann kennenzulernen, und fuhr an einem Samstagmorgen zu ihm. Er begrüßte sie sehr sachlich, ging gleich in medias res und begann eine Heilungszeremonie für sie. Er arbeitete vor allem in ihrer Aura, meinte, sie sei sehr krank und es sei höchste Zeit, etwas dagegen zu unternehmen. Mit einer Handvoll Federn, mit all seiner Kraft fuhr er gleich einem Wirbelsturm in ihren Energiekörper und reinigte sie mit einem rohen Ei, aus dem er ihre körperlichen Probleme ablas. Sie war ziemlich verwirrt, als sie heimkam, und legte sich ins Bett. Sie hatte Schwindelanfälle, bekam Fieber und mußte einige Tage das Bett hüten. Tief berührt von dem, was da passiert war und was sie sich selbst nicht erklären konnte, fühlte sie einen Reinigungsprozeß in Gang kommen, der ihr schließlich Heilung brachte.

Bis heute wissen wir nicht, von welcher Krankheit dieser Mann gesprochen hat. Alles was geschah, war letztlich mit unserem Verstand nicht nachvollziehbar. Christine hatte auf ihre Fragen keine befriedigende Antwort erhalten und doch erkennen müssen, daß sie auf einer tieferen Ebene sehr stark berührt worden war und erhalten hatte, was sie sich gewünscht hatte.

Wir besuchten diesen Mann des öfteren, er führte auch für mich eine Heilungszeremonie durch, wir sprachen viel miteinander, hatten gemeinsame Pläne und begeisterten uns dafür, der Idee unseres in Bau befindlichen Zentrums mit ihm zusammen eine Form zu geben. Wir wollten mit ihm und seiner Frau ein Maya-Heilungszentrum aufbauen, Maya-Heilmethoden anbieten und in Seminaren auch weitergeben. Beide waren erfahrene Schamanen und Heiler, die besonders gut über die alten Maya-Heilmethoden Bescheid wußten und für interessierte Indigenas Fortbildungsveranstaltungen hielten. Sie luden uns zu einem Treffen von 300 Maya-Priestern ein, die an einem bestimmten Tag bei ihm zusammenkommen würden. Er meinte, dies wäre die beste Möglichkeit, den Maya diese Idee vorzustellen und ihren Rat einzuholen, ihre Hilfe zu erbitten und auch Leute zu finden, die sich dieser Idee anschließen möchten.

Ich notierte mir das Datum, freute mich sehr auf dieses Treffen, um schließlich doch einfach darauf zu vergessen. Zu diesem Zeitpunkt hatte ich den intensiven Wunsch, mit einer Gruppe von Maya-Priestern zusammenzukommen, endlich in diese

Kultur weiter hineinzufinden, weitere Kontakte zu knüpfen und gemeinsam Ideen zu verwirklichen. Bis heute ist es mir ein Rätsel, warum ich einen in meinem Gedächtnis so fest eingespeicherten Termin einfach nicht mehr wahrnahm. Unser Maya-Heilungszentrum war als Tagesordnungspunkt auf dem Programm, und alle wunderten sich sehr, warum wir nicht gekommen waren. Ich hatte keine Antwort und war eine Zeitlang sehr traurig darüber, daß ich versagt und eine große Chance vertan hatte.

Eines Morgens kam dieser Schamane mit seiner Frau in das noch unfertige Zentrum, um uns dort zu besuchen. Die in etwa 40-jährige Frau hatte uns schon beim ersten Zusammentreffen beeindruckt. Obwohl Indigena, stand sie mit einem indischen Meister in Verbindung. Eigentlich hatte sie in diesen Tagen zu ihm nach Indien fliegen wollen, aber den Flug einen Tag vor der Abreise storniert. Ihr Mann hatte eine Zeremonie gemacht und dabei die Information bekommen, daß der Zeitpunkt für die Reise sehr ungünstig sei. Wir staunten über die Selbstverständlichkeit ihrer Entscheidung, einfach ein Ticket verfallen zu lassen, obwohl sie wie die meisten Schamanen wenig Geld hatten.

Es war acht Uhr morgens, als die beiden bei uns ankamen. Sie hatten ihren Besuch ein paar Tage vorher angekündigt und mit uns vereinbart, uns direkt im Zentrum zu treffen. So früh hatten wir sie allerdings nicht erwartet. Die Frau lachte uns über das ganze Gesicht an und erklärte, daß bei ihrem Auto die Bremsen nicht funktionierten. Deshalb zögen sie es vor, möglichst früh von zuhause wegzufahren. Die Fahrt sei schon etwas beschwerlich gewesen, meinte ihr Mann. Sie hätten aber darauf vertraut, ohne Probleme zu uns zu gelangen. Dabei lachten sie beide herzlich, wahrscheinlich wohl über unsere Reaktion. Wie konnte man den Weg, der großteils über die Panamericana führte, ohne Bremsen fahren? Die beiden erklärten uns aber, daß nach oftmaligem Pumpen wohl so etwas wie eine leichte Bremswirkung zu spüren sei, die in den meisten Fällen genüge. Der alte VW-Passat stand unschuldig vor uns, aus Geldmangel konnte er bisher leider nicht zum Mechaniker gebracht werden.

Viele Autos kommen in Guatemala vor dem endgültigen Aus noch einmal in die Hände vertrauensvoller Indigenas, wo sie ein neues, meist hartes Leben beginnen, bis dann der endgültige Zusammenbruch erfolgt. Was mich aber am meisten erstaunte, war, daß dieser Priester und Schamane nun entschlossen über das Grundstück ging. Er machte den Eindruck, als sei ihm der Platz wohlbekannt. Mitten im Wald peilte er einen großen, von Sträuchern überwachsenen Hügel an und meinte: „Das ist ein alter Maya-Altar. Ich gratuliere euch herzlich zu diesem Platz, denn das ist ein alter Ritualort meiner Vorväter. Ich habe diesen Platz sofort gespürt, als ich euren Grund betrat."

Wir holten Schaufeln und legten nach ein paar Stunden gemeinsamer Arbeit den Stein frei, der wohl viele Jahre im Verborgenen geruht haben mußte. Vor uns lag ein großer, von Menschenhand behauener Stein. Darunter lagen ein paar Tonscherben, und an einer Rußschicht konnte man ablesen, daß an diesem Platz früher Zeremonien gemacht worden waren. Wir standen also wieder mit offenem Mund da, diesmal nicht wegen eines Autos ohne Bremsen, sondern ob des Gespürs dieses Schamanen. Wir freuten uns über dieses große Geschenk des Kosmos. Ohne es zu wissen, hatten wir ein Grundstück mit einem uralten Zeremonialplatz gekauft. Wieder erinnerte ich mich an die Prophezeiungen Don Sebastiáns, wir hätten einen heiligen Platz für unser Vorhaben ausgesucht und die Wesen dieses Ortes würden sich zu erkennen geben.

Der Maya-Priester und seine Frau waren wahrscheinlich die ersten, die seit Jahrhunderten diesen heiligen Stein wieder belebten. Sie umarmten ihn, verbanden sich mit dem Dritten Auge mit ihm und sprachen zu ihm wie zu einem Menschen. Damit war nun auch für uns die Basis für die Beschäftigung mit den verschiedenen Maya-Zeremonien, mit dem Wissen um die Kraft der Steine und Altäre und mit den Energieformen, die dem heiligen Maya-Kalender zugeordnet sind, vorhanden. Jeder Altar steht nämlich für eine der zwanzig Kräfte, die uns Menschen auf unserer Erdenreise begleiten.

Als wir den Maya-Schamanen ein Jahr später in seinem Haus besuchten, lag er schon seit drei Monaten im Bett. Nachdem er von einer Vortragsreise in Kanada zurückgekommen war, begann sich sein Gesundheitszustand rapide zu verschlechtern. Weder seine Freunde noch die Ärzte konnten herausfinden, was ihm fehlte. Er konnte nicht mehr autofahren, ja war bereits unfähig geworden, allein aus dem Bett zu steigen.

Mir war augenblicklich klar, daß er von einem einzelnen oder einer Gruppe von Schwarzmagiern getötet werden sollte. Die Hintergründe dafür aufzuzeigen, steht mir nicht zu. Er bat mich um Hilfe, und ich nahm ein paar Tagen später erstmals die Herausforderung an, diesen Zauber aufzulösen. Kristalle waren mir dabei eine große Hilfe. Ich nahm eine Landkarte, um herauszufinden, woher diese dunklen Kräfte kamen. Als meine Hand über einer Region im Hochland zu zittern begann, fragte ich den Schamanen, ob er in der Region, in einer bestimmten Ortschaft, jemanden kenne. Da wurde ihm einiges klar.

Dieser Mann war offensichtlich trotz seiner Sensibilität nicht imstande gewesen, den Grund für seine Krise zu erkennen und sich selbst aus dieser mißlichen Lage zu befreien. Jetzt war es leicht herauszufinden, wo die Schwarzmagier in seine Aura eingedrungen waren. Seine Schwachstelle war im Nacken, wo er ein richtiges Loch in seinem Energiefeld hatte. Ich legte ihn in seinen eigenen Heilungsraum, umgab ihn mit Kerzen, Kristallen und behandelte ihn in Verbindung mit meiner inneren Führung. Nach der Aufdeckung des Sachverhalts war es notwendig, die geschwächte Aura zu stärken und ihm für einige Zeit Schutz zu geben, bis er sich energetisch erholt hatte und fähig war, sich wieder selbst zu schützen.

Ich hinterließ ihm einen meiner großen Kristalle, den er neben einem Glas Wasser unter sein Bett stellen sollte. Wie ich es von Don Chepe gelernt hatte, hielt ich so auch auf Distanz den Kontakt zu ihm. Zwei Wochen später kehrte er gesund in sein turbulentes Alltagsleben zurück.

Wir trafen uns seitdem kaum mehr. Die Beziehung zwischen uns hatte sich offensichtlich im Ausgleich durch gegenseitige Hilfe aufgelöst. Für mich war diese Begegnung ein kostbarer Hinweis und eine große Bestätigung dafür, daß ich mit Schattenkräften zurechtkommen könne. Wochen danach holte ich mir meinen großen Kristall wieder, den er immer noch unter seinem Bett stehen hatte und der sich zu meiner Überraschung gelb verfärbt hatte.

Bei dieser Gelegenheit erhielt ich auch zahlreiche Schriften, die von einer Organisation von Maya-Priestern ausgearbeitet worden waren und mir heute eine wertvolle Hilfe sind, die Denkweise und die verschiedenen Zeremonienformen der Maya-Priester aus verschiedenen Regionen zu verstehen. In einem Buch sind die Vorträge von dreißig Maya-Weisen aufgeschrieben, die zu unterschiedlichen Themenbereichen im damals bestehenden Maya-Priesterrat Guatemalas gehalten worden sind. Unser Bekannter war selbst im Vorstand dieses Rates, der sich wie so viele Maya-Organisationen mit ausländischer Unterstützung gebildet hatte, um sich bald wieder aus Geldmangel und angeblich auch infolge von Uneinigkeit aufzulösen.

In seinen persönlichen Ausführungen über „Die Position der Maya-Priester inmitten der sogenannten ausländischen Religionen“ (Titel seines Vortrags) wandte er sich gegen jegliche Vermischung von Religionen und Kulturen. Seinen Vortrag beendete er mit den Worten: „Wir müssen unsere Religion gegen jede ausländische verteidigen. Das Volk der Maya ist in sich komplett, es hat seine Elemente und Fundamente wie die eigene Sprache, Kultur, Religion, Musik u.a. Diese Position müssen wir gegen jegliche Einmischung von anderen Kulturen und Religionen behaupten.“ Allein diese Worte machten mir klar, warum es nicht möglich gewesen war, bei unserem Projekt zusammenzuarbeiten. In den letzten Jahren hörte ich immer öfter seinen Namen im Zusammenhang mit Maya-Priestern ebenso wie mit internationalen Organisationen wie der UNO und wertete dies als Zeichen, daß die Zeit für eine Zusammenarbeit vielleicht doch noch einmal kommen werde.

Wiedererkennen aus alter Zeit

Nach dieser Begegnung wurde uns erstmals klar, daß wir uns bei der Verwirklichung unseres Vorhabens ganz auf unsere Gefühle, unsere Intuition verlassen mußten. Wir wurden mit Menschen zusammengeführt und wieder von ihnen getrennt, durften keine Bindung voreilig eingehen, sondern mußten für alles offen bleiben. Nicht jeder Heiler, Maya-Priester, Anciano oder Schamane paßte energetisch in die Gesamtidee, und auch wir paßten nicht in die Schemata jeder Gruppe hinein. Zum richtigen Zeitpunkt sollte sich alles finden.

Als ich Monate später erstmals Meister Cirilo traf, ging für mich ein lang gehegter Wunsch in Erfüllung. Ich hatte darum gebetet, einem Maya-Anciano oder auch einer Maya-Anciana zu begegnen, von denen ich mehr über die Kosmovision der Maya erfahren könnte.

Zu dieser Zeit arbeiteten meine Frau und ich bereits als Heiler in Guatemala City. Um unser Therapiezentrum sammelte sich allmählich eine Gruppe von Menschen, die sich immer wieder trafen. So lernten wir eines Tages auch Jolanda Colom kennen, die über zwanzig Jahre mit dem bekannten Guerilla-Poeten Mario Payeras in den abgelegenen Wäldern des guatemaltekischen Hochlandes lebte und mit ihm in der Widerstandsbewegung zusammenarbeitete. Das Militär hatte in den vergangenen Jahrzehnten tausende Indigenas getötet, noch immer zeugen Massengräber von dieser Verfolgungskampagne gegen jegliche Form von Widerstand, Reformen und Bemühen um soziale Veränderungen. Vor allem traf es die Priester und Schamanen, die man dem Volk nehmen wollte. Der Verdacht auf Mithilfe im Widerstand, die angeblich regierungsfeindliche Betätigung einiger weniger in einem Indigenadorf reichte oft, um alle Männer eines Dorfes erschießen zu lassen. Millionen Indigenas wurden durch die massive Präsenz des Militärs im ganzen Land kontrolliert, es war für Ancianos und Ancianas lebensgefährlich, sich in irgendeiner Weise für die Werte und die Lebensweise der Maya einzusetzen.

Jolanda hatte eines Tages Hals über Kopf ihre Familie verlassen und untertauchen müssen, um mit dem Leben davonzukommen. Ihr Kind blieb bei ihren Eltern, niemand, nicht einmal die eigene Familie, durfte wissen, wo sie sich versteckt hielt. Die Wunden dieser schlimmen Zeit prägten ihr Leben. Als sie vor zwei Jahren nach Unterzeichnung des Friedensvertrags wieder in ihre Heimat einreisen konnte, mußte sie mit vielem von vorne beginnen. Ihr Lebensgefährte Mario Payeras war nur wenige Jahre vor der Friedensvertragsunterzeichnung gestorben und hatte eine Unzahl von poetischen Werken hinterlassen, die nach und nach von Jolanda veröffentlicht und von den Intellektuellen des Landes hochgepriesen werden. Sie erzählte uns von einem Text, den sie knapp nach Marios Tod von ihrem Bruder Alvaro erhalten hatte, der auch den Weg eines Maya-Priesters gegangen war.

Kurz vor einem Treffen mit unserer Gruppe rief uns Alvaro an und bat, seinen Meister in unseren Kreis mitnehmen zu dürfen. Ich freute mich darüber und begegnete so erstmals dem Präsidenten des Spirituellen Maya-Rats Guatemalas, Meister Alejandro Cirilo Oxlaj Pérez. Alvaro, der jahrelang die staatliche Friendensorganisation Fonapaz leitete, löste neben vielen anderen Aufgaben gemeinsam mit Meister Cirilo viele Probleme von aus dem Exil zurückkehrenden Indigenas, die in ihren eigenen Häusern Familien vorfanden, die die verlassenen Besitztümer vor Jahren einfach übernommen hatten. Um den Unfrieden bei den Indianerfamilien, die ihr Heim wieder zurückhaben wollten, zu schlichten, hatte die Regierung ihnen im tiefsten Urwald des Petén Areale zugewiesen, die erst urbar gemacht werden mußten. Ich erinnere mich an Bilder im guatemaltekischen Fernsehen von tausenden Menschen, die über Schlammstraßen in diese Region gebracht wurden. Lastwagen versanken im Schlamm, und die Indigenas, die jubelnd in Bussen über die guatemaltekisch-mexikanische Grenze gekommen waren, verzweifelten in der feuchtheißen Hitze des Petén.

Meister Cirilo verstand und versteht es, mit seiner Weisheit und Umsicht die Bewohner der Dörfer und Regionen von einem friedlichen Weg zur Problemlösung zu überzeugen. Neue Antworten für viele Grundbesitzfragen werden von der inzwischen neu eingerichteten Organisation „Contierra“ ausgearbeitet, Fincas staatlicherseits angekauft, um menschenwürdige Bedingungen für diejenigen zu schaffen, die sich einst mit ihrem Leben genau dafür eingesetzt hatten.

Als wir uns an jenem Abend das erste Mal sahen, kam Don Cirilo zu mir, gab mir die Hand und sagte: „Wir kennen uns schon. Du hast mit mir in einem Vorleben im Maya-Rat zusammengearbeitet und bist nun dorthin zurückgekehrt, wo du schon einmal warst.“ Ich stand vor ihm, verwirrt und unfähig, etwas zu sagen. Was bedeutete das alles? Zwar hatte ich von Don Sebastián den Hinweis erhalten, daß sich die Ahnen auf unserem Platz zu erkennen geben würden. Nun sollte ich vielleicht sogar selbst einer dieser Ahnen sein? Mein Weltbild, meine Vorstellung von Maya und Europäern, von Rassen und Kulturen, die uns trennen, stürzte an diesem Abend in sich zusammen. Während wir mit Meister Cirilo im Kreise unserer Freunde die Idee des Zentrums und die Organisation eines Maya-Kongresses in der Stadt Guatemala besprachen, ging mir die Botschaft Don Cirilos nicht mehr aus dem Kopf. Woher konnte dieser Mann wissen, daß ich selbst Maya war und nun als Weißer zu meinem Ursprung zurückgefunden hatte? Obwohl ich zu diesem Zeitpunkt auch als Christ bereits davon überzeugt war, daß wir unsere Entwicklung im Rad der Wiedergeburt vorantreiben, war mir bisher noch nie der Gedanke gekommen, daß eine Wiedergeburt nicht auf ein bestimmtes Land, eine Kultur, eine Religion bezogen sein mußte. Daraus folgte natürlich, daß jegliche Form von Rassismus, jedes Vorurteil verschiedenen Religionen gegenüber völlig unangebracht ist. Wenn wir erkennen, daß wir selbst oftmals in verschiedenen Kulturen gelebt haben, ist es nur logisch, jeden Andersgläubigen, jeden Ausländer wahrlich als Bruder anzunehmen. Jegliche Beschuldigung, jegliche Opfer- und Täterzuordnung würde sich mit einem Mal auflösen. Der Spanier, der vor 500 Jahren einen Maya getötet hat, könnte demzufolge der Indigena sein, der in einer einfachen Hütte heute die Kehrseite der Medaille kennenlernen muß, um den Ausgleich an Erfahrung herzustellen.

Ein Maya war immer ein Reisender durch Raum und Zeit, also konnte er auch ein Reisender durch die Kulturen unseres Planeten Erde sein. Was bedeutete aber für mich, als Maya in die abendländische Kultur, in die christliche Religion geboren worden zu sein? Könnte mein Entscheidung, nach Guatemala zu gehen, auch damit zu tun haben, daß dadurch eine Erinnerung in mir wachgerufen werden wollte? Ich zweifelte ernsthaft an der Glaubwürdigkeit der Aussage dieses Ancianos.

Meister Cirilo lud mich und meine ganze Familie zu einer Zeremonie ein, die er am folgenden Wochenende an einem besonderen Ort im Tiefland abhalten wollte. Er erzählte mir davon, daß er gerade dabei sei, einem englischen Autorenteam bei einem Buch über die geheimnisvollen Kristallschädel zu helfen. Niemand war an seiner Seite, der ihm die englischen Texte des Buches „The Mystery of the Crystal Skulls" („Tränen der Götter") ins Spanische übersetzen hätte können. So bat er mich, die Texte, die ohnehin fast allnächtlich per Fax zu uns kamen, für ihn zu übersetzen. Sein eigenes Faxgerät hatte nämlich im Staub und Dreck, der durch die Spalten der Bretterwände in sein Büro eindrang, den Geist aufgegeben. Meister Cirilo bezog kein Gehalt und lebte mehr oder weniger gut von den Zuwendungen der Menschen, die ihn ins Ausland, auf verschiedene Kontinente zu Vorträgen und Seminaren einluden. So arbeitete er eine Woche in der renommierten Harvard-University, um am nächsten Tag in sein kleines Stadtbüro zurückzukommen, das sich in einem Slum an der Aguila Batres, der Ausfahrtsstraße an den Pazifik, befand. Dort hatte ihm ein Freund und Maya-Priester einen Raum zur Verfügung gestellt, den er nicht bezahlen mußte.

Wir arbeiteten gerade an einem dreißigseitigen Manuskript, das wieder einmal um zwei Uhr früh unser Faxgerät schrillen lassen hatte. Mein Sohn Daniel setzte sich mit einem Buch von Erich von Däniken zu uns, schlug eine Seite mit dem Bild eines Maya-Altars auf und fragte Cirilo, ob er diesen Altar kenne. Der

Anciano lachte und meinte, das sei genau der Altar, an den er uns zu einer Zeremonie eingeladen hatte. Schon wieder standen wir staunend vor einem unerklärlichen Phänomen. Was wollten uns diese merkwürdigen Zufälle mitteilen? Warum passierten in den Begegnungen mit den Ancianos andauernd Dinge, die ich nicht einordnen konnte? Zwei Welten schienen in einem dauernden Widerstreit zu stehen. Ich wollte verstehen und wurde dabei immer wieder von Geschehnissen überrascht, die einer anderen Welt, anderen Zusammenhängen entsprangen.

Das wahre Wissen um die Maya, meinte einmal Cirilo, könne mit unserem Verstand, mit unseren Methoden zu forschen und zu lernen, nicht erkannt werden. Als wir am folgenden Wochenende vor dem Altar Maria Tecún, den Däniken als „Lachenden Gott" bezeichnet, eine Zeremonie abhielten, sagte Meister Cirilo zu mir: „Norbert, verbinde dich mit Liebe, Demut und Respekt mit den Ahnen und bitte sie darum, dir das heilige Wissen zu geben. Das haben mich meine Ahnen gelehrt, und auf diese Weise bin ich in die Geheimnisse meiner Vorfahren eingeweiht worden. Dem Bittenden und Suchenden wird alles zugeführt werden, was er fassen kann. Also bemühe dich darum, deine Aufnahmefähigkeit zu erweitern, damit du zu einem Gefäß für dieses heilige Wissen werden kannst."

Bei der Präsentation von Payeras' erstem Buches stand nun derselbe Meister Cirilo vor der versammelten intellektuellen Gemeinde, um einige Worte über den Dichter und Widerstandskämpfer zu sagen. Als ich Don Cirilo hörte, fiel mir auf, wie anders er den Menschen begegnete. Nachdem von seiten intellektueller Kreise Lobeshymnen auf den Poeten gehalten worden waren, nahm Meister Cirilo das Horoskop, das er vor zwei Jahren für diesen Mann erstellt hatte. Damals hatte er nicht gewußt, um wen es sich handelte, denn das sollte geheim bleiben. Don Cirilo kannte nur das Geburtsdatum und stellte mithilfe eines Maya-Horoskops und aufgrund seiner hellseherischen Fähigkeiten eine Persönlichkeitsanalyse zusammen. Jolanda bekam diesen Text, kurz nachdem ihr Lebensgefährte verstorben war. Meister Cirilo hatte herausgefunden, daß dieser Mann ein Leben zwischen Widerstand und Kunst geführt habe, aber nun bald sterben werde, und erzählte den Leuten im Festsaal, wie Mario Payeras seine letzte Ruhestätte gefunden und wieder verloren hatte. In seinem Manuskript für Mario stand: „Die Vögel werden sein Grab hüten und mit seinen Resten verloren gehen.“

Niemand im Saal wußte, daß Don Cirilo diesen Text noch zu Mario Payeras' Lebzeiten geschrieben hatte. Payeras selbst hatte nichts von diesem Horoskop gewußt, es hätte ihm erst später als Geschenk der Maya übergeben werden sollen. Mario starb an einem Herzinfarkt. Seine Leiche wurde verbrannt und auf sein Grabmal in Mexiko stellte man die Dinge, die er immer auf den primitiven Schreibtischen in den Wäldern Guatemalas und später Mexikos stehen hatte. Es waren buntbemalte Tonvögel aus seiner Heimat Guatemala. Seine Urne und diese Vögel waren wenige Tage nach der Beisetzung von Unbekannten gestohlen worden, wie Meister Cirilo es vorhergesehen hatte und wie es uns Jolanda mit Tränen in den Augen bestätigte. Die Rede Meister Cirilos war beeindruckend. Der kleine Indigena stand neben Universitätsprofessoren auf der Bühne und erzählte von einem Mann, den er nicht gekannt hatte, den er aber treffender charakterisierte, als es irgendjemand anderer hätte tun können.

In den folgenden Monaten führte uns Meister Cirilo zu verschiedenen Altären in die abgelegensten Gebiete Guatemalas, um Christine und mich auf die Priesterschaft der Quichés, seines Volksstammes, vorzubereiten. Bei einem Felsaltar in den tiefen Wäldern in der Nähe von Momostenango hatte Don Cirilo den Auftrag erhalten, seine Bestimmung als „Lobo Errante“, als umherschweifender Wolf, zu erfüllen.

Er erzählte uns davon, während wir durch einen unberührten Wald zu einem Baum wanderten, der an die 5000 Jahre alt sein soll. Dort habe ihn sein Vater mit der Kraft der Natur und seiner Ahnen verbunden. Wir gingen den Weg weiter und kamen schließlich zu einem großen Felsen. Dort wurde Don Cirilo ruhig und nachdenklich, dann sagte er, hier an dieser Stelle sei er vor zwanzig Jahren blutend auf dem Boden gelegen und begann zu erzählen:

„Ich hatte eine Vision, einen Traum, und in diesem Traum hatten mich die Ahnen gerufen. Ich sollte hierher kommen, aber dieser Wald war voll von Guerilleros. Es war gefährlich, denn Militär und Widerstandskämpfer beschossen einander den Zeitungsmeldungen nach in diesem Wald. Ich hatte zwar vorerst Angst, mich allein auf den Weg zu machen, wollte aber niemandem sagen, warum ich diese Wanderung machen mußte. Ich hatte keine Wahl, es wäre unmöglich gewesen, mich diesem Ruf zu widersetzen. So nahm ich meinen Hut und meine Umhängetasche, legte ein paar Früchte hinein und ging im frühen Morgengrauen zu dem alten Bruder Baum, den ich schon von meinem Vater her kannte. Dann wurde ich weitergeführt und kam nach Stunden schließlich zu diesem Felsen, den auch meine Ahnen schon gekannt hatten. Ich legte mich vor diesen Altar, weihte den Abuelos, den Ahnen, all meine Liebe und Demut und bedankte mich für ihren Ruf. Dann stieg ich auf den Felsen hinauf, ging in die kleine Höhle, die ihr da oben seht, und vollzog eine Zeremonie des Dankes. Dabei vernahm ich ihre Stimmen und bekam den Auftrag, als umherschweifender Wolf alle Menschen mit der Weisheit der Abuelos anzurühren.

Ich konnte mir nicht vorstellen, wie das vor sich gehen sollte. Ich kannte nur wenige Menschen, hatte kein Geld und kein Auto. Als ich von diesem Felsen heruntersteigen wollte, rutschte ich aus und stürzte ab. Dabei verletzte ich mich und blutete. Einige Zeit lag ich auf dem Boden, niemand war da, um mir zu helfen. Ich war verzagt und weinte, als ich plötzlich Geräusche hörte. Eine Wolfsfamilie kam aus dem Gestrüpp auf mich zu und schleckte mir das Blut vom Gesicht. Mir fehlen die Worte, um zu beschreiben, wie schön dieser Moment für mich war. In meiner größten Verlassenheit spürte ich die Anwesenheit der Abuelos, sie zeigten sich mir als Wolfsrudel. Ich war nicht allzu schwer verletzt und konnte aus eigener Kraft wieder zu meiner Familie zurückkehren. Aber diesen Altar werde ich nie vergessen, denn er hat mir meine Lebensaufgabe und meinen heiligen Weg vermittelt."

Wir bereiteten an diesem Ort eine Zeremonie vor. Mit uns war Nan Cuz, eine über 70jährige Weise mit indianischer Mutter und deutschem Vater. Sie zählt zu den bekanntesten Künstlern Guatemalas. Wir sind seit Jahren mit ihr befreundet und hatten ihr bei einem Besuch von der geplanten Wanderung erzählt. Sie wurde unmittelbar von dem Gefühl erfaßt, mitgehen zu müssen, sie kannte Meister Cirilo schon lange. So erlebten wir wieder einmal einen dieser Vorfälle, die immer offensichtlicher machten, daß es Kräfte geben muß, die uns im rechten Moment zueinander führen.

Die Zeremonie begann, Meister Cirilo rief die Kräfte der Ahnen, die ihm dort so nahe waren. Plötzlich überkam ihn große Trauer, und er begann zu weinen. In seinen Worten war die Einsamkeit spürbar, die mit dieser seiner Aufgabe verbunden war. Immer wieder müsse er seine Familie verlassen, die Welt bereisen, um seine schwere Aufgabe als Prophet erfüllen zu können. Die traurige Stimmung von Don Cirilo schien in den alten moosbewachsenen Bäumen, die rund um diesen Felsen standen, widerzuhallen. Ein Windhauch ließ die Baumwipfel hin- und herwiegen, als wollten sie ihm beistimmen.

Plötzlich fiel Nan Cuz in Ohnmacht. Wir legten ihr einen Umhang unter den Kopf, doch Meister Cirilo nahm nicht viel Notiz von ihr und fuhr in seiner Zeremonie fort. Er meinte, wir sollten uns keine Sorgen um sie machen. Der Atem von Nan war flach, ich hatte Sorge, daß etwas mit ihrem Herzen nicht in Ordnung sein könnte. Immerhin war dieser lange Weg für sie doch anstrengend gewesen. Wir bemühten uns um sie, gaben ihr Energie, versuchten sie zu erden. Nach einer Stunde erwachte sie nach und nach, schaute sich um und setzte sich auf. Lange saß sie da, ohne zu sprechen. Sie meinte nur, sie sei in einem Zustand zwischen Schlafen und Wachen gewesen und habe einen der schönsten Momente ihres Lebens erlebt. Sie habe sich vollkommen eins mit der Natur, mit ihrer Umgebung gefühlt. Ihr Körper habe sich aufgelöst, in einem wunderbaren Glückszustand habe sie Anteil am gesamten Universum gehabt.

Meister Cirilo beendete die Zeremonie und fragte sie, ob sie irgendeine Botschaft erhalten habe. Nan war kaum fähig zu sprechen. Sie gab ihm dieselbe Antwort, die sie uns gegeben hatte, dann machten wir uns auf den Heimweg. Wir mußten

Nan helfen, sie immer wieder aufmuntern und stützen. Die Erfahrung schien sie körperlich sehr geschwächt zu haben.

Am nächsten Tag rief mich Nan an und erzählte mir von einer unglaublichen Begegnung oder Erscheinung, nein, sie nannte es einen Zustand, in dem sie eine Botschaft aus der anderen Welt bekommen habe. Sie war gerade dabei, ihr Wohnzimmer aufzuräumen, als sie plötzlich die Anwesenheit einer großen Kraft spürte. So habe sie sich niedergesetzt und die Botschaft vernommen, sie werde die Nachfolge von Meister Cirilo antreten und ab jetzt auf diese Aufgabe vorbereitet. Sie solle vertrauen, denn es werde ihr alles zur Erfüllung dieser Aufgabe beigestellt werden. Noch während des Telefonats war sie aufgeregt, weil sie sich wirklich nicht vorstellen könne, wie sie dieser Aufgabe nachkommen sollte. Sie sei im Grunde ja keine Indigena, außerdem hätte sie nie den Maya-Weg beschritten, wie wir es getan hatten. Sie war bereits über 40 Jahre lang Buddhistin, hatte einen Meister, zu dem sie jedes Jahr zu Retreats fuhr. Nun sollte auch sie zu einer Maya-Prophetin und Trägerin des Maya-Bewußtseins werden. Diese wunderbare Frau, deren größte Qualität ihre Weisheit, gekoppelt mit vollkommener Einfachheit und Bescheidenheit ist, wurde an diesem Altar zu einer neuen Aufgabe berufen, die sie sich selbst am wenigsten hatte vorstellen können. Allerdings erzählte sie mir eines Tages, daß sie bereits vor vielen Jahren eine Begegnung mit einem geistigen Wesen gehabt habe. Damals habe die Information gelautet, ihre Stärke nicht nach außen zu zeigen.

Ihre Mutter war von ihrem deutschen Vater auf einem Pferd aus ihrem Dorf entführt worden, und dabei war den beiden ein schwarzer Jaguar begegnet, der ihren Weg gekreuzt hatte. Das habe ihre bereits verstorbene Mutter, eine Indianerfrau aus der Gegend von Cobán, ihr erzählt und sie darauf hingewiesen, daß dieser Jaguar auch sie begleiten werde. Auf dem kleinen Altar im bescheidenen Haus der Anciana stand ein schwarzer Jaguar aus Glas, den meine Frau ihr vor einem Jahr zum Geschenk gemacht hatte, ohne von dieser Geschichte zu wissen. Vor kurzem hatte ihr auch ein Rinpoche, ein hoher Eingeweihter des Buddhismus, den Rat gegeben, daß sie ihren Weg mit den

Meistern der Maya gehen solle, denn diese hätten große Kraft und Weisheit. So begann Nans neuer Weg zur Erschließung eines anderen Bewußtseins, zur Weisheit der Maya.

Wie bei Meister Cirilo sollte sich alles im Laufe der Zeit ergeben. In ihm drückte sich das Geführtsein so deutlich aus, daß er nach einer Lichterscheinung bei einem großen Indianertreffen in Chichen Itzá, Yucatán, von den dort versammelten Vertretern der Indianerstämme Amerikas als Prophet und Meister anerkannt und eingesetzt wurde. Seitdem ist er international angesehen in seinem Bemühen, die Menschen auf den kommenden Wechsel der Zeiten aufmerksam zu machen und ihnen in die Kosmovision Maya, in das Bewußtsein dieser Kraft, Einblick zu geben.

Die wahren Weisen werden auf ihrem Lebensweg von einem unsichtbaren Rat geführt, sagte mir einmal Meister Cirilo. Dieser Rat ist in einer anderen Dimension tätig und wird für wichtige Entscheidungen von den Maya angerufen und um Hilfe gebeten. Durch viele Hinweise unterschiedlicher Maya-Ancianos kam ich zum Schluß, daß dieser Unsichtbare Rat die Meister der Weißen Bruderschaft sind. Sie sind die dreizehn Meister und Meisterinnen, die dem Planeten Erde sehr nahe sind und die Aufgabe haben, uns in unserer Entwicklung zu begleiten. Wir kennen sie als Meister Saint Germain, als Meister Jesus, Meister Hilarion, als Mutter Maria, El Morya, Djwal Khul, Serapis Bey und andere. Sie haben sich auf unserem Planeten inkarniert, um das göttliche Gesetz zu manifestieren und uns auf diese Weise zur Seite zu stehen. Sie sind aufgestiegen, um auf höherer Ebene ihren Beitrag zu leisten und uns bei der Verwirklichung unserer Aufgaben weiterzuhelfen. Ancianos rufen sie in ihren Zeremonien als „abuelos“ und „abuelas“, Großväter und Großmütter, an.

Meister Cirilo lud uns zu einer Initiationsfeier seines Volksstammes, der Quichés, ein. Das Treffen war für acht Uhr morgens vereinbart. Wieder einmal hieß es, am Vorabend alles zusammenzupacken, die Kinder gut unterzubringen und um vier Uhr früh loszufahren. Die Kinder hatten oft wenig Lust, zu Zeremonien mitzukommen, es war ihnen zu langweilig. Wir wollten sie zu derlei Ausflügen nicht zwingen und fanden meist eine für alle annehmbare Lösung. Diesmal entschlossen sich alle drei, in der Stadt zu bleiben. Nichts konnte so interessant sein, daß es gerechtfertigt wäre, mitten in der Nacht aufzubrechen. So fuhren Christine und ich also in der Dunkelheit durch die menschenleere Stadt und lauschten meiner Lieblingsmusik, dem „Officium" mit Jan Garbarek und dem Hilliard Ensemble. In dieser Stimmung fuhren wir ins Morgengrauen über die wie in Stufen angelegten Hochebenen von Chimaltenango und Sumpango.

Die Ortschaften lagen noch im Morgennebel, aus manchen Indigenahütten stieg aber schon Rauch auf. Da wurde am offenen Feuer bereits das Frühstück vorbereitet, bevor die Männer zur Arbeit gingen und die Frauen sich den Webarbeiten und den Familienpflichten widmeten. Wir fuhren die Serpentinenstraße hinunter nach Panajachel und holten noch unsere Anciana Nan ab. Nahezu auf die Minute pünktlich um acht Uhr kamen wir in San Francisco an und bogen von der Hauptstraße ab, um über einen staubigen Schotterweg zum Haus von Don Cirilo zu gelangen. Dabei fuhren wir an einem Waschplatz in freier Natur vorbei, wo sich im saftigen Grün der Wiesen ein kleiner Fluß durch die Landschaft schlängelt und Frauen bereits an der Arbeit waren. Am Hang darüber liegt das kleine Anwesen von Meister Cirilo und seiner Familie.

Dort herrschte buntes Treiben. Frauen kochten in großen Tontöpfen über offenem Feuer Tamales. In einem Raum wurde ein Altar vorbereitet, Kiefernadeln wurden gerade auf dem Boden ausgestreut, und eine Gruppe von Marimbaspielern stimmte ihr Instrument. Die Initianten trafen ein und begrüßten alle Anwesenden, meist Freunde von Meister Cirilo, Familienangehörige, Priester der Quichés. Meister Cirilo kam auf uns zu, umarmte uns und stellte uns seine „Apostolos" vor. Es waren Indianer aus den USA vom Stamme der Navajos, ein mexikanischer Indianer, ein Mitglied der damaligen guatemaltekischen Regierung, kolumbianische Indianer, eine Frau aus Wien, die schon seit Jahren in Guatemala lebt, sowie Indigenas seines eigenen Volksstammes.

Der erste Teil der Initiationsfeier sollte in einer Höhle in der Nähe stattfinden. Wir fuhren mit Pickups und unseren Autos in eine nahegelegene Ortschaft, wanderten eine Stunde einen Berghang hinab, um schließlich an einem großen Wasserfall anzukommen. Dort bereiteten Maya-Priester ein Zeremonialfeuer vor. Im Getöse des Wasserfalls erklärte uns Meister Cirilo diesen heiligen Ort. Neben dem Wasserfall war eine offene, große Höhle, die inmitten geteilt war. Die linke Seite glich einer riesigen Vagina, das war der Bereich, an dem die weiblichen Kräfte gerufen werden sollten. Dort brannten bereits unzählige Kerzen. Der rechte Teil der Höhle war der männlichen Energie zugeordnet, dort sollte das große Zeremonialfeuer der Quichés entzündet werden.

In einer zweistündigen Zeremonie wurden die Apostolos mit den beiden polaren Kräften, der männlichen und der weiblichen, mit den Wesen des Ortes und mit den Maya-Kräften der Quichés verbunden. Dann gingen wir den Berghang wieder hinauf, um zum Anwesen Meister Cirilos zurückzukehren. Auf halbem Wege zeigte mir Meister Cirilo einen Felsvorsprung. Bei Vollmond sehe man dort oft eine tanzende, rötlich schimmernde Lichtfigur, die den Menschen der Region bereits wohlbekannt sei. Ich machte ein Foto in der Hoffnung, daß sich vielleicht, wie bei anderen Fotografien, dieses Wesen darauf manifestieren würde.

Als wir zum Haus Don Cirilos zurückkamen, war bereits alles für die zweite Zeremonie zur Übertragung der Energien an einem extra dafür aufgebauten, mit vielen Blumen geschmückten Altar vorbereitet. Die Zeremonie begann mit Marimbamusik, die von vier Musikern an einem Instrument gespielt wurde, und die Apostolos setzten sich einzeln vor den Altar, um von Don Cirilo initiiert zu werden. Es waren berührende Szenen, in denen Tränen der Freude flossen, als die Initianten mit der Kraft der Freude und der Demut verbunden wurden. Nach der Feier gab es Tamales, ein Maisgetränk, Tortillas und einen Eintopf, der aus einem großen Tontopf geschöpft wurde.

Am späten Nachmittag fuhren wir zurück nach Xela, der nahegelegenen, zweitgrößten Stadt Guatemalas auf einer Höhe von 2.500 Metern. Meister Cirilo lud uns ein, am nächsten Tag möglichst früh zu ihm zu kommen. Er wolle uns bei einem besonderen Treffen dabei haben. Die Initianten träfen dann erst wieder am späteren Vormittag zu einem gemeinsamen Freudenfest ein. Wir wunderten uns über diese Einladung, waren aber am folgenden Tag bereits um sieben Uhr früh bei ihm zuhause. Da hörten wir den Lärm von zwei Hubschraubern, die in der Morgendämmerung immer näher kamen und offensichtlich einen Landeplatz suchten. Es hatte in der Nacht geregnet, und die Felder waren noch durchweicht von den Regengüssen. Unterhalb des Anwesens von Meister Cirilo war ein kleiner Schotterplatz, auf dem schließlich einer der Hubschrauber landete.

Die Hühner rannten und flogen davon, die Frauen im nahegelegenen Waschhaus hielten beim Wäschewaschen inne, Indigenabauern kamen näher, um den Hubschrauber zu inspizieren, als nun einige Männer in schwarzen Anzügen mit Krawatten ausstiegen und gesenkten Hauptes unter den Rotorblättern in die sumpfige Wiese stiegen. Sie kamen angesichts der Gefahr, auszurutschen und hinzufallen, was der Situation noch mehr Skurrilität gegeben hätte, vorsichtigen Schrittes den kleinen Feldweg herauf.

Meister Cirilo begrüßte die Herren und führte sie in einen Raum, wo sie sich auf eine Bank setzen konnten. Immer mehr Priester in verschiedenen Trachten kamen, um auf vorbereiteten Stühlen Platz zu nehmen. Kurze Zeit nachdem Meister Cirilo die hohen politischen Vertreter aus Süd- und Nordamerika offiziell begrüßt hatte, kam mit dem zweiten Hubschrauber auch noch ein hoher Vertreter einer Weltorganisation an und gesellte sich zu den Anwesenden. Die Sitzung begann, aus den Gesprächen konnte man leicht den Grund für dieses Treffen entnehmen. Es wurde über Menschenrechte, über die Situation der Indigenas in Guatemala und über Details eines Friedensvertrags verhandelt.

Obwohl sich unter den Rednern gemäßigte und radikale Maya-Priester befanden, drückte Meister Cirilo dem Treffen seinen Stempel der Menschlichkeit und des gegenseitigen Verständnisses auf, indem er das Geschehen mit wenigen Interventionen kraft seiner Persönlichkeit lenkte: Aggression habe noch nie zu Lösungen geführt. Er bitte um Mäßigung in der Wahl der Worte. Wir müßten gemeinsame Wege finden und erkennen, daß es an der Zeit sei, Rassismus zu beenden und Klüfte zu überbrücken.

Die Herren Regierungsvertreter saßen auf einer alten Holzbank, Hühner liefen zwischen ihnen herum, und an ihren schwarzen Schuhen hoben sich deutlich die Schmutzränder ab. Wie gerne hätte ich in diesem Moment eine Kamera gehabt! Nach zweistündigen Besprechungen verabschiedeten sie sich wieder, stiegen in die wartenden Hubschrauber und flogen zurück nach Guatemala City. Don Cirilos Tochter, die die Oberaufsicht über die offene Küche im Vorhof hatte, meinte, man sei es hier gewohnt, daß Hubschrauber landeten. Meister Cirilo werde immer wieder gerufen, wenn es zu politischen Kontroversen, zu Fincabesetzungen, zu politischen Verhandlungen mit den Indigenas komme. In seiner Anwesenheit zeichneten sich oft leichter Lösungen ab.

Don Cirilo lud uns zum Abschied in sein Wohnzimmer ein und zeigte uns seinen Altar und die vielen Fotos von Zeremonien, die er von seinen Schülern bekommen hatte. Auf manchen dieser Bilder zeigten sich im heiligen Feuer der Quiché-Zeremonie Gesichter und Wesen. Dazwischen war auch ein Foto, das ihn mit dem Papst zeigte. Als dieser nämlich 1997 in Guatemala gewesen sei, habe er die Aufgabe gehabt, das Volk der Maya zu repräsentieren.

Wir saßen im Schein der untergehenden Sonne auf der Hausbank des Anciano und blickten hinab auf den kleinen Fluß, der dieser Gegend einen ganz besonderen Reiz gab. Die Frauen räumten ihre Freiluftküche auf, die letzten Besucher verabschiedeten sich, und Cirilo gab ihnen seinen Segen für die Heimfahrt. Nun konnte ich die Traurigkeit über seine Bestimmung als Lobo Errante besser verstehen, die er damals beim Felsaltar so offen gezeigt hatte. Er mußte die Idylle dieser Heimat oft für lange Zeit missen und war außerdem auch noch der Kritik und dem Unverständnis in den eigenen Reihen der Maya-Priester ausgesetzt. Er mußte seine Familie verlassen, um in den Hotels der Großstädte viele unsinnige Fragen zu beantworten. Zum Schicksal des umherstreunenden Wolfes gehört eben auch die Einsamkeit. Er erzählte uns von den Indianertreffen, die es früher alle 52 Jahre gegeben habe. In den letzten Jahrhunderten habe man diese alte Tradition der Indianervölker vergessen. Seit Jahren bemühe er sich daher, die Vertreter der Stämme wieder zu einem gemeinsamen Treffen zu rufen. So stünde es in den Schriften seiner Vorväter, und es läge an ihm, diese Prophezeiung zu erfüllen. Erstmals war ihm das 1995 gelungen.

Wir standen auf und gingen in sein Zimmer, wo er seinen Altar küßte und sagte: „Mit der Hilfe des Wassers in diesem Kelch habe ich meine Freunde, die Weisen der Indianerstämme, gerufen. Unterstützt von meinen geistigen Führern, dem Consejo Invisible, bat ich um die Verbindung zu ihnen. Sie zeigten sich mir im Wasserkelch als Zeichen dafür, daß ich sie erkannt hatte. Sie bekamen dank unserer Abuelos dann ihrerseits Kontakt mit Menschen und Organisationen, die ihnen die Anreise zu diesem Treffen ermöglichten. Das ist unsere Form der gemeinsamen Kommunikation. Unsere Vorväter haben nicht mit Telefonen und Computern gearbeitet, aber sie wußten einander zu rufen und sich miteinander zu verbinden. Die Weisheit der Maya ist groß, und ihr beide habt die Möglichkeit, euch an diese Weisheit wieder zu erinnern. Sie liegt in uns, in euch, in allen Menschen und wird in den Zeiten, die uns bevorstehen, wiedererweckt werden. Mir ist die große Aufgabe übertragen worden, diese heilige Tradition der Indianerstämme wieder aufzunehmen. Die Zeit der Rückkehr unserer Ahnen ist gekommen, und wir sind alle aufgerufen, uns wieder mit ihrer Kraft, mit ihrem Bewußtsein zu verbinden, denn es wird weltweit ein allgemeines Erwachen geben, das uns Glück und Frieden bringen wird."

Im Jahre 1995 hatte Meister Cirilo erstmals über 300 Indianerführer nach Guatemala gerufen, um die Tradition der Verbindung zwischen den Indianervölkern wieder aufzunehmen. Jetzt erhielt ich den ersten Hinweis, mich den Maya-Priestern Guatemalas auf der Reise zum Treffen am kolumbianischen

Amazonas im Jahr 1997 anzuschließen. Ich hatte bereits den großen Wunsch dabeizusein, es allerdings bisher nicht gewagt, Meister Cirilo direkt danach zu fragen.

Ein paar Wochen später traf ich einen seiner Vertrauensmänner, einen Maya-Schamanen in Guatemala City, und erkundigte mich, ob es eine Möglichkeit gäbe, an diesem Treffen teilzunehmen. In wenigen Minuten war alles klar, ich war eingeladen, konnte sogar meinen Sohn mitnehmen, mußte nur unsere Flüge selbst bezahlen, weil das Budget knapp war. Meister Cirilo hatte darauf gewartet, daß die Maya-Kräfte auch mich zu diesem Treffen rufen werden und daß ich auf diesen Ruf reagieren würde. Auf diese Weise konnte ich an mir selbst erfahren, was es bedeutet, gerufen zu werden und wie ein Indianer dem Ruf der Vorväter zu folgen. Erst als die Kraft, die Entscheidung und die Umsetzung aus mir selbst gekommen sind, war der richtige Zeitpunkt gegeben.

Auf den Schwingen von Adler und Kondor
Beim Indianer- und Schamanentreffen am Amazonas

Aufbruch im Chaos

Es war Mitte Juni 1997, die Organisation Sendama aus Kolumbien hatte alle Voraussetzungen geschaffen, um ein neuerliches Treffen der Vertreter der Indianerstämme durchzuführen. Sie waren monatelang mit Meister Cirilo in Verbindung gestanden und hatten in seinem Namen die Stammesführer aus dem Norden und dem Süden Amerikas eingeladen. Zwei der kolumbianischen Organisatoren des Treffens waren Schüler Don Cirilos. Als Maya-Priester hatten sie sich bemüht, vor allem die Stämme des südamerikanischen Kontinents zu kontaktieren und Cirilos Ruf zum zweiten Indianertreffen weiterzugeben.

In der Aussendung an die Stämme stand Folgendes:

„Die Spirituellen Führer des Maya-Volkes sind beunruhigt über die Realität, in der die Menschheit lebt. Sie haben alle Indianerstämme und Völker des amerikanischen Kontinents aufgerufen und bereits im Jahr 1995 zu einem gemeinsamen Treffen nach Guatemala eingeladen. Die Weisen haben ihren Rat, ihr Wissen der jetzt lebenden Generation angeboten, um die heiligen Prophezeiungen zu erfüllen. Als Hüter der Weisheit im obersten Rat der Maya-Priester rufen wir auf, uns jährlich zu Beratungen zu treffen. Nach dem Treffen in Guatemala wird ein Treffen auf dem südamerikanischen Kontinent stattfinden. Dies ist ein Aufforderung, unsere Weisheit im Land unserer Vorväter wie in einer spirituellen Familie zu teilen. Laßt uns das Wissen, unsere Rituale, unsere Musik und unsere Prophezeiungen verbinden. Wir werden dabei gleich den Fingern einer Hand wieder zusammenfinden.“

Am Vortag des geplanten Fluges nach Columbien wußten wir alle noch nicht, ob es überhaupt möglich sein werde, diese Reise anzutreten. 50 Maya-Priester, Weise und Schamanen wurden aus allen Landesteilen Guatemalas in der Hauptstadt erwartet.

Die Busfahrkarten waren manchen von ihnen von einem Organisationsteam per Post zugesandt worden. Viele Ancianos und Ancianas wohnten nämlich zu weit von der Stadt entfernt, als daß es möglich gewesen wäre, mit ihnen per Telefon oder Telegramm Kontakt zu halten. Ihre Heimatdörfer lagen versteckt in abgelegenen Gebieten des Hochlands, in den Küstengebieten der großen Ozeane oder im Regenwald des Petén.

Sie alle sollten nun erstmals in die große, weite Welt fliegen und zwei Wochen von ihren Familien getrennt leben. Bisher hatten sie ihre Kraft und Weisheit nur im kleinen Umkreis ihres Dorfes eingebracht, nun sollten sie im Rahmen eines großen, den ganzen Kontinent repräsentierenden Rates sprechen und mitbestimmen. Entsprechend groß war die Aufregung, die Spannung in Hinblick auf dieses Treffen.

Meister Cirilo und seine Organisationsgruppe, großteils aus Maya-Priestern bestehend, hatte die Teilnehmer Guatemalas eingeladen. Aus jedem der dreiundzwanzig Maya-Volksstämme sollten Vertreter kommen und damit die Präsenz des Indigenavolkes Guatemalas bekunden. In keinem anderen Land gibt es noch so viele in ihrer Tradition verwurzelte Indianer. Man rechnet allein im Staate Guatemala mit etwa sechs Millionen Indigenas bei einer Gesamteinwohnerzahl von circa zehn Millionen, wobei man davon ausgehen kann, daß die restlichen vier Millionen zum Teil Indigenas und Mischlinge sind, die in die Stadt gezogen sind und ihre Kultur und Identität bewußt aufgegeben haben. In den letzten Jahrzehnten waren Indianer öfters dazu gezwungen, nur unter einem sogenannten Ladino-Namen erhielten sie Studienplätze auf den Universitäten und Arbeitsplätze in der Wirtschaft.

Beim ersten Indianertreffen im Jahre 1995 in Guatemala hatten die anwesenden Stammesvertreter die Form der Beratungen in den Zusammenkünften, vor allem aber die Zusammensetzung der Delegationen vereinbart. Die Alten, die aufgrund ihrer Lebenserfahrung eine tragende Rolle in der Gemeinschaft der Indianer innehaben, sollten auch bei diesen Treffen den Gremien als Rat der Weisen vorstehen. Nach den Ancianas und Ancianos rangierten die Priester, die in verschiedenen Funktionen als Heiler,

Astrologen oder Schamanen fungieren. Sie sind dazu angehalten, im Einklang mit ihrer Aufgabe für die Gemeinschaft zu arbeiten und ihre Standpunkte im Rat der Weisen einzubringen.

Den Priestern folgen die Seres Puentes, die sogenannten Brückenbauer, deren Funktion es ist, Organisationsarbeit zu leisten und Kontakte zu anderen Gemeinschaften, Organisationen und Kulturen herzustellen. Sie sind auch die Verbindungsglieder zu den Medien, weil sie kraft ihrer Mittlerfunktion das Vertrauen der Ancianos und Priester genießen und damit die Richtigkeit der Medienberichterstattung gewährleisten. Bei diesem Treffen hatten die Seres Puentes vor allem auch die Aufgabe, Dokumente und Petitionen auszuarbeiten, die dann im Spirituellen Rat der Indianer besprochen – wenn nötig abgeändert – und beschlossen werden sollten.

Treffpunkt der Teilnehmer Guatemalas war der alte Zeremonialort Kaminal Juyu im Stadtgebiet von Guatemala City. Dies ist ein heiliger Platz, auf dem einmal Tempelanlagen und Pyramiden gestanden sind, deren Reste heute noch zu sehen sind, dessen Umgebung aber inzwischen mit Hochhäusern und Einkaufszentren dicht verbaut ist. Tags zuvor hatte ich noch mit dem Organisator der guatemaltekischen Delegation telefoniert, der sich keinen Rat mehr wußte. Die Flüge, die vom kolumbianischen Veranstalter bezahlt werden sollten, müßten in Guatemala vorfinanziert werden, die Zusagen seitens der Regierung und Sponsoren seien aber aus unerklärlichen Gründen rückgängig gemacht worden. Monatelang habe man sich bemüht, Maya-Priestern Papiere und Pässe zu organisieren, sie zu informieren und mit ihnen Kontakt zu halten. Nun seien sie alle schon unterwegs in die Stadt und die Flüge gebucht. Daß der Präsident der Indianerbewegung, die Hauptperson dieses Treffens, Meister Cirilo, seine Delegation zuhause lassen müsse, sei doch unvorstellbar.

Der Organisationsleiter bat mich inständigst, alle meine Freunde und Bekannten um Geld zu bitten. So rief ich zuallererst unsere liebe Ratgeberin in Notfällen, Nan Cuz, an. Sie sollte ihren spirituellen „Guide“ befragen, ob und wie wir in dieser Notlage helfen könnten. Dafür schreibt Nan die Frage auf ein Blatt Papier, dann stellt sie sich bewußt auf die geistige

Verbindung zu ihrem spirituellen Führer ein und erhält schreibend die Antwort.

Für mich war schon vorher klar, daß ich maximal 3000 Dollar zur Verfügung stellen könnte. Das war die absolute Schmerzgrenze, da wir durch den Bau unseres Zentrums unseren Kreditrahmen schon zur Gänze ausgeschöpft hatten. Nan meinte, sie könne maximal 4000 Dollar beisteuern und rechne damit, dieses Geld nicht mehr wiederzusehen. So teilte ich also dem Organisationsteam mit, daß wir 7000 Dollar einbringen könnten. Meister Cirilo bedankte sich bei uns, man schien einen Schritt weitergekommen zu sein.

Nan rief mich am nächsten Tag zurück und teilte mir mit, was ihr spiritueller Führer geschrieben hatte. Wir beide sollten das Maximum geben, das wir aufbringen könnten, und es würde sich alles lösen. Für mich sei es ganz besonders wichtig, unter allen Umständen zu diesem Treffen zu fahren, ich werde dort dringend gebraucht. Auch für meine rechtzeitige Rückkehr werde alles geregelt. Seitens der Organisation hatte man mir nämlich mitgeteilt, daß die Rückkehr der gesamten Gruppe der Maya nicht vor Mitte Juli, also erst zehn Tage nach Beendigung des Treffens, möglich sein werde. Alle Rückflüge von Kolumbien nach Guatemala waren bereits ausgebucht, als wir die unseren kurzfristig reservierten. Das hätte für mich schwere Konsequenzen in meinem Beruf als Lehrer an der Österreichischen Schule bedeutet. Ich hatte also nun die Qual der Wahl, dem geistigen Führer Nans zu vertrauen oder meinen Zweifeln und Besorgnissen nachzugeben und die Reise abzusagen. Ich rief noch einmal im Reisebüro an und erhielt neuerlich die Antwort, daß keine Möglichkeit zu einer Rückkehr zum Schulanfang bestünde. Das Chaos um unzuverlässige Flugpläne und die noch nicht bezahlten Tickets ließen meine Zweifel wachsen, ich war nahe daran aufzugeben. Die Mitteilung von der Bedeutung meiner Anwesenheit bei diesem Treffen konnte ich nicht verstehen, zumal ich ja kein Maya, kein Indianer bin. Ich wollte mich auch nicht darauf einlassen, mit der Maya-Spiritualität zu nahe in Kontakt zu kommen. Ich war zwar am noch vorhandenen, lebendigen Wissen der Maya und der verschiedenen Indianerstämme interessiert, aber ohne Verantwortung und Folgewirkungen auf meine Person. Mich auf diese fremde, mystische Welt voll und ganz einzulassen, machte für mich noch keinen Sinn, daran konnte auch der Hinweis von Meister Cirilo, daß ich ein alter Maya gewesen sein solle, nichts ändern.

Obwohl ich mit meiner Frau und meinen Kindern oft bei Zeremonien dabei gewesen war und mit Meister Cirilo bereits den Einweihungsweg beschritt, wollte ich diesen Bereich doch lieber aus einiger Distanz betrachten. Ich begleitete Meister Cirilo, weil es einfach schön war, auf diese Weise in seine Welt einzutauchen. Das Pflegen von Kontakten mit Schamanen, Ancianos und Heilern war für mich auch nicht gleichzusetzen mit der Absicht, den Weg eines Maya-Priesters zu beschreiten. Christine und ich hatten immer wieder darüber gesprochen, keinen festgelegten spirituellen Weg mehr gehen zu wollen.

So lagen die Vorbedingungen für das zweite Treffen der Indianerstämme im kolumbianischen Amazonas nur noch in der Hand Gottes. Es schien keine irdisch-menschlichen Lösungen für all die Probleme zu geben. Nach den Tagen extremer Anspannung flüchtete ich mich in passive Gleichgültigkeit. Es war mir nach den allstündlichen Anrufen und Turbulenzen nun egal, wie alles ausgehen würde. Ich war trotz des jahrelangen Aufenthalts in Guatemala immer noch nicht geeicht genug, um solche Ungewißheiten mit stoischer Ruhe hinzunehmen. Was allerdings nicht von vorneherein bedeuten mußte, daß alles im Chaos enden würde. Wir waren ja immerhin auf einem Kontinent, wo die Gabe der Improvisation seit vielen Generationen kultiviert und eingesetzt wird.

Als ich mich auf dem Weg zum gemeinsamen Treffpunkt, zur Begrüßungszeremonie der verschiedenen Stammesvertreter der Maya mit meinem Privatwagen durch den Stadtverkehr kämpfte, war ich doch neugierig, wie die Dinge allgemein stünden, wußte aber auch, daß niemand außer mir mein persönliches Dilemma lösen konnte. Ich vertraute der Mitteilung von Nan Cuz, wenngleich ich mir das ungute Gefühl nicht ganz verkneifen konnte, eventuell doch eine Woche verspätet zu meiner Arbeitsstelle zurückzukommen.

Am Kaminal Juyu fanden sich nach und nach die Maya-Priester ein. Es herrschte eine ruhige, gelassene Stimmung an diesem späten Vormittag des Vortags der Abreise. Die Leute setzten sich einfach auf die grünen Grashügel, unter denen die Maya-Ruinen liegen, und ruhten sich dort aus. Manche schliefen unter den Bäumen, andere bereiteten die Zeremonie vor, wieder andere aßen Tortillas und Frijoles, ihre tägliche Mahlzeit. Die Stimmung war friedlich und festlich, die meisten Ancianos, Priester und Priesterinnen hatten ihre schönste Tracht angezogen, sodaß man erkennen konnte, woher sie kamen. Das bunte Bild und die von diesen Menschen ausstrahlende Gelassenheit und Unbeschwertheit faszinierten mich. Niemand schien vom Chaos im Hintergrund Notiz zu nehmen, und die, die davon wußten, schien es nicht zu stören. Meister Cirilo kam zu mir, bedankte sich nochmals für unsere Hilfe und meinte, es werde sich alles geben. Die göttlichen Wesenheiten würden dafür sorgen. Diese Aussage beruhigte mich allerdings wenig, immerhin bangte ich darum, meinen Scheck über 3000 Dollar im Namen der göttlichen Kräfte abgeben zu müssen. Ich vermutete, daß meine Bank dieser Art der Argumentation kaum zugänglich sein würde. Nan Cuz sagte mir, sie gebe ihren Scheck, ihr Geld gerne und aus vollem Herzen, sie sei überzeugt, daß es hier einfach gebraucht werde.

Zur Mittagszeit, mit zwei Stunden Verspätung, begann die Zeremonie. Priester und Schamanen, Männer und Frauen versammelten sich im Kreis um das vorbereitete Zeremonialrad, in dem Kerzen, Pom, Cuil pom und Kaxlan lagen, das heilige Räucherwerk, das der Überlieferung nach schon die ersten Priester der Maya für ihr heiliges Feuer, für die Kommunikation mit den göttlichen Kräften verwendeten. Meister Cirilo begann mit seinem Ritual, Schamanen standen ihm zur Seite, halfen beim Anzünden, beteten auf ihre traditionelle Art und Weise. Trommeln, Flöten, Marimbas erklangen. Die Schamanen kannten einander vielfach nicht, die Musiker hatten nie zuvor zusammen gespielt, und doch fügte sich alles in Harmonie zusammen. Über den Kreis hinweg lächelte mir ein sicher schon über 70 Jahre alter Anciano zu und begrüßte mich mit seinem strahlenden, liebevollen Blick. Ein anderer Schamane kam bei mir vorbei und legte mir kleine Kerzen und Plättchen aus Räucherwerk in die Hand. Beim Anrufen der Kräfte des heiligen Maya-Kalenders sollte ich meine Wünsche in diesen Plättchen und Kerzen manifestieren und sie ins heilige Feuer werfen.

Die Mystik des Moments, die Frömmigkeit der Priester und Priesterinnen, der Schamanen und Schamaninnen, die Kraft, die von diesen Menschen ausging, gab mir eine erste Vorahnung von dem, was mich am Amazonas erwartete. Ich vergaß meine Geldnöte, den Streß um den nach wie vor nicht geregelten Rückflug und ließ mich von den Gesängen und Rhythmen, von der Musik der Marimba und der Offenheit und Liebenswürdigkeit der Weisen tragen. Ich hatte das Gefühl, in ihre Herzen aufgenommen worden zu sein, und war überzeugt davon, vor einer der schönsten Reisen meines Lebens zu stehen. Nach zwei Stunden mußte ich die Zeremonie etwas verfrüht verlassen, um nach dem Rechten zu sehen. Immerhin hatten wir, mein Sohn und ich, noch keine Flugtickets.

Um sieben Uhr abends rief mich die Besitzerin des Reisebüros an und teilte mir mit, ich solle ihr um acht Uhr das Geld für unsere Flüge in bar vorbeibringen. Im Vertrauen auf die Botschaft eines geistigen Wesens, Nans spirituellen Führers, hatte ich die Flugtickets nach Kolumbien bestellt. Nun war zumindest der Hinflug geregelt, der Rückflug allerdings noch offen, weil ja für meinen gewünschten Rückflugtermin, wie schon erwähnt, alles ausgebucht war. Ich sollte mich in Kolumbien selbst um einen rechtzeitigen Rückflug kümmern. Inwieweit die Teilnahme der ganzen übrigen Maya-Gruppe inzwischen feststand oder nicht, entzog sich weiterhin meiner Kenntnis.

Eine Stunde später teilte mir der Leiter des Organisationsteams mit, daß wir um fünf Uhr früh am Flughafen sein sollten. Das war alles, was ich von der Lösung der für mich bedrückenden Probleme erfuhr. Niemand fragte mich mehr nach dem Scheck, den ich in der Tasche hatte. Auch Nans Scheck wurde nicht mehr angesprochen. So weckte ich also meinen Sohn zur rechten Zeit auf und fuhr mit ihm zum Flughafen, wo bereits dreiundvierzig weibliche und männliche Priester und Schamanen die Flughafenhalle mit ihrer farbenfrohen Kleidung und ihrem Auftreten belebten. Meister Cirilo umarmte mich und freute sich, daß doch noch alles in Ordnung gekommen war. Alle erhielten ihre Tickets, doch sieben Flugtickets blieben übrig. Man wunderte sich, wo die Ancianos geblieben waren. Ihre Namen standen auf den Flugscheinen, daher war klar, daß es sich um Personen handelte, die weitab von der Stadt wohnten und nun die vielleicht einzige Chance ihres Lebens verpaßt hatten, ihr Dorf jemals zu verlassen. Irgendetwas mußte schiefgelaufen sein, vielleicht waren auch nur die Busfahrscheine Richtung Hauptstadt nicht in ihrem Dorf angekommen.

Wir bestiegen die Maschine, und die in diesen Kreisen übliche Fröhlichkeit und Unbeschwertheit beherrschte die Atmosphäre. Die mitfliegenden Passagiere drehten ihre Köpfe und wunderten sich über die farbige Invasion der Indianer auf ihrem üblicherweise ruhigen Flug. Neben einem Anciano sitzend roch man, abgesehen von den Küchengerüchen aus ihren rußgeschwärzten Hütten, die Duftstoffe aus vielen, vielen Zeremonien, die an den Kleidern und den Morrales, den gewebten Tragtaschen, hafteten. Die meisten hatten keine Koffer und nahmen ihre Habseligkeiten in einer Stofftasche als Handgepäck mit. Vier Musiker, die zugleich Priester waren, hatten in den frühen Morgenstunden große Schachteln in die Abflugshalle geschleppt, in denen eine Marimba verpackt war. Beim Einchecken hatte ich noch andere Kartons gesichtet, die mit Netzen umhüllt waren und so aufgegeben wurden. Das Flugpersonal hatte alle Hände voll zu tun, den Indigenas beim Start die Sicherheitsgurte anzulegen. Kaum jemand wußte mit diesen Dingen umzugehen und interessierte sich auch nicht dafür. Die Instruktionen wurden zwar wahrgenommen, aber kaum einer ließ sich dadurch anregen, seinen Gurt auch wirklich in die Hand zu nehmen. Die Papiere für die Einwanderungsbehörde in Kolumbien wurden kurz betrachtet und zur Seite gelegt. Was sollte man auch mit Zetteln anfangen, deren Inhalt man nicht verstehen konnte. Vor meinen Füßen lag ein Paß, der wohl jemandem aus der Stofftasche gerutscht war. Als das Frühstück serviert wurde, raschelte es in den Sitzreihen. Die silbrigen

Deckel wurden abgezogen, dann wurde es deutlich ruhiger. Die Stewardessen hatten alle Mühe, die schnell geleerten, kleinen Tassen immer wieder nachzufüllen. Ancianos und Ancianas, die erstmals in ihrem Leben die Welt von oben sahen, beugten sich über ihre Nachbarn, um wenigstens einen kleinen Ausschnitt von oben zu bewundern. Begeistert bestaunte man die Wolkentürme, die darunterliegenden Landschaften. Manche Teilnehmer waren ängstlich und ihre Gesichter verkrampft. Sie wollten von dieser Sicht auf Mutter Erde nichts wissen und nur wieder heil auf ihr landen.

Mein Sohn Daniel erhielt bereits nach einer halben Stunde einen Großteil der Formulare zum Ausfüllen. Die meiste Zeit verbrachten wir damit, den Weisen diesen lästigen Kram abzunehmen. Manche mußten zurück zu ihren Taschen, um den Paß zu suchen, und übergaben uns gleich alle Papiere inklusive Busfahrscheinen, Flugtickets, Pässen und anderen Formularen unter dem Motto: „Es wird schon das Richtige dabei sein." So blieb unsere Aufmerksamkeit auf die Bewältigung der unzähligen Papiere, das Studium von Paßnummern, Geburtsdaten und derlei mehr gerichtet.

Bei der Zwischenlandung in Panama mußten wir von Bord gehen und in einer Aufenthaltshalle auf den Anschlußflug warten. Die meisten waren müde und wählten sich eine Ecke, einen Stuhl oder auch ein Stück Fußboden für ein Schläfchen. Ein Gutteil der Halle war dicht besetzt mit schlafenden und sich ausruhenden Indigenas, die einfach taten, was ihnen Spaß machte. Einige spielten auf ihren Flöten, andere saßen in kleinen Gruppen auf dem Boden oder benutzten ihre bunten Stofftaschen als Kopfkissen. Für drei Stunden verwandelten sie die Wartehalle des Flughafens in einen Ort der Musik, der Geselligkeit und Ruhe, die von diesen Menschen ausging und viel Aufsehen bei den hin- und hereilenden Fluggästen verursachte.

Ich hatte das Gefühl, in eine Familie aufgenommen worden zu sein. Niemand hatte ein böses Wort, einen mißtrauischen Blick für uns Ausländer. Die Indigenas behandelten meinen Sohn und mich wie ihresgleichen und freuten sich, daß wir dabeisein konnten. Der Dienst beim Ausfüllen der Formulare wurde uns mit vielen Dankesworten und freundlichen Blicken gelohnt. Ich war stolz, zu dieser in meinem Leben ungewöhnlichsten Reisegruppe zu gehören, und fand kaum Zeit, darüber nachzudenken, was uns wohl in Kolumbien erwarten werde. Die „Organisation" in Guatemala ließ einiges erwarten. Andererseits kannte ich den Leiter des dortigen Organisationsteams, der mir vor Monaten bei einer Zeremonie in Guatemala besonders angenehm aufgefallen war. Es war ein in der Stadt lebender Indianer von einem kolumbianischen Stamm, der viel Sicherheit und Kraft ausstrahlte und in Bogotá eine Gruppe von Leuten um sich gesammelt hatte, um diese große Herausforderung anzunehmen.

Als wir am Nachmittag in Bogotá ankamen, mußten mein Sohn und ich erneut eine Unmenge von Formularen für die Einreise in Kolumbien ausfüllen. Wir warteten auf den Bus, der uns abholen sollte. Aus Erfahrung wußte ich, daß in diesen Breiten das Alter eines Busses auf den Zustand des Hotels, das er ansteuerte, schließen läßt. Also erwartete ich angesichts unseres klapprigen, schrottreifen Gefährts eine ziemlich bescheidene Unterkunft. Immerhin mußten 400 Delegierte aus ganz Amerika untergebracht werden. Zu unserer Verblüffung hielt der Bus aber vor einem Fünf-Sterne-Hotel. Ich wertete es als Zeichen dafür, daß diese Reise voller Überraschungen sein werde. So teilte ich mit meinem Sohn ein Doppelzimmer in einem der besten Hotels von Bogotá. Die Zimmer waren mit Fernseh- und Faxgeräten ausgestattet, und ich fragte mich, wie das wohl auf die vielen Indigenas wirken würde, die vor zwei Tagen noch in ihren kleinen Lehmhütten in einem Raum mit ihren Familien geschlafen hatten. Wir bekamen sogar offizielle Abzeichen, die uns als Teilnehmer des Indianertreffens auswiesen, und waren ab diesem Augenblick von allen Kosten befreit.

Als wir nach dem Duschen in die Lobby des Hotels kamen, saßen bereits überall Gruppen von Indianern beisammen. Hunderte von Personen in bunten Trachten ergaben ein Bild, das ich nie mehr vergessen werde. Gäste des Hotels blieben mit angehaltenem Atem stehen und fühlten sich, ihrem Gesichtsausdruck nach zu schließen, auf einen anderen Planeten versetzt. In einem Nebenraum der Lobby hielten sich Menschen in dunklen Anzügen und feinen Kleidern auf. Es waren Aussteller und Besucher einer Verkaufsmesse von kolumbianischen Pharmazieprodukten. Stärker konnten die Kontraste nicht mehr sein: In einem Bereich der Lobby wurde musiziert und getanzt, und in einer anderen Ecke saß gerade die Miss World mit einer Gruppe von Models, die nach Bogotá gekommen waren, um Werbefotos zu machen.

Die „schönsten" Frauen der Welt saßen da umgeben von Menschen, die abseits unserer westlichen Entwicklung ein Leben in vollkommener Einfachheit und Naturverbundenheit lebten. Die Mädchen überprüften immer wieder ihr Make-up und warteten sichtlich ungeduldig auf ihren Auftraggeber. Ihre Beine wurden von so manchem Anciano wohl als Teil der göttlichen Natur wahrgenommen, deren Schönheit sich ja nicht nur im Pflanzen-, Mineralien- und Tierreich zeigt. Ich wußte von Meister Cirilo, wie gerne er schöne Frauen sah und wie oft er mit aller Hochachtung und Wertschätzung von diesen, wie er sie manchmal nannte, „Geschenken Gottes" gesprochen hatte. Die Pharmazeuten mischten sich unter die Indianer, und das Hotelpersonal zeigte sich durch das bunte Treiben verunsichert und eilte verstört in der Halle umher.

Ich nahm die Gelegenheit wahr, mit den einzelnen Volksgruppen Kontakte aufzunehmen, mit Menschen, die mich allein schon durch ihr Äußeres faszinierten. Umso mehr, als unser Aufenthalt im Hotel aus unbestimmten Gründen um einen Tag verlängert wurde. Leider wurde am zweiten Tag meine Stimme leiser, ich hatte eine Halsentzündung und war mehr und mehr in meiner Kommunikation eingeschränkt. Am folgenden Tag stand ich in der Lobby und muß wohl ziemlich unglücklich dreingeschaut haben, als ich einem Schamanen auffiel, der sicher kein Indianer war, sondern eher wie ein Europäer aussah. Er kam auf mich zu, legte seine Hand auf meinen Rücken und intonierte Silben, begann leise vor sich hinzusingen. So wurde ich von der Sorge befreit, meine Stimme zu verlieren. Nach seiner Hilfeleistung schloß ich mit dem Schamanen, der aus Holland kam, Freundschaft. Ich konnte ihm mit Spanisch aushelfen, und er erzählte mir von seinem Weg, von seinen Begegnungen mit den Weisen der alten Kulturen in Amerika, in Osteuropa, von einem alten ungarischen Schamanen, der ihm vor Jahren diesen Weg zugänglich gemacht hatte.

Als ich zwischendurch wieder einmal meinen Sohn traf und mich mit ihm über die außergewöhnliche Stimmung in dieser Lobby unterhielt, gesellte sich ein mexikanischer Schamane zu uns. Er schaute Daniel in die Augen und legte die Faust auf seine Brust. Dabei schloß er die Augen und meinte, Daniel habe ein großes und starkes Herz. Daniel war überrascht und unfähig, etwas zu sagen. Er zitterte am ganzen Körper, so etwas hatte er noch nie erlebt.

Ein Team von Ärzten, Therapeuten und Heilern sollte die Indianergruppe an den Amazonas begleiten. Ich war sehr erstaunt darüber, daß es offensichtlich in Kolumbien schon von offizieller Seite möglich war, ein Team in dieser Besetzung zusammenzustellen. Mit einem der Ärzte unterhielt ich mich gerade in der Lobby, als ein Indianer zu uns stieß und feststellte, mein Gesprächspartner brauche Hilfe. Mich verblüffte diese direkte Art. Im nächsten Moment schon berührte er den Arzt, legte ihm die Hände auf und murmelte unverständliche Silben und Worte. Ich konnte aus nächster Nähe beobachten, wie sich die Gesichtsfarbe des Arztes veränderte. Der Arzt konnte nicht einordnen, was mit ihm geschehen war, und brauchte noch einige Stunden, um sich wieder zurechtzufinden. Dies war der ungewöhnliche Beginn eines Veränderungsprozesses in diesem Menschen, über den ich mit dem Arzt auch beim Indianertreffen immer wieder Gespräche führte.

Am nächsten Tag war nun endlich die Abfahrt in das Amazonasgebiet geplant. 200 Leute sollten um fünf Uhr früh bereit stehen, die zweite Gruppe am Nachmittag nachkommen. So flog die erste Gruppe ein paar Stunden später mit einer Hercules-Militärmaschine vom Militärflughafen von Bogotá los. Ich entschied mich für die zweite Gruppe und nahm die Gelegenheit wahr, in die Stadt zu gehen und Gummistiefel für die Urwaldsümpfe zu kaufen, wie es mir ein Kolumbianer empfohlen hatte.

Erwachen am Amazonas

Wie nicht anders zu erwarten war, sollte die zweite Gruppe dann doch erst am nächsten Tag abfliegen. Die erste war in den Nachtstunden bei Vollmond am Amazonas angelangt. Mein Sohn, der sich dieser Gruppe angeschlossen hatte, schilderte mir mit Schaudern die Ankunft. Ich möchte ihn hier selbst zu Wort kommen lassen:

„Es ging los. Wir wurden auf den Militärflughafen gebracht, wo wir weitere zwei Stunden warteten, bis das Flugzeug endlich eintraf. Es flößte mir von Anfang an Vertrauen ein, denn es handelte sich um eine dieser trägen, viermotorigen, fetten Militärmaschinen, die für ihre Sicherheit und Stabilität bekannt sind. Von der Innenausstattung möchte ich allerdings nicht berichten, denn schlichter und unbequemer geht es wohl kaum noch. Man gab jedem von uns ein paar Ohrenstöpsel, weil der Lärm sonst kaum erträglich war, und dann starteten wir.

Nach eineinhalb Stunden setzten wir dann endlich zu einer sanften Landung an, bei der man deutlich spüren konnte, daß die Piste schon viele Regenzeiten hinter sich hatte. Das erste, was mir beim Aussteigen auffiel, war ein prachtvoller Sonnenuntergang. Das zweite ein Riesenschwarm Moskitos, die sofort und ohne jegliches Erbarmen über das frische Blut herfielen und unter denen wir die nächsten Tage noch sehr leiden sollten. Es handelte sich nämlich nicht um gewöhnliche Moskitos, sondern um eine kleinere Spezies, die um vieles aggressiver und vor allem auch effektiver war. Ich riß sofort das Antimoskitomittel aus der Tasche, doch die Moskitos waren schneller gewesen und hatten schon deutliche Spuren auf Hals, Armen und Beinen hinterlassen. Und das in weniger als drei Minuten! Naja, ich hatte einen kleinen Vorgeschmack von dem bekommen, was uns noch bevorstehen sollte.

Dann wurden wir aufgefordert, unser Gepäck zu nehmen und bis zum Boot zu Fuß zu gehen. Es sei nicht sehr weit, eine halbe

Stunde vielleicht. Aus der halben wurde eine ganze Stunde, und ich büßte für jeden einzelnen kleinen Luxusartikel, den ich in die riesige Tasche gepackt hatte. Zum Glück ging es bergab, doch wir versanken teilweise bis über die Knöchel im Schlamm, und abgesehen davon war es stockdunkel. Kaum einer hatte an eine Taschenlampe gedacht, am allerwenigsten ich. Mit Blasen an den Füßen und total erschöpft kamen wir endlich beim Boot an. Die älteren Leute konnten einem wirklich nur mehr leid tun, und wer 'beleibt' war, war doppelt gestraft. Die Moskitos hatten ihre helle Freude an uns.

Das Boot war im Stil eines Kanus gebaut, aber etwa fünfzehn Meter lang, und so paßte gut die Hälfte unserer Gruppe auf einmal hinein. Ich war bei der zweiten Partie. Wir fuhren unter einem klaren Sternenhimmel den Urwaldfluß stromaufwärts. Nach ungefähr einer Stunde gelangten wir an eine Flußkrümmung und sahen, als wir um die Kurve gebogen waren, den roten Vollmond, der genau in der Schneise aufging, die der Fluß durch den Urwald zog. Für einige Zeit waren alle stumm vor Bewunderung. Wir hatten das Gefühl, daß uns der Amazonas willkommen hieß.

Dann steuerten wir das Ufer an und bemerkten, als wir an Land gingen, daß von hier ein schmaler Trampelpfad in den Urwald hineinführte. Bereits am Ende unserer Kräfte, hofften wir, daß die Reise nun bald zu Ende sein möge, aber leider hatten wir kein Glück. Nun schien es erst richtig anzufangen. Ohne Licht stolperten wir den schmalen Pfad entlang, der Schlamm reichte uns manchmal weit über die Knöchel. Über die schlimmsten Passagen hatte man zwar unbehauene Baumstämme gelegt, doch ohne Licht und mit dem schweren Gepäck war es uns unmöglich, auf ihnen zu balancieren. Eine 'als Baumstamm getarnte' Brücke setzte dem ganzen dann die Krone auf. Ich kann mir heute noch nicht erklären, wie ich sie überquert habe, da ich es bei Tageslicht und ohne Last kaum geschafft habe.

Nach etwa einer Dreiviertelstunde hörten wir in der Ferne die Klänge von Zeremonialtrommeln, und wußten, nun konnte es nicht mehr weit sein. Wir kamen im Lager an und gingen direkt zu einer Zeremonie, die schon voll in Gang war. Man hatte ein Zeremonialfeuer entfacht, die Maya waren gerade dabei, alle ihre geistigen Kräfte einzeln anzurufen. Dieses Bild, begleitet von Flöten- und Trommelklängen, erweckte bei uns allen das Gefühl, in eine ferne Vergangenheit versetzt worden zu sein. Es war einfach unglaublich. Als die Zeremonie vorüber war, bildeten alle einen Kreis, nahmen die Kinder des Nachbardorfes in die Mitte und tanzten zusammen um das Feuer.

Später suchte ich mein Gepäck, holte meine Hängematte heraus, hängte sie irgendwie in einer der Hütten auf und versank in einen unruhigen Schlaf, aus dem ich oft erwachte, entweder wegen der Unbequemlichkeit der Hängematte oder wegen der ungewohnten Geräusche des Urwaldes."

Wir anderen mußten, wie gesagt, noch einen Tag in der Stadt abwarten, bis wir endlich von einem alten Bus um fünf Uhr früh zum Militärflughafen gebracht wurden. Dort wurden wir einzeln aufgerufen, es durfte niemand mit, der nicht unmittelbar zu einer der Indianergruppen gehörte. Wir stiegen in die innen äußerst primitiv anmutende Hercules. Die Kabelstränge der Maschine hingen offen über unseren Köpfen. In langen Doppelreihen saßen wir Rücken an Rücken in Stoffsitzen. Es roch wie im Maschinenraum eines Schiffes, und ich stellte mir vor, daß mit solchen Flugzeugen Soldaten in Kriegsgebiete transportiert werden. Ich versetzte mich in die Lage, nun in ein Einsatzgebiet geflogen zu werden, um dort zu kämpfen. Welche Gedanken würden wohl in einem jungen, wachen und sensiblen Menschen vorgehen, wenn er gezwungen wird, auf diese Weise seine Pflicht dem Staat gegenüber zu erfüllen? Ich hatte mir nie mich selbst in so einer Situation vorstellen können, doch nun saß ich in genau so einem alten Flugzeug mit Reiseziel Amazonas. Es gab kein einziges Fenster, aus dem man hätte schauen können, und so blieb nur das Abwarten im Lärm der viermotorigen Maschine.

Nach zwei Stunden landeten wir endlich. Als die Maschine stehen blieb, hörte man das Prasseln des Regens auf dem Rumpf des Flugzeugs. Ich hatte meinen Regenschutz zuunterst in meiner Reisetasche. Als ich zur Ausstiegsleiter kam, sah ich, daß sich alle Leute unter den breiten Flügeln der Transportmaschine drängten. Die Wolken hingen tief über dem Urwald, es goß in Strömen. Wir befanden uns auf einer Schotterpiste, am Rand des Rollfeldes stand anstelle eines Flughafengebäudes eine kleine Holzhütte, in der ein Soldat Wache hielt. Mehr konnte man nicht erkennen. So drängten wir uns also im Schutz der Tragflächen dicht aneinander und warteten auf den Weitertransport.

Nach einer halben Stunde kam die Nachricht, daß wir ab jetzt zu Fuß unterwegs sein müßten. Wir sollten ungefähr eine Stunde einen steilen Berghang hinab zum Amazonas gehen. Keiner konnte oder wollte glauben, was uns da mitgeteilt wurde. Wie sollten zweihundert alte Menschen, größtenteils ohne Regenschutz, im strömenden Regen einen einstündigen Fußmarsch durch schwieriges Gelände bewältigen? Abwarten, bis der Regen endlich aufhörte, wäre allerdings auch unmöglich gewesen. Die Hercules wurde bereits für den Rückflug in die Stadt bereit gemacht. So nahmen die ersten Mutigen ihre Sachen, hängten sich ein Stück Plastikfolie um die Schultern und gingen hinaus in den strömenden Regen. Nach und nach, mit eingezogenen Köpfen und im kalten Wind fröstelnd, zog die ganze Gruppe los. Neben mir stand die guatemaltekische Musikgruppe mit den Kartons, in denen ihr kostbares Instrument, die Marimba, verpackt war. Sie hatten nicht daran gedacht, daß es im Urwald regnen könnte. Aber auch für sie gab es keine andere Lösung, als die Schachteln auf den Rücken zu nehmen und loszuziehen. Noch auf dem steinigen und lehmigen Flugfeld brach ein Teil der durchnäßten Kartons auf. Teile des Instruments waren bereits auf den Boden gefallen, so teilten wir für den Rest des Weges die nassen Einzelteile der Marimba unter uns auf. Auf Schlamm und Nässe, Feuchtigkeit und Hitze waren wohl kaum irgendwelche Indigenas vorbereitet. Wahrscheinlich hatte ihnen nie jemand gesagt, was für ein Klima, welche Umstände sie hier erwarteten. Vollkommen am Ende ihrer Kräfte und durchnäßt von der ersten eineinhalbstündigen Wanderung glaubten nun die meisten, am Ziel angelangt zu sein. Wir mußten in einer Hütte am Amazonasufer auf das Boot warten, das uns zum Lager bringen würde. Nach einer Stunde kam urplötzlich die Sonne hervor und mit der Sonne auch die ersten Moskitoschwärme, die über die teils mit kurzen Hosen oder Röcken bekleideten Indianer herfielen.

Dieses Problem sollte uns während der folgenden Tage noch schwer zu schaffen machen, weil niemand für Abhilfe gesorgt hatte und viele Delegierte überhaupt nicht darauf vorbereitet waren. Manche Indianer aus Bolivien und Peru kamen aus einem Gebiet in 4000 Meter Seehöhe. Ihre Kleidung war auf ihre gewohnte Umgebung abgestimmt, in der Hitze und Feuchtigkeit des Amazonasgebietes aber schmachteten sie darin. Nur der Fahrtwind auf dem Boot machte die ärgsten Hitzewallungen unter ihren aus dicken und festen Wollstoffen gefertigten Hosen, Huipiles und Ponchos noch einigermaßen erträglich.

Auf der Reise stromaufwärts fuhren wir durch wunderschöne, unberührte Gebiete. Der Amazonas teilte sich in zwei riesige Arme, zwischen denen eine Flußinsel mit dichter Vegetation lag. Wir bogen in einen Seitenarm des Flusses ein. Die Indianervertreter trockneten ihre Kleider auf dem Schiff, die Stimmung war wieder etwas gelöster. Mir gegenüber saß ein alter Schamane aus dem Norden Chiles. Er trug ein kleines, durchnäßtes Bündel mit all seinen Habseligkeiten für diese Reise bei sich und eine ebenfalls aufgeweichte Trommel, die er in die Sonne hielt, um sie zu trocknen. Er klopfte von Zeit zu Zeit mit den Fingern auf die Trommel um herauszufinden, ob sie nun endlich wieder spielbar wäre. Unsere Blicke trafen sich immer wieder, und ich spürte von ihm eine starke Kraft ausgehen. Sein Blick richtete sich immer wieder in die Weite der Landschaft, als wollte er die ganze Fülle und Üppigkeit der Natur in sich aufsaugen. Er griff in seine Tasche und holte ein Tuch heraus, das er sich umband. Als sei niemand sonst anwesend und er ganz allein, versenkte er sich in die Natur, nahm seine Trommel und begann zu spielen. Seine Stimme erhob sich mit beeindruckender Kraft, während er die Wesenheiten rief. Er benützte dabei eine Sprache, die mir vollkommen fremd war, besang die Natur, und seine Augen wurden feucht. Mit allem Respekt schaute ich ihm direkt ins Gesicht, da begann ein inneres Gespräch zwischen uns beiden. Ich kann es nur als gemeinsames Gebet, als gemeinsames Empfinden beschreiben. Irgendeine Macht verband uns und ließ mich mit ihm mitempfinden. Ich genoß es aus ganzem Herzen, diesem Schamanen so nahe zu sein und mich in seinem Kraftfeld fast zu verlieren. Andere setzten sich dazu und stimmten in diesen Gesang ein. Indianer von anderen Stämmen nahmen ihre Rasseln, Flöten oder sonstigen Instrumente zur Hand. Ein kolumbianischer Fotograf holte prompt seine Kamera heraus, erstarrte aber, als ihm der Chilene mit wuchtiger Stimme ein „Nein" entgegenschleuderte, um sofort wieder friedlich mit seinen Gesängen fortzufahren. Die Zeit hatte aufgehört zu existieren. Die Bootsfahrt war unsere erste gemeinsame Zeremonie, einfach aus dem Moment entstanden. Die Schönheit der Natur, die vorbeiziehenden Sträucher, Bäume und Tiere und die mystische Musik versetzten mich in einen Zustand des Glücks, ich war ganz im Hier und Jetzt und voll Liebe für alle Wesen. Menschen saßen dicht aneinandergedrängt auf dem Boden und auf den Bootsrändern. Die Sonne löste alle Frustrationen und Schmerzen der ersten Wanderung und Strapazen auf. Die Bootsfahrt in das extra aufgebaute Lager war für mich die erste Verbindung zu den Wesen und Kräften dieses Ortes. Der chilenische Schamane hatte sie gerufen und mit seinen Gesängen zu uns eingeladen. Das Flattern meines Herzens war das äußere Anzeichen dieser Begegnung.

Als wir unser Ziel erreicht hatten, war es bereits früher Nachmittag. Wir mußten uns um unsere Hängematten kümmern und wurden im Essensrancho bereits erwartet. Rundherum waren auf sehr einfache Weise Holzgerüste mit Palmdächern aufgebaut worden, die nach allen Seiten hin offen waren und in denen jeweils bis zu 60 Hängematten aufgehängt werden konnten. Jeder suchte sich seine Schlafstätte, verstaute sein Gepäck unter der Hängematte, um dann zum Mittagessen zu gehen. Lange Tisch- und Bankreihen und eine offene Küche, daraus bestand unser Restaurant. Eintopf aus verschiedenen Gemüsen und Bohnen wurden in großen Tontöpfen über offenem Feuer gerührt. Einheimische Frauen teilten das Essen aus. Während des Essens wurde die erste Zusammenkunft in der Malocca, einem für dieses Treffen aufgestellten Tempel, vereinbart.

Am späten Nachmittag kamen dann alle Stammesvertreter dort zusammen. Meister Cirilo, Vater der Idee der Vereinigung und Maya-Prophet, trat in die Mitte und begann in seiner Maya-Sprache zu sprechen. Mit erhobener Hand rief er den Delegierten zu:

„Liebe Brüder und Schwestern, die Zeit des Erwachens ist angebrochen. Wir sind hier zusammengekommen, um uns mit der Kraft der heiligen Traditionen, der Zeremonien und Rituale, mit dem großen göttlichen Geist und der Mutter Erde zu verbinden. Laßt uns gemeinsam unsere Aufgabe wahrnehmen. Laßt uns in die Welt rufen, daß wir alle den Fingern einer Hand gleichen. Wir kommen aus demselben Ursprung und sind verschiedene Wege gegangen, werden aber dennoch von derselben Kraft geleitet. Wir Indianer haben das Wissen um die heiligen Traditionen erhalten. Jetzt ist es an der Zeit, dieses gemeinsame Wissen für eine gemeinsame, bessere Zukunft der gesamten Menschheit freizugeben. Laßt uns als Brüder und Schwestern auf diesem Planeten Erde zusammenleben. Alle müssen erwachen. Kein Volk, keine Kultur, keine Gruppe darf zurückbleiben, denn es wird ein allgemeines Erwachen geben, das uns allen Glück und Frieden bringen wird."

Meister Cirilo erhielt lauten Applaus und Zustimmung aus allen Kreisen. Vertreter der einzelnen Stämme stellten sich vor, jeder auf seine individuelle Weise. Manche sprachen Begrüßungsworte und brachten kurze Botschaften ihres Stammes mit. Andere traten in die Mitte des großen Kreises und begannen ein Lied zu singen. Wieder andere knieten nieder, küßten den Boden und begannen auf diese Weise eine kurze Begrüßungszeremonie. Es wurde bis in die frühen Abendstunden gemeinsam getanzt und musiziert. Die Hitze des Nachmittags hatte sich gelegt, die vorerst drückende Stimmung in der Malocca langsam aufgelöst, und wir warteten in unseren Ranchos auf das erste Abendessen. Hinter den Wipfeln der riesigen Bäume ging die Sonne unter. Einige Schamanen hatten sich bereits zurückgezogen, um die Sonne zu verabschieden und die Nacht mit Trommeln und Flöten zu begrüßen.

Im Essensrancho loderte das offene Feuer, über dem es schon wieder aus den großen Tontöpfen dampfte. Eine Reihe von 400 hungrigen Menschen wartete geduldig auf das Essen. Ich setzte mich zu einer Gruppe von Mexikanern und unterhielt mich mit Maya-Ancianos aus Yucatán. Die guatemaltekischen Maya hatten ihre Marimba bereits am Nachmittag im Essensrancho aufgestellt. Mühevoll war das Instrument an den Amazonas geschleppt, durchweicht und wieder getrocknet worden. Nun mußte es in stundenlanger Arbeit zusammengebaut und neu gestimmt werden. Als dann die Leute beim Essen zusammensaßen, begann die Musik zu erklingen. Da und dort wurden Kontakte geknüpft, und auch die ersten Kritiken an der Organisation wurden laut. Die Umstände von Anreise und Ankunft hatten manche Indianer bereits bis ans Limit ihrer Leistungsfähigkeit beansprucht.

Nach dem Abendessen meldete sich erstmals der Leiter des kolumbianischen Organsiationsteams. Er entschuldigte sich für die schrecklichen Bedingungen, unter denen vor allem die erste Gruppe hierherkommen mußte, und erläuterte die Hintergründe der ersten Pannen. Ein für den Gepäcktransport vorgesehener Lastwagen sei aufgrund der starken Regenfälle ausgefallen, und es habe außerdem bedauerlicherweise Verzögerungen durch Sicherheitsmaßnahmen des Militärs gegeben. Das Team wurde vorgestellt, die jeweiligen Aufgabenbereiche erklärt und erste Anweisungen erteilt. Die mystische Stimmung des Abends wurde mit einem Mal von der Beschäftigung mit handfesteren Dingen abgelöst. Es ging um Eigenverantwortung, um die Bewältigung von ganz praktischen Anliegen. Genaue Instruktionen gab es vor allem für den Gebrauch der Toiletten. Es gab zehn Holzhäuschen mit Klomuscheln. Dort sollte mit Wasser aus einem Kübel nachgespült werden, das Wasser sollte jeder einzelne aus Fässern vor den Toilettehäuschen schöpfen. Mir war sofort klar, daß dies eine grobe Fehlplanung war. Das Verhältnis von 400 Menschen zu zehn Toiletten verhieß wenig Gutes.

In den Aufregungen der Organisationsarbeit war vergessen worden zu bedenken, wie die Fässer wieder gefüllt werden sollten. Im Lager gab es keinen Strom, der Amazonas war zehn Gehminuten entfernt. Es war vorherzusehen, daß es demnächst zu den ersten

Krisensitzungen in und vor den Toiletten kommen werde. Ich wartete ab. Für die Indigenas war dies vorerst überhaupt kein Problem. Sie sind es gewöhnt, zu diesem Zweck in die Wälder zu gehen, und kümmerten sich wenig um die trockengelegten Wassertoiletten. Was die Verrichtung der Bedürfnisse von 400 Menschen im nahen Umkreis des Lagers bewirkte, braucht nicht näher ausgeführt zu werden. Schon nach einem Tag waren die Toiletten ein Pfuhl von Gestank und Klopapiermüll, den niemand mehr aufräumen wollte.

In der Malocca berieten die Weisen, Indianerführer und Priester Konzepte zur Heilung der Mutter Erde, und vor der Tempeltür erstickten die Mitarbeiter und Helfer in der Realität des Alltags. Was hatten wir in so kurzer Zeit aus diesem unberührten Stück Natur gemacht! Wir alle waren dringend aufgefordert, aus unserem eigenen Verhalten zu lernen. Es war nicht angebracht, andere Völker ob ihrer Zerstörungswut zu kritisieren und im selben Moment die eigene Unfähigkeit zu übersehen, mit der Instandhaltung unseres kleinen Lebensumfeldes zurechtzukommen. Mir wurde einmal mehr klar, daß wir alle zum derzeitigen Zustand des Planeten beigetragen haben.

Nicht nur in den Industriestaaten, sondern auch in den alten Kulturen ist weitgehend das Gefühl für den verantwortungsvollen Umgang mit dem Lebensraum verloren gegangen. In einer Menge von 400 Personen potenzieren sich natürlich auch die Auswirkungen jedes Fehlverhaltens. Hier waren viele Menschen auf sehr kleinem Raum zusammengepfercht. Meine Hängematte hatte einen Meter Abstand zu der meines Nachbarn, und bei den Klos war die Privatsphäre ebensowenig gewahrt.

So war also die erste und wichtigste Aufgabe der Seres Puentes, der Brückenbauer, in gemeinsamer Arbeit mit der Organisation Notlösungen zu finden. Es wurden Toilettendienste eingeteilt, doch diese Dienste wurden wegen der zunehmenden Geruchsbelästigung bald verweigert. Es war für niemanden mehr zumutbar, sich dieses Problems anzunehmen. So beschlossen wir, aus Bogotá ein Aggregat mit langen Schläuchen einfliegen zu lassen, um das Wasser vom Amazonas in das Lager pumpen zu können. Auf diese Weise konnten ab dem dritten Tag zumindest die Toiletten mit einem Wasserstrahl „gereinigt“ werden. Schon allein die Vorstellung vom Ausbruch einer Cholera-Epidemie beim Treffen der Indianerschamanen im Amazonasgebiet war niederschmetternd.

Bereits am zweiten Tag kam eine weitere Überraschung auf uns zu. Bei einer Besprechung in der Malocca beschloß der Weisenrat, nur mehr Ancianos und Ancianas in der Malocca zuzulassen. Die Priester und Seres Puentes sollten im Restaurant arbeiten und von den Beratungen der Alten ausgeschlossen bleiben. Damit wurde die erste Spaltung geschaffen. Dies war der Beginn der Unstimmigkeiten zwischen den drei Gremien, dem Rat der Ancianos und Ancianas, dem der Priester und dem der Seres Puentes. Ich saß unter einem Baum am Weg zwischen der Malocca und dem Essensrancho, als Meister Cirilo auf mich zukam. Er blieb stehen und sagte: „Norbert, so wie es jetzt läuft, kann es nicht weitergehen. Unter diesen Umständen gehe auch ich nicht mehr in die Malocca.“ Er schien seine Position und Autorität eingebüßt zu haben und schüttelte über soviel Kleingeist nur noch den Kopf. Vor allem aus Südamerika waren zahlreiche Delegierte dabei, die sehr massiv die Erhaltung der alten Strukturen einforderten. Manche wollten sogar die Frauen aus dem heiligen Bereich der Malocca ausschließen. Andere wollten darin keine Weißen sehen; die Rasse, die am meisten Zerstörung angerichtet habe, sollte in ihrem heiligen Tempel keinen Platz haben. Selbst manchen Organisatoren aus Kolumbien, die Weiße waren, wurde nicht das Recht zugebilligt, sich an den Beratungen zu beteiligen.

Daraufhin wollte sich Don Cirilo als Präsident des Weisenrates zurückziehen und dem Rat der Priester und Seres Puentes anschließen. Ihm standen Tränen in den Augen. Seine Idee eines friedlichen, gemeinsamen Weges über die Grenzen der Kulturen und Rassen hinweg war wieder einmal, wie schon so oft in seinem Leben, in Frage gestellt. Wie oft hat er sich schon in Guatemala dafür rechtfertigen müssen, Vertretern anderer Indianerstämme und sogar Ausländern den Maya-Weg zu eröffnen!

Nun wurde dieses leidige Thema im Kreise der Indianervertreter ganz Amerikas behandelt. Einerseits war der Ruf des

Präsidenten der Bewegung unüberhörbar, daß wir uns alle aufmachen müßten, daß keine Rasse, kein Volk, keine Kultur zurückbleiben dürfe. Die Vereinigung der Menschheit im Symbol der Finger einer Hand war verständlich für alle, deswegen fand ja auch dieses Treffen statt. Dennoch saßen nun einige wenige, aber machtvolle Indianer neben den ruhigen und besonnenen Weisen in der düsteren Malocca und berieten darüber, wer diesen Raum betreten dürfe und wer nicht.

Im Rat der Seres Puentes entschieden wir, dessenungeachtet einfach unsere Arbeit fortzusetzen. Was auch immer in der Heiligen Halle herauskommen sollte, entspräche nur der Grundstimmung einiger weniger Vertreter, die aufgrund ihrer Eloquenz die Macht an sich reißen wollten. So war die interne Krise bei diesem Treffen schon am zweiten Tag derart offensichtlich, daß sich einige Stammesführer bereits von den Beratungen in der Malocca zurückzogen.

Nach soviel Leid und Unterdrückung war in den Augen einiger Delegierter endlich die Gelegenheit da, sich gemeinsam zu erheben und für eine Veränderung ihrer Lage stark zu machen. Der lange gehegte Wunsch nach einem Indianerstaat und der Wiedereinführung der alten Werte und Lebensformen stand also im Widerspruch zu ihren eigenen Prophezeiungen und heiligen Schriften. Meister Cirilo hatte zusammen mit vielen anderen Weisen das Ziel dieses Treffens entsprechend der Prophezeiung aus dem Popol Vuh sehr klar vorgegeben. Es ging ihm nicht um einen Aufstand der Indianervölker, um die Wiedereinrichtung eines Indianerkontinents, sondern um weltweite Heilung, um Veränderung im Bewußtsein der Menschheit, um einen vollkommenen Neuanfang für alle Menschen.

Meister Cirilo erklärte in einer Rede vor versammelter Gemeinschaft im Essensrancho, es könne keinen Frieden auf dem amerikanischen Kontinent geben, wenn nicht die Interessen und Kapazitäten der Indianervölker erkannt und wahrgenommen würden. Er bezeichnete auch diese Zusammenkunft als ein weltweites Auf-sich-aufmerksam-Machen der Indianerkulturen. Aber all dies sollte nicht wieder in Ideologie, in Revolution oder in Rache enden. Die Zeit dafür sei vorbei. Das Jahr 2012 stehe vor der Tür und damit die Zeit, zu der sich unser Planet Erde auf vielen Ebenen transformieren und verändern werde. Diese Veränderung werde vor allem in jedem einzelnen Menschen spürbar. Es habe doch keinen Sinn, sich in die engen Strukturen der Stammeskulturen zurückzuziehen und auf die Verteidigung eines mehr oder weniger geschützten Raumes zu beschränken, wenn man um das gewaltsame Zerbrechen aller starren Systeme wisse. Vertraue man den Prophezeiungen der eigenen Vorfahren, sei es notwendig, sich radikal einem globalen Prozeß zu öffnen.

Hier stand die Realität des täglichen Lebens in Armut der Vision von einer radikalen Änderung unserer gesamten menschlichen Gesellschaft gegenüber. Ich konnte nur zu gut verstehen, daß dieser Schritt für viele Menschen, die hier versammelt waren, einfach nicht nachvollziehbar war. Es gab Stammesvertreter wie die der Coguis, die sich bisher strikt gegen jegliche Einflüsse der westlichen Zivilisation gewehrt hatten. Nicht einmal Touristen durften bisher in ihre Regionen vordringen. Sie fühlten sich in ihren weißen Baumwollkleidern und Wollmützen als die „Weißen Herren“ über allen anderen Menschen, als die wahren Oberhäupter dieses Treffens und lehnten rigoros jegliche Hinterfragung ihres Stammessystems ab. Die weißen Männer bewegten sich vorsichtig und gesellten sich erst nach und nach bei den täglichen Mahlzeiten zu den anderen Delegierten. Man hatte den Eindruck, diese Indianer kämen von einem anderen Planeten. Ihr Alter war schwer zu schätzen. Sie kauten ständig eine Art Kaugummi, einen Naturextrakt, den sie in einem Holzgefäß den ganzen Tag rührten und immer wieder in den Mund nahmen. Freundliche Bitten der guatemaltekischen Maya um ein gemeinsames Foto wiesen sie stets brüsk ab. Dennoch waren die Coguis die Attraktion dieser Veranstaltung.

Eines Tages hörte man drei Flöten eine immer wiederkehrenden Melodie spielen. Ich lag gerade in meiner Hängematte und wunderte mich, woher dieser Klang wohl kommen mochte. So stand ich auf und ging der geheimnisvollen Musik nach. Unter einem alten Baum standen drei Coguis und spielten den ganzen

Nachmittag die gleiche Melodie auf ihren Flöten. Auf diese Weise zeigten sie ihre Bereitschaft, sich doch noch in die Gemeinschaft einzufügen. Eine große Zuhörerschar sammelte sich um sie und spendete Anerkennung und Beifall. Man verstand allgemein, daß die Musik der Coguis ihre Sprachlosigkeit durchbrach. Von Tag zu Tag wurden sie dann zugänglicher, begannen gelegentlich mitzudiskutieren und überraschten uns damit, daß sie Spanisch sprechen konnten. Sie setzten ein klares Zeichen, daß es möglich sei, alten Ballast, alte Vorurteile abzustreifen. Hatte man vorher noch über ihre sture Einstellung und Haltung gelächelt, so öffneten nun gerade die Coguis so manchem Indianer die Augen. Wir Menschen neigen ganz allgemein dazu, unsere eigene Haltung, Denkweise, Religion und Tradition zu verteidigen und Angehörige anderer Kulturen als Eindringlinge zu empfinden, abzulehnen und zu verurteilen. Damit schließen wir uns im Grunde alle voneinander ab. Wir schaffen Trennung, indem wir Systeme für wichtiger als Menschen halten. Als ich an einen Baum gelehnt der einfachen Musik dieser drei Indianer zuhörte, stellte ich mir vor, wie schön es wäre, wenn sich alle Menschen so flexibel und offen zeigen könnten, wie es diese drei Coguis taten. In diesem Moment waren sie wahrlich die weißen Brüder, die über uns allen standen, nicht aufgrund ihrer Tradition, sondern aufgrund ihrer Erkenntnis, daß es Zeit war, sich zu öffnen.

Tagtäglich wurde die Sonne mit verschiedenen Ritualen begrüßt. Es war wunderschön, im Klang von Trommeln, Flöten und Gesängen die Augen zu öffnen. Die Maya kündigten ihre Sonnenaufgangszeremonien immer einen Tag vorher an. Für diese Zeremonien waren Säcke voll Räucherwerk und Kerzen mitgebracht worden. Manchmal versammelten sich dabei bis zu 200 Personen. Das heilige Maya-Feuer wurde von vielen Indianern angenommen. Den meisten war es möglich, sich auf diese Rituale einzulassen und mitzuwirken. Die Anrufung der Mutter Erde, des Großen Göttlichen Geistes war allen Indianerstämmen gemeinsam. Bei verschiedenen anderen Zeremonien hatte ich wesentlich mehr Scheu bemerkt, sich mit Kräften, die man nicht kannte, bewußt zu verbinden.

Meine Stimme schien wieder schlechter zu werden. Ich saß ziemlich verzweifelt am Wegrand und schaute wohl etwas verloren in die Gegend, als sich mir ein Maya-Anciano näherte. Ich erinnerte mich an ihn, er hatte mir bei der Zeremonie in Guatemala City so liebevoll zugelächelt. Er blieb stehen und fragte mich, was mir fehle. Schon durch den Klang meiner Stimme war die Sachlage klar, worauf er mir empfahl, mehr in die Stille zu gehen. Wie sollte ich das verstehen? Erstmals in meinem Leben bot sich mir die Gelegenheit, mich in einem Kreis von Schamanen und Indianerführern von verschiedenen Stämmen aufzuhalten, Kontakte zu knüpfen, ihre Welt kennenzulernen. Und gerade jetzt sollte ich still sein?

Der Anciano forderte mich auf, zwei Eier und zwei Gläser mit Wasser aus der Küche zu besorgen. Mit diesen Utensilien sollte ich ihn in fünf Minuten an einem geschützteren Platz wieder treffen. Er kam um die Ecke des Ranchos, hieß mich auf einer alten Holzkiste niedersitzen und begann eine Zeremonie für mich. Dabei rieb er das Ei über meinen ganzen Körper, strich immer wieder damit über meinen entzündeten Hals. Während er betete und seine geistigen Helfer anrief, hielt ich meine Augen geschlossen und bat aus tiefstem Herzen um Hilfe. Inzwischen legte er das gebrauchte Ei auf den Boden und setzte die Prozedur mit dem anderen Ei fort. Dann schloß er sein Ritual mit einem „Im Namen des Vaters, des Sohnes und des Heiligen Geistes“ ab. Nun schlug er das erste Ei auf, ließ den Inhalt in eins der Wassergläser rinnen und deutete das Ergebnis so: Es sei an ihm, mir meinen weiteren Weg zu erschließen. Das zweite Ei schlug er in das andere Wasserglas und zeigte mir an der rötlichen Färbung des Dotterrandes meine Halsentzündung. An der Wasseroberfläche befanden sich Blasen in unterschiedlichen Größen. Auch feine Perlen waren im Eiklar zu sehen. Der Dotter hatte kleine, farbige Einbuchtungen, die auf meinen körperlichen Zustand hinwiesen. Der Maya-Anciano erläuterte mir genau, was er in den beiden Gläsern feststellen konnte, und las daraus auch meine Fähigkeiten und meine Lebensbestimmung ab. Er bot mir an, nach unserer Heimkehr zu ihm zu kommen, bat mich aber, niemandem von unserer

Begegnung zu erzählen, weil er nicht auffallen wolle, und ging lächelnd seiner Wege.

Noch am selben Tag ging es mir besser. Meine Gedanken waren voll von Widersprüchen. Einerseits freute ich mich sehr über die Information und die Einladung, und andererseits beunruhigte mich die Vorstellung, was da wohl auf mich zukommen würde. In den folgenden Tagen sagte mir der Anciano seinen Namen und schilderte mir, wie ich in Guatemala zu ihm finden könne. Meine Halsentzündung hatte sich fast gelegt, ich war wieder fähig, im Rat der Seres Puentes mitzuarbeiten.

Im Lager befand sich ein Sanitätsdienst, in dem ein Team von Ärzten, Therapeuten und Heilern tätig war. Ihre Zusammenarbeit in gegenseitigem Respekt war wohltuend zu beobachten. Oft hatte ich schon von einem Spital geträumt, das ähnlich funktionierte, wie es hier im kleineren Rahmen tatsächlich der Fall war. Fast täglich ging ich dorthin, weil einerseits die Leute sehr sympathisch waren und weil ich andererseits mit jedem einzelnen von ihnen über seine Erfahrungen sprechen wollte. In Kolumbien gäbe es bereits Einrichtungen, die mit diesem System erfolgreich seien, erklärte mir eine Heilerin, die mit den Ärzten mitgekommen war.

Am dritten Tag baute auch der holländische Schamane mitten im Warteraum seine ganze Ausrüstung, bestehend aus Klangschalen, Trommeln, Rasseln und anderen Instrumenten, auf. Mit Klängen, mit seiner Stimme berührte er die Menschen tief in den Seelen, und seine Heilerfolge waren großartig. Immer mehr Menschen baten um Hilfe, die während der gesamten Zeit des Treffens kostenlos angeboten wurde. Der Holländer meinte, es sei am besten, sich bei so einem Treffen in kleinen Strukturen einzubringen. Die Ärzte waren wohl derselben Meinung, und so wurde der Sanitätsposten zu einem Ort der Begegnung zwischen am Amazonas lebenden, kranken Menschen, erkrankten Indianern und neugierigen Besuchern, die nur im Raum saßen, um sich den Schwingungen der Musik und der Rituale hinzugeben.

Bereits in der ersten Woche kamen vereinzelt Patienten mit einer schweren Bindehautentzündung. Nach wenigen Tagen stellte sich heraus, daß es sich um ein sehr leicht übertragbares Virus handelte, gegen das sich die Leute nicht zu helfen wußten. Zuerst spürten sie nur ein Brennen, aber schon kurze Zeit später waren die Augen völlig zugeschwollen. Immer mehr Teilnehmer wurden von diesem Virus befallen. Selbst die Ärzte waren schon angesteckt. Das drückte die Stimmung in der Gemeinschaft der Indianer sehr. Ich selbst konnte dieses Virus abwehren, indem ich mir täglich die Hände auf die Augen legte und mir vorstellte, daß sie dadurch geschützt waren.

Nach dem Kampf mit dem tropischen Klima, den Moskitos und den hygienischen Verhältnissen belastete uns nun eine Art Seuche, die mindestens ein Drittel aller Delegierten befiel und gegen die es kein Heilmittel gab. Vielen Menschen wurden dadurch die Augen auch im materiellen Sinn verschlossen, und so dachte ich viel über die symbolische Bedeutung dieser Vorfälle nach. Vielleicht wurde uns so eine Botschaft vermittelt, die wir anders nicht verstanden hätten. Ich hatte in den vielen Beratungen bei den Priestern und Ancianos immer wieder bemerkt, wie schwierig es für manche war, die eigenen Vorstellungen über die Grenzen der vertrauten Tradition hinaus zu erweitern, die globale Dimension dieses Treffens zu erkennen und voll Vertrauen in die Zukunft zu blicken.

Der Sanitätsposten quoll über von hilfesuchenden Menschen, die mehrere Tage warten mußten, bis eine leichte Besserung eintrat. Es gingen viele Vermutungen über die Ursachen dieser Virusseuche um. Manche glaubten, das Wasser des Amazonas, in dem wir uns tagtäglich wuschen, sei schuld. Andere vermuteten, daß die sanitäre Situation der Grund sei. Viele Teilnehmer kamen in diesen Tagen erneut an die Grenze ihrer Belastbarkeit und hielten trotzdem durch, nahmen an den Zeremonien teil und arbeiteten auch unter diesen Voraussetzungen in den Arbeitsgruppen mit. Es gab auch kaum noch Kritik an den Organisatoren, jeder wußte inzwischen, wie schwierig es gewesen sein mußte, dieses Treffen zustandezubringen. Im ganzen Land hatten die Organisatoren Sponsoren und freiwillige Helfer finden müssen. Zu guter Letzt hatte sogar das Militär den Transport von Teilnehmern und Lebensmitteln übernommen. Und es hatte Monate gedauert, die Ranchos und die Malocca zu bauen. An den Gesichtern der Mitarbeiter war zu erkennen, daß auch sie an der Grenze ihrer Möglichkeiten angelangt waren. Nach jeder Mahlzeit versuchten sie, die Teilnehmer zu beruhigen. Sie baten die Vertreter der Stämme, in ihrem Programm fortzufahren und die heiligen Zeremonien trotz all dieser widrigen Umstände weiterzupflegen.

Im Feuerschein der Nacht

An einem Nachmittag wurde von den nordamerikanischen Indianerstämmen eine Tipi-Zeremonie angekündigt. Sie hatten eigens für diese Zeremonie ein Zelt mitgebracht und es nahe der Malocca aufgebaut. Dort hielten sie ihre täglichen Meditationen, ihr heiliges Schweigen. Jeden Morgen und Abend hörten wir ihre Gesänge und den Klang ihrer Trommeln, aber es war niemandem gestattet, an ihrem Ritual teilzunehmen. Nun wurden vor allem die Weisen und Alten zu einer gemeinsamen Zeremonie geladen. Die Maya fürchteten sich ein wenig davor, die ganze Nacht stillzusitzen. Niemand sollte nämlich den Zeremonialkreis während der Nacht verlassen dürfen. Auch mir war die Vorstellung unbehaglich, so lange ruhig sitzen zu müssen. Für denselben Abend kündigte eine Gruppe von zwölf Amazonasschamanen eine Yaché-Zeremonie an. Ich entschied mich trotz aller abschreckenden Vorstellungen für die Tipi-Zeremonie, während mein Sohn sich auf die Amazonasschamanen freute, die ihn schon seit Tagen mit ihren Gesängen begeisterten. Wiederum möchte ich zuerst gemäß seinen eigenen Aufzeichnungen die Erlebnisse meines Sohnes schildern, die sich so sehr von meinen Erfahrungen während der Tipi-Zeremonie unterschieden haben:

„Nach dem Frühstück ging es natürlich wieder an den Fluß, wo wir uns gleich mit ein paar Eingeborenenkindern um das kleine Kanu stritten. Der Tag verging ohne besondere Ereignisse, doch konnten wir für den Abend zwischen einer Peyote-Zeremonie der Indianer des Nordens und einer Yaché-Zeremonie wählen. Peyote ist ein Kaktus, der eine stark halluzinogene Wirkung hat und vor allem von den Indianern Mexikos in heiligen Ritualen verwendet wird. Yaché ist eine Flüssigkeit, gewonnen aus einer Liane, die in ihrer Wirkung angeblich noch um vieles stärker sein soll. Mein indianischer Freund und ich entschieden uns für

Yaché. Wenn schon, denn schon, meinten wir. Ich erkundigte mich genauer, was da auf uns zukommen sollte, und wurde auch prompt genauer informiert: Die meisten Leute müßten sich erbrechen, meinte der Organisator, und es sei eine gute Idee, Klopapier bereitzuhalten. Die Visionen seien sehr stark, oft sehe man Farben vertauscht, aber es sei eine vielversprechende Möglichkeit, in die Zukunft zu sehen. Ich war mir nicht mehr ganz sicher, ob es wirklich eine gute Idee von mir war, aber andererseits – wann würde ich je wieder so eine Chance haben?

Nachdem wir also an diesem Tag gefastet hatten, setzten wir uns alle im Kreis um ein Lagerfeuer, das die ganze Nacht brennen sollte. Man sagte uns, wir sollten jetzt den Geist der Yachépflanze bitten, unsere Fragen zu beantworten und uns zu schützen. Ich war erstaunt, daß mehr als vierzig Leute an der Zeremonie teilnahmen. Dann sagte uns noch jemand, daß wir uns, sobald sich die Wirkung einstelle, auf den Gesang der Schamanen konzentrieren sollten. Naja, so weit, so gut.

Als dann mein Name aufgerufen wurde, war mir schon etwas mulmig zumute, doch ich überwand mich und ging in die Hütte. Dort wurde ich von zwölf Männern empfangen, die in ihren Hängematten lagen und meditierten. Man reichte mir eine kleine Schale, halbvoll mit einer durchsichtigen, grünen Flüssigkeit, und sagte mir, ich solle sie in einem Zug austrinken. Ich stürzte das bittere Zeug hinunter, und sie schickten mich wieder nach draußen. Dann setzte ich mich auf den bequemen Platz, den ich mir hergerichtet hatte, und wartete. Nach einer halben Stunde fingen die Schamanen an, einen kehligen, monotonen Rhythmus zu singen, der sich gleichzeitig irgendwie nasal anhörte. Ich machte mich auf die Wirkung gefaßt und beobachtete, wie einige der anderen schon anfingen, Symptome zu zeigen. Nach einer Stunde hatte sich bei mir immer noch nichts getan, während viele andere sich schon übergaben, oder einfach dasaßen und vor sich hinstarrten. Deshalb ging ich zurück zur Hütte und erklärte mein Problem. Mit mir waren noch gut zwanzig andere übrig geblieben, die alle eine zweite Ration erhielten. Der Unterschied? Doppelt so stark, doppelt so viel wie zuvor. Und das wirkte!

Ich legte mich auf meine Decke nahe dem Feuer und bat den Doktor, mit dem ich mich inzwischen gut angefreundet hatte, ein wenig auf mich aufzupassen. Das erste, was ich sah, als ich das Sitzen nicht mehr aushielt und mich hinlegte, war der Sternenhimmel mit dem Vollmond über mir. Dann war der Himmel plötzlich komplett weiß, und ich sah Dinge vor mir wie in einem Film. Ich kann nicht genau beschreiben, was es war, aber es waren Personen darunter, die zu mir sprachen, und Situationen aus früheren Leben, an die ich mich nun erinnerte.

Nach einiger Zeit – wer weiß, wie lange – stand ich auf. Es war mir ein bißchen übel, und ich war unfähig, gerade zu gehen. Ich setzte mich ans Feuer und schaute zu, wie es den anderen erging. Einige waren gerade dabei, sich heftig zu übergeben, andere redeten wirres Zeug und wieder andere waren wie ich ganz still. Ich legte mich wieder hin, und dann kam der Teil meiner Vision, an den ich mich ganz klar erinnere: Ein weißhaariger, mittelgroßer Indianerhäuptling mit einem Federschmuck aus Adlerfedern sprach aus einer anderen Dimension zu mir. Ich weiß nicht mehr genau, was er sagte, aber er war sehr, sehr ernst. Hin und wieder habe ich auch jetzt noch ein Gefühl, in dem ich wiedererkenne, was er mir gesagt hat.

Als ich wieder aufstand, kam einer der Männer, die ich schon länger kannte, zu mir, gab mir seine Hand und sagte: 'Bravo.' 'Wofür?', fragte ich. 'Bravo', sagte er noch einmal, drehte sich um und ging davon, zu meinem Erstaunen weiterhin 'Bravo' vor sich hinmurmelnd. Dann bemerkte ich den mexikanischen Schamanen Chapo, der am Feuer lag, und legte mich neben ihn. Jetzt kam der intensivste Teil des Erlebnisses. Jedesmal, wenn ich die Augen schloß, rutschte ich irgendwie in ein anderes Leben, ein vergangenes oder ein zukünftiges, und wenn ich sie aufmachte, war ich plötzlich wieder in dieser Welt. Es war einfach unglaublich. Zur gleichen Zeit fing eine der anwesenden Frauen zu schreien an und brachte damit meinen Kopf, in dem es ohnehin schon chaotisch genug zuging, endgültig durcheinander. Dazu noch dieser eintönige Gesang der Schamanen, der irgendwie wie ein Leitfaden durch alle Erlebnisse hindurchführte. Irgendwann wurde mir bewußt, daß ich, wenn ich jetzt die Kontrolle über mich verlöre, ebenso enden würde wie diese Frau. Also nahm ich mich zusammen und fing an, die Fragen zu stellen, die ich beantwortet haben wollte. Ich öffnete und schloß meine Augen und rutschte von Erlebnis zu Erlebnis. Manchmal konnte ich mich, wenn ich die Augen aufmachte, schon nicht mehr daran erinnern, wo ich gerade noch gewesen war.

In den verschiedenen Situationen fand ich die Antworten auf meine Fragen, und vergaß sie im selben Moment auch schon wieder, besser gesagt, sie wurden in meinem Gehirn gespeichert, um im richtigen Moment wieder aufzutauchen, wie ich inzwischen weiß. Nach einer Zeit, die mir so lange wie einige Dutzend Leben vorkam und es vielleicht auch war, blickte ich unvermittelt auf und sah einen brennenden Ast, der über mir geschwungen wurde und die merkwürdigsten Farben hatte. Ich ging eine Runde spazieren und hörte dabei die seltsamsten Geräusche aus dem Dschungel. Nein, ich fühlte sie viel mehr, als ich sie hörte. Ich sah Menschen um mich herum, und doch sah ich sie nicht. Dann setzte ich mich zu ein paar Mädchen, die auf einen Freund aufpaßten, der gerade mitten auf seiner Reise war. Ich sei sehr ernst gewesen, erzählten sie mir später, und wollte nicht plaudern. Außerdem hätte ich immer wieder vom Himmel geredet und beschrieben, was ich da oben sah.

Wie schon erwähnt, kann ich mich an vieles, ja das meiste, was ich in den Visionen gesehen habe, nicht mehr erinnern. In mir ist eher ein Gefühl für diese Erlebnisse geblieben, ich kann sie noch spüren. Jedenfalls habe ich um eine Decke gebeten und sie auch bekommen, dann ging ich schon wieder auf die nächste Reise. Nein, es war immer noch nicht vorbei! Irgendwann merkte ich dann, daß ich fast allein war und daß der Morgen graute. Ich fühlte mich wie gerädert, als einer der Helfer der Schamanen zu mir kam und sagte, ich solle in die Hütte kommen. Ich ging mit, und er wies mich an, mich zu einem der Schamanen in den Hängematten zu setzen. Dort ließ ich mich auf dem Boden nieder. Der Schamane sagte, ich solle mir das Hemd oder das, was ein Dornenstrauch davon übrig gelassen hatte, ausziehen. Dann nahm er irgendeine Flüssigkeit in den Mund und spie sie mit einem lauten Fauchen über meinen

Rücken. Nicht gerade appetitlich, aber ich war sowieso mehr drüben als hüben. Er fing an zu singen und schlug mir dabei mit einem Büschel belaubter Äste auf den Rücken, die Arme und die Beine. Das machte er ungefähr eine halbe Stunde lange, ich konnte kaum noch sitzen, als er fertig war. Danach wankte ich zu meiner Hängematte, ließ mich hineinfallen und erspähte gerade noch das Gesicht einer Freundin, die besorgt hereinsah und den Kopf schüttelte.

Als ich aufwachte, war es fast Mittag. Ich brauchte eine ganze Weile, um mich an das gestrige, beziehungsweise heutige Geschehen zu erinnern. Einige Freunde bemerkten, daß ich endlich aufgewacht war, und wollten wissen, wie es mir denn gehe. Das wußte ich nicht so genau, aber daß ich noch längst nicht ganz in die Realität zurückgekehrt war, muß man mir angesehen haben, denn sie lachten alle. Ich hatte enormen Hunger, also sah ich mich zuerst nach etwas Eßbarem um. Als ich meinen Magen etwas beruhigt hatte, war es auch schon höchste Zeit, ein ruhiges Plätzchen im Wald zu finden, denn mein Darm war mit der gestrigen Prozedur nicht ganz einverstanden gewesen. 'Innere Reinigung' nannte man das also. Ich hoffte, eine werde genügen. Für den Rest des Tages war ich, vorsichtig ausgedrückt, 'außer Betrieb'. Ich schaffte gerade den kurzen Weg zum Fluß und zurück. Meinem Gefühl nach befand ich mich noch etwas außerhalb meines Körpers und war mir bewußt, in diesem Zustand extrem offen für alle Arten von Energien zu sein. Also schützte ich mich, so gut es ging, und versuchte, möglichst schnell alle meine Sinne wieder unter Kontrolle zu bringen. Ich legte mich früh nieder und schlief die ganze Nacht wie ein Baby."

Diese Erfahrungen meines Sohnes unterschieden sich erheblich von den meinen. Die Tipi-Zeremonie fand statt, um die Kräfte des Nordens mit denen des Südens zu verbinden. Auf beiden Kontinenten leben Indianerstämme in mehr oder weniger gut erhaltenen Strukturen und in Vorstellungen, die mehr oder weniger von der westlichen Denkweise, von fremden Religionen und Sekten beeinflußt worden sind. Diese Unterschiedlichkeit sollte in einer Zeremonie innerhalb eines gemeinsamen Kraftfelds aufgehoben werden.

Im Kreise saßen nun Indianervertreter aus Nord und Süd, ebenso wie Vertreter westlicher Kulturen. Die Zeremonie wurde von drei Männern geleitet. Am Ausgang des Tipi stand der Hüter des Feuers, der als einziger das Energiefeld des Tipi verlassen durfte. Das Heilige Feuer wurde entzündet. Stille herrschte, bis die ersten Indianer zu singen begannen. Stunde um Stunde verging, während eine kleine Trommel im Kreis von einem zum anderen weitergereicht wurde. Jeder sollte sie spielen, in Worten, Gesängen oder auch nur in Gedanken sein Anliegen ausdrücken. Manche stimmten alte Lieder in ihrer Stammessprache an und schlugen dazu die kleine Bongo. Der Cogui nahm die Trommel, hielt sie sanft, schaute ins Feuer und ließ die Stille auf uns alle wirken. Immer näher wanderte die Trommel zu mir. Eine Frau neben mir lud die Kräfte des Friedens ein, bat sie um Hilfe bei diesem Treffen. Als ich an der Reihe war, begann ich zu trommeln. In mir war eine fröhliche Bewegung, ich hatte aber nicht den Mut, etwas zu singen. Ein Tiroler Volkslied wollte ich wahrlich nicht zum Besten geben, auch Englisch oder Spanisch zu singen wäre mir nicht stimmig vorgekommen. So begann ich einfach zu sprechen und erzählte zum Klang der Trommel auf Englisch von meinem Erlebnis in einem Park von Bogotá.

Ich war dort allein spazierengegangen und hatte viele Liebespaare im Gras liegen gesehen. Ich erzählte, wie schön dieser Anblick für mich war und daß ich in diesem Moment die Offenheit und Unbeschwertheit der Kolumbianer ganz deutlich gespürt hätte. Nun seien wir auch in einem Kreis, in dem jeder Einzelne seine Bedürfnisse, seine Wünsche und Gedanken offen mitteile. Ich lud die Kräfte der Offenheit, der Unbeschwertheit, der Fröhlichkeit und der Liebe zu unserer Zeremonie ein. Sekunden lang quälte mich Unsicherheit, ich wollte etwas singen oder wenigstens pfeifen. Aber welche Melodie könnte wohl zu diesem raschen Trommelrhythmus passen? Plötzlich kam mir die Melodie einer Bachkantate in den Sinn, die ich zu pfeifen anfing. Ich bat in dieser vielleicht etwas eigentümlichen Form die Kräfte des Westens, meiner Kultur, in den heiligen Kreis zu kommen und sich mit den Kräften der Indianer zu verbinden.

In Johann Sebastian Bachs Musik spüre ich immer diesen Zug in die Höhe. Seine Musik ist für mich eine Lichtbotschaft aus einer anderen Welt, und ich nahm intuitiv wahr, daß der Moment, diesen westlichen Aspekt mit der Indianerkultur zu verbinden, nun gekommen war. Bachs Melodien paßten sogar zum Rhythmus der Trommel, obwohl ich in der raschen Aufeinanderfolge der Noten fast keinen Raum mehr zum Atmen fand.

Der Überraschungseffekt blieb nicht aus, viele der Teilnehmer sahen mich an und lächelten mir zustimmend zu. So vermittelten mir diese ganz unterschiedlichen Menschen ihre große Freude über meinen Beitrag. Ich bekam dabei feuchte Augen und wurde richtig sentimental. Soviel Liebe konzentrierte sich auf mich, daß ich kaum fähig war, sie anzunehmen. Momente der Peinlichkeit mischten sich mit Momenten der Freude. Obwohl ich die Trommel schon meiner Nachbarin weitergegeben hatte, blieb alles still. Alle Blicke ruhten nach wie vor auf mir, ich wollte schon sagen: „Macht doch bitte weiter." Zwar hatte ich mich selbst exponiert und in den Mittelpunkt der Aufmerksamkeit gestellt, aber jetzt fiel es mir schwer, soviel Zuneigung auszuhalten. Als meine Nachbarin endlich mit dem Trommeln begann, war ich richtig erleichtert, schloß die Augen und beruhigte allmählich meinen rasenden Herzschlag, bis ich in einen Zustand innerer Stille sank und mich darin ausruhen konnte.

Nach einiger Zeit wurden wir instruiert, wie wir den Peyote, diesen halluzinogenen Pilz, essen sollten. Ein Zeremonialgefäß machte die Runde. Jeder sollte diese heilige Pflanze mit Respekt zu sich nehmen und um Klarheit und Verbindung zu den göttlichen Wesen bitten. So kaute ich dieses bittere Pulver zuerst und schluckte es dann mit einem Brennen im Hals hinunter. Es war das erste Mal, daß ich ein halluzinogenes Mittel zu mir nahm, und ich war neugierig, wie es sich auswirken würde. Immer wieder machte eine brennende Zigarette die Runde. Jahrelang hatte ich geraucht, hatte diese Abhängigkeit aber im richtigen Moment loslassen können. Nun wurde mir vom Rauch des Tabaks, der bei den Indianern immer als heilige Pflanze gegolten hat, schwindlig.

Gesänge der Indianer, Trommelmusik, Invokationen und gesprochene Worte des Chiefs und der Elders trugen mich durch die Nacht. Ich wurde nie müde und spürte keinen anderen Effekt des Peyote außer dem Gefühl vollkommener Klarheit der Gedanken und der Achtsamkeit für alles, was geschah. Ich war in einem Glückszustand und sah im brennenden Feuer Gesichter und Wesen, die mich auch zu umgeben schienen. Nun verstand ich, warum die Indianer das Verlassen des Tipi während einer Zeremonie nicht erlaubten. Die Anwesenheit dieser geistigen Wesen, ja die Kraft des großen Geistes sollte nicht gestört und die Energie der Zeremonie gehalten werden.

Um ein Uhr früh durfte ein Teil der Gruppe nach draußen gehen. Dabei mußten wir gegen den Uhrzeigersinn um das Feuer gehen, um das Energiefeld nicht zu beeinträchtigen. Als ich vor das Zelt trat, überwältigte mich die Geräuschkulisse des Urwalds. Der Himmel war klar, alles leuchtete im leicht abnehmenden Mond. Ich legte mich ausgestreckt auf den Boden, entspannte meinen Rücken, der vom stundenlangen Sitzen etwas irritiert war, und genoß die Stimmung. In der Ferne hörte man die Trommeln und Gesänge der Amazonasschamanen, ich wußte meinen Sohn in ihren Reihen und konnte mir gut vorstellen, in welchem Zustand er nun wohl war. Drogen waren in unserer Familie noch nie ein Problem, und so konnte ich ruhigen Gewissens davon ausgehen, daß Daniel durch diese Erfahrung keinen Schaden nehmen würde. Ich vertraute auf die Führung der Schamanen, die eine Droge niemals nur zum Genuß, sondern nur in einer rituellen Gemeinschaft und aus einem wichtigen Anlaß als Verbindung zu anderen Welten einsetzen und Daniel sicher den nötigen Schutz geben konnten.

Nach einigen Minuten wurden wir wieder gerufen und der andere Teil der Gruppe durfte sich etwas entspannen, bevor es weiterging. In den frühen Morgenstunden, knapp vor Sonnenaufgang, teilte uns der Häuptling mit, daß die Indianergruppe die Initiation eines Mädchens vornehmen wolle. Es sollte die Aufgabe übertragen bekommen, als Mittlerin zwischen den Kulturen der Indianer zu fungieren. Auch diese junge Frau sollte also als Brückenbauerin eingeweiht werden und im Stamm diese Aufgabe erfüllen.

Ein etwa 18jähriges Mädchen setzte sich vor den Chief, legte sich den Zeremonialumhang um und schwieg minutenlang aus Ehrfurcht vor dem, was nun geschehen würde. Dann begann es zu sprechen, jedes einzelne Wort war wohlüberlegt. Mir trauriger und leiser Stimme erzählte es von der Beziehung zu seinen Eltern, die diesen Weg vollkommen ablehnten:

„Sie können mich nicht verstehen, sie können all das, was wir hier erleben, nicht verstehen und lehnen es ab, daß ich heute initiiert werden soll. Ich bin in einem großen Zwiespalt, denn ich liebe meine Eltern und ich weiß, daß sie mich auch lieben. Ich wurde in diesen Stamm gerufen, ich bin ein Teil dieses Stammes, und trotzdem weiß ich nicht, wie alles weitergehen soll. Ich weiß auch nicht, wie ich das mit meiner Berufsausbildung verbinden kann und soll. Allein das Vertrauen auf meine innere Stimme hat mich hierhergeführt, deshalb bin ich hier. Ich möchte euch sagen, daß ich glücklich und traurig zugleich bin. Viele Menschen um mich herum können nicht verstehen, was ich hier tue. Sie belächeln es, wenn ich ihnen von dem erzähle, was mir so wichtig ist. Ich bitte meine verstorbenen Großväter und Großmütter um Führung, denn es ist schwer für mich, so zu leben, wie ich jetzt lebe. Ich kann nur darauf vertrauen, daß sich alles fügen wird.

Ich bin erst achtzehn Jahre alt und habe noch nicht einmal einen Beruf. Auf meinem College kann ich über meinen Weg nicht sprechen, man würde mich dafür ablehnen. Ich spüre aber das Indianerblut in mir. Ich liebe die Verbindung zu meinen Ahnen und werde von einer großen Kraft getragen, das spüre ich. Aber ich weiß nicht, wie es in meinem Leben weitergehen soll. So wende ich mich an euch, die ihr hier im Kreise sitzt, damit zumindest ihr mich versteht. Es ist eine große Ehre für mich, unter euch zu sein. Ich möchte euch sagen, daß ich euch liebe, und ich bitte euch, mir zu helfen, denn ich bin sehr aufgeregt durch das, was heute mit mir passieren wird."

Im Kreis war es ruhig, kein Instrument war zu hören. Die Tränen der jungen Frau hatten uns alle berührt, und nun floß unendlich viel Liebe zu ihr. Sie schien diese Zuwendung besser annehmen zu können, als es mir möglich gewesen war. Hätte sie sich einfach nur für die Initiation bereit gemacht, wäre sicher jeder mit Ehrfurcht dabei gewesen. Ihre Offenheit machte aber auch jeden einzelnen der Gruppe bereit für diese Liebesenergie. Mein ganzer Körper vibrierte, während die Elders nun wieder ihre traditionellen Gesänge anstimmten und die Priester und Schamanen des Indianerstammes ihr Ritual begannen. Jede einzelne Handlung hatte ihre tiefe symbolische Bedeutung, und die Gruppe war immer miteinbezogen. Bei Tagesanbruch wurde jeder von uns eingeladen, zu dem Mädchen etwas Persönliches zu sagen, es wurde mit Glückwünschen und Weissagungen von Schamanen für den weiteren Lebensweg geradezu überhäuft.

Ich staunte über die Klarheit mancher Aussagen. Menschen, die wenig über dieses Mädchen wußten, hatten trotzdem die großen Zusammenhänge in seinem Leben erfaßt und halfen ihm zu erkennen, daß es sich seiner göttliche Führung anvertrauen könne. Die junge Indianerin war ein Symbol für so viele Menschen, die zwischen den Vorstellungen ihrer Familie, deren gewohnter Lebensweise und Weltanschauung und einer inneren Berufung zu einer Lebensform und -ausrichtung, die oft stark davon abweicht, zerrissen sind. Doch dieses Indianermädchen hatte sich dafür entschieden, dem Ruf seiner inneren Stimme zu folgen und die sich daraus ergebenden Ereignisse, Gefühle und Gedanken auf sich zu nehmen.

Ich hatte in meinem Leben lange Zeit gemeint, die Zügel in der Hand halten zu müssen. Eine Verbindung zu Gott hatte ich vor allem in den Momenten, wo ich verzweifelt war und Hilfe brauchte. Dieses Mädchen machte mich einmal mehr darauf aufmerksam, wie wichtig es auch für mich war, die Grenzen meiner Vorstellungen, die Beschränkungen meiner gewohnten Welt zu sprengen und den Schritt in die Freiheit meiner Entfaltungsmöglichkeiten zu wagen. Meine Mitwelt, meine Verwandten und Freunde konnten dies zu diesem Zeitpunkt kaum verstehen. Menschen verurteilten meinen Weg, meine Einstellung zu meiner Religion und Kultur, bezeichneten meinen Weg mit den Maya als bedenklich, und doch hielt ich meine eigene Entscheidung für richtig.

So hatte ich das Gefühl, dieses Mädchen habe viel mit mir gemeinsam, es erinnerte mich an die Worte, die mir in den Zeiten eigener Zweifel oft den Weg gewiesen hatten:

Fließe wie das Wasser.
Lebe wie das Feuer.
Sei frei wie die Luft und
denke wie die Erde.

Nach Beendigung des Initiationsrituals lag vor uns ein großer Adler, kunstvoll gestaltet aus der Asche des heiligen Feuers. Stunden um Stunden hatte ein Indianer das Feuer gehütet, Holzscheite nachgelegt und die Asche immer wieder mit einem Stock verteilt. Das Herzstück des Tipis war nun dieser Adler, Symbol der Verbindung zwischen Erde und Himmel. In seinen Flügeln glomm noch die Glut, in der ich mehrere Gesichter wahrnehmen konnte. Wesen, die uns durch die Zeremonie begleitet hatten, zeigten sich auf diese Weise, meinte der Chief. Während der ganzen Nacht hatten wir einander schon auf die Vielfalt der Gesichter im Zeremonialfeuer und in der zurückbleibenden Asche aufmerksam gemacht. Gemäß den Hopi-Prophezeiungen werden sich die Kräfte des Nordens, die sich auf den Schwingen des Adlers zeigten, mit den Kräften des Südens im Symbol des Kondors verbinden.

Die Zeremonie wurde um zehn Uhr vormittags beendet, und ich hatte bis dahin wirklich keinerlei Müdigkeit oder körperliche Überforderung gespürt. Wir gingen gemeinsam zum Frühstück und begannen unser Tagewerk. Nicht einmal nach dem Mittagessen hatte ich das Gefühl, ein Ruhestündchen zu brauchen. Ich ließ diese Nacht noch einmal in meiner Vorstellung Revue passieren. Im Essensrancho saßen kleine Gruppen zusammen, man lachte über manche Ausritte während der Schamanenreise. Ich war glücklich, die richtige Entscheidung für mich getroffen zu haben, und ging schließlich zu meinem Sohn Daniel, der in seiner Hängematte schaukelte und mir von seinen Erlebnissen erzählte.

Botschaft der Indianer

Die nächsten Tage mußte ich im Rat der Seres Puentes die vorzubereitenden Dokumente mitbesprechen. Das herangeschaffte Stromaggregat machte es nicht nur möglich, das Wasser in die Nähe der überquellenden Toiletten zu pumpen. Auch unser Gedankenfluß konnte gleich im Computer festgehalten werden.

Es gab Diskussionen in den verschiedenen Arbeitsgruppen der Seres Puentes. Je nach Temperament wurde um diffizilste Formulierungen gerungen, um dem Weisenrat die Papiere noch vor Ende des Treffens zur Prüfung und Begutachtung vorlegen zu können. Am Abend rief Meister Cirilo erneut alle Delegierten zu einer Maya-Zeremonie zusammen. Bevor das heilige Feuer entzündet wurde, überreichte ihm der Führer der Seneca Indianer, Jimmy Sun Wolfe, symbolisch die Friedenspfeife. Meister Cirilo nahm sie und bat die Stammesvertreter um ihre Aufmerksamkeit für ein paar Worte, für ein Resümee dieses Treffens. Ich gebe hier kurz zusammengefaßt seine Worte wieder:

„Die Zeremonien, die wir gemeinsam durchgeführt haben, und die Gebete, die ihr an eure Ahnen gerichtet habt, werden sie daran erinnern, daß jetzt der richtige Zeitpunkt für ihre Rückkehr gekommen ist. Sie werden uns den richtigen Weg weisen und in unseren Kindern wiederkommen, in den Kindern der ganzen Welt, um uns zu den rechten Entscheidungen zu verhelfen und uns zu Zusammenarbeit und Frieden zu führen. Wir Indianer sind traurig, denn unsere Wälder, unsere Felder und unsere Seen sterben. Die Luft, die wir atmen, ist unrein geworden. Wir denken nur mehr an uns selbst und nicht mehr an unsere Kinder, an die zukünftigen Generationen.

Wo bleiben unsere Brüder Löwe und Tiger? Sie existieren fast nicht mehr. Meinen Bruder Wolf gibt es auch nicht mehr. Die

Venen unserer Mutter, die Flüsse, sind schmutzig geworden, die Bäume, unsere Lungen, sterben ab, die Knochen, unsere Berge, sind krank. Bäume, Flüsse und Tiere, das sind wir selbst. Jeder einzelne von uns wünscht sich Gesundheit und Freiheit. Das wünschen sich aber nicht nur die Menschen, auch Tiere und Pflanzen wollen im Einklang miteinander leben.

Deshalb sind wir hier zusammengekommen, liebe Brüder und Schwestern der Indianervölker. Wir denken und fühlen noch mit unserer Mutter Erde, und wir haben alle denselben Wunsch: Möge die Menschheit mit der Zerstörung der Tiere, der Pflanzen und unserer Umwelt aufhören! Es ist für uns nicht leicht auszudrücken, was wir wirklich miteinander und gemeinsam wollen. Wir haben mit den Seres Puentes und mit den Priestern Dokumente verfaßt, um erneut auf unsere Lage aufmerksam zu machen und die politischen Machthaber an Gerechtigkeit und Menschlichkeit zu erinnern. Wir sind sehr viele und alle sehr verschieden voneinander. Jeder einzelne hat zwar noch seine eigene Lebensform, seine Kultur, seine Form der Zeremonien und Gebete, doch einige von uns haben schon ihre Muttersprache verloren. Was wir aber noch wissen, ist, daß unsere Erde, Tiere und Pflanzen etwas Lebendiges sind. Sie alle sind ein Teil von uns. Wenn wir die Natur als tot empfinden, ist das ein Zeichen dafür, daß auch wir sterben werden. Wir haben noch viele Geschichten und Legenden von unseren Vorvätern, und sie alle sprechen davon, daß alles Geist und Leben in sich hat. Wir sind eins mit der Mutter Erde, und dieses Wissen können wir all denen anbieten, die es in dieser Zeit der Wende wieder suchen. Wir als Repräsentanten der Indianerstämme sind hier zusammengekommen und erheben unsere Stimme vor allen Völkern der Welt, um zu sagen: Wir lernen viel von euch, und ihr könnt von uns lernen. Wir hören noch die Stimmen unserer Vorfahren, wir spüren noch die Wesen der Erde und des Wassers, und wir sprechen wie unsere Ahnen mit dem heiligen Feuer. Das ist etwas, was wir alle gemeinsam haben. Dieses Wissen vom Leben ist nicht nur uns Indianern gegeben worden, alle Menschen müssen diese Stimmen wieder wahrnehmen und auf sie hören.

Laßt uns wieder gemeinsame Wege beschreiten und für den Frieden in der Welt zusammenarbeiten. Das Jahr Null ist nahe. Im Zyklus zwölf BAKTUN, dreizehn AJAU endet unser vierter Solzyklus, und dann beginnt die neue Zeit. Dieser Zeitpunkt ist schon sehr nahe. Im Dezember des Jahres 2012 endet ein Zyklus, den nur wir Maya kennen, weil wir die Hüter der Zeit sind. Deshalb haben wir euch alle hier zusammengerufen, um euch zu sagen, daß es an der Zeit ist aufzuwachen. Was ich hier sage, ist eine Botschaft für die ganze Welt. Wir müssen wieder menschlicher werden und unsere Mutter Erde ehren und respektieren. Gehen wir doch gemeinsam, schließen wir uns doch zusammen, Weiße, Schwarze, Rote, Gelbe, Arme und Reiche, Indianer oder nicht. Die Prophezeiungen sagen uns, daß wir alle uns erheben müssen. Wir brauchen die Hilfe und das Wissen aller Völker, Kulturen, Religionen und Nationen, bevor es für uns alle zu spät ist. Wir alle wissen, wie es ist, wenn ein Mensch aus unserer Mitte stirbt. Wir sehen die Relikte der Kulturen, die sich aufgelöst haben, und wir sehen unseren Planeten leiden, unter unserer Last zugrunde gehen. Viele Millionen Menschen leben in den Städten, und es berührt sie nicht mehr, was rund um sie passiert. Sie werden immer abhängiger von den technischen Errungenschaften und können dann selbst nicht mehr mithalten mit dem Leben, das sie sich geschaffen haben und das immer schneller voranschreitet. Vor dem Zeitenwechsel wurde uns bereits von unseren Ahnen eine Zeit des Übergangs und des Zeitraffers angekündigt. Die Abhängigkeit von der Technik, von der Materie haben unsere Ahnen schon vorhergesehen. Auch wußten sie, daß wir die Antworten auf Fragen unseres Lebens nur mehr im Außen suchen würden, daß die Menschen zu Sklaven ihrer eigenen Maschinen würden.

Die Prophezeiungen der Maya und vieler anderer Völker weisen uns darauf hin, dies seien Zeichen dafür, daß die Zeit der Trennung ihrem Höhepunkt zustrebt. Die große Veränderung wird alle Menschen berühren. Das Erwachen wird auch an denen nicht vorübergehen, die in der Welt der Technik, in der Welt des Geldes, des Luxus, der Materie gefangen sind. Vor allem aber wollen wir Indianer die Menschen auf Veränderungen aufmerksam machen, die uns bevorstehen, ja in denen sich viele Menschen bereits befinden. Die Zeit des Übergangs erkennen wir an dem Druck, der auf uns allen lastet und dem wir alle kaum mehr standhalten können. Gebt diesem Druck nach, laßt euch bewegen und verändern, denn die Menschheit steht an einer Weggabelung, und wir sind aufgefordert, uns für den richtigen Weg zu entscheiden. Laßt uns also unsere Stimme erheben und all den Menschen, die noch schlafen, zurufen: Wir haben einen Gott und eine Mutter Erde, die uns ernährt. Aus diesem Urgrund müssen wir einen gemeinsamen Weg finden und für den Frieden der Welt zusammenwirken. Unsere Prophezeiungen besagen, daß zum Ende des vierten Sol und im Übergang zum neuen Zeitzyklus das alte Wissen wiederkommen wird. Laßt uns das heilige Wissen der Ahnen ehren, laßt uns zusammenstehen und erkennen, daß wir an dieser Veränderung Anteil haben und daß auch keiner der hier Versammelten da bleiben kann, wo er jetzt steht. Geht zurück zu den Mitgliedern eurer Stämme und sagt ihnen, daß wir Menschen den Fingern einer Hand gleichen. Wir stammen aus denselben Wurzeln und verrichten unsere tägliche Arbeit, um unseren Kindern ein besseres Leben zu ermöglichen. Laßt uns einander die Hände reichen, laßt uns diese Botschaft annehmen und weitergeben an all jene, die auf sie warten.“

Am letzten Tag vor der Abreise wurde in der Malocca noch ein großer Abschiedsabend im Stil der Indianer gefeiert. Jeder einzelne Stamm bereitete einen Beitrag vor. Es wurde getanzt, musiziert, gespielt, bis in die frühen Morgenstunden wurden Rituale abgehalten.

Um fünf Uhr früh mußten wir aufbrechen. Die Boote sollten bereitstehen, und wir beeilten uns, um bei den ersten zu sein. Wenn alles wie geplant verlief, hatte ich vielleicht eine Chance, in Bogotá einen Flug nach Guatemala zu bekommen. Ich hatte ja noch kein Rückflugticket, und nun sollte sich zeigen, ob die Botschaften, die ich vor Beginn der Reise erhalten hatte, auch richtig waren.

Wieder saßen wir stundenlang am Flußufer, es war weit und breit kein Boot zu sehen, das den ersten Teil der Gruppe abgeholt hätte. Später teilte man uns mit, daß man vergessen habe, das Boot aufzutanken, und in der Früh kein Benzin zu kriegen gewesen sei. Zu guter Letzt war auch dies einerlei, denn nach einem beschwerlichen Fußmarsch zurück zum Flughafen warteten wir in der unbarmherzigen Hitze auf das Flugzeug. Viele der alten und müden Menschen hatten sich Kleidungsstücke über den Kopf gezogen. Es verging Stunde um Stunde. Der zweite Teil der Gruppe kam nach, nun warteten 400 Leute auf die Hercules. Inzwischen zogen Wolken auf, es regnete in Strömen. Eine halbe Stunde später wurden wir von der Sonne wieder halbwegs erwärmt und getrocknet. So verging der ganze Tag. Meine letzten Hoffnungen auf einen rechtzeitigen Rückflug schwanden, als uns um sechs Uhr abends mitgeteilt wurde, die Maschine habe aufgrund eines Maschinenschadens nicht kommen können. Darauf waren die Organisatoren nicht vorbereitet.

Erschöpft schleppten wir uns in ein nahegelegenes Urwalddorf. In den kleinen Geschäften wurde so ziemlich alles Eßbare von der Organisation aufgekauft und verteilt. Dorfbewohnerinnen kochten in ihren Häusern Eintöpfe und Suppen für uns. Unterkünfte für alle zu finden, war unmöglich, und so wurde uns die kleine Schule des Ortes zur Verfügung gestellt. In jedem Raum mußten bis zu 40 Leute, wie Sardinen geschlichtet, auf dem Steinboden übernachten. Die immer wieder einsetzenden Regenfälle mit stürmischen Windböen ließen eine feuchte und kalte Nacht erwarten. In meiner Tasche waren, wie bei den meisten, alle Kleidungsstücke feucht und völlig verdreckt. Ich holte heraus, was noch halbwegs akzeptabel schien, und zog mir mehrere Schichten an.

In einer kleinen Hütte, die für die Organisation freigeräumt worden war, wurde an diesem Abend Meister Cirilos Geburtstag gefeiert. Rumflaschen machten die Runde, und Gratulanten betraten einzeln den kleinen Raum, in dem die Menschen in mehreren Schichten übereinanderzuliegen schienen. Dieser Geburtstag wird wohl auch Don Cirilo in lebhafter Erinnerung bleiben. Trotz der extremen Umstände legte sich die anfangs sehr gespannte Stimmung, als jeder für die Nacht zumindest ein

Dach über dem Kopf hatte. Der wärmende Rum tat das Seine zur Beruhigung der Lage.

Als am nächsten Morgen um sechs Uhr früh die erste Maschine eintraf, freuten sich alle auf das nahe Ende dieses Abenteuers. Mit Mühe wurden all die Personen für den ersten Flug ausgesucht, die ihren Heimflug für diesen Tag gebucht hatten. Die Hälfte der Leute hatte ihre Flüge bereits am Vortag verpaßt, dem dadurch entstandenen Chaos war sowieso nicht mehr zu entkommen. Per Funk versuchten die Organisatoren, Helfer in der Stadt Bogotá zu aktivieren, die mit den Problemen mit verfallenen Flugtickets und Hotelreservierungen fertig werden sollten.

In den Turbulenzen der letzten Tage am Amazonas und im Durcheinander des Aufbruchs war es nicht mehr möglich gewesen, die von den Seres Puentes, den Priestern und Weisen gemeinsam geleistete Arbeit in der Form abzuschließen, wie sich jeder das gewünscht hätte. Doch die Organisation Sendama hatte die Schriftstücke, die Dokumente dieses Treffens, die zum großen Teil mit den Delegierten der Stämme noch am Amazonas abgestimmt worden waren, in den Computern gespeichert.

Als ich mit meinem Sohn in Bogotá eintraf, nahmen wir ein Taxi zum Zivilflughafen. Unsere Rückreise verlief in vielen Etappen und Stationen, aber dank unserer geistigen Helfer fügte sich alles wie in einem Puzzle zusammen. So kamen wir schließlich nur einen Tag verspätet nach Guatemala City. Mein erster Schultag war versäumt, aber das konnte ich mit dem versäumten Amazonasflug rechtfertigen. Als meine Frau meine Reisetasche öffnete, lachte sie hellauf. Es war zwar alles feucht und schmutzig, die Urwaldblumen, die ich ihr mitbrachte, hatten aber die Strapazen gut überstanden. Zwei Wochen später kam schließlich die Gruppe der Maya in Guatemala an. Trotz aller Verzögerungen sei die Stimmung ausgesprochen gut gewesen, sagte man mir.

Mein Weg zum Maya-Priester

Ein paar Wochen nach der Begegnung am Amazonas besuchte ich den Anciano, dessen Namen ich beim Abschied noch auf einem Zettel notiert hatte: Don Julián Lopez aus Palín. Die Neugierde hatte mich nicht mehr losgelassen. Dieser Mann hatte mich in seiner Schlichtheit und Bescheidenheit fasziniert, und sein Angebot, mich für meinen Weg zu öffnen, war für mich annehmbar. Er hatte mich mit keinem Wort dazu aufgefordert, zum Mayatum zu konvertieren. Was es allerdings bedeutet, jemanden für seinen Weg zu öffnen, wußte ich damals noch nicht genau, verstand es aber so, daß mir zumindest kein System, keine Glaubenswelt übergestülpt werden würde. Dieser Mann konnte einen ganz besonders liebevoll ansehen. Schon als ich ihn zum ersten Mal getroffen hatte, war mir diese Gabe aufgefallen. Am Amazonas hatte er mir oft zugelächelt, als habe er mir sagen wollen: Wir kennen uns schon. Seltsam hatte ich nur gefunden, daß er sich nicht als Heiler deklarieren wollte. Ich weiß, daß sich dort viele Menschen an ihn gewandt hätten, die wie ich Hilfe suchten.

Als ich an diesem Nachmittag in Palín einfuhr, ärgerte ich mich über die schmale und völlig verparkte Einfahrtsstraße. Die Leute saßen auf den Gehsteigen, man holperte von einem Schlagloch ins andere. Also ließ ich mein Auto in der Nähe des Marktplatzes stehen, um von da aus das Haus von Don Julián zu Fuß zu suchen.

Eine riesige, den ganzen Marktplatz überdachende Ceiba macht den Markt von Palín zu einer Sehenswürdigkeit. Unzählige kleine Obst- und Gemüsestände stehen unter diesem Baum, der sicher schon jahrhundertelang die Pocomames mit seinen schweren, weitausragenden Ästen vor Regen und Sonne schützt. Rund um seinen Stamm hatte man Stufen errichtet, auf denen oft Betrunkene ihre selige Ruhe finden. Ich setzte mich auf die oberste Stufe, lehnte mich an den mindestens drei Meter dicken

Stamm und beobachtete das Geschehen. Wie auf allen Indianermärkten, herrscht auch auf dem in Palín ein Gewimmel von emsig bemühten, buntgekleideten Indigenas, die ihre Lasten auf dem Kopf zum und vom Markt tragen. Man wird von niemandem angebettelt oder gedrängt, etwas zu kaufen. Aber die Marktfrauen sind neugierig, wenn sie gelegentlich über allen anderen Köpfen einen Ausländerkopf erspähen.

Ich kannte diesen Marktplatz schon von mehreren Besuchen, führte Freunde und Besucher dahin, wenn sie einen Indianermarkt nahe der Stadt sehen und fotografieren wollten. Die Ceiba, der heilige Baum der Maya, erinnert mich an die Zeichnungen des Affenbrotbaums in St. Exuperys „Der kleine Prinz“. Die Kraft dieses Baumes ist von weitem spürbar, seine Ehrwürdigkeit imponiert, er hat viel erlebt und weiß von den Bedürfnissen und Nöten der Menschen, die sich in seinem Schatten ihr bescheidenes tägliches Brot verdienen.

Allmählich löste ich mich wieder von diesem Schauspiel und ging das Haus des Maya-Schamanen suchen. Ich kannte einen Mann, eine Art Ordnungshüter in Zivil, der mich schon einmal in gebrochenem Englisch angesprochen hatte und sich nicht davon abbringen ließ, mit mir Englisch zu sprechen. Er nahm seine Pflicht sehr ernst und machte höflich darauf aufmerksam, wenn Autos die Durchfahrt versperrten. Auch heute sah ich ihn wieder an derselben Stelle und fragte ihn auf Englisch nach Don Julián Lopez. Don Julián war ihm, wie wohl jedem dort, bekannt, und so klopfte ich einige Minuten später bereits an seine Eisentür, die in einen kleinen Hof führte. Dieser Innenhof war voll von Tieren. Auf einer Bank saßen Menschen, die auf eine Zeremonie warteten. Sie grüßten mich freundlich, boten mir einen Stuhl an und fragten mich gleich über alle möglichen Dinge aus. Indigenas sind mir fast immer offen und neugierig begegnet, und so war es auch dieses Mal. Ich mußte also erzählen, woher ich kam, was ich hier tat, warum ich Don Julián kannte, was man in meinem Land ißt, was man arbeitet und wieviel man in meinem Land verdient.

So erzählte ich geduldig von den für diese Menschen astronomischen Gehältern in meinem Land und auch davon, daß viele mehr als die Hälfte ihres hohen Gehalts für Wohnungen oder Häuser ausgeben müßten und daß die meisten Menschen bei den Banken Schulden hätten, weil sie nicht das Geld aufbringen könnten, um die Erfüllung all ihrer Wünsche auf einmal zu finanzieren. Als ich dann von der Kälte in meinem Land zu sprechen begann, flaute das Interesse ab. Kein Guatemalteke, ob Indigena oder Ladino, wäre gewillt, dieses paradiesische Klima einzutauschen. In der Kälte leben zu müssen, wäre wohl eine der schlimmsten Strafen für einen Lateinamerikaner. Nun, ich spreche von Menschen, die in den milden Klimazonen wohnen. Das Hochland von Guatemala ist bis auf 4000 Meter Seehöhe bewohnt, in diesen Regionen kann es durchaus oft auch Minusgrade haben.

Schließlich kam ich an die Reihe, Don Julián freute sich über mein Kommen und umarmte mich. Als wir uns wieder an die schrecklichen Erlebnisse am Amazonas erinnerten, lachte er laut auf, wenn die Moskitos, das eintönige Essen oder unsere abenteuerliche Anreise zur Sprache kamen. Da nach mir niemand mehr wartete, hatten wir beide viel Zeit, uns auf diese Weise wieder näher zu kommen. Ich wußte nicht so recht, warum ich ihn eigentlich aufgesucht hatte. Zwar war ich von ihm eingeladen worden, da er meinte, mir weiterhelfen zu können, aber ich konnte mir nach wie vor nicht vorstellen, was er darunter verstand. So fragte ich ihn einfach, was er damit gemeint und mit mir vor habe. Seine Antwort war einfach, er habe bei unserer Begegnung den Ruf vernommen, mir zur Seite zu stehen, wenn ich das wünschte. In meinen Augen habe er Lebendigkeit und Herzenswärme wahrgenommen. Wir hätten eine seelische Verbindung zueinander, weil uns die Sprache des Herzens durch unsere Blicke vereint habe. Er bot mir den Stuhl vor seinem Altar an und bat mich, Platz zu nehmen.

Nun saß ich vor einem Kunterbunt von Bildern und Ritualgegenständen. Vor mir stand eine brennende Kerze, und daneben lagen einige Geldscheine, die wohl die Leute vor mir hinterlassen hatten. Hinter der Kerze befand sich ein Glaskelch mit Wasser. Sein Maya-Beutel, die sogenannte Vara, als Zeichen der Priesterschaft, war prall gefüllt. Unter meinem Stuhl gackerte eine Henne, die mit ihren Küken unterwegs war, bis sie schließlich von Don Julián verjagt wurden. Am Boden lagen einige Utensilien aus Zeremonien und Ritualen: leere Kerzengläser und aufgeschlagene Hühnereier. All das störte mich nicht. Bei diesem Mann fühlte ich mich geborgen, es war schön, mit ihm zu reden und in seine Welt einzutauchen. Der Raum war zwar düster, strahlte aber gleichzeitig eine ungewöhnliche Ruhe aus, so wie das ganze kleine Anwesen Harmonie und eine bescheidene Zufriedenheit vermittelte. Hunde, Katzen, ein Pferd, ein verletzter Vogel lebten in Frieden miteinander und schienen Siesta zu halten. Auf dem Waschplatz im Freien wusch gerade ein junges Indianermädchen Wäsche. Nebenan unterhielten sich die Frauen am offenen Küchenfeuer. Der Rauch stieg durch die Ritzen des Daches empor und schwärzte das Blech mit Ruß. Unter einem weiteren Blechdach im Hof war ein Maya-Altar mit wunderschönen alten Steinköpfen. Eine Feuerstelle wies darauf hin, daß Don Julián auch Maya-Zeremonien bei sich zuhause durchführte.

Ich saß vor dem Altar dieses Schamanen, der nicht viel sagte und ein Ritual vorbereitete. Er holte zwei Eier, schickte seine Enkelin zum Markt, Kerzen und andere mir unbekannte Dinge zu besorgen, füllte zwei Wassergläser und erzählte mir nebenbei von seiner Familie, von seiner Enkelin, die sehr früh ihren Vater verloren hatte. Er habe sie bereits im Alter von zehn Jahren auf Anweisung der Santisima Virgen zur Priesterin initiiert. Sie werde als einzige in seiner Familie seinen Weg weitergehen.

Inzwischen war auch seine Enkelin mit den Sachen vom Markt zurück, und Don Julián begann unverzüglich mit dem Ritual. Er nahm eine intensiv riechende Flüssigkeit, Siete Machos genannt, vermischte sie mit Agua Florida, schüttete beides über meinen Kopf und machte das christliche Kreuzzeichen. Er rief die Kräfte der vier Himmelrichtungen und invokierte eine Unzahl von Wesenheiten und Heiligen aus allen möglichen Kulturkreisen. Wie schon am Amazonas strich er dabei mit dem ersten Ei über meinen ganzen Körper. Dasselbe machte er mit dem zweiten Ei und berührte dann alle meine Körperteile mit zwei weißen Kerzen. Immer wieder schüttete er sich die Essenzen in die Hand, strich sie in meine Aura, rieb sie in Haare, Arme und Beine. Etwa 30 Minuten betete er und beendete das Ritual schließlich wieder mit dem Kreuzzeichen.

Don Julián schlug dann das erste Ei in das bereitstehende Glas Wasser und hielt es in die Höhe. Er forderte mich auf, mit ihm zu einem kleinen Fenster zu kommen, durch das die Spätnachmittagssonne schien, und deutete mir im Gegenlicht den Inhalt des Glases. Er erzählte von Schutzkräften und von Engeln und meinte, daß er wie schon am Amazonas ein starkes Licht sehe. Dieses Licht entspräche meiner Kapazität als Lichtträger, und nun sei der rechte Moment, dieses Licht zu zentrieren. Er erzählte mir von geistigen Begleitern, von den Kraftwesen der Maya und meiner Kultur und gratulierte mir. Nun nahm er das zweite Ei und ging damit ebenso vor wie mit dem ersten. Das aufgeschlagene Ei gab ihm offensichtlich alle Informationen über meinen in Veränderung befindlichen körperlichen und geistigen Zustand, über meine Fähigkeiten und über das, was nun zur Reinigung meines Körpers notwendig sei. Er fragte mich, ob ich während der Zeremonie Gesichter in seinem Wasserkelch am Altar gesehen habe. Ich hatte, ehrlich gesagt, nicht einmal darauf geachtet und wunderte mich, daß dies nun auch von Don Julián angesprochen wurde. Auf meinem bisherigen Weg hatte ich immer wieder Heiler und Schamanen getroffen, die im Wasserkelch Wesen sahen, mit ihnen kommunizierten und aus dem Wasserglas Informationen herauslasen. Dies war so bei Don Chepe, bei Meister Cirilo, bei Don Anacleto und nun auch bei Don Julián. Er meinte, daß sich diese Fähigkeit in Bälde auch bei mir erschließen würde. Ich solle nur etwas Geduld haben und werde noch staunen, was alles auf mich zukomme.

Don Julián gab mir nun einen Stift und ein Blatt Papier und zählte alle möglichen Heilpflanzen auf, die ich für Bäder und Tees zu meiner äußeren und inneren Reinigung besorgen solle. Kaum eine Heilpflanze war mir bekannt, so notierte ich die Namen phonetisch. Es waren Namen dabei wie „Vuelve te loco“ (die dich verrückt Machende), „San Benito“ (Heiliger Benedikt), „Siempre Vive“ (die ewig Lebende), „Ruda“, „Apassin“,

„Salvia Santa", aber auch Tabak, Knoblauch, Zitronen, Rosenblätter, Baum- und Strauchwurzeln und andere mehr. Er trennte strikt die Heilkräuter für Tees von denen, die für die Schüttbäder verwendet werden sollten. Der Absud von manchen Pflanzen durfte unter keinen Umständen getrunken werden. Sie seien starke Drogen, teilweise sogar giftig. Die Zusammenstellung der Heilkräuter habe ihm die Santisima Virgen selbst mitgeteilt. Bei der Erstellung der Rezepturen sei er stets mit der göttlichen Mutter Maria in Verbindung, die ihm für jeden Einzelnen individuell die entsprechende Kräutermischung übermittle.

Ein Maya-Schamane in Kooperation mit der kosmischen Mutter gefiel mir sehr gut. Ihre Kraft war mir schon immer sehr vertraut, ich hatte aber nicht erwartet, daß ein Anciano in dieser Form mit ihr zusammenarbeite. Er erklärte mir noch, wo ich all die Kräuter kaufen konnte und daß ich nun sieben Mal Schüttbäder machen müsse. Die Tees sollte ich zur inneren Reinigung meines physischen Körpers und meiner Energiekörper trinken. Anschließend werde er sieben Mal ein Ritual durchführen, um mich auf den nächsten Block, den der Konzentrationsbäder, vorzubereiten.

Also bedankte ich mich bei Don Julián, legte ihm eine Spende auf den Altar und versprach, nach einigen Tagen wiederzukommen. Ich hätte noch viele Fragen gehabt, konnte aber keine davon anbringen. Allerdings schien Don Julián viele Antworten mit all dem, was er mir aus seinem Leben erzählte, vorwegzunehmen. An diesem Nachmittag berichtete er mir von seinem Lehrmeister, einem alten Indianer aus seiner Gegend, der mit den sieben Mächten verbunden gewesen sei und über unglaubliche Kräfte verfügt habe. Dieser Anciano sei dazu berufen gewesen, ihn auf seinen Weg zu führen, aber eines Tages sei der Zeitpunkt gekommen gewesen, wo er ihn dazu aufforderte, sich in einer Zeremonie mit seinen geistigen Führern zu verbinden, die ihm die Priesterschaft übergeben würden. Er könne ihn nicht einweihen, dies sei anderen vorbehalten. Ich staunte darüber, daß dieser große Meister und Heiler bereit gewesen war zurückzutreten, um den geistigen Wesen die Vollendung seiner

Arbeit zu überlassen. Eines Tages sei allerdings sein Meister von Schwarzmagiern getötet worden. Er sei sich der Bedrohung bewußt gewesen und habe durchaus die Möglichkeit gehabt, sich von seinen vielen Helfern von den bösen Flüchen befreien zu lassen, habe sich aber entschlossen, aus diesem Leben zu gehen, um seine Aufgabe von der anderen Welt aus weiter zu erfüllen. Nun stehe er, Don Julián, mit demselben Meister eben in geistiger Verbindung.

Don Juliáns Lebensgeschichte ist bedrückend und traurig. Bereits als kleines Kind mußte er schwer arbeiten, seine Familie litt oft Hunger. Er erzählte mir immer wieder von den tiefen Verletzungen, die ihm als Kind und Jugendlicher von verschiedensten Seiten zugefügt worden waren. Wie viele andere seines Stammes war er eines Tages vom Militär gesucht worden. Er hatte sich verdächtig gemacht, weil er Projekte zugunsten der indigenen Bevölkerung initiiert, Genossenschaften in Palín gegründet und Menschen geheilt hatte. Darum war er geflohen, aber schließlich vom Militär in einem kleinen Dorf ausfindig gemacht worden.

„Sie standen vor der Hütte, in der ich mich versteckt hielt. Ich hörte ihre Stimmen, ich fürchtete, daß nun mein Ende nahe sei. Mir blieb nur mehr, die geistigen Wesenheiten zu Hilfe zu rufen und mich auf meinen Tod vorzubereiten. In diesem Augenblick wurden die Soldaten abgelenkt, sie gingen am Haus vorbei. Ihre Stimmen waren nur noch aus der Distanz zu hören, ich durfte also weiterleben. Meine Zeit war wohl doch noch nicht gekommen. Die mit mir verbündeten Geistwesen hatten mir Schutz und Hilfe gegeben. Ich war ihnen sehr dankbar und weiß seither, daß ich ihnen mein Leben anvertrauen kann. Ich mache nichts aus meinem eigenen Willen. Sie sind es, die mich führen, sie sind es, die mir sagen, was ich tun soll, und sie haben mich auch mit dir, lieber Norbert, verbunden."

Am nächsten Tag machte ich mich auf den Weg zum Kräuterstand am berüchtigten Terminal, wohl einem der schmutzigsten Plätze Guatemalas. Ich nahm den Einkaufskorb und begab mich auf die Suche. „Plantas medicinales" wollte ich finden, doch keiner der Händler konnte mich verstehen, bis ich endlich den ortsüblichen Begriff herausgefunden hatte. Die einfachen Leute sagen zu den Heilkräutern „Montes“, und mit diesem Begriff wurde ich fündig. In einem Bretterverschlag saß eine alte Frau, umgeben von frischen Kräutern, Wurzeln und Kultgegenständen. Als ich ihr meine Liste vorlas, lächelte sie des öfteren, korrigierte mich höflich und klebte ein Kreppband um jeden einzelnen Kräuterbund. So konnte ich die Pflanzen bezeichnen, um dann zuhause keinen Fehler in der Zusammenstellung der Bäder und Tees zu machen.

Nun hatte ich eine Tasche voll geheimnisvoller Kräuter, die kaum jemand von uns Europäern kannte. Christine und ich durchforschten gemeinsam unsere Unterlagen nach den lateinischen oder deutschen Bezeichnungen, konnten aber nur wenige davon ausfindig machen. Von der Universität San Carlos in Guatemala City hatte meine Frau eine umfangreiche Aufstellung der bekanntesten Heilpflanzen Guatemalas mit Angaben über Wirkungsweise und Vorkommen erhalten, aber selbst in diesem Werk konnten wir nicht alles finden, was wir suchten.

So blieb mir, wie gehabt, nichts anderes übrig, als Don Julián zu vertrauen und zu tun, was er mir gesagt hatte. Ich war froh, daß wenigstens ein Großteil der Teekräuter identifizierbar war. Wieder einmal wurde mir bewußt, wie viele Zweifel ich nach wie vor hatte. Don Julián war ein einfacher Mann und verwendete Heilpflanzen, die ihm die göttliche Mutter genannt hatte. Wer konnte mir die Gewähr geben, daß diese Pflanzenmischung wirklich das war, was ich brauchte und was mir guttat? So saß ich mit meiner Frau in der Küche und überlegte hin und her. Ohne befriedigendes Ergebnis entschied ich schließlich, das Zweifeln zu beenden. Wir suchten den größten Kochtopf, legten die dreigeteilten Kräuterbündel hinein, gaben Zitronen, Zigarren und anderes dazu und ließen alles aufkochen. Das ganze Haus roch intensiv nach dieser dunklen Brühe. Gemäß Don Juliáns Anweisungen machte ich ein kleines Ritual daraus, zündete Kerzen an und untermalte die ganze Geschichte mit Musik aus dem Kassettenrecorder. Besonders wohlriechend und einladend fand ich den Pflanzensud zwar nicht, wollte mich aber doch vom Effekt überraschen lassen.

Was konnte es bedeuten, von dieser Brühe gereinigt zu werden? Was bedurfte der Reinigung, was würde sich dabei für mich ändern und wie sollte es weitergehen, wenn ich nach Don Juliáns Vorstellung endlich sauber war? Nach sieben solchen Bädern und sieben Zeremonien werde ich gereinigt sein, hatte er angekündigt, ich solle mir keine Sorgen machen, wenn dabei Reaktionen aufträten. Nun, was konnte schon passieren, wenn ich diese Brühe über mich goß? Ich duschte mich und schüttete mir dann die schwarzbraune Essenz mit meinen Händen über den ganzen Körper.

Am ersten Tag spürte ich nichts, ich roch nicht gerade sehr anregend und war das Objekt vieler Späße in der Familie. Aus der bunten Mischung der Ingredienzien „dufteten" besonders der Knoblauch und die Zigarren heraus. Während der nächsten Tage aber kam viel Traurigkeit hoch. Ohne konkreten Anlaß war ich immer wieder dem Weinen nahe. Ich fühlte mich sehr offen und verletzlich und bemühte mich, möglichst wenig in die Stadt zu gehen und mich besonders gut für meine Unterrichtsstunden vorzubereiten, um jegliche Belastung in der Schule zu vermeiden. Nach den letzten Reinigungsbädern kam ich gar nicht mehr aus meinem Bett heraus. Ich fühlte mich tonnenschwer, war unendlich müde und weinte ohne besonderen Grund. Die Welt schien ein Jammertal, in mir tauchten Gefühle auf, die ich nicht einordnen konnte. Es war mir unerklärlich, wie Schüttbäder eine derart heftige Reaktion auslösen konnten. So fuhr ich zu Don Julián, der aber nur darüber lachte und sich freute, daß ich auf seine Bäder reagierte. Er begleitete mich liebevoll durch diese Zeit und lud mich ein, öfters zu kommen. Mehrmals wiederholte er sein Ritual mit den Eiern und stellte dabei fest, wie sich mein innerer und äußerer Zustand veränderte.

Don Julián erzählte mir, daß selbst gläubige Menschen emotional und mental so verschmutzt sein können, daß sie für die Kraft der Lichthelfer und Engel nahezu undurchlässig geworden seien. Viele Menschen seien umgeben von einem dunklen Nebel, der sich durch eigene negative Gefühle und Gedanken, durch eine nicht bewußt gestaltete Lebensführung, aber auch durch unser negatives Umfeld bilde. Dies konnte ich aus meiner eigenen Erfahrung als Therapeut und Heiler nur bestätigen. In meinen Händen kann ich diese dunkle Schicht als beißende, kribbelnde Energie spüren, die sich um Teile des Körpers, bei manchen Menschen besonders um den Kopf gebildet hat. Je nach Beschaffenheit befinden sich diese Störungen im Energiefeld in unterschiedlichen Abständen zum Körper, was wiederum Aufschluß über die Beschaffenheit des Energiekörpers als feinstofflicher Hülle eines Menschen gibt.

Menschen bitten in vielen Situationen um Hilfe, erbitten den göttlichen Schutz, beten in Kirchen und Klöstern, verhindern aber gleichzeitig diesen geistigen Schutz, die Verbindung zu Engeln und Schutzwesen durch ihre Lebensführung. Aus diesem Grund ist es auch für Don Julián notwendig, Menschen von diesem Nebel zu befreien, um die Energien wieder in Harmonie und zum Fließen zu bringen. Die Pflanzen unterstützen diesen heiligen Akt als Geschenk der göttlichen Mutter Erde, und deshalb sei es auch die göttliche Mutter, die bei der Zusammenstellung der Bäder helfe.

In der Naturheilkunde kennen wir Pflanzen als Heilmittel, die wir einnehmen oder auflegen, um dadurch den Selbstheilungsprozeß des Körpers anzuregen. Don Julián war der erste mir bekannte Heiler, der die Pflanze zur Heilung der feinstofflichen Körper des Menschen einsetzt. Die verschiedenen Heilkräuter wirken also weniger im Materiellen, als vielmehr in der Aura des Menschen. An mir selbst konnte ich wahrnehmen und erfahren, daß die Veränderung im feinstofflichen Körper durch die Schüttbäder Schichten meines Unbewußten freilegte. Ich gehe davon aus, daß unser physischer Körper umgeben ist von gröberen und feineren Energieschichten, in denen sich unsere Lebensenergie, unsere Gefühlswelt und unsere mentale Welt spiegeln. Der Zustand unseres physischen Körpers gleicht also dem Zustand unserer feinstofflichen Körper, die bei einer Krankheit, bei unstimmiger Lebensführung, bei negativen Gedanken und Gefühlen ebenfalls geschädigt sind. Die Störungen in den Energiekörpern zeigen sich sogar viel früher in den feinstofflichen Energiefeldern, als sie unseren physischen Körper erreichen und krank machen. Gemäß diesem System besteht also die Möglichkeit, Krankheit auf dem Weg der Harmonisierung und Reinigung unserer Energieschichten zu heilen und damit in die tiefste Ebene und den Urgrund der Krankheit einzudringen. Die Verunreinigung unserer Energiekörper durch uns selbst hindert somit die wahren geistigen Helfer und Führer daran, uns beizustehen, und läßt uns dann eben Erfahrungen machen, die oft mit Leid und Schmerz verbunden sind.

Mein Gefühl von Schwere und Traurigkeit war also durch diese Pflanzenessenzen freigesetzt worden, löste sich in diesen sieben Reinigungsbädern aber auch wieder auf. Don Julián fand es nicht notwendig, den Grund der Traurigkeit herauszufinden. Vielmehr sollte ich mich glücklich schätzen, von mehreren Lasten, die meine Seele beschwert hatten, befreit zu sein. Ich deutete seine Aussage auf meine eigene Weise, nach meiner Erfahrung. Auf meinem Nachtkästchen lag mein vielgelesenes Essenerbuch, das ich oft auf die gleiche Weise wie Tarotkarten verwendete. Ich schlug einfach eine Seite auf und begann zu lesen. Während der Zeit meiner Reinigung bei Don Julián fand ich so einen Text, den ich hier zitieren möchte. Er bestätigte, was mir Don Julián mit anderen Worten vermittelte:

„Laß Menschen, die mit guten Gedanken, Worten und Taten denken, sprechen und handeln, den Himmel wie ihr eigenes Heim bewohnen.

Laß jene, die mit bösen Gedanken, Worten und Taten denken, sprechen und handeln, im Chaos verbleiben.

Reinheit ist für den Menschen das höchste Gut außer dem Leben und gründet im heiligen Gesetz. Mit guten Gedanken, Worten und Taten wird das Feuer rein. Rein das Wasser, die Erde, die Sterne, der Mond und die Sonne, rein der gläubige Mann und die gläubige Frau, rein das grenzenlose ewige Licht, rein das Reich der Mutter Erde und das Reich des himmlischen Vaters, rein die guten Dinge, die vom Gesetz geschaffen. Es ist das Gesetz, das unser Zuhause, die weite und grüne Erde, heilig macht. Laß die Kinder des Lichts überall triumphieren zwischen Himmel und Erde." („Die verlorenen Schriftrollen der Essener")

Ich dachte bei diesen Worten an Meister Cirilos Ansprache am Amazonas und an Don Chepes Heilwasser und wußte nun, warum es notwendig war, durch die Reinigungsrituale bei Don Julián auf meinen Weg vorbereitet zu werden.

Nach Beendigung der siebenfachen Reinigung bereitete er eine Zeremonie vor. Erneut sollte die kosmische Mutter Maria nach dem Rezept für meine Konzentrationsbäder, wie er sie nannte, gefragt werden. Nachdem nun meine diversen Energiekörper gereinigt waren, sollte als nächster Schritt meine Energie zentriert werden. Don Julián meinte, daß die geistigen Helfer sich nur in einem zentrierten Energiefeld halten könnten. Das größte Problem der Menschen sei ihre fehlende Zentrierung. Oft seien sie zwar voller Kraft und Vitalität, ihr Geist sei oft stark, aber nur einseitig auf materielle Dinge, auf eigenes Wunschdenken gerichtet. Manche glauben, auf diese Weise ihr Glück zu finden, erschaffen damit aber nur Leid, Krankheit und Abhängigkeit. So könne sich der geistige Weg eines Menschen nicht auftun, vielmehr litten diese Menschen unter ihrer eigenen, fehlgeleiteten Stärke.

Der Einsatz mentaler Kraft – und dafür gibt es eine Fülle von Anweisungen und Techniken – gibt also nur eine Richtung vor. Wir kreieren damit den materiellen Erfolg gemäß unseren eigenen Vorstellungen von Erfolg. Viele Menschen sind nur auf Kosten anderer erfolgreich und viel zu sehr in materielle Dinge verstrickt, um noch wahrnehmen zu können, daß ein erfülltes Leben, aber auch äußerer Wohlstand aus einem reinen Bewußtsein, einer zentrierten inneren Kraft geschaffen werden können. Nur so ist es möglich, in Einklang mit all dem zu sein, was uns Freude bereitet. Erfolg ist dann nicht das Ergebnis egozentrischen Wunschdenkens, sondern eine Gabe des Himmels als Antwort auf die Reinheit der menschlichen Absicht.

Don Julián fragte mich, ob ich mir vorstellen könne, mit den geistigen Wesenheiten zusammenzuarbeiten, all das, was mir wichtig erscheine, durch den bewußten Einsatz dieser Kräfte in kurzer Zeit zu erreichen. Ich versetzte mich in diese Situation: Mir war wichtig, im Heilungsbereich zu arbeiten und dabei Erfolg zu haben. Die Arbeit am inneren Kind gemeinsam mit geistigen Wesen zu verrichten, verletzte Schichten im Energiefeld von Menschen aufzulösen, war eine faszinierende Idee. Meiner Phantasie waren keine Grenzen mehr gesetzt. Ich dachte an meinen Schutz, an ein schönes und glückliches Leben, das ich gemeinsam mit diesen Kräften kreieren könnte, und wollte alles voller Begeisterung gleich ausprobieren. Durch die Harmonisierung und Zentrierung der Energien sei der erste Schritt getan, meinte der Anciano. Mit diesen Kräften und Wesen zu arbeiten und sich von ihnen zur eigenen Lebensbestimmung führen zu lassen, sei das Geschenk, das ich von den göttlichen Mächten erhalten werde.

Aus der materiellen Welt kannte ich meine zielgerichtete Kraft, Ideen oder Visionen umzusetzen. Im spirituellen Bereich fehlte mir allerdings jegliche Erfahrung, wie ich das anstellen könnte. Ich wußte, daß eine fixe Vorstellung von meinem geistigen Weg, ein vorgefertigter Wunsch nicht forciert werden konnte und auf das, was in mir freigelegt werden sollte, eher behindernd wirken würde. Don Julián bestätigte mir, daß es auch keinen Sinn hätte, unbedingt Heiler oder Schamane werden zu wollen. Auf diese Weise würden Menschen ihrer geistigen Führung vorgreifen und ihren wahren Weg, ihre Lebensbestimmung oft sogar verfehlen. Auch hier sei die Voraussetzung ein reiner Gedanke und eine reine Absicht. Ich sollte meine Ziele im Auge behalten und trotzdem nicht dorthin drängen. Klar war für mich nur, daß mich mein inneres Suchen zu Don Julián geführt hatte.

So notierte ich also wieder, was Don Julián via Wasserkelch von seiner Informationsquelle, der Gottesmutter Maria, angesagt bekam. Wieder waren es viele Pflanzen, von denen ich nie zuvor gehört hatte. Neue Zusammenstellungen von Kräutern und Blumen, die gekocht werden und deren Essenzen meine Energien zentrieren sollten. Ich hatte durchaus Hoffnung, daß diese Bäder nun etwas wohlriechender sein könnten, denn ich sollte sieben rote, sieben gelbe und sieben weiße Rosen mitkochen.

Neuerlich fuhr ich zum Terminal. Diesmal wußte ich bereits, wo ich die gewünschten Kräuter finden würde, die alte Frau erkannte mich auch wieder und half mir, die Kräuterbündel richtig zu beschriften. Die Rosen mußte ich aber bei einem der Straßenhändler suchen, die es in allen großen Straßenzügen von Guatemala City gab. So fuhr ich den Boulevard Vista Hermosa entlang zu dem Blumenstand, den ich fast jede Woche zusammen mit meiner Frau aufsuchte. Blumen im Land des ewigen Frühlings zu kaufen ist eine wahre Freude, die Händler stehen am Straßenrand inmitten eines bunten Blütenmeeres. Man stoppt nur kurz das Auto und sucht aus, was man haben möchte. So ließ ich mir die Rosen geben, nahm auch noch Blumen für Christines Meditationsplatz mit und kehrte nach Hause zurück.

Als ich mit dem Korb voller Pflanzen und Blumen zur Haustür hereinkam, amüsierten sich meine Kinder darüber. Papa wird nun konzentriert, hieß es, aber niemand wußte, was darunter zu verstehen war. Also begannen wir mit dem Kochen der ersten Mischung, die für insgesamt drei Schüttbäder reichen sollte. Die Brühe war nun etwas klarer, es fehlten die Zigarren, der Knoblauch und die Zitronen. Die frischen Rosen konnte ich nur mit viel Überwindung köpfen und in die heiße Brühe legen, doch danach füllte sich das Haus mit einem köstlichen Duft. Christine und die Kinder freuten sich über einen offensichtlich schon reineren Vater, der nun mit angenehmeren Ingredienzien für die geistige Welt konzentriert und vorbereitet wurde.

Ich freute mich auf die kleine Zeremonie am frühen Abend. Es war gerade Vollmond, ich konnte aber leider den Mond von unserem Badezimmer aus nicht sehen. An den Geräuschpegel des vorbeiziehenden Stadtverkehrs hatte ich mich noch immer nicht gewöhnt, und so war die Atmosphäre des Badezimmers alles andere als mystisch. Mit ein paar Kerzen, die ich im Dreieck um mich stellte, mit ein paar Bergkristallen und Amethysten und mit den Räucherstäbchen, die mir mein Freund, der holländischer Schamane, aus Tibet mitgebracht hatte, konnte ich das kühle und ungemütliche Badezimmer in einen kleinen, dampfigen und geheimnisvollen Sakralraum verwandeln. Wie üblich bat ich meine Kinder, mich nicht zu stören, und freute mich auf das erste Konzentrationsbad auf meinem Weg mit Don Julián. In den Tagen unseres Beisammenseins begann ich diesen Mann sehr ins Herz zu schließen. Sooft ich zu ihm kam, umarmte er mich wie einen eigenen Sohn. Immer war er fröhlich und gut gelaunt, obwohl er selbst unter schwerer Diabetes litt und dadurch bereits die Sehkraft eines Auges verloren hatte. Er saß in seinem einfachen Gartenstuhl und erzählte mir aus seinem Leben. Er belehrte mich, indem er in aller Offenheit seine Erfahrungen mit mir teilte. Ich hatte keine Bedenken mehr, mich diesem Mann anzuvertrauen. Er gab mir alles, worum ich ihn bat. Er hatte vor mir keine Geheimnisse, weder was seinen eigenen Lebensweg betraf, noch wenn es darum ging, aus der Vergangenheit seines Volksstammes, der Pocomames, zu erzählen.

Siebenmal machte ich Konzentrationsbäder. Ich hatte die Kräuterbündel so eingeteilt, daß für alle sieben Bäder in etwa gleich viel Pflanzen da waren. Im Vergleich zur Phase der Reinigungsbäder ging es mir in dieser Zeit sehr gut. Ich fühlte mich kraftvoll, ermüdete auch in meinem Beruf kaum und freute mich schon, wieder zu Don Julián zu kommen. Parallel zu den Bädern machte er sieben Konzentrationsrituale und erklärte mir die Veränderungen, die er alle im „Huevo Sagrado“, im heiligen Ei, wahrnehmen konnte.

Ich hatte viele Fragen vorbereitet, wollte alles über seine Geheimrezepte zu allen möglichen Krankheitssymptomen wissen. Es gab keine Krankheit, für die es nicht eine natürliche Hilfe mit einem umfangreichen Rezept gab. Gegen physische Beschwerden wurden zuerst die Pflanzenessenzen angewandt und dann die geistigen Wesen in einem Ritual gerufen. In der Zusammenarbeit mit ihnen erlangten viele Menschen Heilung und Hilfe. In manchen Fällen, bei Ehe- oder Potenzproblemen, zeigte sich der große Magier Julián. Dies war der Bereich, der ihm wohl am meisten Spaß machte. Mit einem schelmischen Augenzwinkern sagte er mir, was zu tun sei, wenn ein Mann seine Kraft verlor oder wenn eine Ehefrau sich mit einem unverbesserlichen Macho abplagen mußte. Man konnte feine Konzentrate von Pflanzen und anderen Dingen einfach einem Getränk beimischen und so wieder Bewegung ins Leben bringen. Mancher Ehemann mag sich gewundert haben, warum er plötzlich wieder Spaß am Sex mit seiner Frau hatte. Der große

Meister der Magie konnte Ehen kitten oder auch trennen, wenn es im Einklang mit dem geistigen Weg eines Menschen notwendig geworden war. Manchmal hielt es Don Julián für wichtig, alleinstehenden Frauen oder Männern, die keinen Partner finden konnten, den „marido espiritual" zu entziehen. Ein Partner aus der unsichtbaren Welt unterband manchmal eine physische Partnerschaft. Julián erlöste Bindungen dieser Art, sodaß sich oft schon wenige Wochen danach neue Beziehungen oder Liebschaften für die betreffenden Personen ergaben. Die größte Macht schien Don Julián zur Verfügung zu stehen, wenn es um die Beherrschung der Elemente ging. Er war dafür bekannt, Blitze auslösen und lenken zu können, Unwetter zu beeinflussen, den Regen zu rufen oder auch über das Feuer zu gehen. Er sei ein Pocomam, sagte er, und dieser Maya-Stamm sei seit alters her bekannt dafür gewesen. Er wollte auch mich in diese seine Welt einführen und meinte, der Weg, den ich mit ihm gemeinsam gehe, werde auch in mir dieselben Verbindungen zu all diesen Naturkräften herstellen. All das sei nur abhängig von der Reinheit meines Herzens und von der absoluten Demut, nie selbstherrlich, sondern nur im Einklang mit den Lichtkräften zu arbeiten. Sonst würde ich mich in einem Wust von dunklen Mächten verstricken und darin umkommen, wie es schon oft Magiern seines Stammes ergangen sei.

Die Zeit mit Don Julián war für mich spannend, amüsant und lehrreich. Nach den Reinigungs- und Konzentrationsbädern entschloß sich meine Frau, ebenfalls den Weg mit Don Julián zu beschreiten. Ihre Erfahrungen glichen in vielem den meinen. Sie hatte den Vorteil, sich voll Vertrauen auf etwas einlassen zu können, was ich vorher ausprobiert hatte. Die Tatsache, daß ich noch lebte, daß es mir viel besser ging und daß ich mich immer auf die Begegnungen mit Don Julián freute, ließ keinerlei Zweifel mehr in ihr aufkommen.

Ich entschloß mich gleichzeitig, viele Fragen vorzubereiten und mit Don Julián Tonbandaufnahmen zu machen. Er hielt sich selbst nämlich für den letzten Vertreter dieses Wissens in seinem Stamm. Seine Enkelin werde es noch als eine der wenigen Indigenas übertragen bekommen, andere junge Leute interessierten sich für all das kaum mehr. Die meisten Maya-Schamanen und Heiler seines Volksstammes seien in den Militärdiktaturen der vergangenen Jahrzehnte bereits ums Leben gekommen. So freute sich Don Julián ganz besonders, uns von seinem Leben, seiner Heilkunst und Magie erzählen zu können.

Nach den Konzentrationsbädern war ich nun neugierig, wie der Weg mit diesem Maya weitergehen würde. Hatte er doch gemeint, daß meine Vorbereitung ungewöhnlich rasch gegangen sei und er daher bereits zu den sieben Präsentationen übergehen könne.

Verbindung mit den Kräften

Don Julián meinte, diese Rituale stellten die Verbindung zu den göttlichen Führern seines Stammes und seinen eigenen geistigen Meistern her. Es war die letzte Vorstufe vor der Initiation zur Maya-Priesterschaft. Nach der Reinigung und nach der Konzentration wolle er mich auf die Übertragung der Kräfte, die ich dann handhaben können werde, einstimmen. Die sieben Präsentationen sollten dazu dienen, mich der geistigen Welt zur Verfügung zu stellen und sie zugleich um Hilfe und Führung zu bitten. Die Priesterschaft sei eine Aufgabe, erst der Beginn eines Weges, und zur Begleitung dieses Prozesses müßten auch die rechten geistigen Führer eingeladen werden. Bei mir läge eine besondere Situation vor, weil ich ja aus einer anderen Kultur käme und damit die Maya-Kräfte auf meine ganz eigene Weise beherrschen können werde. Einem Indigena die Priesterschaft zu geben, bedeute, ihn in seinem Land, seiner Kultur und Tradition fest zu verwurzeln und mit den dort wirkenden geistigen Wesen zu verbinden. In meinem Fall war es notwendig, in den sieben Präsentationen die Einladung an die Geistwesen auszusprechen und herauszufinden, wer von ihnen willens sei, mit mir zusammenzuarbeiten. Bei der Fülle an Wesen im heiligen Kosmos mußte wohl eine Diskussion um mich entstehen. Wer würde sich meiner annehmen, wer sich bereit erklären, auch meine Schwächen und Fehler mitzutragen? Ich war gespannt darauf, wartete aber dennoch geduldig auf jenen besonderen Moment, in dem die Entscheidung fallen sollte. Immer wieder fragte ich mich: Wer ist es, der möchte, daß ich unter diesen Umständen arbeite und lebe? Wenn es keinen Zufall gab, mußte es in den höheren Sphären eine Art Plan geben, der mit meiner Entwicklung zu tun hatte. Gemäß den Aussagen Don Juliáns mußten sich nun einmal die geistigen Wesen die Sache untereinander ausmachen. Im Laufe dieser

Präsentationen werde sich auch herausstellen, wie mein Weg, meine Aufgabe aussähe. Aus meiner Sicht schien das einfach, weil sich durch die Begegnung mit Ancianos und durch meinen Kulturwechsel meine Lebensbestimmung zumindest schon teilweise herauskristallisiert hatte. Was konnte jetzt noch dazukommen? Ich hatte Freude an der Heilarbeit und konnte geistiges Heilen und Therapie im europäischen Sinn bereits miteinander verbinden. Don Julián machte mich darauf aufmerksam, daß das Erkennen der Lebensaufgabe zur Folge habe, daß man sich im Wissen darum keiner Ausreden mehr bedienen könne und wirklich diesen Weg beschreiten müsse, um zu innerer Harmonie zu finden. Ich hatte allerdings auch nicht vor, Ausflüchte zu erfinden, denn ich spürte intuitiv, daß mir meine Lebensaufgabe gefallen werde, worin auch immer sie bestehen mochte. Ich liebte es, mentale Arbeit zu verrichten, und es machte mir Freude, mich den Überraschungen meines spirituellen Weges zu stellen. Vielleicht konnte ich auch die Tragweite der ganzen Angelegenheit damals noch nicht abschätzen, doch ich empfand mich an der Seite dieses Anciano als die personifizierte „Leichtigkeit des Seins“.

Jeder Mensch kann in vollkommener Freiheit den Lebensweg wählen, den er beschreiten will. Das war meine Devise, und in dieser Vorstellung ließ ich den Zeitpunkt der Initiation zum Priester der Maya auf mich zukommen. Ich konnte verstehen, daß im Menschen oft Diskrepanzen entstehen, wenn Lebensbestimmung und Lebensform nicht übereinstimmen. In der Spannung zwischen der eigentlichen Seelenaufgabe und einem desorientierten äußeren Leben vieler Menschen entstehen nach Ansicht der Weisen der Maya Unglück und Krankheit. In alten Kulturen war man sich dessen bewußt und bemühte sich darum, bereits ganz jungen Menschen ihre Aufgabe auf diesem Planeten vor Augen zu führen. Dies war eine der wichtigsten Pflichten der Weisen und Schamanen der Völker. Die Maya verwendeten ihren heiligen Kalender dazu, an Basisinformationen über die Begabungen und Fähigkeiten eines Menschen zu gelangen. In diesem 260-Tage-Kalender, aufgeteilt in 13 Monate zu 20 Tagen, sind alle Kräfte des Kosmos vertreten.

Ich erinnerte mich daran, daß Meister Cirilo oft Menschen mit einem von ihm erstellten Maya-Horoskop verblüfft hatte. Bisher hatte sich aber noch keine Möglichkeit ergeben, ihn um ein Horoskop für mich zu bitten. Als mir eines Tages aber ein anderer Maya-Astrologe mein Horoskop interpretierte, staunte ich darüber, daß es wirklich möglich war, meinen ganzen Lebensweg aus den Konstellationen der Gestirne und der Kräfte des heiligen Kalenders abzulesen. Dieser Mann konnte meine Kindheitsgeschichte nicht kennen, wir hatten uns nur gelegentlich bei Zeremonien getroffen, wobei ich ihm auch einmal meine Geburtsdaten gegeben hatte. Daraufhin sagte er mir meinen Weg voraus, erkannte allein an den Kräften, die meine früheste Lebensphase bestimmt hatten, daß meine Kindheit frei und glücklich war und daß ich in dieser Zeit eine sehr starke Verbindung zum Göttlichen gehabt haben mußte. Er wußte, daß meine Schulzeit schwierig gewesen ist, denn zu dieser Zeit stand ich im Maya-Zeichen ACABAL, bewegte mich also ständig zwischen Licht und Schatten hin und her.

Er erkannte in der Zentralkraft meines Lebens, meinem Geburtssymbol NOJ, daß ich als Lehrer in vielfältiger Weise und in unterschiedlicher Umgebung arbeitete. Diese Kraft ist im heiligen Maya-Kalender das Symbol für die Weisheit, für die feurige Kraft der Intelligenz, für Ideenreichtum, kreatives Talent, soziales Einfühlungsvermögen, Engagement für die Kultur, für alte Weisheiten und Lehren. Ich hätte mich durch die Begünstigung meines Geburtstages sehr geschmeichelt fühlen können, wußte aber inzwischen sehr wohl, daß diese Qualitäten nur durch ernsthafte Arbeit zu erschließen waren.

Im dritten Abschnitt meines Lebens erkannte er als tragende Kraft den KAWOQ. Dieses Zeichen ist verbunden mit dem Sinn für Familie und für Gemeinschaft. Menschen, die von diesem Zeichen dominiert werden, sind besonders befähigt, in einer Gemeinschaft zu arbeiten, sie eignen sich beruflich gut für Teams und nehmen ihr Familienleben sehr wichtig. Durch diese Aussage bestärkte mich der Astrologe darin, beruhigt die Idee eines Zentrums für eine Gemeinschaft von Menschen weiterzuverfolgen. Ich hätte die Hilfskräfte der Maya an meiner Seite oder sogar in mir.

Das Maya-Horoskop geht davon aus, daß unser Leben in drei Etappen abläuft, die jeweils von bestimmten Kräften im physischen Bereich, im persönlichen Bereich sowie im spirituellen Leben geprägt sind. Die drei Etappen des Lebens sind das Alter von 0 bis 22 Jahren, von 22 bis 44 Jahren und dann der Lebensabschnitt ab 44.

Im Physischen steht also meine dritte Lebensphase, die ab dem 44. Lebensjahr, unter der Kraft des KAWOQ, der Gemeinschaft. Im persönlichen Bereich stehe ich besonders unter dem Einfluß des KAAN. Dies ist die Kraft der Schlange, Symbol der Transformation und Erneuerung, der Verbindung mit der Weisheit der Ahnen, mit der Ergründung des Ursprungs und dessen Integration ins Hier und Jetzt. Es ist das Zeichen der gefiederten Schlange, des Quetzalcoatl, des Bewußtseins der Maya. Zu diesem Zeichen gehört auch der Name Guatemala, eigentlich „Koatl Malan", die sich erhebende Schlange, und damit auch meine Aufgabe, die in erster Linie in diesem Land zu erfüllen ist.

Den spirituellen Bereich in meinem jetzigen Lebensabschnitt beherrscht das Zeichen BAATZ, die Verbindung zwischen Kosmos und Mutter Erde als Ausdruck der Spiritualität, die in unser Alltagsleben integriert sein sollte. In diesem Symbol fließt das Männliche und Weibliche in jedem von uns zusammen, es steht aber auch für die starke Beziehung zu einem Partner. Nach den Ereignissen im Amazonas wurde mir im Zeichen BAATZ meine Aufgabe als Brückenbauer zwischen den Kontinenten, Kulturen und Religionen übertragen. Vor allem stand und steht dieses Zeichen aber für die Verbindung zu mir selbst, zu meinem wahren Kern.

Ich war sehr überrascht von der Präzision dieser Aussagen und beschäftigte mich in der Folge etwas intensiver mit dem Maya-Horoskop, das die alten Maya dazu verwendeten, die Stärken eines neugeborenen Kindes zu erkennen und es durch eine individuelle, ihm entsprechende Ausbildung zu seiner Lebensbestimmung zu führen.

Don Julián meinte, es gäbe sogar Menschen, die gemäß ihrer Geburtskonstellationen dazu ausersehen seien, mit XIBALBA, also mit den dunklen Kräften zusammenzuarbeiten. Diese Menschen könnten nur in der Verbindung mit der Schattenwelt ihr Lebensglück finden, und es sei seine Pflicht, auch diese Menschen in Form einer Initiation in die Dämonenwelt einzuführen. Zur Seelenaufgabe mancher Menschen gehöre es eben, dunkle Energien zu integrieren und mit ihnen ihre Erfahrungen zu machen. Diese Aussage konnte ich mit meinen Vorstellungen von Gut und Böse nicht mehr zusammenbringen. Ich war in einer Welt aufgewachsen, wo Licht und Schatten voneinander getrennt waren. Durch das Schüren der Angst vor Verdammnis hatte meine Religion ein Schwarzweißbild gemalt, Himmel und Hölle waren streng separiert, dazwischen gab es nur die Heilungsanstalt Fegefeuer. Das gegenseitige Bedingen und Ergänzen der hellen und der dunklen Seite im Zeichen Yin und Yang machte mir vor vielen Jahren erst deutlich, daß wir Menschen unsere Seelenerfahrungen nur im Spannungsfeld zwischen Licht und Schatten machen und daran wachsen können.

Was wäre, wenn ich nun in einer der Präsentationen erführe, daß ich mit der Kraft der Schattenwelt zusammenarbeiten müßte? Nie könnte ich mich dazu entschließen. Es würde mich bestimmt schwer belasten, mich auf diesen Weg machen zu müssen. Don Julián tröstete mich damit, daß dies für keinen der betroffenen Menschen eine Überraschung sei. Jemand, der diese Lebensaufgabe erfüllen müsse, wisse davon, spüre diese Kraft bereits in sich und empfinde es als ganz natürlich und selbstverständlich, sich dieser Aufgabe zu widmen.

Ganz so weit konnte ich der Weisheit Don Juliáns trotz aller Deutungsversuche nicht folgen. Es regten sich sogar Zweifel in mir, ob ich diesem Anciano wirklich weiterhin vertrauen sollte. Kann es wirklich die Aufgabe eines Priesters sein, einen Menschen in die dunklen Mächte zu initiieren? Wie ist es möglich, daß dieser Mann, der sein ganzes Leben in den Dienst der göttlichen Kräfte stellte, in besonderen Situationen auch den dunklen Kräften zu Diensten ist?

Die Zusammengehörigkeit der beiden Aspekte konnte ich theoretisch durchaus verstehen. Wie sollte ein Mensch das Licht erkennen, wenn er immer nur im Licht steht? Also brauchen wir den Schatten, um uns als Lichtwesen erfahren zu können. Vor dem Schatten davonzulaufen, hatte mir schon als Kind Spaß gemacht, und eine meiner ersten Fragen an Gott war gewesen, warum mir das denn nicht möglich war. Als Kind hatte ich die Anwesenheit dieser Schattenwelt gefühlt. Wenn ich in den dunklen Keller ging, meldeten sich diese Wesen. Sie waren für mich fast körperlich spürbar, und je mehr ich Angst bekam, umso näher und deutlicher nahm ich sie wahr. Ich stürzte förmlich aus dunklen Räumen hinaus, wenn ich hinter und neben mir plötzlich die Anwesenheit dieser Verfolger bemerkte. Es gab da jemanden, den ich nicht sehen konnte und der mir Angst machte, dessen war ich mir sicher.

Jahrelang war ich von diesen Kräften bedrängt worden. Wenn ich zum benachbarten Bauernhof gehen mußte, um frische Milch zu holen, kostete es mich jeden Tag wieder Überwindung. Anfänglich wollte ich tapfer sein und ging allein über die Felder, doch nach und nach stellte sich immer wieder dieselbe Situation: Ich spürte hinter mir jemanden, drehte mich um, schaute immer wieder zurück, bis die Angst überhandnahm und ich lief, so schnell ich konnte. War ich schon mit der vollgefüllten Milchkanne auf dem Rückweg, verschüttete ich im Wettlauf mit den dunklen Wesen so manchen Liter. Meine verständnisvolle Mutter hielt mich für schusselig, wie sie es nannte. Ich konnte ihr nicht erzählen, warum ich es so eilig hatte, hielt ich mich doch selbst für feige, für einen Angsthasen. Die Scheu, allein in der Dunkelheit zu gehen, begleitete mich noch als Erwachsener, bis ich erkannte, daß ich mich noch immer von für mich spürbaren Wesen verfolgt fühlte. Im selben Moment, als ich mich diesen Kräften offen stellte, sie in mich bewußt hereinholte und mich mit ihnen auseinandersetzte, verlor ich die Angst vor dem Alleinsein in der Dunkelheit. Dies geschah während einer therapeutischen Ausbildung, wo bewußt mit den Kräften der Dämonen gearbeitet wurde. Mir war dabei klar geworden, daß ich diese Kräfte in mir transformieren und integrieren konnte.

Warum ich von diesen dunkeln Wesen bedrängt worden war, konnte ich selbst nie ergründen. Die Erklärung dafür erhielt ich vom Heiler Don Chepe, als er mir erzählte, daß er als Kind immer wieder an der Schwelle des Todes gestanden sei und dies auf für alle unerklärliche Weise. Dreimal habe man ihn als Kind irgendwo schwerverletzt aufgefunden, und niemand habe gewußt, wie das habe passieren können. Einmal sei er in einem Dornenstrauch gelegen, habe am ganzen Körper geblutet und geschrien, bis ihn jemand gehört und befreit habe. Solche Ereignisse seien Versuche der Dämonen, Lichtwesen und Lichtboten zu zerstören oder zumindest zu prüfen. Auch Jesus habe den dunklen Kräften gegenüber standhaft bleiben müssen, um Träger des Christusbewußtseins werden zu können. Oft sprachen Ancianos von derartigen Zerstörungsversuchen oder, besser gesagt, von Proben, denen man sich eben stellen müsse. In der schamanischen Arbeit müßten alle Mächte erkannt und beherrscht werden. Nur so sei es möglich, die Ebenen und Dimensionen zu wechseln, sich diesen Wesen gewachsen zu zeigen und mit ihnen zusammenzuarbeiten.

Daß dies ein häufig auftretendes Phänomen ist, soll folgende Geschichte illustrieren: Als ich vor zwei Jahren einen Knochenheiler in einer Ortschaft am Atitlánsee besuchte, saß seine 14jährige Tochter neben ihm auf einem alten Stuhl vor seiner armseligen Lehmhütte. Der Mann kannte mich nicht, kam aber auf mich zu, umarmte mich und erzählte mir, was seiner Tochter vor zwei Wochen passiert sei. Sie habe im Garten gespielt, wo man gerade einen Tiefbrunnen aushob, der bereits fünf Meter tief, aber noch leer war. Die Arbeiter hätten den Schacht nur mangelhaft abgedeckt, und das Mädchen sei hineingestürzt. Dabei habe sie sich zahlreiche Knochenbrüche zugezogen und den Unfall nur knapp überlebt. Er selbst habe ihren Beckenbruch, die Arm- und Beinbrüche geheilt. Nur die ebenfalls gebrochene Ferse könne er erst heilen, wenn sich die offene Wunde geschlossen habe. Dabei zeigte er mir die tiefen Fleischwunden an der Ferse und andere schon in Heilung begriffene Wunden an ihrem Körper.

Er schilderte mir seinen Lebensweg als Knochenheiler. Eines Nachts habe er einen Traum gehabt, in dem er aufgefordert worden war, Knochenbrüche zu heilen. Er solle am folgenden

Tag zum See gehen. Dort werde er einen Gegenstand finden, mit dem er heilen könne. Der Mann fand am folgenden Tag eine kleine Skulptur aus Bein mit vielen, ungemein schön ausgearbeiteten Fischen. Er nahm sie aus einem kleinen Beutel, zeigte sie mir und erklärte, daß er sich nur auf den gebrochenen Knochen konzentriere, diesen Beutel über die verletzte Stelle halte und über die Haut streiche. Das löse bei den Verletzten starke Schmerzen aus, aber mit einer halben Flasche Rum falle es ihnen dann leichter, die Schmerzen zu ertragen. In den meisten Fällen könne er auf diese Weise gebrochene Knochen unmittelbar „zusammenschweißen" und heilen.

Dieser Knochenheiler ist in der Umgebung wohlbekannt. Selbst Ausländer, die in der Gegend wohnen, suchen seine Hilfe. Als ich das Mädchen in seinem Heilungsraum sitzen sah, konnte ich mich ihrer unglaublichen Kraft und Ausstrahlung kaum entziehen. Mir war in dem Augenblick auch klar, daß sie eine große Heilerin wird, was die dunklen Kräfte verhindern hatten wollen. So nahm ich einen Kristall, den ich in der Früh eingesteckt hatte, und programmierte ihn mit meinen Händen, das heißt, ich gab ihm mental den Auftrag, dieses Mädchen zu schützen. Ihm sagte ich, daß ich überzeugt sei, es habe eine große Zukunft vor sich. Ihr Vater nickte mir zu, als wolle er mir sagen: „Du hast dieses Mädchen erkannt." Er bedankte sich auf seine Weise für das Geschenk, für den Schutz, den das Mädchen durch den Kristall bekommen hatte, indem er mir anbot, mir eine Behandlung zu geben. Davor nahm er noch seine Tochter in seine Arme und liebkoste sie. Ich legte mich auf ein altes Bett, wo er mir mit seinem gefundenen Schatz, diesem Relikt aus alter Zeit, über die Wirbelsäule strich und dabei betete. Oft denke ich an diesen wunderschönen Augenblick zurück, an diese kurze, aber intensive Begegnung und die Lehre, die ich daraus gezogen habe.

Ich brauchte einige Zeit, um mich mit dieser für mich neuen Sichtweise von Licht- und Schattenkräften zurechtzufinden. Als ich mich schließlich zurechtgefunden hatte, schien sich die Situation neuerlich zu ändern. Die Ancianos vermittelten mir, auch die Welten des Lichts und der Schatten seien einem Wandel unterzogen. Die Evolution werde durch alle Dimensionen des Seins, durch alle Ebenen der Mutter Erde und des göttlichen Kosmos Veränderungen bewirken. Immer mehr Schattenkräfte würden sich deshalb bereit erklären, ins Licht zu gehen. Je mehr ich das erkennen könnte, umso klarer werde sich eine meiner Aufgaben herauskristallisieren, auch diesen Kräften offen gegenüberzutreten und sie ihrem eigenen Wunsch gemäß ins Licht zu transformieren. Nun erinnerte ich mich daran, wie einfach es gewesen war, meine eigenen Ängste aufzulösen, und dachte an vieles, was ich über die Transformation des Prinzips der Polarität zur Verschmelzung von Licht und Schatten in der Einheit gelesen hatte, zum Licht im Lichte, wie es Jesus einmal formuliert hatte.

Immer näher kam der aufregende Moment, meine eigenen Schutzkräfte und Helfer im Laufe der sogenannten Präsentationen mit Don Julián kennenzulernen. Das sollte nach der letzten Präsentation geschehen. Wie bei den vorhergehenden sieben Konzentrationen machte Don Julián seine üblichen Rituale. Wie immer rief er die Wesenheiten, doch ich verspürte keine im herkömmlichen Sinne wirkende Kraft. Ich befand mich zwar danach meistens in einem sehr frohen und lebendigen Zustand, nahm die Kraft meines Herzens danach verstärkt wahr, wartete aber weiterhin darauf, von den Kräften einmal wirklich überwältigt zu werden, um an ihre Anwesenheit glauben zu können.

Während des sechsten und vorletzten Präsentationsrituals war es mir dann erstmals möglich, einen Unterschied in meinen

Empfindungen wahrzunehmen. Obwohl mir Don Julián das oft auszureden versucht hatte, wünschte ich mir ein heftigeres Erlebnis. Er hatte immer die Ansicht vertreten, daß sich die wahren Kräfte Gottes in sehr ruhiger Form bemerkbar machten. Von ihnen berührt zu werden, sich ihnen zu erschließen, löse ein Gefühl von Liebe und Freude aus. Während des Rituals spürte ich plötzlich ein leichtes Vibrieren in meinem Körper. Es ging von meinem Herzen aus und erfaßte den ganzen Oberkörper. Ich hätte in diesem Moment Bäume ausreißen oder auch mit meinem Ford Bronco fliegen können. Erstmals gelang es mir, verschiedene Qualitäten von Energien in mir wahrzunehmen. Als Don Julián die Kraft der Lüfte, Santa Majom, rief, durchfuhr mich anfänglich ein kühler Hauch, bis mich dann ein kalter Schauer vom Scheitel bis zur Sohle wachrüttelte. Mit einem Mal wurde mir klar, über welch unglaubliche Kraft und Macht Don Julián verfügen mußte, wenn er diese Energie bewußt einsetzen konnte. Die Kraft des Wassers hatte ich erkannt, wenn der Anciano seine Regenzeremonien machte und seine Haut dabei feuchtkalt wurde. Nun spürte ich die feuchte Kühle der Santa Neblina auch in mir.

Eine der stärksten Kräfte, mit denen Don Julián arbeitet, ist die Kraft Kukulcáns oder Kukul-has, wie ihn die Maya-Pocomames zu nennen pflegen. Er ist die Zerstörungs- und Schöpferkraft im Maya-Bewußtsein. Er ist der Herr der drei Strahlen, und mit seiner Kraft ist es nach eigenen Aussagen dem großen Magier und Heiler Don Julián möglich, aus heiterem Himmel einen Blitzschlag zu manifestieren.

Ich selbst hatte dies noch nie beobachten können, weil Don Julián seine magischen Akte nie zum Schauspiel degradieren würde. Doch ich habe noch nie Grund gehabt, diesen Mann anzuzweifeln, und bin davon überzeugt, daß es ihm möglich ist, diese Urkraft der Natur zu rufen und zu steuern. Die Maya-Pocomames waren in den letzten Jahrhunderten für ihre unglaubliche Macht und Kraft bekannt. Die sogenannten Moros, die farbigen Einwanderer, waren von den Pocomames durch Herbeirufen der Unwetter und durch Blitzschläge an der Westküste Guatemalas samt ihren Schiffen zerstört und getötet worden. So steht es in den Annalen dieses Maya-Stammes, und noch heute zählen die Pocomames zu den stärksten Magiern und Schamanen der Maya-Kultur.

Zum siebten Male fuhr ich nach Palín, zu meiner letzten Präsentation, und war neugierig auf das, was nun kommen sollte. Ich wollte vollkommen offen bleiben und geduldig abwarten, was wohl heute passieren würde. Die bisherigen Präsentationen waren für mich zu großen Erlebnissen geworden, nach diesen Ritualen fühlte ich mich jedesmal stark und wach und spürte die Energien in meinem Körper. Meistens war es schon dunkel, wenn ich die Heimfahrt antrat, weil Don Julián soviel zu erzählen hatte und ich mich einfach nicht losreißen konnte. Nach einer dieser Präsentationen fuhr ich singend zurück in die Stadt, mein Ford Bronco hatte anscheinend die besagten Flügel schon bekommen. Mein Höhenflug fand aber ein abruptes Ende, als ich mit 100km/h in eine Polizeikontrolle fuhr. Üblicherweise fährt man in Guatemala in derlei Situationen einfach weiter. Doch diesmal war das wohl falsch, denn innerhalb von Minuten hatte ich einen Polizeiwagen mit Blaulicht hinter mir. Ich bremste, fuhr auf die Seite und war innerhalb von Sekunden von sechs schwerbewaffneten Polizisten umringt, die mich vorerst wie einen Schwerverbrecher behandelten. Ich hatte in meiner Eile zwei rote Plastikkonen, die als Markierung auf der Straße gestanden waren, mitgenommen. Ich versuchte, die Polizisten zu beruhigen, und entschuldigte mich höflichst für mein Vergehen. Trotzdem stieg ein Polizist bei mir ein und forderte mich auf, hinter dem Streifenwagen zum Tatort zurückzufahren. Dort mußte ich aussteigen und warten, angeblich sollte mir mitgeteilt werden, wieviel ich für die völlig unbeschädigten Plastikhütchen zu bezahlen habe. Die Situation war unübersichtlich, ich hatte keine Ahnung, was man mit mir vorhaben könnte. In diesem spannungsgeladenen Moment kam ein weißer Pickup des Weges, der Fahrer übersah offensichtlich ebenso wie ich die Straßensperre und überfuhr mindestens sechs der Plastikhütchen, was erneut einen Wutausbruch der Polizisten auslöste. Sie ließen mich stehen und sprangen mit ihren Gewehren und Pistolen wieder auf ihr Fahrzeug, um diesem

Verkehrssünder nachzujagen. Während ich nur ein oder vielleicht zwei dieser Konen überfahren hatte, hatte dieser Wildling zu meinem Glück gleich sechs erwischt. So war plötzlich niemand mehr da, um mich zu belangen, ich stieg in mein Auto und setzte die Heimfahrt fort. Im übrigen standen alle Plastikhütchen wieder an Ort und Stelle. Alle waren unbeschädigt, und man konnte beim besten Willen nicht erkennen, welche sich unter meinem Auto befunden hatten. Daß ich zu schnell in diese Polizeikontrolle hineingefahren war, hatte eigentlich niemanden gestört. Polizeikontrollen in Guatemala haben nichts mit überhöhter Geschwindigkeit zu tun.

Mein Elan und meine Fröhlichkeit waren aber trotz der noch nachwirkenden Zeremonie unvermittelt eingebremst worden. Sechs Gewehre auf sich gerichtet zu sehen, verdirbt einem den Spaß, und so kam ich diesmal etwas gedämpfter nach Hause.

Nun fuhr ich also zu der siebten Zeremonie, in der sich, laut Don Juliáns Voraussagen, meine geistigen Helfer melden würden. Gespannt auf das, was nun auf mich zukommen werde, hatte ich diesmal meine Frau mitgenommen, damit mir nur ja nichts entgehen sollte. Wie würde dieser Schamane herausfinden, welche Lebensaufgabe ich zu erfüllen hätte, mit welchen geistigen Kräfte ich verbunden sei? Es war schon später Nachmittag, die Sonne ging in Palín gerade unter, und wie üblich zogen Nebel auf. Nicht umsonst arbeiten die Schamanen von Palín seit Generationen mit der Santa Neblina.

Don Julián begrüßte uns und rief mich gleich in seinen Ritualraum. Er setzte sich wie immer auf seinen alten Sessel, ein Eisengestell, das mit Plastikseilen bespannt ist. Dann rief er seine Enkelin Gloria für eine Konzentration, wie er sich ausdrückte. Nun war es also soweit. Erstmals wurde dieser für ihn heilige Akt für mich vollzogen. Das 18jährige Mädchen wird dabei von seinem Großvater als geistiger Kanal geöffnet, um so direkten Kontakt zu den geistigen Führern und Helfern zu bekommen. Es sollten Kukulcán, die Jungfrau Maria und der Erzengel Michael, die geistigen Führer Don Juliáns, gerufen werden. Sie würden meine Lebensaufgabe ersichtlich machen und mir meine Helfer und Leitkräfte mitteilen.

Für mich besonders verwunderlich war, daß ein Maya-Priester, Schamane und Magier sich auch mit christlichen Heiligen und Schutzkräften verbündet. Für Don Julián gab es aber keine Unterschiede zwischen den geistigen Wesenheiten der Ägypter, der Maya, der christlichen und anderer Religionen und Kulturen. Es handle sich dabei nur um verschiedene Bezeichnungen, um kulturspezifische Unterschiede, die Wurzel oder Quelle der göttlichen Wesen sei aber dieselbe.

So habe er es in vielen Jahren spiritueller Arbeit erfahren, und deshalb sei es für ihn so. Don Julián wurde oft von anderen Maya kritisiert, weil er nicht nur aus der eigenen Tradition schöpfte, ich habe selbst miterlebt, daß ihn einmal ein Maya-Priester sogar verurteilte. Die Arbeit mit christlichen Heiligen könne nicht im Sinne der Maya sein. Für den Anciano war aber klar, daß er sich an das halten müsse, was seiner Erfahrung entspreche, alle Wesenheiten, die er in den Zeremonien rufe, seien ihm auch in der einen oder anderen Form schon begegnet. Als ihm damals vor vielen Jahren sein Lehrmeister mitgeteilt hatte, daß er ihn nicht initiieren könne, habe sich ihm in einer Vision, einer Art Tagtraum, die göttliche Mutter Maria gezeigt und ihm Anweisungen gegeben, wie er seine eigene Initiationsfeier vorbereiten solle:

„Ich saß allein vor meinem Altar, den ich mit Blumen geschmückt hatte, und war neugierig darauf, was nun mit mir passieren werde. Ich begann zu beten und schaute dabei in mein Wasserglas. Plötzlich zeigte sich das wunderschöne Gesicht einer Frau, ich wußte sofort, daß dies die göttliche Mutter war. Ich weinte, ich flehte sie an und bat sie, mir zu helfen. Es war damals eine ganz besonders schwere Zeit für mich und für uns alle. Das Militär kontrollierte alles; sogar wenn ich zu meinem Meister gehen wollte, mußte ich das heimlich tun. So viele Ancianos und Ancianas, die ich gekannt hatte, waren bereits umgebracht worden. Ich flehte die Santisima Virgen an und vergaß dabei ganz, daß sie ja gekommen war, um mich zum Priester zu weihen. Ich sah nur ihre liebevollen Augen und fühlte ihre Liebe. Sie werde mich ab jetzt begleiten, es sei alles richtig so, wie es ist, meinte sie. Hinter ihr spürte ich eine starke Kraft, ich dachte unmittelbar an den 'Principe Celestial', an den himmlischen Fürsten, den Erzengel Michael. Er hatte sich als mein zweiter Geisthelfer vorgestellt und mir mitgeteilt, daß er mich führen werde. So zeigten sich nach und nach verschiedene Wesenheiten, auch solche der Maya, meiner eigenen Kultur. Ich sah Gran Tepeu, Kukulcán und andere, für sie habe ich den Altar vor meinem Haus gebaut. Die Steinköpfe, die du im Hof sehen kannst, waren Geschenke dieser Lichtkräfte, wie du sie bezeichnen würdest. Ich habe sie im Lauf der Jahre einfach irgendwo im Gelände gefunden und die Botschaft bekommen, sie als Bindeglied zu den Vorvätern meiner Kultur zu sehen. Ich wurde von ihnen beschenkt, indem sie sich einfach in der Gestalt von steinernen Köpfen in die Natur legten und auf mich warteten. Ja, auf diese Weise wurde ich zum Priester geweiht und von den göttlichen Wesen für meine Aufgabe gesegnet."

Nach dieser Einweihung besaß Don Julián für Jahre die Fähigkeit, zu ihm kommende Menschen wie gläserne Skulpturen zu durchschauen. Er konnte in sie hineinsehen, ihre Krankheiten erkennen, ihre Aura wahrnehmen und ihre Gedanken lesen. Eines Tages aber sei ihm diese Fähigkeit genommen worden. Verzweifelt sei er vor seinem Altar gesessen, habe in größter Not die göttliche Mutter angerufen und sie gefragt, was denn passiert sei. Die einzige Antwort sei gewesen, in allem sei eben auch Lüge. Nun sei es an der Zeit, daß er sich auf seine Intuition verlasse. Er sei nun fähig, seine eigene Wahrheit zu erkennen und sie zu leben.

Allein über diese Geschichte meines Lehrers Don Julián mußte ich sehr oft nachdenken. Viele Menschen halten sich für hellsichtig, für hellhörig oder sensitiv, können die Farben der Aura sehen und haben mystische Erlebnisse. Was bedeutet es, daß in alldem auch Lüge sei? Inwiefern besteht auch darin die Gefahr von Täuschungen, Mißdeutungen, Fehlern und Versuchungen? Ich habe mich bemüht, für mich daraus eine Lehre zu ziehen. So glaube ich heute, daß es niemandem möglich ist, Aspekte in einem anderen Menschen richtig zu erkennen, die er in sich selbst noch nicht akzeptiert hat. Wenn wir also unser Gegenüber betrachten oder gar deuten und beurteilen, was wir zu erkennen glauben, muß uns zuallererst klar sein, daß dieses

„Sehen“ nur ein Hilfsmittel entsprechend unserer eigenen, vielleicht noch beschränkten Wahrnehmung ist. Schlußfolgerungen aus dieser Information in Hinblick auf die Heilarbeit sollten immer mit einer gewissen Demut gegenüber den wahren, kosmischen Zusammenhängen gekoppelt sein. Ein Mensch ist ein ungemein vielschichtiges Wesen, das ist uns umso eher bewußt, je ehrlicher und offener wir uns selbst bereits wahrnehmen können. Aus einem eingeschränkten Blickwinkel können wir nur einen Ausschnitt des Ganzen sehen. Daher sind Hellsehen und Auralesen für mich zwar wichtige Hilfsmittel, aber niemals eine Begründung oder Rechtfertigung für die Be- oder gar Verurteilung eines Menschen. Ganz einfach ausgedrückt, könnte man sagen, daß man die Aura eines anderen immer nur durch die eigene Aura gefiltert sehen oder fühlen kann. Wir können auf diese Weise zwar Krankheiten und deren Energiequalität herausfinden, energetische Blockaden erkennen und aufgrund dieser Erkenntnis helfen, aber wir sollten diese unsere Wahrnehmung doch relativieren und nicht schon als ausreichende Basis für eine Diagnose, für die Feststellung des Entwicklungsstandes eines Menschen betrachten.

Je reiner und wesentlicher wir werden, desto tiefer erreichen wir auch mit diesen Fähigkeiten das wahre Sein eines Menschen. Dann kann die kleine Lüge, die in allem ist, durch uns selbst, durch unser reines und klares Bewußtsein zur Wahrheit werden, dann leben und sprechen wir die Wahrheit. Dann sind wir mit der göttlichen Essenz des Wissens in Einklang, und das äußert sich in der Sprache des Herzens, in unserer Liebesfähigkeit viel mehr als in unserer Urteilsfähigkeit.

Jesus Christus war für mich der Heiler, der in diese Schichten des menschlichen Bewußtseins Einblick hatte und aufgrund dieser Gesamtschau genau wußte, wem er helfen und in wessen Werdegang er eingreifen konnte und wo nicht. Ein wirklicher Heiler stellt keine Diagnose, sagte mir erst kürzlich eine von mir sehr geschätzte Heilerin in Tirol. Ist es das, was Don Julián so plötzlich erkennen sollte? Er selbst konnte mir auf diese Frage keine Antwort geben. Es werde schon alles seine Richtigkeit haben, meinte er nur, doch er habe nach diesem für ihn schockierenden Erlebnis eine Zeitlang das Gefühl gehabt, überhaupt niemand mehr zu sein.

Don Julián geriet in dieser Zeit in ärgste Zweifel, erkrankte selbst schwer und wollte sterben. Doch da nahm die göttliche Mutter wiederum den Kontakt zu ihm auf und tröstete ihn. Er müsse nur lernen, sich und dem, was er denke und fühle, zu vertrauen. Er habe alle Unterstützung des göttlichen Universums und werde seinen weiteren Weg finden.

Also begann Don Julián mit Hilfe seiner Intuition zu arbeiten. Mittels seines Wasserkelchs stand er mit Mächten in Verbindung, die sich darin als lebende Personen manifestierten und mit ihm kommunizierten. So hatte er ja auch die Rezepturen für meine Bäder erfahren. In dieser schweren Zeit wuchs seine Enkelin Gloria heran. Sie war gerade erst zehn Jahre alt, als Don Julián den Auftrag bekam, sie als Maya-Priesterin zu initiieren. Dieses Kind war für ihn ein Geschenk des Himmels, es machte es ihm leichter, den Verlust seiner Hellsichtigkeit zu bewältigen.

Gloria setzte sich also nun auf den Stuhl vor dem Altar. Ich stand an ihrer rechten, Christine an ihrer linken Seite, und ihr Großvater stellte sich hinter sie. Sie war heute in Zeremonialtracht gekleidet, mit dem Huipil ihres Volksstammes, der Suite, die sie sich um die Schultern gelegt hatte, und einer dunkelblauen Corte, die mit einer Faja zusammengebunden war. Don Julián begann sein Ritual der heiligen Konzentration, der Öffnung des Mädchens als Kanal für die göttlichen Kräfte. Obwohl er vorher angekündigt hatte, daß er den Erzengel Michael und die Gottesmutter Maria rufen werde, konnte man dies nie so genau festlegen. Aus diesem Grund werden immer alle Kräfte gerufen, um diesen heiligen Akt nicht einzuschränken und alle Wesen einzuladen, die daran teilnehmen und etwas dazu beitragen wollen.

Ich wartete aufgeregt darauf, was geschehen werde, war ich doch noch nie bei einer Konzentration dabeigewesen. Obwohl ich mehrere gechannelte Bücher gelesen hatte, die mich sehr berührt und angesprochen hatten, hatte ich selbst noch nie an einem Channeling teilgenommen. Ich spürte beim Lesen oft auch die verschiedenen Ebenen, aus denen die Botschaften kamen, und deren Vermischung mit dem, was das Medium selbst wollte und dachte. Dabei lehnte ich intuitiv alles ab, was mit Negativbotschaften zu tun hatte, die ich einer sehr niedrigen Schwingungsebene zuordnete.

Gloria gegenüber hatte ich nicht die geringsten Einwände, unter der Anleitung ihres Großvaters gab sie sich vollkommen ihrer Aufgabe hin. Wie jedes andere Indianermädchen hatte sie ihre täglichen Pflichten, sie mußte zum Markt gehen und dort Gemüse verkaufen oder auch in der Küche helfen. Daneben arbeitete sie als Heilerin, wenn jemand sie brauchte, und besuchte die Abendschule, um auch einmal beruflich bessere Aussichten zu haben. Aufgrund ihrer inneren Haltung, ihrer natürlichen Bescheidenheit wirkte sie klar und schön. Bei meinen häufigen Besuchen zeigte sie mir, wie sehr sie sich freute, daß ich zu ihrem Großvater kam. Sie begrüßte mich meist mit einer herzlichen Umarmung und erzählte mir heitere Begebenheiten aus ihrem Alltag.

Sie nun als Medium zu sehen, war für mich ganz selbstverständlich und keineswegs spektakulär. Während Don Julián seine Zeremonie begann und die Wesenheiten rief, schloß sie die Augen. Nach einem ausgiebigen Gähnen veränderte sich plötzlich ihre Stimme, und es meldete sich der Erzengel Michael. Die Stimmung im Raum wechselte deutlich. Ich fühlte eine klare, starke Kraft in mich eindringen und bemerkte, daß auch Don Julián diese Kraft spürte. Seine Stimme begann ein wenig zu zittern, er beugte sich vor und bat um die Erlaubnis, mich in die Priesterschaft einzuweihen. Er fragte nach, ob ich schon reif dafür sei, ob weitere Reinigungen und Vorbereitungen erforderlich seien und ob es möglich sei, mir die geistigen Helfer für meinen Lebensweg vorzustellen.

Auf diese Weise erfuhr ich manches über die Geisthelfer, die mir nahe sind. Ich wurde an viele Kindheitserlebnisse, an die Schutzkräfte unserer Familie, an die Begleitung durch die kosmischen Mutter Maria erinnert. Sie alle wurden mir als Begleiter aus der anderen Welt für meinen weiteren Lebensweg vorgestellt. Maya-Kräfte wurden erwähnt, die sich mir zum richtigen Zeitpunkt zeigen würden. Alles sei in Bewegung und Veränderung, ich sollte Vertrauen haben und meinem Gefühl folgen. Die Sprache meines Herzens würde mir den Weg weisen und die Kräfte bewußt machen, die sich mit mir verbinden wollten.

Don Julián beschloß die Konzentration mit Gloria. Ich bedankte mich noch rasch bei ihr, ehe sie aufstand und aus dem Raum ging, um in der Küche das Essen für die ganze Familie vorzubereiten. An diesem Nachmittag war sie allein zuhause. Bald würden aber ihre Mutter, ihr Onkel und ihre Großmutter von der Arbeit nach Hause kommen. Don Julián faßte die Botschaft meiner letzten Präsentation für mich so zusammen:

„Es ist deine Aufgabe, dich mit denselben Wesenheiten wie ich zu verbinden. Aus diesem Grunde wurden wir zusammengeführt. Wir haben eine ähnliche Lebensaufgabe und viele idente Lebensbegleiter, die uns beistehen werden. Der Erzengel Michael ist dein geistiger Führer, und an seiner Seite, in seinem Kraftfeld steht Santiago, der Apostel Jakobus. Verbinde dich mit beiden, wenn du mit den Menschen arbeitest, wenn du Zeremonien machst und meinem Beispiel folgen möchtest.

Die göttliche Mutter Maria ist die Kraft, die aus dir wirken wird. Nimm sie an, sie ist die Kraft der Mutter Erde, sie ist die Kraft, die in jedem Samen, in jedem Korn steckt. Sie steht uns Menschen sehr nahe und wird in der nun kommenden Zeit der Veränderungen sehr stark auf unseren Planeten einwirken und vielen Menschen Schutz geben. Erkenne sie als die Urkraft des Mütterlichen, die ihre Kinder nie im Stich läßt. Selbst Kinder, die sich von ihr trennen, die falsche Wege gehen, sich gegen sie stellen, liebt sie, wie jede Mutter ihre Kinder liebt. Wir müssen uns wiederverbinden mit der Kraft dieser Geborgenheit, denn wir Menschen sind sehr einsam und verlassen geworden.

Diese Kraft, Norbert, steht dir als Mann zur Seite, sie wird aus dir heraus wirken. Du sollst den Mut haben, diese Seite in dir zu pflegen, den Menschen, die dir zugeführt werden, aus dieser Urkraft helfen und ihnen alles geben, was du geben kannst. Frage nicht nach dem Sinn, beurteile die Menschen nicht und mache dir keine Gedanken darüber, ob sie deine Leistungen schätzen oder nicht. Es ist die Sprache des Herzens, die dir beigebracht werden soll, die sollst du weitertragen und die

Menschen lehren. Mit dieser Energie wirst du Menschen heilen, sie wird dir dabei helfen, die Kräfte der Natur und der geistigen Welt handzuhaben. Du hast die Sprache bereits verstanden, als du den heiligen Platz in Sololá gefunden hast, und du hast Meister getroffen, die dich mit dieser Kraft berührt haben. Nun liegt es an dir, deinen Lebensweg in diesem Kraftfeld zu finden und dich dahin führen zu lassen, wo du gebraucht wirst. Je klarer du diese Sprache sprechen kannst, umso mehr Wesen des göttlichen Kosmos werden sich mit dir verbinden und durch dich wirken."

Die Weisheit dieses Mannes, seine Lebenserfahrung und sein unbeirrbares Vertrauen in die göttliche Führung veränderten mein Leben. Don Julián nahm seinen Maya-Kalender und suchte nach einem geeigneten Tag für die Initiation als Maya-Priester. Nachdem er die Erlaubnis aus der geistigen Welt erhalten hatte, stand meiner Initiation nichts mehr im Wege. Alle Vorbereitungen waren abgeschlossen, es galt nur noch, den richtigen Tag herauszufinden. Der beste für mich sei der Tag NOJ. Ich war überrascht, denn ohne mein Geburtsdatum zu kennen, setzte Don Julián genau den Tag fest, an dem ich nach dem Maya-Kalender geboren worden bin.

Viele Vorbereitungen waren zu treffen, verschiedene Arten von Räucherwerk mußten eingekauft werden, und eine stattliche Anzahl von weißen Kerzen sollte den Altar schmücken. Der Guaro-Rum sollte ebensowenig fehlen wie die verschiedenen Essenzen, die ich bereits von seinen Ritualen kannte. Ich besorgte viele Bilder von Heiligen, die Don Julián sehr nahe standen und mit denen er auch mich verbinden wollte. Ich sollte auch Maya-Symbole für diese Feier aussuchen. Die Maya-Kräfte ihrerseits hatten mich ja bereits ausgesucht und nach Guatemala geführt, damit ich in ihrem Kraftfeld die Kosmovision Maya weitertrage und manifestiere.

Mir war schon vor Jahren eine alte, sehr kraftvolle Maya-Statue zugefallen. Sie stellt eine Art Maya-Buddha in Meditationshaltung dar, dessen linke Hand auf dem Herzzentrum ruht. Diese uralte Grabbeigabe hatte ich vor Jahren einem Händler abgekauft, der dringend Geld benötigte. Es war wohl Liebe auf den ersten Blick, obwohl ich nicht hätte sagen können, wen diese Figur darstellt. Ich war nur von der Herzkraft, die davon ausging, unmittelbar angezogen worden. Viele Ritualgegenstände, Keramikfiguren und -gefäße der Maya haben eine starke Ausstrahlung, aber ich hatte bisher keinen persönlichen Bezug zu diesen Energien. Ich hatte in der Regel auch kein besonderes Interesse an alten Maya-Reliquien, werden sie doch meist von Grabräubern angeboten, die in zerstörerischer Weise in die heiligen Stätten der Maya eindringen und dort plündern. Bei dieser Keramikfigur war das anders. Ich konnte nicht nein sagen und spürte sofort, daß ich mich über diese Figur mit der Essenz des Maya-Bewußtseins verbinden werde können.

Ritualgegenstände der Maya schmückten meinen Altar. In der Mitte des Altars hatte ich das Bild von Jesus Christus, meinem großen Begleiter und meinem Symbol für Liebe, Licht, Weisheit und Kraft. Als Marienbild wählte ich das Bild der Transitkapelle im Tiroler Baumkirchen, das von einer uns sehr nahestehenden Tiroler Künstlerin gemalt worden ist. Dieses Bild hatte mir dazu verholfen, zu einer neuen, freieren Sichtweise der kosmischen Mutter zu gelangen.

Vor Jahren hatte mein Sohn Daniel in einem Antiquitätenladen in Chichicastenango unter viel Gerümpel einen großen Bergkristall gefunden. Er war fasziniert von diesem Stein, weil er ihn über große Distanz gefühlt hatte, und wollte ihn für sich haben. Ich kaufte diesen Kristall, wußte aber, daß er nicht zu meinem Sohn paßte. Ich fühlte eine eigenartige Energie und mir war klar, daß dieser Stein aus der Hand von Schamanen kam. Sicher war damit auch schwarzmagisch gearbeitet worden. Deshalb brachte ich den Kristall zum Heiler Don Chepe, der ihn reinigte und einige Wochen damit arbeitete. Als wir den Stein wieder abholten, war dessen Ausstrahlung vollkommen verändert. Mein Sohn war daraufhin so beleidigt, daß er mit mir 14 Tage lang kein Wort redete. Auch er nahm die Veränderung wahr und verlor daraufhin jedes Interesse an dem Stein. Seither schmückte der etwa 30 cm große Kristall meinen Altar, zusammen mit vielen anderen Steinen und Halbedelsteinen, die mich im Laufe der Zeit bei meiner Arbeit unterstützt hatten. Ich suchte mir einen schönen, antiken Stuhl und bereitete meinen vor Jahren gekauften alten Zeremonialhuipil vor. Außerdem benötigte ich ein Kopftuch, Suite genannt, das die Maya-Priester als Zeichen ihrer Priesterschaft um den Kopf gebunden tragen. Meine Frau fand eine alte Faja aus der für ihre wunderschönen Webereien bekannten Region von Nebaj, die den Huipil zusammenhalten sollte.

Am Tag der Initiation holte ich Don Julián, wie vereinbart, an der Bushaltestelle in Guatemala City ab. In unserem Therapieraum stand nun ein Altartisch mit einer Anzahl von Ritualgegenständen, mit Bildern aus verschiedenen Kulturen und mit unserem Maya-Buddha, wie wir unsere Tonfigur immer nannten. Die eingeladenen Freunde trafen ein und setzten sich in einem Halbkreis um den Altar. Es war früher Abend, und ich war bereit für die Einweihung. Gloria half mir, das Kopftuch richtig umzubinden. Wir zündeten die Kerzen an und legten die Kassetten mit Marimba-Zeremonialmusik der Maya, die uns Don Julián mitgebracht hatte, ein.

Als Don Julián die Zeremonie begann, die circa eineinhalb Stunden dauern sollte, kam mein Collie, der an und für sich nicht in diesen Raum gehen durfte, zur Tür herein, um sich neben mich zu legen. Er vertrat wohl die Kraft der Tierwelt. Zahlreiche Steine und Mineralien standen für die Anwesenheit der Wesen des Mineralienreichs auf meinem Altar, und viele Blumen schmückten den Raum. Die Naturwesen repräsentieren in jeder Maya-Zeremonie die Kraft, mit der wir verbunden sein sollen. Ihnen werden in den Zeremonien der Pocomames Düfte und Früchte als Gabe dargeboten, da wir ja auch aus diesen Reichen der Natur Kraft und Heilung erfahren.

So waren also bei der Einweihungsfeier die Kräfte der Mutter Erde, meine Familie, meine Freunde und liebsten Bekannten anwesend. Zum Klang der Marimbamusik wurden die Wesenheiten einzeln angerufen und gebeten, sich mit oder, wie ich wußte, in mir zu verbinden. Ich spürte bewußt in mich hinein und öffnete mein Sein, mein inneres Wesen für dieses „Wiedererkennen“, diese Auferstehung der heiligen Wesen in mir. Ich begann zu schwingen und fühlte starke Energieströme durch meinen Körper ziehen. Die Stimme Don Juliáns war sehr bestimmend, es ging sehr viel Kraft von diesem Mann aus, der seine Hände auf meinen Schultern liegen hatte. Ich ging nach und nach in eine Art Trancezustand, mein Körper begann zu zittern, in mir kam immer mehr Unruhe auf. Ich meinte, die einströmenden Energien kaum mehr fassen zu können. Der Stuhl, auf dem ich saß, bewegte sich im Rhythmus mit meinem Körper mit. Später erzählte mir meine Frau, daß sie Angst um ihren alten Stuhl gehabt hätte. Die um mich versammelten Freunde waren teils etwas beunruhigt, teils vielleicht auch geschockt angesichts der heftigen Reaktionen meines Körpers.

Don Julián gab mir während der Zeremonie plötzlich einen Beutel in die Hand. Die sogenannte Vara ist das Symbol für die Priesterschaft und sollte mich auf meinem Lebensweg begleiten, mir Kraft und Verbindung zu den heiligen Wesen geben. Dieser Lebensbegleiter sollte sich nach und nach mit Ritualgegenständen füllen, die mir zugeführt würden. Sollte ich an heiligen Orten auf einen Stein, auf etwas Besonderes aufmerksam werden, so sei dies eine Gabe des Ortes für meine Vara. Auf diese Weise bliebe dann die Verbindung zu diesem Ort erhalten. Mit der Vara berührte Don Julián verschiedene meiner Körperteile, rief die Wesenheiten und bat sie, mich zu führen und mir meinen „Heiligen Weg" zu weisen. Er rief die Lichtboten der Maya, er rief Balam Quitzé, den Ahnen, der einst die Meere teilte, um sein Volk zu retten, und all die anderen Vorväter und -mütter der Maya, die bereits bei der Erschaffung der Welt um das heilige Feuer gebeten hatten, das ihnen von Gott übergeben wurde. Als Don Julián die Kräfte der ägyptischen Pyramiden rief, durchfuhr es mich erneut wie ein elektrischer Impuls, und ich spürte die Anwesenheit von Mächten, die mich bis in die letzten Zellen meines Körpers aktivierten. Die Musik der Marimba, die Zeremonialmusik der Maya, die vielen brennenden Kerzen, die mich umgaben, Juliáns Stimme und all die Menschen, die um mich herumsaßen, gaben mir das Gefühl, wahrlich in einer anderen Welt zu sein. Ich verlor das Zeitempfinden und hatte das Gefühl, in seltsamen Räumen zu gehen, zu schweben und dann wieder begleitet vom Atem der Trommel in der Tiefe der Erde zu versinken. Duftessenzen wurden reichlich über mich und den Altar geschüttet. Don Julián machte meinen Altarplatz zu einem Feuchtraum, denn der Altar sei ein Ort, an dem die Kräfte vertreten sein sollten. Dieser Altar sei ein Zeichen, die Manifestation all der Wesenheiten, die mich begleiten werden, an diesem heiligen Ort werde ich ab jetzt auch meine Heilarbeit durchführen.

Don Julián gab seiner Enkelin ein Zeichen. Sie sollte aus einem kleinen, schon sehr abgegriffenen Büchlein ein Gebet vorlesen. Darin wurden noch einmal die Maya-Kräfte um Hilfe und Führung gebeten. Sie mögen mich als Träger ihrer Kraft akzeptieren und meiner Bestimmung zuführen.

Gloria stellte sich danach hinter mich, um ihre eigene Zeremonie für mich zu machen. Auch sie legte mir die Hände auf die Schultern und begann mit der Anrufung der Kräfte. Don Julián arbeitete inzwischen im Raum weiter, weihte die Gegenstände, berührte unsere „Buddhafigur" wie alle anderen Bilder und Figuren, die mit der Kraft dieses besonderen Tages und Anlasses gesegnet und geweiht sein sollten. Glorias Energien waren viel sanfter, beruhigten mich. Ich spürte ihre weibliche Kraft, verband sie mit der kosmischen Mutter, die aus diesem Mädchen zu sprechen schien. Auch in meinem Körper spürte ich diesen starken Wechsel der Energien und öffnete mich dafür. Mir war durchaus bewußt, wie wichtig die Verbindung mit dieser weiblichen Energieform für meine Aufgabe sein werde. Nachdem Gloria geendet hatte, umarmte sie mich und küßte mich auf die Wange. Sie gratulierte mir und sagte, daß sie sich auf die Zusammenarbeit mit mir freue. Wann immer ich es als notwendig erachte, könne ich sie konzentrieren, über sie die göttlichen Wesen rufen. Sie habe vollstes Vertrauen zu mir.

Nach der Zeremonie ließ mich Don Julián aufstehen, was mir nicht ganz leicht fiel. Meine Beine trugen mich kaum mehr. Er umarmte mich herzlich, schaute mir in die Augen und gab mir seine Ratschläge für meinen weiteren Lebensweg mit. Er sagte:

„Mit der Maya-Priesterschaft findet ein Neubeginn auf deinem Weg im Einklang mit deiner Lebensbestimmung statt. Immer mehr Wesenheiten werden sich mit dir verbinden und dir dadurch zur Verfügung stehen. Sei dir bewußt, daß diese Kräfteübertragung sehr viel Verantwortung mit sich bringt. Jeder deiner Gedanken, jedes deiner Gefühle wie auch all deine Handlungen erfahren dadurch eine ungeheure Verstärkung. Wenn du im Einklang mit den göttlichen Kräften handelst, wirst du dadurch zum Lichtträger, zu einem Heiler und Schamanen. Ich habe mich immer bemüht, diesen Weg zu beschreiten und mich den göttlichen Kräften zur Verfügung zu stellen.

Es ist manchmal sehr schwer, die Grenze zwischen Licht und Schatten zu erkennen. Unser gemeinsamer geistiger Führer, der Erzengel Michael, ist die Kraft des Ausgleichs zwischen den Kräften des Lichts und der Dunkelheit. Versuche, durch deine Wachheit diese Balance der beiden Seiten zu erkennen. Wenn du für die Lichtkräfte arbeitest, dich mit deinen Lichthelfern verbindest, schließen sich dir auch die Schattenkräfte intensiver an. Jeder Zweifel, jede Angst, jede falsche Handlung und Entscheidung lassen dich diese Schattenkräfte umso stärker erfahren. Bleibe also in absolutem Vertrauen, dann wirst du vielen Menschen helfen können, sie auf ihrem Lebensweg begleiten und ihnen ihre Lebensaufgabe deutlich machen.

Dein Bewußtsein ist Maya, du hast einmal in dieser Kultur gelebt und in deinen Vorleben deine Aufgabe in diesem Kulturkreis erfüllt. Nun bist du zurückgekommen, um Helfer im Wandel der Zeit zu sein. Die göttlichen Wesen kennen keine Rasse, keine Landesgrenzen. Sie haben dich erneut hierhergeführt, damit du hier und in deinem Land deine Aufgabe erfüllen kannst. Laß dich von ihnen weiterführen. Du mußt fließen wie das Wasser, leben wie das Feuer, frei sein wie die Luft und denken wie die Erde.

Nimm diese Verbindung in Demut und Verantwortung wahr. Ich begrüße dich als Priester meines Volksstammes, der Pocomames.“

Ich war noch nicht ganz bei mir, meine Frau Christine, meine Kinder umarmten und beglückwünschten mich, meine Freunde nahmen mich in ihre Arme. Meine Haare waren naß von den Duftessenzen, die Don Julián über meinen Kopf geschüttet hatte. Meine Beine zitterten noch immer, und meine Gedanken wanderten irgendwo in der Weite.

Geheimnisse des Regenmachens

Als wir letztes Jahr zusammen mit einem holländischen Filmteam einen Film über Meister Cirilo und Don Julián drehten, hielt Don Julián an einem Altar in der Nähe von Palín eine Regenzeremonie ab, und zwar mitten in der Trockenzeit. Er hatte aus der geistigen Welt die Erlaubnis bekommen, das für unseren Film zu tun. Zeremonien in Zusammenhang mit den Elementen, mit dem Wettergeschehen macht Don Julián grundsätzlich nur im Einvernehmen mit seinen geistigen Führern. Direkt nach der Zeremonie und am selben Abend gab es weit und breit keinerlei Anzeichen von Regen. Am nächsten Tag trauten wir unseren Augen kaum, es goß in Palín und der ganzen Umgebung in Strömen. Als der Kameramann den Regen im Stadtverkehr aufnehmen wollte, wurde seine Kamera von einem Wasserschwall überschüttet, den ein vorbeifahrendes Auto verursacht hatte, und wir hatten allen Grund, uns darüber zu freuen, daß wir den Regenmacher von Palín und seine Arbeit authentisch ins Bild rücken konnten.

Ein paar Monate später lag über dem Atitlánsee schon seit Tagen ein weißlicher, smogartiger Nebel. Von unserem Zentrum „Espacio Sagrado" aus konnte man kaum die gegenüberliegenden Vulkane Atitlán, Toliman und San Pedro erkennen. Der Cierro del Oro, ein kleiner vor den großen Vulkanen liegender Vulkanhügel, verschwand bereits in Rauch und Nebel. Die Sonne schien zwar durch diesen Rauchfilter, aber viele Leute in der Stadt und auf dem Land hatten Probleme mit den Augen und gereizte Schleimhäute in den Atmungsorganen. Der Geruch von Verbranntem lag in der Luft und machte jeden auf die große, schon fast unaufhaltsam gewordene Umweltkatastrophe in den Regenwäldern Zentralamerikas aufmerksam. Täglich las man in den Zeitungen von Bränden in den Regenwäldern, die nicht mehr einzudämmen seien. Der Petén, eine nahezu unberührte, ökologisch noch intakte Region Guatemalas, wurde seit Jahren durch wirtschaftliche Interessen immer mehr beeinträchtigt, und in den letzten Wochen wurden immer mehr Waldgebiete ein Raub der Flammen. Umweltorganisationen kämpften mit Vorwürfen und Schuldzuweisungen auch in den Medien gegeneinander. Die offizielle Politik, fehlende finanzielle Mittel, ignorante Geschäftsleute, um bebaubaren Boden kämpfende Bauern, der für alles verantwortliche Meeresstrom Niño, und, weiß Gott, wer noch, seien die Ursachen für das Chaos.

Die Amerikaner entschlossen sich, in Mexiko helfend einzugreifen, nachdem die Rauchschwaden bereits Texas erreicht hatten, und man erkannte, daß Umweltkatastrophen keine Landesgrenzen kennen. So hörte man von Löscheinsätzen in Mexiko, während die Waldbrände im Regenwald Guatemalas, in Honduras, Nicaragua und Costa Rica vollkommen außer Kontrolle gerieten.

Am Freitag, dem 15. Mai 1998, nachmittags wollten wir gerade mit Freunden zu einem Ausflug zu den warmen Quellen in Zuníl aufbrechen, als ich einen Anruf aus dem Petén bekam. Carla, eine der wenigen Ökologinnen Guatemalas, die an Ort und Stelle war, um bei der Organisation der Brandbekämpfung mitzuhelfen, rief mich an. Sie flog gerade mit den Reportern des amerikanischen Fernsehsenders „Discovery Channel" über den Petén, um das Ausmaß der Katastrophe zu filmen. Alle waren sich einig, daß es aus dem Dilemma kaum mehr einen Ausweg gäbe. Riesenflächen lagen in Asche, und Brände wüteten in allen Himmelsrichtungen. Ein Brandherd befand sich bereits nur noch acht Kilometer vom Nationalpark Tikál entfernt, diesem einzigartigen Kraftplatz mit seinen weltberühmten Ausgrabungen, den Pyramiden und Tempeln.

Carla hatte sich daran erinnert, daß ich ihr einmal von den Regenmachern von Palín erzählt hatte, und rief mich nun an. Sie berichtete, die staatliche Umweltorganisation zum Schutz der Wälder, CONAP, sei bereit, Maya-Priester zu Regenzeremonien in den Urwald zu rufen. Ich konnte kaum glauben, was ich da hörte. Bis vor kurzem waren Rituale verboten gewesen, die

Zeremonien der Maya-Schamanen wurden von vielen Verantwortlichen des Landes belächelt oder gar als Teufelswerk angesehen. Aber in der Not scheint sich manches Vorurteil zu relativieren. So sprach ich also per Telefon mit dem Sekretär von CONAP über meine Kontakte zum Präsidenten des Spirituellen Weisenrats der Maya Guatemalas, Meister Alejandro Cirilo Pérez Oxlaj. Ich erzählte ihm auch von der jahrhundertealten Tradition der Regenmacher von Palín und dem Weisen, Schamanen und Regenmacher Don Julián. Gelegentlich schrieb ja die Tagespresse bereits über das Wettergeschehen und die unerklärlichen, aber regelmäßig wiederkehrenden Abweichungen im Gebiet der Maya-Pocomames, wo es immer wieder während der Trockenzeit regnete.

Das Unverständnis am anderen Ende der Telefonleitung war selbst über die Distanz zu spüren, doch wollte man zumindest den Versuch wagen, die Schamanen zu rufen. Innerhalb eines Tages sollte ich also eine Gruppe von acht bis zehn Maya-Priestern zusammenstellen, die bereit waren, Zeremonien in Tikál abzuhalten, und alles Notwendige organisieren.

Ich setzte mich ans Telefon, rief die Gemeinde Palín an und erreichte schließlich einen Nachbarn meines Lehrmeisters Don Julián. Wie durch ein Wunder hatte ich nach ein paar Minuten Don Julián selbst am Telefon. Er wußte freilich durch die tägliche Berichterstattung, was im Urwald passierte, wollte aber doch seine spirituellen Führer in der geistigen Welt befragen, ob es richtig sei, mit uns in den Petén zu fliegen und den Regen zu rufen. Er müsse dafür auch die jetzige Mondphase erkunden, weil die unmittelbaren Einfluß auf das Wettergeschehen habe. Die Anrufung der heiligen Nebel ist ein sakraler Akt, der nur im Einklang mit allen Beteiligten, auch denen aus der immateriellen Welt, stattfinden darf.

Er selbst hatte noch nie Gelegenheit gehabt, die heiligen Stätten seiner Vorfahren in Tikál, Uaxactún, Rio Negro, El Mirador usw. zu besuchen. Diese Region war nun in Gefahr, ein Opfer der Brände zu werden. Kurze Zeit später erklärte sich Don Julián bereit, eine Gruppe von Priestern zusammenzurufen, und bat mich, bei der Zeremonie als Priester mitzuwirken.

Ich solle am späten Nachmittag wieder anrufen, um die organisatorischen Einzelheiten zu klären.

Inzwischen konnte ich glücklicherweise auch Meister Cirilo erreichen. Er hatte vor drei Tagen seine Kontaktadresse in der Stadt gewechselt und mir ganz „zufällig" noch am selben Tag die Änderung seiner Adresse und Telefonnummer mitgeteilt. Auch er war erschüttert von dem, was er in der Tagespresse las, und meinte, er habe eben eine Gruppe von Leuten bitten wollen, mit ihm eine Zeremonie in Kaminal Juyu zu machen.

Nach zahlreichen Telefonaten mit den Vertretern der Umweltorganisationen im Petén und trotz einer ständig blockierten Telefonleitung nach Palín gelang es mir innerhalb von vier Stunden, einen gemeinsamen Treffpunkt mit den Maya-Schamanen zu vereinbaren. Wir wußten allerdings nicht, ob überhaupt ein Flug in den Petén möglich war. In den letzten Tagen waren die Flüge aufgrund von schlechter Sicht, von Rauch und Brandgefahr immer wieder abgesagt worden. Man teilte mir mit, daß ich in einem Kaffeehaus eine Stunde vor dem möglichen Abflug die Reisetickets für die acht Priester ausgehändigt bekäme. Alles sei für uns reserviert, vorausgesetzt, es gäbe überhaupt einen Flug ins Katastrophengebiet.

Wir vereinbarten also ein Treffen am Flughafen, ohne die Gewißheit, wirklich abfliegen zu können, und mir war klar, daß ich ein großes Risiko tragen mußte. Eine Absage der Reise würde bedeuten, daß ich alle in der Stadt unterzubringen hätte und die Unkosten für Taxi- und Busfahrten sowie Verpflegung bestreiten müßte. Keiner der Schamanen hatte Bargeld. Dazu kamen die Materialien für die Zeremonien. Die Priester aus Palín brauchen für ihre Rituale eine Vielfalt von Früchten, die sie der Mutter Erde und ihren Wesenheiten anbieten. Und wie sollten wir ohne Sondererlaubnis die Früchte in den Petén bringen? Ich wußte, daß es strenge Einfuhrkontrollen am Flughafen in Flores, Petén, gibt. Die kosmischen Begleiter Don Juliáns gaben via Gloria auch noch weitere Anweisungen für diese Zeremonie, Meerwasser, Seewasser, Weihwasser und Gurao waren mitzubringen. Es sollte je ein Glas davon in jeder der vier Himmelsrichtungen aufgestellt werden.

So saß ich zur vereinbarten Zeit in dem besagten Kaffeehaus und wartete auf die Flugtickets, die von einem Boten spät, aber doch vorbeigebracht wurden. Eine Maschine flog mit Touristen nach Cancún in Mexiko, wir waren die einzigen Fluggäste, die nach Tikál wollten und wohl auch durften. Die Organisatoren hatten es geschafft, die Vertreter der Fluglinie zu überreden, ausnahmsweise im Petén zu landen.

Als wir im Flugzeug saßen, begab ich mich zu Don Pantaleon. Der 83jährige Anciano der Pocomames flog zum ersten Mal in seinem Leben und hatte viele Fragen und Befürchtungen. Er klammerte sich fest an den Vordersitz und wagte nicht, aus dem Fenster zu schauen. Trotzdem bemühte er sich sehr, Gelassenheit zu zeigen. Don Cirilo machte dazu einige Späße, und es gab, wie meist auf Reisen mit den Maya, viel zu lachen. Ich meinte, daß wohl die sicherste Form des Reisens ein Flug mit den Maya sei. Man merkte nichts von Katastrophenstimmung, aber die Stewardessen ließen sich genau erklären, warum wir jetzt in den Petén fliegen wollten, und schüttelten nur den Kopf dazu. Wie sollte dieses leicht verrückt wirkende Grüppchen von Indigenas und Ausländern auch eine Umweltkatastrophe bewältigen können! Wir wirkten sicher nicht sehr heilig und erhaben. Unser Gelächter, die lauten Zurufe über die Sitzreihen hinweg, die Bitten um Nachschub an Bier und Jause müssen sie wohl eher an einen Ausflug zu einer Fiesta erinnert haben.

Selbst als wir über die Riesenbrandherde flogen, hatte kaum einer besonderes Interesse, sich die Flammen von oben anzusehen. Sie waren einfach eine Realität, von der jeder wußte. Mir tat es weh, die Rauchschwaden über diesem wunderschönen und in vielen Bereichen noch unberührten Urwald zu sehen. Kilometerweite Aschenfelder und rote Brandinseln in allen Himmelsrichtungen ließen das Ausmaß der Katastrophe erahnen. Die bisherigen Löschversuche hatten darin bestanden, daß einige hundert Männer aus der Region mit ein paar Gallonen Wasser auf dem Rücken losgezogen waren. Kleine Flugzeuge, die sonst zur Insektenvertilgung eingesetzt wurden, hatten laut Presseberichten in den letzten Tagen zwar Wasser über den Brandherden versprüht, das jedoch bereits in der Luft verdampft war.

Tikál als heilige Maya-Stätte und weltweit bekannte Touristenattraktion war ja bis jetzt noch nicht direkt in Gefahr. Man ist es in diesem Landesteil gewohnt, von der Regierung im Stich gelassen zu werden. Es handelt sich um eine der ärmsten Regionen des Landes, wenngleich auf den vielen, aus dem Urwald gehackten kleinen Flugpisten utopische Summen verdient werden. Hier landen gelegentlich kolumbianische Drogentransporte, Guatemala ist einer der Hauptumschlagplätze für Drogen aus dem Süden. Auch wird immer wieder berichtet, daß der Petén eine noch unerschlossene Goldquelle sei. Weite Gebiete des Petén sind bereits seit Jahren in Förderzonen eingeteilt, man ist dabei, Probebohrungen mit Dynamit zu machen, was für die heiligen Orte des Petén bereits jetzt eine Katastrophe großen Ausmaßes ist. Neuerdings weiß man, daß die Regierung bereits vor Jahren die ersten Abbaukonzessionen ausgegeben hat. Neben den üblichen Brandrodungen, die wegen der außerordentlichen Trockenheit außer Kontrolle geraten waren, gab es also auch ganz konkrete wirtschaftliche Interessen, dieses Gebiet urbar zu machen und zu nutzen. Es scheint, daß vielen die großen Brände im Regenwald willkommen waren und daß man deshalb wohl auch nicht sofort mit der notwendigen Entschiedenheit dagegen angekämpft hatte.

Flores lag unter einer Rauchwolke, die Sicht war äußerst schlecht. Trotzdem hofften wir, dort landen zu können. Würde die Fluggesellschaft für unsere Kleingruppe ein Risiko eingehen? Wir waren ja die einzigen, die in Flores aussteigen wollten. Die Sorge war unbegründet, denn inzwischen waren wir bereits angekommen und wurden von den Vertretern von CONAP in Empfang genommen, sie bedankten sich für unser Kommen. Per Taxi wurden wir in ein Hotel gebracht. Dort setzten wir uns auf die Hotelterrasse mit Blick auf den wunderschönen Petén Itzá See und berieten unser weiteres Vorgehen. Es roch nach Rauch, und man spürte die Angst und Hilflosigkeit der dort lebenden Menschen hautnah.

Es mußte eine Form gefunden werden, die Zeremonien gemeinsam abhalten zu können. Meister Cirilo ist ein Vertreter der Quiché, des größten Volksstammes der guatemaltekischen Maya. Der Regenmacher Don Julián ist der spirituelle Führer der Pocomames. Beide haben ihre ganz besondere, seit uralten Zeiten überlieferte Form der Rituale. Da es leider nicht möglich war, sich auf eine gemeinsame Zeremonie zu einigen, entschloß man sich schlußendlich, zwei separate Zeremonien abzuhalten. Ich konnte das nur schlecht verstehen, die Situation schien für mich schwierig zu werden. Wir waren sieben Priester, und ich wußte, daß in einer Zeremonie die vier Himmelsrichtungen von je einem Priester abgedeckt werden sollten. Wie konnte das von sieben Menschen bewerkstelligt werden?

Ich mußte mich entscheiden, an welcher Zeremonie ich teilnehmen wollte. Don Julián hatte mich zum Priester der Pocomames initiiert und mich bereits vor der Abreise gebeten, ihn als Maya-Priester zu begleiten. Sollte ich also zu seiner Zeremonie gehen oder die Feuerzeremonie der Quichés mitmachen? Auch Meister Cirilo hatte mich sehr ins Herz geschlossen, vertraute mir viele sehr persönliche Dinge an, lud mich immer wieder zu Ritualen ein, hatte mich zum Indianertreffen im Amazonas mitgenommen und war dabei, mich auf den Weg zur Priesterschaft der Maya-Quiché zu führen. Nie hatte ich damit gerechnet, vor diese schwierige Entscheidung gestellt zu werden. Ich hatte fest angenommen, daß es möglich sein müßte, sich auf eine Zeremonie zu einigen. So stand ich mit Besorgnis zwischen zwei Volksstämmen und wurde mir bewußt, wie schwierig es offensichtlich auch für meine weisen Lehrer war, die Grenzen der eigenen Gepflogenheiten und Traditionen zu überschreiten.

Am nächsten Morgen fuhren wir in den 60 Kilometer weit entfernten Nationalpark Tikál, um dort bei Sonnenaufgang die Zeremonien durchzuführen. So wanderten wir im Morgengrauen durch den Urwald. Auf dem Weg zu den Pyramiden blieben wir alle bei einem mächtigen Baum stehen, um uns mit der Kraft des heiligen Baumes der Maya, einer Ceiba, zu verbinden. Jeder Priester berührte und küßte in tiefem Respekt den riesigen Baum, dessen Stamm wir nur gemeinsam umfassen hätten können und der einem Wächter gleich am Eingang zur Pyramidenstadt Tikál steht.

Auf dem Weg zur Anhöhe von Tikál sprach ich mit Meister Cirilo und erklärte ihm, daß ich die Pocomam-Zeremonie mitmachen werde. Er nahm die Nachricht zwar mit Gelassenheit auf, doch spürte ich, daß ihn meine Entscheidung traf. Die beiden Maya-Führer sind quasi der Kopf des spirituellen Weisenrats der guatemaltekischen Maya. Auch für sie war es eine noch nie dagewesene Situation, gleichzeitig den Regen zu rufen und in unmittelbarer Nachbarschaft zwei Zeremonien vorzubereiten.

Wir kamen schließlich zur Plaza Mayor, dem Hauptplatz von Tikál. Majestätisch stehen sich dort die Sonnen- und die Mondpyramide gegenüber. Der Himmel war blau, die Luft klar und rein. In der Nacht hatte offensichtlich der Wind gedreht und Tikál von den Rauchschwaden gesäubert. Tukane und Papageien flogen über uns hinweg, eine Affenmutter schleppte ihr Baby von Baum zu Baum. Wir konnten kaum glauben, uns mitten in einem Katastrophengebiet zu befinden. Die Wesenheiten des heiligsten aller Kraftplätze in Guatemala begrüßten uns in einer Atmosphäre von Frieden und Harmonie.

Wir wanderten um die Plaza Mayor, begrüßten die heiligen Altäre, die Maya-Stelen mit ihren geheimnisvollen Inschriften und ihren noch kaum entschlüsselten Botschaften. In tiefer Ehrfurcht stiegen wir in der Stille der Morgendämmerung die Stufen der Mondpyramide empor, die nach Aussage von Meister Cirilo mit den Kräften der Urmutter der Maya, Ixmucané, verbunden ist. Oben angelangt, invokierten die Ancianos die heiligen Kräfte. Wir sangen Mantras und baten um Einlaß zu diesem heiligen Ort. Alle Geistwesen von Tikál wurden angefleht, die Brände durch Regen zu löschen. Anschließend umarmten wir uns gegenseitig. Wie immer, wenn ich mit diesen Menschen zusammen bin, fühlte ich die Liebe und Wertschätzung, die Offenheit und das Vertrauen, das uns alle miteinander verbindet. Und eine tiefe Freude war in mir, daß ich als Ausländer an diesem heiligen Akt teilnehmen und diese einzigartige Zusammenkunft miterleben, ja sogar arrangieren durfte.

Langsam stiegen wir die steilen Stufen der Pyramide wieder hinab. Auf der Plaza Mayor gibt es nur einen bestimmten Ort, wo das heilige Feuer entzündet werden darf. Dort bereiteten die Quichés ihre Zeremonie vor. Mit Zucker wurde ein Kreis mit einem Kreuz in der Mitte gezeichnet. Der Kreis gilt als Symbol für die Mutter Erde. Das Kreuz wird nach den Himmelsrichtungen ausgerichtet, und in die vier Quadranten werden vier Kreise eingezeichnet, die gemäß der Auffassung der Maya die vier ursprünglichen Kulturen der Menschheit darstellen. So manifestieren die Maya in jeder Zeremonie die Einheit, die Quelle der verschiedenen Kulturen, die alle aus diesen vier Urkulturen entstanden sind. Ein Kreis steht für die mentale Kraft der Menschen, für wissenschaftliche Logik und Forscherdrang, Erkenntnisfähigkeit und Philosophie, vertreten durch die uns vertraute Kultur der Griechen, die sich freilich erst viel später entwickelt hat. Ein weiterer symbolisiert die Kraft des Gesetzes, den Gesetzesbringer Moses, die Manifestation des einen Gesetzes der Liebe und die hebräische Kultur. Der dritte Kreis repräsentiert die Kraft des Wortes und der Weisheit, den Geist des Sanskrit und die buddhistisch-hinduistischen Kulturen Asiens und der vierte die Kraft des Maya-Bewußtseins, die Überwindung von Zeit und Raum und das Erkennen der Illusion unseres dreidimensionalen Daseins. Räucherwerk, Harze, Schokolade und Kerzen in den vier Maya-Farben füllten das heilige Zeremonialrad.

Don Julián mußte währenddessen einen geeigneten Zeremonialplatz für die Pocomames suchen. Am Vorabend hatten wir zusätzliche Früchte, Brot und andere Lebensmittel, die in Flores um acht Uhr abends noch zu bekommen waren, eingekauft. Die verschiedenen Flüssigkeiten hatten wir auch organisiert: Das Meerwasser wurde am Tag zuvor per Bus vom Pazifik geholt, das Seewasser hatten wir aus dem See in Flores geschöpft, und das Weihwasser fanden wir in einer Kirche in der Stadt. Am leichtesten war der Rum zu besorgen, ihn findet man überall, auch in jedem kleinen Ort, ist er doch das gängigste und schnellste Mittel, um sich zu betäuben.

Mich traf es freilich hart, all die Gaben auf meinem Rücken den halbstündigen Weg zur Plaza hochzuschleppen. In der Gruppe der Pocomames waren der 73jährige Don Julián, Don Pantaleon, Gloria, die junge Maya-Schamanin, und ich, der einzige Mann, dem man diese Last zumuten konnte. Auf die Frage, warum es notwendig sei, den Wesen Früchte als Opfergaben darzubieten, meinte Don Julián: Man müsse etwas geben, wenn man etwas bekommen wolle. Auf diese Weise werde das Gleichgewicht zwischen Geben und Nehmen gewahrt. Das gelte nicht nur für Kontakte mit den Kräften der anderen Dimensionen. Vielmehr müßten wir diese Balance auch in unserem alltäglichen Leben beachten. Viele Wesen in den Astralwelten, die mit all ihrer Kraft bei einem solchen Prozeß mithelfen, erfreuen sich am Geruch der Speisen, der Räucherharze, der Pflanzenessenzen und Blumen. Die Kerzen seien aber in erster Linie für uns selbst gedacht. Sie verbänden uns mit der Kraft des Feuers und erinnerten an die Klarheit und Kraft dieses reinigenden Elements.

Die meisten Religionen und Kulturen verwenden in ihren Ritualen zu verschiedensten Anlässen Weihrauch, Blumenschmuck auf Altären, heilige Öle und Duftessenzen, Klänge und Musik, um die geistige Welt zu ehren. Meine Frau erzählte mir kürzlich, daß sie als Kind oft eine im Wald liegende Quelle besuchte. Ihr Großvater, ein Bauer aus dem Tiroler Pitztal, hatte sie darauf hingewiesen, den Wesen der Quelle eine kleine Gabe mitzubringen. So nahm sie für die Wasserwesen Früchte und Süßigkeiten mit und spürte die Freude dieser Wesen, wenn sie spielte und sich dabei mit ihnen unterhielt.

Für die Zeremonie der Pocomames war es nötig, ein Loch zu graben, um die Gaben in den Schoß von Mutter Erde zu legen. Dazu brauchten wir die Zustimmung der Parkwächter. Auf der Plaza durfte auf keinen Fall ein Loch gegraben werden, also verwies man uns an eine Deponie für Kompost und Abfall. Don Julián meinte, den spirituellen Kräften sei es einerlei, wo wir mit ihnen in Verbindung träten. Ich konnte aber meine Wut kaum beherrschen und wollte nicht einsehen, warum man uns zuerst gerufen hatte, um uns dann nur einen

Mistplatz für die Zeremonie zur Verfügung zu stellen. So wird mit den Indigenas im allgemeinen umgegangen, ohne Rücksicht darauf, ob es sich um einen einfachen Arbeiter oder um einen ehrenwerten Anciano handelt. Über Funk nahmen wir Verbindung mit dem Leiter des Nationalparks Tikál auf und bekamen nach langem Hin und Her die Erlaubnis, im Schotter hinter der Mondpyramide ein kleines Loch zu machen. So gruben wir kniend und nur mit den Händen mühsam ein vielleicht 20 cm tiefes Loch. Der Parkwächter, der sich zuerst am vehementesten gegen unser Vorhaben gestellt hatte, war uns nun mit vollem Einsatz behilflich, und so verzieh ich ihm seine Sturheit. Natürlich hatte er nur seine Pflicht getan. Mit einer Machete teilten wir die Früchte und legten sie in die Erde. Dann schichteten wir Brot, Kuchen und andere Speisen übereinander in das Loch.

Rote, weiße, gelbe und schwarze Kerzen wurden in gerader Stückzahl in den entsprechenden Himmelsrichtungen aufgestellt, denen auch die vier Elemente zugeordnet sind. Die weißen Kerzen im Norden stellten die Wesenheiten der Lüfte dar. Von dort kommen unsere Gedanken, unsere mentale Kraft und unser Wissen. Der Kühle des Nordens entspricht auch die Klarheit der Erkenntnis.

Die gelben Kerzen standen im Süden als Symbol für die Wesenheiten des Wassers, des Wachstums und der Emotionen. Hier entstehen die heiligen Nebel und Wolken, der Regen, die Flüsse, Seen und Meere. Das Wasser trinken wir und verwandeln es im Körper in Blut, das durch unsere Adern fließt und uns Kraft und Lebendigkeit schenkt. Dem Wasser verdanken wir tierische und pflanzliche Nahrung und die Schönheit unserer Mutter Erde.

Die roten Kerzen repräsentierten den Osten, wo die Sonne aufgeht und die Schönheit des Tages im Morgenrot ihren Ausgang nimmt. Von dort kommen das Feuer, die Wärme und die Transformation unseres Bewußtseins. Das Licht bringt uns Wissen und Weisheit und erleuchtet unsere Seele, sodaß wir uns aus der Dunkelheit der Nacht erheben und das göttliche Licht auch in uns selbst erkennen können.

Die schwarzen Kerzen im Westen symbolisierten die beginnende Finsternis und Kühle der Nacht. In der Dunkelheit des Todes verläßt unser Bewußtsein den Körper, um wieder zum Licht zurückzukehren. Im dunklen Schoß von Mutter Erde beginnt neues Wachstum, keimen Pflanzen, die dann zum Licht drängen. Der Westen steht für die Integration der Schattenkräfte, die auch zur göttlichen Schöpfung gehören, uns im Sinne der Polarität in Bewegung halten und unsere Entwicklung fördern.

Wir legten unsere Varas vor uns hin und füllten vier Gläser mit den verschiedenen Flüssigkeiten, die wir mitgebracht hatten. Nun war alles bereit, und Don Julián konnte mit der Zeremonie beginnen.

Auf dem Boden kniend verbanden wir uns mit den Kräften der vier Himmelsrichtungen, mit den Kräften der heiligen Altäre des Landes, mit der Kraft der Vulkane, mit den Lichtkräften aus allen Dimensionen des Seins, mit den Kräften der Pyramiden von Ägypten, mit den Kräften der Hüter Tikáls, mit christlichen Heiligen und Erzengeln. Immer tiefer wurden wir von Don Julián in die Dimensionen des heiligen Universums geführt. Die Kräfte der Gewässer, der Lüfte, der heiligen Nebel wurden gerufen. Ich konnte mir fast bildhaft vorstellen, wie das Zusammenfließen dieser Kräfte einen Prozeß im Klimageschehen in Gang bringen konnte: Die Kräfte des Wassers sammelten sich, wurden von den Kräften der heiligen Nebel aufgenommen, stiegen empor, ballten sich zu Wolken und wurden von den Kräften der Lüfte unterstützt und angetrieben. Jeder einzelne Schritt in diesem Ablauf wurde mit einer besonderen Kraft versehen. Schutzkräfte wurden dem Prozeß des Regenmachens zur Seite gestellt. Die Beeinflussung des Wetters darf nur im Einverständnis und mit Unterstützung der kosmischen Kräfte erfolgen, um keine Unwetter und Katastrophen zu verursachen. Immer wieder bat Don Julián die göttlichen Lichtkräfte um Verzeihung für all das, was wir Menschen auf unserem heiligen Planeten Erde zerstören. Alles solle zum Wohle aller Beteiligten geschehen, wie es doch im göttlichen Plan vorgesehen sei. Wie immer, wenn die Wesen der Lüfte von Don

Julián gerufen werden, durchfuhr meinen Körper ein eiskalter Hauch. Diese Energien sind wirklich körperlich spürbar. Don Julián wurde von einem Weinkrampf geschüttelt, als die Kräfte in seinen Körper eindrangen. Nachdem er sich beruhigt hatte, reichte er mir sanft seine kalte und feuchte Hand. Die Nebelwesen waren in seinem Körper, der eiskalt war wie immer, wenn er mit der „Santa Neblina" arbeitete.

Ich durfte bei dieser Zeremonie die Kraft einer Himmelsrichtung halten und wurde dafür in den Süden gestellt. Das ist auch die Richtung, welche mit den Kräften der „Heiligen Nebel", der weißen, gelben, roten und schwarzen Wolken verbunden ist. Nach etwa einer Stunde beendeten wir die Zeremonie. Jeder Priester schloß sie mit persönlichen Worten ab. Ich konnte mich kaum noch rühren, wir waren ja die ganze Zeit auf Steinen gekniet. Das Knien als Zeichen der Demut schien mir wahrlich abhanden gekommen zu sein, das konnte jeder sehen. Umso mehr staunte ich über die Ausdauer des 73jährigen Don Julián. Auch Don Pantaleon, der schon 83 Jahre alt war, zeigte keine Anzeichen von Schmerzen. Einmal mehr kam ich mir wie ein verweichlichter Europäer vor, sah es aber auch als Zeichen dafür an, daß die Haltung des Respekts vor etwas Größerem unserer Kultur verloren gegangen ist. Die Maya, allen voran Don Julián, konnten beide Aspekte auf beeindruckende Weise in sich vereinigen. Einerseits zeigt er seine Demut und seine absolute Bereitschaft, Diener Gottes zu sein, und auf der anderen Seite ist er sich seiner unglaublichen Macht als Magier und Schamane bewußt.

Don Julián weihte mich schon seit Monaten bei meinen zahlreichen Besuchen, in vielen Zeremonien, bei gemeinsamen Ausflügen und Gesprächen in die größten Geheimnisse seiner täglichen Arbeit ein. Sein ganzes Leben widmet er der Heilung der Menschen, der Mutter Erde und deren Wesen und Elementarkräften. Naturphänomene und Katastrophen erkennt Don Julián Tage vorher in seinem Wasserglas. Er spürt die Kräfte der Erdbeben, beruhigt sie und bittet seine geistigen Helfer um den Schutz der Menschheit vor Zerstörung. Vor einigen Wochen lenkte er auf diese Weise einen Hurrikan um, der auf die guatemaltekische Küste zuraste. Ein anderer Schamane seines Volksstammes hatte dies in seinem Wasserglas mitverfolgt. Am nächsten Tag sei dieser Anciano gekommen, um sich bei ihm zu bedanken, erzählte mir Don Julián. Er habe gespürt, wie Don Julián seine verbündeten Mächte eingesetzt hatte, um den Wirbelsturm abzuwenden. Nur wenige Eingeweihte seines Stammes wissen von der Arbeit dieses Regenmachers, der in aller Stille und Bescheidenheit zum Wohle der Menschen arbeitet. Es wird dann eben für einen Zufall gehalten, wenn befürchtete Naturkatastrophen im letzten Moment doch nicht stattfinden.

Don Julián ist es gewohnt, für die geistige Welt ohne Lohn und Anerkennung in der materiellen Welt zu arbeiten. Er betrachtet das als seine Lebensaufgabe, die ihm von seinen geistigen Führern im Auftrag des Höchsten übermittelt worden ist und die er ohne jeglichen Zweifel einfach erfüllt. Trotzdem gibt es Momente, wo dieser Schamane erschöpft und traurig ist. Sein Leben lang unerkannt Schwerarbeit zu leisten, ohne auch nur den geringsten Ausgleich dafür zu erhalten, ist wirklich nicht leicht. Im Gegenteil, Don Julián lebt in einfachsten Verhältnissen, hat keinerlei Ersparnisse und kämpft seit Jahrzehnten gegen seine Krankheit an. Schon mehrmals stand er an der Schwelle des Todes, verlor die Sehkraft in einem Auge und fühlt sich oft am Ende seiner Kraft.

Auf seine Bitten um Hilfe antwortete ihm die geistige Welt mit dem Hinweis, daß er es selbst in der Hand hätte, aus diesen Krisen herauszukommen. Solange er sich als krank, alt und schwach ansehe, könne keine wie immer geartete Kraft ihm helfen und ihn heilen. Es sei ein kosmisches Grundgesetz, daß sich jeder gemäß seiner eigenen Denkmuster entwickle. Das Bild, das wir von uns selbst haben, werde von den geistigen Helfern als Resultat unserer freien Entscheidung akzeptiert. Entwicklung sei immer möglich, aber wir könnten keinen Zustand erreichen, den wir nicht in unseren Vorstellungen von uns selbst zuließen.

Ein paar Monate vor der Zeremonie in Tikál hatte mich Don Julián angerufen und mir berichtet, daß es fast unmöglich geworden sei, die Kräfte der Elemente zu beherrschen. Große Umschichtungen seien im Kosmos im Gange, und vieles sei außer

Kontrolle geraten. Damit werde es auch immer schwieriger, Katastrophen abzuwenden. Damals sei er das ganze Wochenende zuhause geblieben, um zu beten. Als wir uns eine Woche später trafen, erzählte er mir wieder von den tiefgreifenden Umwälzungen im Kosmos. Wir träten nun in eine Zeit der großen Veränderungen ein und müßten uns auf viele Phänomene gefaßt machen, die wohl den Zeitenwandel ankündigten und eine neue Epoche der Mutter Erde und der Menschheit einleiteten.

Ich konnte mir das alles nicht recht vorstellen, die Realität des Weltgeschehens läßt mich aber nicht an der Wahrheit dieser Worte zweifeln. Klimaverschiebungen, Umweltkatastrophen, Machtballungen, weltweite Krisen, Kriege, zunehmende Kriminalität, Genmanipulationen, Mechanismen, die von Menschen gar nicht mehr steuerbar sind, deuten darauf hin, daß alles zunehmend außer Kontrolle gerät. Andererseits gehören zu unserer heutigen Welt aber auch viele Menschen mit einem starken Glauben an göttliche Wesenheiten und mit neuer Hoffnung auf ein friedvolles Zusammenleben. Diese Lichtträger geben einer positiven Vision der Zukunft Kraft.

Inzwischen kam Meister Cirilo mit den Priestern Don Cesar und Don Juan von der Plaza Mayor zu uns. Die Priester der Quichés und der Pocomames umarmten einander als Zeichen der gegenseitigen Ehrerbietung und der Zusammengehörigkeit. Nochmals wurde ich sehr klar auf die mir von den Maya übertragene Aufgabe hingewiesen, Verbindung zu schaffen und Brückenbauer zu sein. Auch zwischen den einzelnen Volksstämmen der Maya müssen diese Brücken erst wieder aufgebaut werden. Nur die Einheit macht letztlich stark, aber diese Gemeinschaft muß nach jahrzehntelanger Isolierung erst wieder installiert und gepflegt werden. Meister Cirilo erzählte uns, daß er aus der anderen Dimension die Information bekommen habe, daß es in den nächsten Tagen regnen werde. Als wir im Schatten der Mondpyramide saßen und uns ausruhten, kamen Fotografen und Vertreter der guatemaltekischen Tagespresse. Sie wollten über die Zeremonie berichten.

Meister Cirilo sprach im Namen des Spirituellen Maya-Rats Guatemalas. Seine Sprache war wie immer klar und deutlich. Er nannte die Verantwortlichen für die Brände, die in erster Linie von Mächtigen gelegt worden seien. Und er wunderte sich über die vielen Umweltaktivisten und Wissenschaftler hinter ihren Schreibtischen. Wo seien sie denn alle in Zeiten der Not und woran arbeiteten sie denn alle so den ganzen Tag, während der heilige Regenwald abbrenne und ein Opfer der Machthaber werde? Davon konnte man allerdings in den nächsten Tagen keine Zeile in den Medienberichten lesen.

Wir gingen zusammen zu den verschiedenen heiligen Stelen und Tempeln in Tikál. Meister Cirilo erklärte Don Julián und uns allen die Funktion der verschiedenen Pyramiden. Sie waren wie Antennen für Kontakte mit dem Kosmos eingesetzt worden, über die die alten Maya ihr Wissen erhalten haben. Sie beherrschten die Zeit und wechselten an diesen Orten in andere Dimensionen des Seins. Die Pyramiden waren quasi die Computer einer Kultur, über die der Zugriff auf Informationen über die großen kosmischen Zusammenhänge möglich war.

Im großen Tempel des Mundo Perdido habe man Kontakte mit den Wesen der Venus gepflegt. Carla, die uns als Organisatorin und Kennerin der Maya-Kultur begleitete, wehrte sich vehement gegen diese Theorien. Es gäbe keine nachweisbaren Zeugnisse für solche Aussagen. Man habe am Fuße der Pyramide Totenschädel gefunden, und die Wissenschaftler seien sich ziemlich einig darin, daß hier Menschenopfer dargebracht worden seien.

Meister Cirilo lächelte geduldig und meinte, wie beschränkt doch unsere angeblich so abgesicherte Wissenschaft sei. Diese Totenköpfe seien die Schädel von Maya-Ancianos, die man wegen ihrer Weisheit hierher gebracht habe. In diesen Schädeln sei nach alter Überlieferung das Wissen der Verstorbenen gespeichert. Dafür brauche man nicht unbedingt einen Kristallschädel, wovon man inzwischen soviel rede. Die Maya hätten aus dem gleichen Grunde auch die Knochen von verstorbenen Ancianos aufbewahrt, sie mit Schriftzeichen und Botschaften versehen und als Ritualgegenstände verwendet.

Es sei die Bestimmung von einigen wenigen Maya-Ancianos gewesen, ihr Wissen und ihr Bewußtsein symbolisch am Fuße der Pyramide zu deponieren. Wir hätten nur noch nicht die Kapazität, dieses Wissen aus den heiligen Stelen, Pyramiden, aber auch aus den Totenschädeln und Knochen abzurufen.

Ich erinnerte mich dabei an einen alten Brauch bei den Itzá-Maya im Petén, die an bestimmten Tagen im Jahr zwei Totenschädel in der Kirche aufstellen. Wir hatten einen der letzten noch lebenden Itzá-Schamanen kennengelernt, der uns viel über diese Totenköpfe erzählte. Sein Volksstamm verbinde sich mit der Kraft dieser verstorbenen Ahnen, von denen aber keiner mehr wisse, wer sie waren. Diese Tradition bestehe seit langer Zeit. Es gäbe rund um das Ritual mit den Totenschädeln immer wieder Heilungen, und dies bestätige die Kraft und Heiligkeit dieser Reliquien.

Wieder einmal stand ich zwischen den Welten, zwischen zwei Denkmodellen, von denen das eine auf den wissenschaftlichen Erkenntnissen und Forschungen der Moderne basiert, das andere seine Informationen aus den uralten Überlieferungen schöpft, die von Generation zu Generation weitergegeben wurden, und aus der Verbindung zu den anderen Dimensionen.

Im Schatten eines Baumes vor der Pyramide sitzend, sprach Meister Cirilo vom Hochmut der Wissenschaftler und von der Verletzung eines heiligen Gesetzes der Indianervölker, wo Wissen immer im Einklang mit den Ancianos weitergetragen werden muß:

„Es kommen sogenannte Anthropologen, Ethnologen, Archäologen und andere Wissenschaftler in unser Land, helfen bei Ausgrabungen, erstellen Hypothesen und versuchen, die westliche Welt davon zu überzeugen. Sie haben nie die Kraft der Maya gespürt, sie kennen gar keine Maya, doch sie schreiben, als seien sie die Erben dieses Volkes. Sie gehen sogar so weit, daß sie die Maya als ausgestorben bezeichnen. Wer sind wir denn, die wir hier sitzen? Wer sind all die Indigenas, die gerade jetzt auf ihren Feldern arbeiten, und wer seid ihr, die ihr mit uns zusammen zwischen den Pyramiden der Ahnen sitzt? Es geht nichts verloren, keine Kultur, kein Volk und keine Tradition. Wir sind Maya, weil wir das lebendige Wissen unserer Vorväter noch in uns tragen. Dieses Wissen sucht ihr, aber ihr solltet auch erkennen, daß dies eine andere Form von Wissen ist.

Bücher machen solche einseitig gebildeten Menschen berühmt, die Welt ist beeindruckt ob der großen Erfahrungen und Erkenntnisse, die sie angeblich nach Jahrhunderten wiederentdeckt haben. Ich kenne sie nicht, und sie haben mich nie aufgesucht, wie auch viele andere Ancianos und Ancianas nie von den Anthropologen befragt worden sind. Sie halten uns ganz im Gegenteil für primitiv und einfältig, weil wir nicht so denken wie sie. Wenn die Kräfte unserer Ahnen wieder zurückkommen, wie es in unseren heiligen Schriften steht, werdet ihr erkennen, daß all diese Bücher nicht das wahre Wissen enthalten."

Carla meinte, es gäbe doch auch ehrliche Untersuchungen zur Entschlüsselung von Texten und Symbolen, man wisse einiges über Dynastien und Bräuche. All das könne man doch nicht einfach unbeachtet lassen. Neben mir saß Don Julián, der einfache, liebevolle Mann und machtvolle Magier, der im Einklang mit den Elementen lebte, mit den Geistwesen der Maya ebenso wie mit den universellen Lichtkräften einer Welt jenseits von Religionen und Dogmen. Er gab und gibt mir immer wieder Einblicke in eine geheimnisvolle, mystische Welt abseits all dessen, was ich jemals in irgendwelchen Maya-Büchern gelesen habe. Wir lächelten ein wenig in uns hinein. Mir war immer schon klar, daß eine hochspirituelle Kultur wie die der Maya nicht von Anthropologen entschlüsselt werden kann, andererseits lassen sich aber auch in Büchern Informationen finden, die selbst den Weisen der Maya nicht mehr bekannt sind.

Es sind eben nur Teilaspekte einer Kultur, die wir mit unserem westlichen Denken erfassen können. Das Unsichtbare, nicht Quantifizierbare läßt sich kaum beschreiben. Man muß es erlebt haben, um es als Realität anzuerkennen. Dieser Bereich läßt sich nicht mit logischer Analyse, sondern nur intuitiv erfassen, indem wir uns auf die Verbindung zu diesen Kräften und Wesenheiten einlassen. So können wir dann auch wieder an das Wissen herankommen, das uns die Ahnen hinterlassen haben, und erhalten Zugang zu anderen Dimensionen, wo die Weisheit der großen Meister der Welt für uns aufgehoben worden ist. In diesen Bewußtseinsspeichern sind die wahren Erkenntnisse der jahrtausendealten Kultur der Maya zu finden.

Eben kam ein Führer mit einer Gruppe von Touristen vorbei, der den aufmerksamen Besuchern Tikáls die Geschichte dieses heiligen Ortes während der letzten 1500 Jahre erklärte. Ich fragte mich, ob wohl jemand in dieser Gruppe wüßte, daß die Maya in Zeiträumen von Jahrtausenden rechnen. Zyklen ihrer Geschichte und Kultur umfassen 26.000 Jahre und mehr.

Mir wurde immer klarer, daß die Macht der Maya in der Handhabung von Kräften jenseits von Raum und Zeit bestand und noch besteht. Sie waren immer mit dem Übergang zu anderen Dimensionen vertraut, und die heiligen Plätze und Altäre, von denen es tausende in Zentralamerika gibt, waren und sind Hilfsmittel im Physischen, diesen Wechsel zwischen den Dimensionen zu erleichtern.

Versunken in Gedanken wanderten wir den Weg zurück zu unserem Hotel. Don Julián lud mich ein, nach einem kurzen Schläfchen zu ihm zu kommen, er müsse seine Enkelin Gloria konzentrieren. So kam ich also am frühen Nachmittag in sein Zimmer. Wir schlossen die Vorhänge, Gloria setzte sich, und ich stellte mich an ihre Seite. Don Julián erklärte uns, er müsse die heiligen Wesenheiten befragen, ob und wie wir weitere Zeremonien gestalten sollten. Nach längerem tiefen Gähnen meldete sich via Gloria Ixmucané, die Urmutter der Maya und gleichzeitig die Kraft der Mondpyramide. Es kam zu einem Dialog zwischen Julián und der Pyramidenkraft. Ixmucané bestätigte, daß die Zeremonien den Regen riefen, und forderte uns auf, am nächsten Morgen eine weitere durchzuführen. Dabei müßten wir uns mit den Kräften der Mondphasen verbinden, da die gegenwärtige Mondphase ungünstig für Regen sei. Diese hinderliche Energie müsse noch überwunden werden. Dann bekamen wir genauere Hinweise über die Form und die Invokationen während der Zeremonie.

Glorias Hände waren naß wie immer, wenn sie für die Kräfte des Regens zentriert wurde. Langsam kehrte sie in den Wachzustand zurück, und dann besprachen wir gemeinsam mit den anderen Priestern der Pocomames das Ritual für den nächsten Morgen. Als wir uns später mit den Quichés und Meister Cirilo trafen, wurde von all dem nichts erwähnt. Die Quichés müßten ihre eigenen geistigen Helfer bitten, meinte Don Julián, und im Kosmos würden diese Energien dann für unser gemeisames Ziel zusammenwirken.

Wir machten einen Spaziergang durch den Regenwald, der zu dieser Zeit völlig trocken war. Der Maya-Priester Don Cesar, ein Kenner des Urwalds und der dort wachsenden Heilpflanzen, erklärte uns die Wirkung vieler Pflanzen, Wurzeln und Baumrinden. Der Regenwald sei eine immense Fundgrube für Medizinalpflanzen, sie zu sammeln käme uns weit billiger als der Gang zur Apotheke. Don Julián lächelte still vor sich hin. Er nutzte ja den großen Schatz der Natur für seine Bäder und Tees und wußte wie kaum jemand anderer über die Geheimnisse der heiligen Pflanzen, wie er sie nannte, Bescheid.

Als wir zu unserem Hotel zurückkamen, saßen vier Brüllaffen direkt über unserem Bungalow. Zwei Männchen kämpften um die Gunst eines Weibchens, es amüsierte uns, das Buhlverhalten mitzuerleben.

Als am späten Nachmittag zum ersten Mal seit Wochen Wolken aufzogen, freuten wir uns. Auf so prompten Erfolg hatten wir nicht zu hoffen gewagt, mit Ausnahme von Carla, die sich doch für die ungewöhnliche Vorgangsweise, einer staatlichen Organisation Zeremonien mit Maya-Priestern eingeredet zu haben, rechtfertigen mußte. Sie war von jeder einzelnen am Himmel auftauchenden Wolke fasziniert. Sie roch den Regen schon und versuchte uns immer wieder davon zu überzeugen, daß es bald soweit sein würde.

Als wir am nächsten Morgen die zweite Zeremonie vorbereiteten, kam der mexikanische Indianer und Maya-Priester Juan, Schüler des Don Juan aus Castanedas Büchern und Professor an der Harvard University, zu Don Julián und der Gruppe der Pocomames. Er bat uns mitzukommen. Von der Plaza Mayor aus kann man durch einen unterirdischen Gang zu einer Riesenmaske gelangen, die den Regengott der Maya, Chak, darstellt. Wir gingen mit Kerzen durch die Dunkelheit, bis wir vor dieser etwa drei Meter hohen Maske standen. Juan erzählte, er habe vor einer halben Stunde hier gesessen und meditiert. Plötzlich habe sich die Maske bewegt und durch ihn zu sprechen begonnen. Er sei vor Angst fast gelähmt gewesen und habe alle Mühe gehabt, sich zu beruhigen. Was die Maske ihm mitgeteilt hatte, konnte oder wollte er uns nicht sagen. Wir beteten also gemeinsam vor dem Regengott Chak und baten um seine Unterstützung, um den dringend benötigten Regen für die gesamte Region Zentralamerikas. Wir alle spürten eine unglaubliche Kraft und Ruhe in diesem kleinen Raum.

Don Julián sah diese Maske zum ersten Mal und machte den Eindruck, als wolle er mit der Maske verschmelzen. Er berührte und küßte sie, es war wie bei dem langersehnten Wiedersehen zweier alter Freunde. Viele Fragen drängten sich mir auf: War diese Begegnung mit Chak eine Begegnung zwischen einer Maya-Gottheit und uns physischen Wesen? Was bedeutete die Verbindung von Chak mit dem Maya-Schamanen Don Julián für mich? Ist es möglich, mit einer Steinmaske im Einvernehmen zu sein? Steht hinter der kalten Materie in diesem dunklen Raum etwas, was ich noch nicht erfassen und integrieren kann? Ist es eigentlich richtig, von den Göttern der Maya sprechen?

Don Julián machte mir später klar, daß die kosmischen Wesenheiten in jeder Kultur und Religion mit eigenen Namen und Vorstellungen bezeichnet werden. Es gehe nicht um Götter, sondern um Kräfte, mit denen wir uns verbinden könnten. Er erinnerte mich an die biblische Gestalt des Moses, der die Macht besaß, mit seinem Stab die Wasser des Meeres zu teilen. Dieselbe Kraft sei im Regengott Chak manifestiert, erläuterte Don Julián. Die Energie des Wassers stünde den Menschen zu Diensten, und in Zusammenarbeit mit dieser Kraft hätten schon die Ahnen der Maya, aber auch er selbst und wir gemeinsam den Regen gerufen. So sehe er also kein Problem darin, die christlichen Erzengel zusammen mit den Göttern der Maya um Hilfe zu bitten. Alles sei eins. Nur wir Menschen unterschieden uns durch Rasse, Kultur, Religion und unsere traditionelle Art und Weise, uns mit den göttlichen Kräften zu verbinden.

Christen haben die Maya mit ihrer uralten Kultur und ihrem Glauben an göttliche Mächte der Vielgötterei und damit des Heidentums bezichtigt. Alle Indianerstämme, die ich bisher kennengelernt habe, rufen in ihren Zeremonien die göttliche

Urquelle an und erbitten die Hilfe der Mutter Erde und der kosmischen Kräfte. Wo kommen da viele Götter vor? Von Kräften reden sie, von Urvätern, von ihren Ahnen und Weisen. Was geschähe, wenn man Christen Vielgötterei vorwürfe, nur weil sie an Engel, Erzengel und Heilige glauben und diese um Hilfe anflehen? Was geht in Menschen vor, die meinen, für ihren Glauben kämpfen zu müssen und im Namen Gottes Andersgläubige verfolgen und töten zu dürfen?

Der Bruderschaft der Essener gehörten einst Jesus Christus, Johannes der Täufer, Elias und andere große Meister an. Auch dort wurde vom Lebensbaum, vom Baum der Erkenntnis, vom kosmischen Gesetz und von der Beziehung des Menschen zu den kosmischen Kräften gesprochen. Die alten Völker wußten, daß diese unsichtbaren Wesenheiten eine Quelle von Energie und Macht waren. Menschen erhielten durch den Kontakt mit ihnen Führung und Unterstützung. Das Leben des Menschen war in Harmonie, wenn die Menschen in Harmonie mit den kosmischen Kräften waren. Sprechen die Maya nicht dieselbe Sprache? Was meinen sie, wenn sie von der Kosmovision sprechen? Geht es dabei nicht auch darum, die kosmischen Kräfte auf unserem Planeten Erde zu manifestieren, die Lichtkräfte zu stärken und die Entwicklung unseres Bewußtseins dadurch voranzutreiben?

So wurde also die zweite Zeremonie der Quichés vor der Mondpyramide und die der Pocomames hinter derselben Pyramide vorbereitet. Die infolge der langen Trockenheit Durst leidenden Tiere des Urwalds hatten sich während der Nacht an den in der ersten Zeremonie dargebotenen Früchten gelabt. So war die Gabe an die Mutter Erde zu einer an die Tierwelt geworden. Die Zeremonie der Pocomames begann diesmal beim Regengott Chak. Wir gingen weiter zur Stele vor der Mondpyramide und kehrten dann zum Zeremonialplatz hinter der Pyramide zurück. Das Ritual glich dem vom Vortag, ich hatte aber diesmal besser für meine Knie vorgesorgt. In den Regenzeremonien rief Don Julián dieselben Wesenheiten wie in seinen anderen Zeremonien auch, das Ritual wurde nur ausdrücklich dem Zweck des Regenmachens gewidmet, und dafür wurden die Kräfte des Wassers, der Nebel, der Lüfte oder des

Windes bewußt eingesetzt. Es passierte dabei nichts Besonderes, und es wäre nicht richtig, dieses Regenritual als spannendes und spektakuläres Ereignis zu beschreiben. Die stärkste Kraft war die des Respekts vor dem kosmischen Geschehen. Die wahre Macht Don Juliáns kam aus seinem unendlichen Vertrauen, daß alles nach dem Willen Gottes geschehe und daß er selbst und wir als Gruppe nur Diener seines Willens seien, und aus dem Wissen, daß die Zeremonie wirksam sein werde. Es war Macht, die sich in ihm selbst manifestierte und die durch die Haltung der Demut sogar noch verstärkt wurde. Diese Macht fühlte sich anders an als die Macht, zu herrschen und zu kontrollieren, die wir alle aus Erfahrung kennen. Ich verwende den Begriff „Macht", um einen Zustand der absoluten inneren Sicherheit zu beschreiben, das Wissen um die wahren Zusammenhänge und das Verspüren und Freisetzen eines inneren Gestaltungspotentials. Das erinnert mich an die Aussage Jesu, daß wir Berge versetzen könnten, wäre unser Glaube und unser Vertrauen nur so groß wie ein Senfkorn.

Am Ende unserer Zeremonie bedankte ich mich bei Don Julián, bei Gloria und Don Pantaleon und ging zur Plaza Mayor zu Meister Cirilo. Die Quiché-Zeremonie ging auch gerade zu Ende, die Gruppe der Quiché-Priester integrierte mich noch in das Ritual, und Juan übergab mir den Stab und damit die Aufgabe, das Feuer zu hüten. Hier bekam ich nun endlich die Möglichkeit, die spirituelle Arbeit der beiden Volksgruppen wenigstens in mir selbst zu verknüpfen. Meister Cirilo erklärte: „Vom Feuer erhalten wir viele Botschaften. Mit dem Feuer kann man sprechen und Wesen sehen, die Mitteilungen machen. Man kann seine Gedanken darin transformieren und die Kraft eines Leittiers rufen. Wir Quichés lösen unsere zwischenmenschlichen Probleme mit dem Feuer, und wir mobilisieren damit auch die Heilkräfte für kranke Menschen. Heute hat das Feuer zu uns gesprochen und uns erneut mitgeteilt, daß der Regen kommen wird. Wir haben gute Arbeit geleistet."

Obwohl ich in Tikál wieder einmal in das Spannungsfeld zwischen verschiedenen Welten, dem heiligen Feuer der Maya-Quichés, der Regenzeremonie der Pocomames und meinen eigenen Wurzeln als katholisch geprägtem Tiroler, geraten war, hatte ich doch das Gefühl, im Einklang mit all diesen Energiefeldern zu sein. Die Kraft der Pocomames und ihrer Rituale verband sich in mir mit dem heiligen Feuer der Quichés, und zugleich spürte ich die tiefe Übereinstimmung mit meinen göttlichen Meistern, Jesus Christus, den Erzengeln Michael, Raphael und Gabriel, der göttlichen Mutter Maria und verschiedenen Heiligen. Alle großen Religionen beziehen sich auf dieselben Urkräfte, die sie nur mit verschiedenen Symbolen und Namen versehen. Für die Kraft des Erzengels Michael gibt es eine Entsprechung bei den Maya, im Buddhismus, im Hinduismus. Meister Cirilo, Don Julián, Don Chepe und all die anderen Schamanen hatten mich nie mit etwas in Konflikt gebracht, was mir aus meiner christlichen Erziehung so vertraut war.

Es hatte bereits über vierzig Grad im Schatten, und so entschlossen wir uns, zum Abschluß gemeinsam mittagessen zu gehen. Im Jaguar Inn saßen wir gerade vor unseren vollen Tellern und wollten zu essen beginnen, als Meister Cirilo aufstand und eine kleine Ansprache hielt:

„Ich möchte euch mitteilen, daß unsere Priesterin Gloria heute achtzehn Jahre alt geworden ist. Ich kenne viele Priesterinnen im Land und möchte dir, liebe Gloria, sagen, daß du eine der stärksten bist. Achte gut auf deinen weiteren Lebensweg. Es gibt im Leben viele Begegnungen, die dich weiterführen, aber auch behindern können. Wenn du Männer kennenlernst, achte besonders darauf, daß sie deinen Weg respektieren. Du bist bei deinem Großvater aufgewachsen und von ihm deiner Bestimmung zugeführt worden, damit du die Kräfte des Volksstammes der Pocomames weitertragen kannst."

Es war eine feierliche Stimmung im Raum. Gloria wurde ein bißchen verlegen und wußte nicht, was sie sagen sollte. Ich umarmte das neben mir sitzende Geburtstagskind, während Don Julián etwas unsicher auf seinen Teller schaute. Er wußte nicht genau, was Meister Cirilo damit gemeint hatte. Er war nämlich davon überzeugt, daß die wahre Nachfolge, wer seine Kräfte übertragen bekommen solle, nur von den geistigen Führern festgelegt werden könne.

Nach dem Essen fuhren wir zum Flughafen, wo wir sofort die Tagespresse in die Hand gedrückt bekamen. Alle in unserer Gruppe lachten herzlich über die Beschreibung unserer Zeremonie. Ich wurde in einem Zeitungsbericht als Indianer der Alpen bezeichnet und entschloß mich, zu diesem neuen Titel zu stehen und auch zu den Regenzeremonien, die, wie ich wußte, allgemein nur belächelt wurden. Don Julián und Meister Cirilo meinten, wir müßten noch einige Tage auf den Regen warten, aber er werde sicher kommen. Die Beurteilungen durch Menschen seien unwichtig. Ich müsse vielleicht noch lernen, die Botschaften aus einer anderen Dimension nicht mit den Werturteilen der Menschen zu verwechseln. Am folgenden Tag war die Zeremonie der Maya bereits auf den Titelseiten der Zeitungen abgebildet. Bezeichnend für meine Situation war, daß ich darauf nur zur Hälfte zu sehen war.

Zwei Tage später regnete es schwarzen Sand. Ich fuhr mit meinem Auto gerade einen Boulevard entlang und wunderte mich. Es klang nach Regen, aber die Menschen auf der Straße kratzten sich und schüttelten Kopf und Haare. Manche knieten sich nieder und beteten, andere wiederum amüsierten sich. Der Scheibenwischer meines Autos strich schwarzen Sand von der Windschutzscheibe.

Im Nebel und Rauch, die ja schon seit Tagen infolge der Waldbrände über dem Land lagen, konnte man nicht weit sehen. Eine Stunde später bedeckten bereits drei Zentimeter schwarzer Sand die gesamte Stadt, der Vulkan Pacaya, nicht weit von Guatemala City entfernt, war ausgebrochen. Es gab keine Toten und Verletzten, und doch waren die Menschen in Angst und Schrecken. Was würde passieren, wenn dieser Sandregen für Stunden anhielte?

Erlebnisse aus der Vergangenheit, aber auch die aktuellen Medienberichte schürten die Besorgnis noch. So war es nicht verwunderlich, daß man sich in zynischer Manier öffentlich bei den Maya für den Regen bedankte. Leider habe etwas in der Formel nicht gestimmt, denn es regnete nun Sand, so stand es in des Tagespresse. Das und der Unterton der witzig gemeinten Bemerkungen von Freunden und Bekannten, die nicht an den Erfolg einer Regenzeremonie glauben konnten, taten mir weh.

So fuhr ich noch am selben Tag zu Don Julián nach Palín. Viele Male hatte ich mich schon durch den zähen Stadtverkehr gequält, um von Don Julián oder Meister Cirilo, die außerhalb der Stadt wohnten, Antworten auf offene Fragen zu erhalten. Don Julián erklärte mir ruhig, daß eine Zeremonie in so einem Fall nicht von einem auf den anderen Tag Wunder wirken könne. Alle natürlichen Gegebenheiten, wie zum Beispiel auch die Mondphase, seien im Widerspruch dazu gestanden. Weit und breit habe es keine Anzeichen für die Regenzeit gegeben, die ja schon vor Wochen hätte beginnen sollen. Auch die Wissenschaftler hatten in den Medien Berichte veröffentlicht, in denen die drastische Verzögerung der sonst so regelmäßig kommenden Regenzeit angekündigt wurde. Dies hätte für die Maisaussaat von Millionen Indigenas beinahe katastrophale Folgen gehabt.

Die Zeremonien seien also nicht nur zur Löschung der Brände, sondern vor allem für den Beginn der Regenzeit abgehalten worden. Don Julián holte Gloria, um sie zu konzentrieren, und wir bekamen klare Anweisungen, weitere Zeremonien im Zusammenwirken mit der Kraft der Mondphasen zu machen. Ich müsse die erste Zeremonie bei mir zuhause beginnen und mich mit der Kraft des Neumondes verbinden. Gloria sollte die zweite Zeremonie mit der Kraft des Halbmondes übernehmen, Don Pantaleon die dritte mit dem zunehmenden Mond, und Don Julián würde den ganzen Prozeß mit einer Vollmondzeremonie abschließen. Allein die mentale Verbindung mit der Kraft des Mondes würde zum Herbeirufen der Kraft der vier Mondphasen ausreichen. Der Regen werde in drei Tagen kommen, und damit auch die Regenzeit. Ich fuhr zuversichtlich nach Hause. Die Botschaft war klar, und ich zweifelte keinen Moment an der Richtigkeit der Aussage.

Drei Tage später begann es in Strömen zu regnen. Der erste Regen war bereits nach zwei Tagen über der Pazifikküste gefallen, dann folgten Regengüsse über dem Petén, die die meisten Brände löschten, und am dritten Tag regnete es in der Stadt. In

Costa Rica, Nicaragua, Honduras und Mexiko wurden durch die Kraft des Regens gleichfalls Brände gelöscht.

Die große Befreiung war überall zu bemerken. Man sprach vom natürlichen Beginn der Regenzeit. Es habe also doch noch alles seinen Rhythmus und seine Ordnung. Wenige Menschen kamen auf die Idee, den Segen des Regens als Geschenk der göttlichen Mächte zu sehen. Für mich blieb das große Erlebnis eines Wochenendes im Kreise von Helfern und Freunden, die mir eine neue Sichtweise der Geschehnisse auf unserem Planeten eröffnet hatten.

Das große Geheimnis, die Elemente unseres Planeten zur Zusammenarbeit zu gewinnen, werden manche als Scharlatanerie bezeichnen. Andere aber werden ein Wissen wiederentdecken, das uns in der Vergangenheit nicht fremd war und das wir wieder aktivieren können. Die großen Umwälzungen und Veränderungen auf unserem Planeten stellen unsere bisherigen Standpunkte und Sichtweisen in Frage und beweisen uns, daß wir Menschen mit Naturgewalten leben, die uns auch vernichten können. Wir haben durchaus die Möglichkeit, den gesamten Kosmos mit neuen Augen zu sehen. Dazu müssen wir nur unsere Haltung ändern, dann können wir wieder lernen, mit der Kraft von Zeremonien und in Verbindung mit den Elementarwesen das Geschehen auf der Erde direkt zu beeinflussen. Don Julián und all die anderen Weisen und Schamanen machten mir deutlich, daß wir Menschen sehr wohl die Kapazität haben, mit den Kräften der Natur zusammenzuarbeiten und sie uns dienstbar zu machen. Durch unsere beschränkende rationale Sichtweise und unter dem Einfluß der Kirchen haben wir uns allerdings selbst die Zugänge zu den kosmischen Kräften verschlossen. Ich hatte damit begonnen, diese Türen in mir selbst mithilfe dieser großen Meister wieder zu öffnen.

II. Rückkehr des Maya-Bewusstseins

Die Sprache von Mutter Erde

Oft erinnerte ich mich an den Hinweis von Don Sebastián, daß mir eines Tages die Wesen der Natur begegnen würden. Ich konnte mir nicht vorstellen, daß dies überhaupt möglich sei, und hatte wahrlich Probleme, diese Wesen als real annehmen zu können. Freilich kannte ich Geschichten über geschützte Plätze, über Elfen, Feen, über die Helfer in den Reichen der Natur, seien es Erd-, Baum- oder Mineralienwesen, über diese geheimnisvolle, unsichtbare Welt, vor allem aus meiner Kindheit. Ich hatte jahrelang ein Lieblingsbuch, das ich täglich in Händen hatte, weil mich die Darstellungen dieser Wesen faszinierten und ich eine große Verbindung zu dieser Welt verspürte. Die Natur wurde für mich auf diese Weise lebendig, und ich bezog alle Geister in meine Spiele mit ein. Spielte ich an einem Bächlein im Wald, waren die Wasserwesen meine Spielgefährten, und ich baute ihnen kleine Seen, lud sie zu Minibootsfahrten ein, um sie dann durch Öffnen des Damms im Strudel der abfließenden Wassermassen weiterziehen zu lassen. Die Verbindung zwischen meiner Kinderwelt und meinem Erwachsenendasein konnte ich erst wieder durch die Begegnungen mit den Maya-Ancianos herstellen. Sie zeigten mir erneut die Lebendigkeit und Liebenswürdigkeit einer belebten Natur, die uns Menschen von kosmischen Mächten als Geschenk und Hilfe zur Seite gestellt wird.

Die vielen Elementarwesen, Elfen, Feen und Baumgeister bekommen durch unser zunehmend respektvolles Verhalten langsam wieder Vertrauen und spüren die Liebe mancher Menschen, diese seit Urzeiten bestehende Verbindung, die aber viele der Kopflastigkeit geopfert haben. Unsere Märchen sind noch voll von diesen Gestalten, unser Umgang mit der Natur hat sie jedoch aus unserem Denken, aus unserem Leben vertrieben. Sie gehören nur mehr einer Märchenwelt an und werden höchstens noch in der Phantasie mancher Kinder lebendig gehalten, denen sie Botschaften aus der Anderwelt vermitteln können. Wir Erwachsenen verkennen vielfach die Aussagekraft der Märchen, die Symbole und Bilder aus der Tiefe unserer Seele enthalten und von einer uralten, ganzheitlich orientierten Psychologie und Menschenkunde zeugen.

Die griechischen Sagen führen uns in eine geheimnisvolle Welt von Göttern, die mit den Menschen in Verbindung stehen, gleich den Göttern bei den Maya. Diese Sagen weisen auf eine Zeit hin, in der wir Menschen Zugang hatten zu einer Dimension außerhalb dessen, was wir heute für möglich halten. Kräfte in der Natur werden dabei personifiziert, vermenschlicht gesehen mit Stärken und Schwächen. Dadurch, daß wir diesen Planeten nur in drei Dimensionen betrachten, haben wir uns abgeschnitten von der Möglichkeit der Begegnungen mit einer Welt voll von unsichtbaren Wesen und Kräften. Wir können sie aber wieder in unser Bewußtsein integrieren, wir können mit ihnen zusammenarbeiten, sie mit unserer Kapazität als multidimensionale Wesen berühren und uns von ihnen berühren lassen. Dies bedeutet, daß wir in einem gemeinsamen Kraftfeld, in gegenseitigem Respekt und Unterstützung zu wachsen beginnen.

Eines Tages kam der Verwalter unseres Grundstücks zu mir und meinte, er habe eine seltsame Erfahrung gemacht. In der Nacht habe sich an einer uralten Steineiche an einem windstillen Tag ein großer Ast sehr stark bewegt. Die Nachbarn erzählten auch Geschichten davon, daß aus diesem Baum ein Wesen trete, vor dem sie voll Angst davonlaufen.

Ich freute mich sehr über diesen Bericht und lud meine Frau, unsere kleine Tochter und einen unserer Söhne zu der Begegnung mit dem Wesen ein. Wir bereiteten Früchte, Räucherwerk, Quarze, Obsidiane und Kerzen vor. In einer Vollmondnacht gingen wir zum besagten Baum. Meine Kinder hatten zugegebenermaßen etwas Angst vor dem Zusammentreffen. Ich bereitete sie darauf vor, daß sie wahrscheinlich in ihrem Körper etwas spüren würden. Sie sollten davor keine Angst haben, sondern sich darüber freuen.

Als wir dem Baum näher kamen, spürte ich schon aus 20 Metern Entfernung das Wesen in meinen Körper eindringen. Es fühlte sich kalt an, und ich begrüßte es in meinen Gedanken. Meine Frau Christine gab mir einen Stups, was wohl bedeuten sollte, daß sie es auch schon spürte, und meine kleine Tochter Sarah, die ich an der Hand führte, meinte: „Papa, mein Körper wird kalt. Ist das das Baumwesen?“ Mein Sohn konnte nur noch ein „Wowww“ von sich geben.

Wir berührten gemeinsam den Baum und begannen eine Zeremonie, sprachen jeder mit eigenen Worten oder Gedanken mit dem Baum und seinem Hüter, luden das Wesen ein, sich an diesem Platz mit uns verbunden zu fühlen, und baten es, uns anzunehmen und zu schützen. Wir zündeten eine Kerze an und legten Früchte und mitgebrachte Steine in die Erde. Mein Sohn Florian begann am ganzen Körper zu zittern, und das machte ihm sichtlich Spaß. Die Begegnung war für uns alle ein schönes und freudvolles Erlebnis.

Seitdem besuchen wir den Baum und sein Wesen regelmäßig. Auf diese Weise haben wir nach und nach auf unserem Grundstück unsichtbare Freunde gefunden, die mit uns wie mit allen Menschen, die hierherkommen und den Platz schätzen, in einer Symbiose leben. Umgekehrt passiert es manchmal, daß es Menschen kaum einen Tag hier aushalten und dann mit irgendwelchen Begründungen weiterreisen. Auch das verstehe ich als Ausdruck unserer Helfer, die ihre Schutzfunktion ausüben und Besucher fühlen lassen, daß sie hier nicht willkommen sind.

Wenn ich heute mit gerade erst angekommenen Menschen Heilungszeremonien in der Heilungspyramide unseres Zentrums mache, rufe ich die Naturwesen der Pflanzenwelt, der Mineralienwelt und der Tierwelt an und lade sie ein, mit ihrer Kraft an der Zeremonie teilzunehmen. Ich rufe sie mit dem Atem der Erde, der mit Hilfe der Trommel zum Klingen gebracht wird und in dessen Schwingung ich ihr Kommen spüre. Ich fühle, wie sie sich unter die Gruppe gesellen und wie unterschiedlich die Menschen auf ihre Anteilnahme reagieren. Ihre Ankunft gleicht einem kühlen Schauer, der durch meinen Körper zieht und den auch manchmal die Teilnehmer spüren. Ich freue mich immer wieder darüber, wie schnell diese Wesen, auch über Distanzen hinweg, reagieren, wie gerne sie diese Einladung annehmen. Sie sind es, die uns das Gefühl geben, irgendwo zuhause zu sein, und uns inneren Frieden, Harmonie und sogar Heilung schenken.

Unsere Liebe zu einem Ort ist die spürbare Verbindung zu den Wesen dieses Ortes. Dies gilt für unseren kleinen, liebevoll gestalteten und behüteten Garten ebenso wie für unsere nähere und weitere Umgebung.

Ich lade zu den Zeremonien manchmal die Wesen und Kräfte der Berge meiner Tiroler Heimat, die Kräfte der heiligen Maya-Altäre und der Vulkane ein. Dabei stelle ich mir jeden einzelnen meiner seit Kindheit geliebten Berge und der geliebten Plätze in Guatemala vor.

Wir sind multidimensionale Wesen, und als solche haben wir die Möglichkeit, die Grenzen von Raum und Zeit aufzulösen und uns über alle Distanzen hinweg mit Naturkräften zu verbinden, wie sich auch diese Kräfte mit uns über Raum und Zeit hinweg verbinden können. Wieviel gegenseitige Hilfe und Unterstützung könnten wir einander geben, würden wir uns dieser unglaublichen Kapazität wieder voll bewußt! Wir sollten diese Welt wieder in uns entdecken und den Naturwesen Hoffnung und vor allem einen gesunden Platz geben.

Wie gut kann ich die Maya-Weisen verstehen, wenn sie von der Mutter Erde, von den Steinen, Tieren, Pflanzen und Bäumen als heiligen Wesen sprechen! Es war eine mir seit Kindertagen vertraute Welt, die nun ein Teil meines bewußten Lebens als Erwachsener werden konnte.

Als ich eines Morgens in unserem Zentrum aufwachte, hatte ich das starke Bedürfnis, einen uralten Baum zu besuchen, den ich bisher nur von weitem wahrgenommen hatte. Ich nahm meine Tochter mit, und als wir zu dem innen schon hohlen Baum kamen, trauten wir unseren Augen nicht. In den Baum war ein Loch gebohrt, und in dem Loch steckte ein Pfahl mit einem hellblauen, in grüne Flüssigkeit getauchten T-Shirt. Es war mir augenblicklich klar, daß es sich dabei um einen Akt von Schwarzer Magie handeln mußte. Das Erspüren der Energie, die Intuition sind mir hierbei verläßliche Informanten geworden.

Wieder einmal wurde offensichtlich ein Konflikt zwischen Menschen mit Hilfe von dunklen Mächten ausgetragen. Mir fiel die Begegnung mit einem Nachbarn ein, der über Magenschmerzen und über eine bevorstehende Operation geklagt hatte. Er könne nicht mehr arbeiten und wisse sich keinen Rat mehr. Ich wußte intuitiv, daß ihm diese Verwünschung hier galt.

Da wir in unseren Heilungssitzungen immer wieder mit diesen Dingen zu tun haben, war mir klar, was zu tun war. Ich zog den Pfahl und das Leibchen aus dem Baum und fühlte die grausige, beißende Energie in meinem ganzen Arm. Dann trugen wir die Sachen den Berghang hinauf und begegneten auf dem Weg einem Maya-Priester, der uns an diesem Tag besuchen wollte. So hatten wir gleich Hilfe. Gemeinsam verbrannten wir das T-Shirt, lösten die Energie auf, gingen zum verletzten Baum zurück und heilten seine Wunde mit einer kleinen Zeremonie. Sarah, meine Tochter, half dabei kräftig mit und war sehr stolz darauf, dabeisein zu dürfen. Heute haben sich übrigens in diesem Loch wilde Wespen eingenistet.

Ich staunte über die Tatsache, daß einfache Indigenabauern noch das Wissen haben, Energien und Elementarwesen einzusetzen, wenngleich auch nicht immer in der richtigen Weise. Offensichtlich ist ihnen bekannt, daß der Mensch Elementarwesen und die Kraft eines alten Baumes dafür verwenden kann, die Wirksamkeit eines Zaubers zu verstärken.

Elementarwesen haben leider nicht unser Bewußtsein und unsere Entscheidungsfähigkeit, um sich einer negativen menschlichen Manipulation zu entziehen. Wir können sie um Hilfe bitten und zu unserem Schutz einsetzen, es ist aber auch möglich, einen Baum und sein Elementarwesen für eine schwarzmagische Handlung zu mißbrauchen. Die Wesen leiden in diesem Zustand, haben aber keine Möglichkeit, sich dieser von Menschen aufgetragenen Aufgabe zu entziehen.

Mutter Erde zu heilen bedeutet, mit unserem Fühlen und mit unseren Gedanken wieder den Kontakt zu diesen Wesen zu suchen. Ihr Lebensraum in unserer Welt wird immer mehr beeinträchtigt, und damit werden sie immer trauriger und hoffnungsloser. Die Sprache der Naturwesen verstehen wir mit

Hilfe unserer Intuition und unserer Emotion. Wenn wir achtsam und mit Feingefühl in die Natur gehen, wenn wir in der Natur Stille, Erholung und Schönheit suchen, dann öffnen sie uns das Tor zu ihrer Welt. Dann nehmen wir mit Entzücken die Schönheit einer Blume, die Kraft eines Baumes und die Geborgenheit eines in die Natur eingebetteten Hauses wahr.

So erinnere ich mich auch noch nach vielen Jahren an eine sumpfige Wiese, an ein kleines Bächlein in der Nähe meines Elternhauses, an dem zu Frühlingsbeginn die ersten Himmelschlüssel blühten. Alljährlich besuchte ich diesen Ort, und immer wieder beglückte mich die Begegnung mit der Schönheit und Klarheit dieses Platzes. Es waren nicht nur die Blumen, die mich anzogen. Es war die überwältigende Freude, einfach dort zu sein. Als Jugendlicher vergaß ich diese Erlebnisse, bis ich eines Tages sah, wie ein Bagger „meinen" Lieblingsplatz niederwalzte, um die Baugrube für ein neues Haus auszuheben. Tagelang war der Schmerz darüber in meinem Herzen präsent, obwohl es zu dieser Zeit eigentlich recht unempfindlich war. Eine alte Erinnerung an die Freundschaft mit diesem Platz kam in mir auf, wenngleich ich meine Gefühle als Jugendlicher nicht einordnen konnte. Ich wollte diese Erfahrungen auch mit niemandem teilen. Zu genau wußte ich, daß man mich als Schwächling, als übersensibel oder seltsam betrachten würde. Gerade als Jugendlicher will man sich ja nicht die Blöße geben, ein Naturschwärmer zu sein, was gleichbedeutend war mit einem Sonderling, der den Zug der Zeit versäumt hatte.

Wenn wir mental die Geheimnisse der Natur entschlüsseln, stehen Tür und Tor offen, sie auch zu unserem materiellen Vorteil zu mißbrauchen. Die Entheiligung der Natur können wir täglich sehen, wenn wir das Geschehen in unserem realen Umfeld bewußt verfolgen. Wir machen uns die Erde rücksichtslos untertan, ohne daran zu denken, daß dieser Untertan unsere eigene Mutter, unsere Lebensgrundlage ist. Wenn wir uns unserer Lebensgrundlage nicht mehr bewußt sind, verlieren wir unseren Lebenssinn und ernten, was wir zeitlebens gesät haben.

Unser Gefühl für das Schöne, unser bewußtes Erleben von Freude und Erholung, unser Suchen nach Heilung in der Natur gibt den Elementarwesen des Naturreichs das Gefühl, gebraucht zu werden. Sie zeigen ihre Dankbarkeit, ihre Liebe zu uns Menschen, indem sie uns in ihre Heimat zurückrufen, sich in unserer intuitiven Wahrnehmung in Erinnerung bringen. Wir interpretieren diesen Ruf als unseren eigenen Wunsch, in die Natur zu gehen und uns an ihr zu erfreuen.

Das wohl schönste Beispiel für die vertraute Verständigung mit den Wesen des Naturreichs gab uns Franz von Assisi, der die Sprache dieser Wesen verstand und dem sie in all ihrer Kapazität und Fülle zur Verfügung standen. Er war wohl einer der großen Meister, ein Lichtbote, der im Einklang mit der Mutter Erde und mit dem großen Geist lebte und wirkte. Seine Erscheinung in der christlichen Kultur ist für uns Abendländer doch ein klarer Hinweis, welche Möglichkeiten uns auch innerhalb der christlichen Tradition offenstehen.

Sein Sonnengesang ist eine Hymne an die Naturkräfte, an den Bruder Sonne, die Schwester Mond und die Sterne, an den Bruder Wind, die Lüfte und Wolken, die Schwester Wasser, das rein und keusch ist, den starken und kräftigen Bruder Feuer, unsere Mutter Erde, die uns trägt und ernährt. Selbst unser Tod wird als Schwester bezeichnet. Unser tägliches Sterben, unsere bereitwillige Bewegung in neue Bereiche hinein, die Möglichkeit, uns anzupassen, alte Bindungen und Strukturen loszulassen, machen es den kosmischen Kräften möglich, uns zu führen.

Diese alltäglichen kleinen Tode, der Abschied von Vergangenem lassen uns erkennen, daß der zweite Tod, wie er im Sonnengesang des heiligen Franz genannt wird, uns nichts anhaben kann.

Wie einfältig ist doch unser Bild von der realen Welt geworden! Die Gesamtschau des Kosmos ist in unserem kleinen Denkvermögen und dem, was wir für Realität halten, verloren gegangen. Wie sollten wir uns einer Führung anvertrauen können, wenn wir selbst aus unserer beschränkten Perspektive alles besser wissen?! Wir halten an einer beschränkten Vorstellung fest, wir klammern uns an tote Strukturen und erwarten uns im selben Augenblick Leben und Bewegung, also Liebe und Freude.

Über eine Freundin aus des Schweiz lernten wir einen 70jährigen Mann kennen, der in den Südstaaten der USA lebt. Über E-Mail waren wir längere Zeit in Kontakt. Immer wieder wollte er zu uns kommen, Guatemala wiedersehen, uns kennenlernen. Eines Tages erhielten wir die Nachricht, daß er für einen Monat zu uns kommen wolle. Don Carlos, wie man ihn liebevoll in den Südstaaten nennt, ist Amerikaner, ursprünglich aus Hamburg stammend. Er arbeitete viele Jahre in der Forstwirtschaft und ging für die amerikanische Hilfsorganisation „Peace Corps" nach Costa Rica, Panama, Mexiko und Guatemala.

Unsere Begegnung am Flughafen glich einem Wiedersehen. Wir erkannten einander sofort, und mir war gleich bewußt, daß die geistige Welt uns einen Naturliebhaber, einen großen Helfer gesandt hatte. Da wir uns in diesen Tagen bereits in den Turbulenzen unserer siebten Übersiedlung innerhalb Guatemala Citys befanden, bat ich ihn, die ersten Tage allein in unserem Zentrum in Sololá zu verbringen und den Platz dort ohne unser Beisein kennenzulernen. Ich wußte, daß ich von dem alten Mann etwas nahezu Unmögliches verlangte. Aber es gab keinen anderen Ausweg. Wir lebten bereits zwischen Schachteln, schliefen auf den übriggebliebenen Matratzen. Andererseits konnte seine Ankunft nicht mehr verschoben werden, und es sollte wohl so sein, daß wir diesem liebenswürdigen Mann in einer aufregenden Zeit begegnen sollten. So packten wir ihm ein Lebensmittelpaket zusammen und baten einen Freund, ihn nach Sololá zu bringen, wo er in den späten Nachtstunden ankam. Er erzählte uns später, wie eigenartig es für ihn war, in ein fremdes Haus zu kommen, in der Dunkelheit an einem unbekannten Ort allein zu sein.

Don Carlos zeigte, daß er sich der Situation stellen konnte und lebte eine Woche in unserem Zentrum ohne jegliche Hilfe, sich selbst versorgend. Manchmal plagte uns zwar das schlechte Gewissen, einen Gast einfach so „in die Wüste" geschickt zu haben, ihn seinem Schicksal zu überlassen. Das Handy hätte unsere Verbindung sein sollen, aber auch das funktionierte nicht, weil er vergessen hatte, die Batterien aufzuladen. In dieser Zeit knüpfte er die ersten Kontakte zu diesem Ort, den Wesen und Tieren. Ohne Ablenkung konnte er dem Geheimnis dieses Ortes nachspüren, darüber schrieb er an die vierzig Seiten, bevor wir uns wiedersahen.

In den folgenden Tagen und Wochen erkannte ich diesen Anciano als großen Indianermeister und Träger des Indianerbewußtseins. Don Carlos, Deutscher und Amerikaner, öffnete mir und meiner Familie eine weitere Tür in das Reich der Natur. So tauchten wir einmal mehr in eine Welt der Visionen und Träume ein und empfanden die Begegnungen mit den Wesen und Kräften nahezu körperlich.

Er erzählte uns viel von seiner Verbindung zu den Indianerstämmen und deren Führern und von den Kraft- und Zeremonialplätzen in Arizona, wo er lebt. In all seinen Geschichten und Erlebnissen spürten wir die Kraft des Großen Geistes und der Mutter Erde, das Erbe einer Kultur, die uns so sehr an unseren Ursprung, an unsere Lebensaufgaben erinnerte. Durch seine Erzählungen erkannte auch ich meine Aufgabe als Brückenbauer. Wie er stamme ich aus einer anderen Kultur, ja einer anderen Rasse. Wir beide werden von den spirituellen Führern der Indianer begleitet, wurden eingeweiht und mit den Kräften verbunden. Wir beide fühlen uns als Träger des Indianerbewußtseins, ohne Indianer zu sein.

Wir Menschen betrachten unsere Verschiedenheit zu fühlen und zu denken vielfach als etwas Trennendes. Letztlich sollten wir aber fähig werden, die Vielfalt in unserer menschlichen Gemeinschaft anzunehmen. Die verschiedenen Religionen und Kulturen unseres Planeten sollten wir auf ihre wahre Botschaft prüfen und erkennen, daß wir Menschen alle aus dem Einen kommen und uns nach dem Einen sehnen. Wir haben die Türen zueinander verschlossen in der Annahme, daß jeder Einzelne in seiner Auffassung der Lebensessenz am nächsten sei. Diese Türen können wir aber wieder öffnen und uns gegenseitig willkommen heißen. So erfahren schon viele Menschen unserer Zeit auf ihren Reisen Gastfreundschaft und Offenheit und werden für ihre Haltung der Toleranz und des Respekts reichlich beschenkt.

Don Carlos kam zu uns, um unser Zentrum und uns selbst mit der Kraft des Nordens zu verbinden. Er brachte uns das Bewußtsein der Indianerstämme Nordamerikas. Er ließ uns erkennen, daß wir ebenso wie er die direkte Verbindung mit den Wesen der Natur aufnehmen können. Er erinnerte mich an das Geheimnis, das uns alle umgibt und in dem wir einen neuen Zugang zu unserem Sein finden können.

In den Novembertagen, zu Thanksgiving, planten wir eine gemeinsame Dankeszeremonie. Wir trafen uns in der Pyramide. Jeder einzelne in unserer Gruppe von sechs Leuten bemühte sich, einen kleinen Beitrag zu leisten, sei es mit Gedichten, Texten, Liedern. Don Carlos rief die Naturwesen, die Kräfte der Indianer des Nordens mit der Trommel und mit Indianergesängen, und wir alle fühlten uns eingebettet in die Kräfte des Nordens. Die Trommel sollte uns auf den Pulsschlag der Mutter Erde einstimmen. Ich rief die Wesen der Maya und die Kräfte der christlichen Meister und Heiligen. Daraufhin machten sich die Wesenheiten unseres Heiligen Platzes bemerkbar. Die Kräfte des Nordens sollten sich mit denen der Maya verbinden und in Einklang kommen. Christine lud die Kräfte des Westens, unserer Heimat, ein. Unsere Gesänge und Anrufungen dienten nicht nur dazu, uns selbst als Gruppe zu harmonisieren, sondern auch dazu, die verschiedenen Wesenheiten, Ausdruck unserer unterschiedlichen Kulturen, auf einer geistigen Ebene miteinander zu verbinden.

Als Abschluß der Dankeszeremonie las Don Carlos uns ein Gebet vor, das er in den Nachtstunden für diese Zeremonie vorbereitet hatte:

„Heute, am Tag des Dankes, möchte ich den göttlichen Kräften im Namen aller Anwesenden dafür danken, daß wir hier an diesen schönen und heiligen Ort geführt wurden. Es ist ein Platz, an dem uns die Gelegenheit gegeben ist, voneinander in harmonischer und liebevoller Weise zu lernen.

Wir danken all jenen, die uns spirituell führen, versorgen, uns mit ihrer Energie Tag und Nacht Nahrung geben.

Wir danken der Schönheit der Natur, die uns täglich inspiriert, unsere eigene Schönheit in uns selbst zu suchen.

Wir danken dem Antlitz des Manitou, des großen Geistes, der sich im heiligen Lago Atitlán, in den verschiedenen Dimensionen des Lichtes zeigt und unsere eigene Schönheit als die seiner Schöpfung täglich darbietet.

Wir bedanken uns bei unseren Freunden und Geschwistern in der Natur, der Stille des Waldes, die uns einlädt, den Frieden in uns selbst zu finden, den Vögeln, die in leichtem Flug dahinfliegen und uns lehren, uns von den Lüften des Lebens tragen zu lassen.

Wir danken der Tier- und Pflanzenwelt, die uns erinnert, daß die göttliche Versorgung garantiert ist. Wir danken zutiefst dem Schöpfer für seine uneingeschränkte Liebe, die er uns jeden Tag anbietet."

Als mir Don Carlos eines Tages seine Aufzeichnungen aus dem Tagebuch vorlas, blieb mir vor Erstaunen der Bissen im Hals stecken. Zweifel an der Realität des von ihm Erlebten kamen immer wieder in mir hoch. Ist dieser Mann ein Träumer? Waren seine Geschichten und Erfahrungen nur das Produkt seiner Phantasie? Worin besteht die Botschaft für mich? Warum wurden wir zusammengeführt, und was kann ich von dem annehmen, was für ihn so klar scheint?

Ich möchte seine Tagebucheintragungen frei übersetzen, um diese für mich so wichtigen Augenblicke festzuhalten:

„Ich sang meine Mantras an die 30 Minuten lang, wie ich es gewohnt bin. Plötzlich fragte mich eine Stimme, ob ich mir der Stärke dieses Mantras, dieser gesungenen heiligen Silben bewußt wäre. All meine inneren Unklarheiten drängten an die Oberfläche, wollten losgelassen werden. Ich klatschte in meine Hände, begann tief zu atmen, wollte diese Energie loswerden. Ich kann es kaum mit Worten beschreiben, alles passierte automatisch, alles kam aus meinem Inneren hervor.

Ich hörte eine Stimme, die mir sagte, daß ich mein eigener Heiler sei. Ich sollte mir selbst vertrauen, es sei alles zu meinem Besten. Ich solle mich auf inneren Frieden und Harmonie, auf die Kraft des Ortes besinnen, und dann könne ich in diesem Kraftfeld Frieden ausstrahlen. Diese Harmonie werde nicht nur die Menschen berühren, sondern auch das Tierreich, die Pflanzen und Mineralien, ja die ganze Umgebung dieses Heiligen Ortes. Mein Inneres gab mir Anweisungen, gab mir Stärke und Zuversicht, das zu tun, was mir gesagt wurde. Ich fühlte mich glücklich.

Plötzlich meldete sich in mir eine Schlange. Ich konnte sie mit meinem inneren Auge sehen, ich konnte ihre Bewegungen spüren. Sie glich einer Boa. Ich war fasziniert von ihrer Schönheit und Stärke. Sie begann ein Gespräch mit mir und bat mich, ihren Lebensraum nicht zu zerstören. Sie hörte, daß in ihrem Lebensumfeld Gärten angelegt werden sollten. Sie meinte, daß sie wie wir töten könne, daß sie aber eine Zusammenarbeit wünsche und uns ihre Kraft anbieten wolle. Sie habe mich gestern bei einem Rundgang wahrgenommen und wolle sich auf diese Weise bei mir melden. Ich antwortete ihr, daß sie sich nicht darum sorgen solle, daß ich bereit sei, ihrer Führung und Intelligenz zu folgen, um nichts zu zerstören, und ihr ihren Lebensraum überlassen wolle.

Nach dieser Begegnung meldete sich der alte, 'Ehrwürdige Baum', wie er sich selbst nannte. Ich hatte diesen Baum besucht, weil mir viel über ihn erzählt worden war. Es wurden dort von Maya-Priestern angeblich schon Zeremonien abgehalten. Die Maya bezeichnen ihn als 'Heiligen Baum', Guachipilín. Seine Wurzelansätze sind geschwärzt von den Kerzen vergangener Zeremonien.

Der 'Ehrwürdige Baum' sagte zu mir: 'Man hat von dir immer wieder gesprochen. Ich freue mich, daß du hier bist und heiße dich herzlich willkommen.'

Ich konnte es kaum glauben, daß sich nun der große Zeremonialstein bei mir vorstellte. Auch von ihm hatte ich schon viel gehört. Der Stein bezeichnete sich selbst als 'Lehrmeister der Geduld' und meinte, er werde sich mit mir verbinden und mich auch willkommen heißen.

Willkommen geheißen wurde ich auch vom Waldgeist, der mir den Hinweis gab, daß wir alle in Liebe aufgenommen seien und daß er eine große Bitte habe. An manchen Bäumen sei ein Drahtzaun befestigt, die Brüder Bäume würden sich dadurch irritiert fühlen, ja darunter leiden, weil sie die elektrische

Ladung des Metalls zu verkraften hätten und damit in ihrem Kraftfeld gestört seien. Sie könnten so auch ihre Schutzfunktion für unseren Platz nicht erfüllen. Auch er freue sich über meine Anwesenheit und bitte mich, Zeremonien abzuhalten und ihn mit Besuchen zu erfreuen. Er sei verbunden mit der Kraft der Unbeschwertheit des Schelms und sei quasi ein Tor in die Tiefen des Mutter Erde, durch das wir mit unseren Fähigkeiten eindringen und der Erde Heilung und Kraft für ihren Veränderungsprozeß geben könnten.

Ich sollte all dies mit Norbert und Christine teilen, ihnen all das mitteilen. Ich war in diesem Moment so müde, wollte weiterschlafen. Es war drei Uhr morgens. Eine Stimme rüttelte mich erneut auf und sagte mir, ich sollte all das aufschreiben, weil ich es sonst vergessen könnte. Mit letzter Kraft setzte ich mich auf, nahm Kuli und Block und schrieb alles in mein Tagebuch, sorgte mich aber gleichzeitig, zu wenig Schlaf zu bekommen. Ich brauche doch meinen regelmäßigen Schlaf, um am nächsten Tag ausgeruht zu sein."

Don Carlos wußte zwar, daß wir mit denselben Wesen, dem ehrwürdigen Baum, dem geduldigen Stein, dem Waldgeist schon Kontakt hatten, aber nun sprachen sie zu ihm in deutlicher Sprache. Ich kannte die Wesen bisher auf andere Art und verband mich immer wieder mit ihnen, besuchte sie, brachte ihnen Blumen oder Steine. Selbst von der Anwesenheit der „Großen Schlange" wußte ich über meinen Verwalter, der eine große Boa, eine „Mazacoata", wie sie in Guatemala genannt wird, auf dem Grundstück gesehen hatte. Ihre Ungefährlichkeit beruhigte uns zumindest und machte uns alle neugierig auf unsere erste Begegnung. Ich wollte den Visionen und Mitteilungen dieses „Indian Elders" anfänglich kaum Glauben schenken, doch nun hatte ich die Bestätigung seiner Botschaften. Von diesem Tag an bekam der große Indianermeister und Schamane, Don Carlos, nahezu täglich Informationen für jeden einzelnen von uns Sechsen.

Don Carlos begegnete dem großen Wächtergeist, manifestiert im Jaguar, er sprach mit dem Wächter und Beschützer des Atitlánsees, Santiago, der ihm mitteilte, daß ihn die Leute zwar unter diesem Namen kennen, daß er aber viele Namen habe, daß er mit der Energie des Wassers verbunden sei und uns in unseren Bemühungen um den Aufbau des Zentrums beistehen werde. Santiago, der Apostel Jakobus, stellte sich vor als die göttliche Kraft, die uns den spirituellen Weg durch die Lebenspraxis lehrt. Er wirke aus der geistigen Welt auf die Menschen ein, indem er ihnen bewußt mache, daß Spiritualität in der Materie als Dienst am Nächsten, in der Nächstenliebe, in der Liebe zu den Wesen der Natur und der geistigen Welt, vor allem aber im Tun ihren Ausdruck finden solle. Santiago ist aus diesem Grund auch eine geistige Kraft, die unserer Physis sehr nahe ist und von sensiblen, medialen Menschen sehr leicht erreicht und gespürt und zur Begleitung unseres Lebensweges angerufen werden kann.

Eine ähnliche Mitteilung von Santiago hatte auch der Maya-Anciano und Regenmacher Don Julián bekommen, als er vor Monaten in der Pyramide des Zentrums eine Zeremonie abhielt. Don Juliáns Enkelin Gloria, von der ich schon des öfteren geschrieben habe und die von ihm als Medium initiiert war, wurde in einem Ritual konzentriert. Sie begann zu sprechen und sprach mit den Worten Santiagos. Sie hielt die Hände geöffnet, und Santiago meinte, seine Anwesenheit würden wir in ihren Händen erkennen. Als wir sahen, daß beide Handflächen naß waren, ja daß sich nahezu zwei kleine „Seen" bildeten, begann Don Julián vor innerer Rührung zu weinen. Wir erhielten die Information, daß Gloria am See geheilt werden könnte von einem Problem, das sie seit ihrer Kindheit trage. Gloria hatte auf den Händen und im Gesicht zahlreiche Warzen. Eine dunkle Warze entstellte ihre Mundpartie. Eine Operation hatte sie sich nicht leisten können, sie wollte abwarten, wie sich alles entwickeln werde. Nach eigenen Aussagen vertraute sie darauf, daß sie eines Tages geheilt werde.

Nach dieser Zeremonie fuhren wir zum Atitlánsee. Als wir am Ufer standen, traten wir in ein „heiliges Schweigen" ein. Danach sagte Don Julián zu Gloria, sie solle einen Bimstein am Strand aufheben und ihr Gesicht, ihre Warzen damit berühren. Dann solle sie sich mit dem heiligen Wasser des Sees benetzen.

Das dauerte vielleicht ein paar Minuten. Als wir in die Stadt zurückkamen, brachten wir die beiden wieder nach Hause.

Einige Tage später bekamen wir einen Anruf von Gloria. Ganz aufgelöst erzählte sie uns, daß sie nach dem Besuch bei uns im Zentrum und am See am ganzen Körper ein arges Beißen verspürt hatte. Innerhalb einiger Tage hätten sich alle ihre Warzen in nichts aufgelöst.

Nun waren wir also erneut verbunden mit diesem geheimnisvollen Wesen Santiago, das uns alle Unterstützung, vor allem für Heilungszeremonien, zusagte und uns damit auch ein Zeichen gab, daß wir nicht zweifeln sollten und seine Anwesenheit als real betrachten könnten. Ich kannte Santiago als Heiligen nur in der Darstellung auf einem Pferd, wie er mit seinem Schwert triumphierend über tote Maurenkrieger hinwegschreitet. Die Spanier mißbrauchten ihn als Schutzheiligen für die Eroberung Amerikas. Möge es mir gelingen, in Verbindung mit Santiago das falsche Bild, das sich eine ganze Kultur von ihm gemacht hat, aufzulösen.

Im Kreise Jesu hatte der heilige Jakobus klar erkannt, daß die Botschaft der Liebe nur eine gelebte Botschaft sein könne. Wenn Tausende Menschen den Pilgerweg nach Santiago de Compostela in Spanien erwandern, können sie Santiago eher auf dem Weg als am Ziel finden. Er hilft uns, das Göttliche in den Mitmenschen, in der Natur zu erkennen, und in unserem Bemühen, dem Göttlichen näher zu kommen.

Eines Morgens kam Don Carlos zu mir und bat mich um Unterstützung. Er habe die Botschaft von seinen Helfern im Naturreich bekommen, daß ich ihm bei der Lösung eines Problems beistehen könne. Bei seinen nächtlichen Gesprächen mit den Naturwesen, mit Santiago, die schon zum Alltag gehörten, hatte er fortwährend Hustenanfälle und ein starkes Kratzen im Hals. Wenn er zum Frühstück kam, war er des öfteren heiser. Man spürte eine starke Blockierung im Halsbereich.

An diesem Tag setzten sich zwei große Aasgeier auf einen Baum vor dem Haus. Don Carlos ging vor die Tür, begrüßte sie und unterhielt sich mit ihnen über den Grund für ihre Anwesenheit. Noch nie zuvor hatte ich gesehen, daß sie sich bei uns niederließen. Sie kamen, um etwas fortzutragen. Sie sind das Symbol für tote Strukturen, die zu entfernen sind. An diesem Tag kamen sie für Don Carlos, und er wußte, daß die Botschaft ihm galt.

Wir gingen zusammen in die Heilungspyramide. Ich rief all seine Naturhelfer in den Raum und versammelte sie. Ich spürte, wie sie nach und nach den Raum füllten. Die Schlange kam und legte sich zu Don Carlos. Der Jaguar trat ein mit all seiner Macht und Stärke, der Ehrwürdige Baum sandte seine Unterstützung, das Waldwesen, der Heilige Stein boten ihre Hilfe an. Ich wurde in allem, was ich tun sollte, geführt. Ich wandte Techniken an, die ich nie zuvor angewandt hatte. Ich rief die Kraft Santiagos, der sich wie üblich mit einer sehr starken Energie in meinem Körper bemerkbar machte.

Don Carlos wurde von seinen geistigen Freunden und Helfern liebevoll gehalten, sein Körper bewegte sich, er begann zu schreien, sein Hals blähte sich auf. Eine fremde Stimme, eine fremde Sprache veränderten ihn in seinem Ausdruck. Ich hatte noch nie zuvor diese Sprache gehört, wußte aber, daß eine alte Erfahrung, eine alte Blockade dabei war sich zu lösen. Ich wurde zu einem Teil von ihm, ließ mich mit meiner Schamanentrommel, mit den Heilessenzen, Klangschalen, Invokationen, mit Papageienfedern und mit meinem Schlangenstab durch die schamanische Zeremonie leiten.

Es war nicht notwendig, all das, was in diesen Momenten passierte, zu deuten. Die Zeit für diesen heiligen Akt war reif, und ich freute mich, ein Werkzeug der Kräfte der Natur und des Kosmos zu sein, ihnen zur Verfügung zu stehen. Nach zwei Stunden beruhigte sich alles. Die Kräfte zogen sich langsam wieder aus dem Raum zurück. Don Carlos lag still da, Frieden breitete sich aus, und wir umarmten uns. Er spürte die Befreiung von einem Problem, das er jahrelang mit sich herumgetragen hatte, und gleichzeitig schloß sich der Kreis von Geben und Nehmen in unserer gemeinsamen Begegnung.

Wissen aus heiliger Verbindung

Auf meinem Weg mit den Maya erfuhr ich viel über die Kosmovision der Maya, ihre Lichtboten und Urkräfte. Ich kenne viele Altäre, die mit den unterschiedlichsten geistigen Kräften verbunden sind. Trotzdem fiel es mir sehr schwer, mich in dieser Kultur zurechtzufinden. Anthropologische Bücher halfen mir auch nicht weiter, sie gaben mir keinerlei Aufschluß über das spirituelle Leben der Maya. Wie hätten sie mir auch Antwort auf Fragen geben sollen, die innerhalb einer materiell orientierten Wissenschaft nie gestellt worden waren.

Don Sebastián, Don Cirilo, Don Julián, Don Anacleto und einige andere Persönlichkeiten der Maya-Kultur führten mich schließlich in diese geheimnisvolle Welt ein. Von ihnen bekam ich viel direkte Information und hatte trotzdem jahrelang nicht das Gefühl, diese Kultur wirklich verstehen zu können. Es bedurfte einer Ebene des Verständnisses, die mir bisher nicht vertraut war. Wäre die Maya-Kultur mit unserer Form von Rationalität und logischem Denken faßbar, wäre sie sicher schon von zahlreichen Forschern unter verschiedenen Blickwinkeln entschlüsselt worden.

Die Maya-Ancianos sind das lebende Beispiel dafür, daß es um eine ganz eigene Form von Wissen und Erfahrung geht. Auch über die Verbindung mit Maya-Medien erhielt ich nach und nach Puzzleteile, die allmählich das Bild einer Kultur ergaben, in der Menschen fähig waren und sind, bewußt über das hinauszugehen, was wir unter den Grenzen von Zeit und Raum verstehen. Die Beschreibung der vier Lichtboten, der Überbringer des Maya-Bewußtseins auf die Erde, gibt uns Hinweise auf die ursprünglich im Menschen angelegte Multidimensionalität, die den Maya der alten Zeiten noch selbstverständlich war. Jede unserer Körperzellen trägt noch immer dieses Programm in sich. Darum ist es möglich, dieses Urwissen wieder zu aktivieren und an die Erfahrungen der Menschen in diesen alten Kulturen anzuschließen. Alles im Innen und Außen entspricht einander und funktioniert nach denselben Gesetzmäßigkeiten, dem Gesetz der Liebe. Alles ist durch die Kraft der Liebe miteinander verbunden, daher existiert die Trennung durch Zeit und Raum nicht wirklich. Wir können unser Bewußtsein durch das All reisen lassen und die Energien ferner Galaxien wahrnehmen. Als Wesen zwischen dem göttlichen Kosmos und dem Planeten Erde können wir die Informationen aus beiden Welten in uns integrieren. Ein kurzer Einblick in die Sichtweise der Maya kann uns das vielleicht verdeutlichen:

Vor Urzeiten waren die Konstellationen im Kosmos anders, als wir sie heute kennen. Auch die Erde, ein noch junger Planet am Beginn seiner Evolution, befand sich im Sonnensystem an anderer Stelle. Zu dieser Zeit befand sich die Sternengruppe der Plejaden im Gürtel, quasi im Mittelteil von Orion. Die Verbindung dieser zwei Sternengruppen symbolisieren die Verbindung der Kraft des Bewußtseins der Liebe mit der Kraft der Klarheit und des Kriegers. Aus dieser Kraftquelle, von diesen Sternenkonstellationen kamen die vier Lichtboten, die Träger des Bewußtseins der Maya-Kultur sowie die Überbringer des gesamten menschlichen Bewußtseins. Diese vier Lichtboten waren vier Erleuchtete, zu denen die Menschen auf der physischen Ebene Kontakt hatten und Verbindung halten konnten. Sie waren Symbole der vier Himmelsrichtungen und die Urschöpfer der ersten Kulturen auf dem Planeten Erde.

Zu dieser Zeit war die Erde anders als sie heute ist. Sie bestand aus einer großen Landmasse, gleichsam einem grünen Gürtel um den Planeten Erde, und der Rest war Wasser. So waren auch die vier Himmelsrichtungen so zugeordnet, wie die Erde damals konfiguriert war. Diese vier Himmelsrichtungen symbolisiert auch das Maya-Kreuz mit dem Kreis, der diesen grünen Landgürtel darstellen soll. In vielen Philosophien und Religionen ist dieses Zeichen das Symbol für die Universelle Liebe, für das Christusbewußtsein, aber es steht auch für das Maya-Bewußtsein. In der weiteren Evolution der Erde veränderte sich die Struktur und Form unseres Planeten.

Es hat in der Geschichte der Erde viele Kulturen und Zivilisationen gegeben, von denen wir heute nichts wissen. Wir kennen vielleicht noch Lemurien oder Atlantis, aber es gab in vorgeschichtlicher Zeit viel mehr Kulturen. Damals hatte der Mensch vollkommene Freiheit in seinem Bewegungsspielraum. Er war nicht so gebunden an den physischen Körper, er lebte in Raum und Zeit als flexiblen Faktoren. Damit war der Mensch ein ursprünglich „fließendes" Wesen ohne unsere heute gelebte Bindung an Materie und Zeit, unabhängig von der Illusion einer dreidimensionalen Realität. In den Veränderungen der kommenden Zeit werden wir viel von dem wieder verstehen lernen, weil wir uns wieder zu diesem Urzustand hinentwickeln werden.

Meiter Cirilo betont die Herkunft der Maya von den Plejaden ganz besonders. Die Maya seien mit dem Bewußtsein und den Wesenheiten dieser Sternengruppe in enger Verbindung. Durch die Turbulenzen der kommenden Zeiten werde die gesamte Menschheit von den plejadischen Lichtboten geführt. Auch der heilige Kalender sei ein Geschenk der ersten Lichtboten gewesen. Einzelne Daten dieses Kalenders, die auf Stelen festgehalten sind, würden Millionen von Jahren zurückreichen.

Die Plejaden spielen in der Kosmovision der Maya eine zentrale Rolle. Unser Sonnensystem befindet sich in einem Orbit um die Plejaden und deren Zentralsonne Alkyone. Die Maya berechneten die Umlaufzeit unseres Sonnensystems mit circa 26.000 Jahren. Um die Sternengruppe der Plejaden gibt es einen Energie-Licht-Ring oder eine Lichtmasse, die von Wissenschaftlern beobachtet wurde und als Photonenring bezeichnet wird.

Unser Sonnensystem bewegt sich auf einer elliptischen Bahn, die diesen Lichtring in bestimmten Zeitabständen schneidet. Derzeit befinden wir uns bereits wieder im Einflußbereich dieses Lichtgürtels und damit unter besonders starker kosmischer Strahlung, die in den nächsten Jahrzehnten noch erheblich zunehmen wird. Viele Veränderungen auf unserem Planeten Erde werden damit in Zusammenhang gebracht. In alten Schriften und in den Weissagungen der Indianervölker wird auf die Wesensveränderung und Entwicklung der Menschen hingewiesen. Dazu kommt noch eine signifikante Verstärkung des elektromagnetischen Feldes der Erde, das vollkommen neue Bedingungen für uns schaffen wird und schon bisher große Umstellungen bewirkt hat.

Nach Ansicht der Maya fanden die Überschwemmungen der biblischen Sintflut, bei denen angeblich Atlantis zerstört worden ist, beim letzten Solzyklus-Wechsel statt. Anschließend begann eine neuerliche Formierung der Kontinente, die sich in den Umwälzungen auf der Erde so verschoben, daß das Gleichgewicht des Planeten gewährleistet blieb. Nach dem Untergang von Atlantis und den großen Kontinentalbewegungen begannen die Kulturen und Zivilisationen erneut zu blühen. Den Maya-Überlieferungen nach entwickelte sich der Neubeginn wieder aus der Kraft der Vier. Völker der vier Urkulturen, der vier Rassen gingen in die vier Himmelsrichtungen und belebten erneut unseren Planeten Erde mit ihrem Bewußtsein, mit ihrer Weisheit, mit ihrer Verbindung zur Mutter Natur und den göttlichen Kräften.

Die Veränderungen auf unserem Planeten waren immer mit dem Übergang von einem Solzyklus zum nächsten verbunden. Die Langzeitberechnung des Sol von etwa 5200 Jahren hängt mit den Bewegungen der Venus zusammen. So sagen die Maya voraus, daß am 21. Dezember 2012 kurz vor Sonnenuntergang die Venus hinter dem westlichen Horizont versinken wird und gleichzeitig die Plejaden am östlichen Horizont aufgehen werden. Mit dem symbolischen Tod der Venus und der Geburt der Plejaden endet dann der vierte Sol, und für die Menschheit beginnt eine neue Epoche. Wir haben die Wahl, in diesem Kraftfeld zu wachsen oder darin zugrundezugehen.

Ein Anciano aus Venezuela erklärte mir beim Indianertreffen am Amazonas dieses Zusammenspiel der planetarischen mit der menschlichen Entwicklung. Er meinte unter anderem, daß Licht für den Menschen Information bedeute und grundsätzlich neutral sei. Es hänge von uns selbst ab, ob wir dieses Licht im physischen Körper halten können. Je mehr wir dem kosmischen Licht ausgesetzt seien, umso mehr hätten wir die Möglichkeit, über unsere bisherige Realität hinauszuwachsen. Wir könnten in diesem Energiefeld unsere medialen Fähigkeiten, Telepathie, Hellsichtigkeit, Hellhörigkeit und Sensitivität entwickeln und den Schleier zwischen den Dimensionen der materiellen und der immateriellen Welt lüften.

Unser Gepäck schleppend, vor Nässe triefend marschierten wir auf dem Weg zum Flughafen nebeneinander und unterhielten uns über Klimaveränderungen, über das Ozonloch und über die weitere Entwicklung der Menschheit in den bevorstehenden großen Veränderungen.

So erläuterte er mir unter anderem auch den energetischen Effekt des Ozonlochs auf uns Menschen. Wir müßten lernen, das infolge des fehlenden Schutzfilters verstärkt eindringende Licht in uns zu halten und es für unsere spirituelle Entfaltung zu nützen. Zwar machten wir die Erfahrung, daß dadurch Pflanzen, Tiere und Menschen in ihrem Sein und Wachstum beeinflußt oder gar zerstört würden, doch gebe es kein Geschehen im Kosmos, das man nur negativ beurteilen könne, auch wenn es durch fehlorientierte Menschen provoziert worden sei. Entwicklung bestehe immer auch in der Anpassung und Einordnung in einen größeren Kontext. Der Mensch sei ein Energiesystem, das sich eben auch an das sich verändernde Energiesystem des Planeten und des ganzen Universums adaptieren müsse. Wir haben die Wahl, in welcher Form wir uns dieser Herausforderung stellen wollen.

Heute stehen wir wieder an einer Wegscheide. Unser Streben nach Erkenntnis hat sich immer mehr getrennt von der Verbindung zur Mutter Natur. Durch unser Verhalten manifestieren wir eine kollektive zerstörerische Kraft. Wir leben aufgrund dessen in einer Zeit der Trennung und der Abweichung vom kosmischen Gesetz der Harmonie und des Ausgleichs der Kräfte. Es gibt aber für uns alle auch die Möglichkeit, uns mit unseren geistigen Helfern und Wegweisern zu verbinden, indem wir uns wieder auf die wahren Wurzeln unserer Kulturen, Religionen und Philosophien besinnen und die Lehren der großen spirituellen Meister auf unserem Planeten neu entdecken und umsetzen. Die Botschaft der göttlichen Boten hat mit den Jahren an Lebendigkeit verloren, man hat sie in starre Strukturen und Dogmen gepreßt, mißverstanden und vielfach verändert und ihr damit Kraft genommen.

Um die Prophezeiungen der Maya verstehen zu können, müssen wir auch annehmen, daß die beiden Sternenkonstellationen der Plejaden und des Orions trotz ihrer großen Distanz und trotz ihrer Eigenständigkeit sich neuerlich in ihren Kraftfeldern begegnen und vereinen werden. Diese Kraft wird in den kommenden Veränderungen vereint auf unseren Planeten einwirken.

Der neue KIN, der neue SOL wird mit dieser energetischen Konfiguration zwischen den beiden Sternenkonstellationen beginnen. In dieser neuen Zeitepoche werden sich auch kosmisch gesehen die Energie der Liebe und die Energie der Macht und des Kriegers verbinden. Alle bisher bestehenden Kulturen bewegten sich in diesem Spannungsfeld zwischen Macht und Liebe, wuchsen daran oder gingen daran zugrunde.

Die aufgestiegenen Meister der weißen Bruder- und Schwesternschaft, das „Consejo Invisible" der Maya, haben diese Integration der Kräfte erreicht und leiten uns aufgrund ihrer Erdenerfahrung durch den kommenden Wechsel der Zeiten. Dieser „Unsichtbare Rat" setzt sich aus Heiligen und Meistern der unsichtbaren Welt zusammen, deren Aufgabe es ist, den Lichtboten unter uns Menschen beizustehen und sie ständig mit ihrem weisen Rat zu leiten. In der Maya-Kultur waren sie eine Instanz, die in alle wichtigen Entscheidungen und heiligen Zeremonien einbezogen worden ist.

Wenn wir uns für die Energien der großen Meister, der heiligen Stätten der verschiedenen Religionen und Kulturen öffnen, dann erhalten wir diese Rückverbindung (= religio) mit den Kräften und Orten. Dieser Vorgang hat nichts mit dem Verstehen der Zusammenhänge im geschichtlichen Ablauf einer Kultur zu tun. Wir erfahren dort die stärkende Kraft, aber auch die Bedürftigkeit, die wahren Schäden, die Generationen von Menschen an diesen heiligen Stätten hinterlassen haben und die wir vor allem auch heute an diesen Orten verursachen.

Wenn wir zu einem Wallfahrtsort pilgern und uns der Kraft des Ortes hingeben, finden wir Einlaß in das Geheimnis des

Ortes. Sehr oft liegen Wallfahrtsorte und Kirchen auf alten Kultstätten, weil die Menschen wußten, daß bestimmte Orte uns mit den kosmischen Geheimnissen verbinden können. Wir brauchen dafür nicht in andere Kulturen zu gehen. Auch die Geschichte der Kraftorte in unserem Umfeld kann uns die Augen öffnen, uns für eine offenere und weitere Sichtweise unserer Kultur und Religion bereit machen. Viele unserer kirchlichen Festtage haben ihren Ursprung in Festen, die unsere Vorväter hielten, und finden an denselben Tagen statt. Unsere Bräuche haben ihre Wurzeln in den Ritualfesten unserer Urahnen. Manchmal zeugt die Lebendigkeit einer Tradition noch von der Verbindung, die nach wie vor spürbar ist.

Wären wir uns in Mitteleuropa der Herkunft eines Brauchtums, dieser unserer Urverbindung stärker bewußt, hätten unsere heimatlichen Traditionen sicher noch mehr Kraft. Das bloße Nachvollziehen ohne Kenntnis der Wurzeln verkommt allerdings leicht zu einer äußerlichen Show, zu einer Tourismusveranstaltung.

Wenn wir die alten Bräuche wiederaufleben lassen, und dieses Bedürfnis scheint es zu geben, könnten wir sie wieder in ein Ritual einbetten. Wir sollten uns dessen bewußt sein, daß wir uns bei diesem Akt mit der Kraft unserer Urväter, mit unserem Unbewußten verbinden und durch unsere heutige mentale Entwicklung zu bewußten Trägern dieser Kraft werden können.

Ihrer Erziehung gemäß betrachten viele diese Bräuche als primitives, heidnisches Treiben, und doch gibt es viele Beispiele dafür, daß sie sich durchaus mit der abendländisch-christlichen Tradition verbinden konnten und in den Alpenländern noch heute gepflegt werden.

Am Tag des Frühlingsbeginns, dem 21. März 1999, besuchte ich zusammen mit meiner Frau und meinen Kindern meine Schwiegereltern im Tiroler Pitztal. Wir spazierten am Eingang des Pitztales über den Osterstein, einen großen, felsigen Hügel. Es war ein wunderschöner Frühlingstag, es zog uns hinaus in die Natur. An einem Spielplatz tummelten sich Kinder, Mütter und Väter saßen beisammen und unterhielten sich. Meine Tochter wollte mit dem Fahrrad zu ihren Großeltern zurückfahren, und so beschlossen Christine und ich, den Osterstein zu umwandern.

Als wir zu einer Abzweigung kamen, zog es meine Frau förmlich auf den rechten Weg, den wir noch nie zuvor gegangen waren. Er führte nach oben auf die Hügelkuppe und zu einem Platz, an dem meine Frau plötzlich stehenbleiben mußte.

Ich fragte sie, ob irgendetwas nicht in Ordnung sei. Sie meinte, daß etwas sie dauernd nach links ziehe. Ich fühlte denselben Drang, nach links zu gehen, und so folgten wir einem schmalen Steg und ließen uns von unserer Intuition leiten. Kaum waren wir nach links abgebogen, hatten wir das Gefühl, auf dem richtigen Weg zu wandern. Beide spürten wir eine unglaubliche Kraft von unten, wir verlangsamten unsere Schritte. Auf diese Weise wurden wir zwischen den Bäumen auf moosigem Boden an einen völlig unscheinbaren Platz geführt. Wir fühlten das Zentrum dieser Kraft und blieben beide stehen. Wir fühlten an diesem Ort eine überaus starke Linksdrehung der Energie.

Meine Frau hatte die Augen geschlossen und sagte: „Ich sehe hier einen uralten Ritualort.“ Wir ließen uns auf den Boden nieder, um die Energie zu spüren. Durch das Basis-Chakra floß prickelnde Energie in den Körper. Ich setzte mich in Meditationshaltung hin und lud meine Frau ein, sich im Tantrasitz auf mich zu setzen. Auf diese Weise saßen wir und meditierten. Wenn einer von uns etwas Besonderes fühlte oder sah, teilte er es mit dem anderen. Meine Frau meinte spontan, daß wir diesen Platz heilen sollten.

Ich konzentrierte mich auf diesen Ort, öffnete mich bewußt den Energien und stellte mir vor, daß sich der nach links drehende Spiralwirbel in die entgegengesetzte Richtung drehe. Ich hielt also die Spirale mit beiden Händen und verlangsamte die Drehkraft. Es kam nach und nach zu einem Stillstand der Energie, nun war es möglich, den mentalen Impuls für die Drehung nach rechts zu geben. In Verbindung mit der Kraft des Ortes stellte ich alle an diesem Ort gebundenen Energien und Wesen in die rechtsdrehende Spirale und stellte mir dabei vor, wie sie in die Höhe gehoben und ins Licht transformiert würden.

Meine Frau wußte davon nichts und meinte plötzlich, daß sich die Energie geändert hätte. Wir genossen die Kraft, die uns beide miteinander verband und die, zugegeben, auch sehr viel Erotisches an sich hatte. In der Stille des Ortes feierten wir das Fest der Tagundnachtgleiche. Dann trennten wir uns und setzten uns auf eine Bank, die in der Nähe stand. In der Wärme der Frühlingssonne umarmten wir uns und freuten uns über dieses prickelnde Erlebnis, im Kraftfeld dieses alten Ritualplatzes miteinander verbunden worden zu sein.

Wir erinnerten uns, daß genau vor einem Jahr Maya-Ancianos mit einer Gruppe von Leuten zusammengetroffen waren, die zu einem von unserer Gruppe veranstalteten Kongreß nach Guatemala gekommen waren. Unter ihnen war der Maya-Forscher José Arguelles mit seiner Frau. Um vier Uhr früh fuhren wir in einem Bus gemeinsam vom vereinbarten Platz in Flores, Petén, zum Zeremonialplatz in Uaxactún in der Nähe Tikáls. Alle versuchten zu schlafen, aber die Wegunebenheiten ließen uns den fehlenden Schlaf nicht nachholen. Nach einer Stunde Fahrt kamen wir nach Uaxactún und bereiteten die gemeinsame Zeremonie vor. An diesem heiligen Ort sollten die Kräfte, die Vorhaben des Maya-Forschers Arguelles und der Maya-Ancianos miteinander verbunden werden.

Über dem Urwald lag noch dichter Nebel, im Morgengrauen fanden wir eine geeignete Stelle für die Zeremonie. Auf den Pyramiden saßen vereinzelt Menschen und meditierten. Während die heiligen Kräfte von Meister Cirilo gerufen wurden, begann ein Mann auf einer großen Meermuschel zu blasen. Arguelles spielte eine Flöte. Der Klang der Trommel, das Röhren der Muschel rief die Kräfte der Mutter Erde. Ich nahm die Anwesenheit dieser Wesen in meinem Körper wahr. Die Vibration der Energie änderte sich, als die Kräfte des Himmels gerufen wurden. Im Klang der Flöte, im Gesang der gesungenen Mantras fühlte ich Frieden und Harmonie.

Nach der Zeremonie umarmten einander die Teilnehmer, und jeder suchte sich einen Platz, um sich allein mit der vom Tourismus noch unbeeinträchtigten Kraft dieses Ortes zu verbinden. Meister Cirilo lehnte sich an einen Baum und hielt ein Schläfchen, wie er es oft nach Zeremonien zu tun pflegt. Das Ehepaar Arguelles legte eine Friedensfahne über eine Stele und unterhielt sich mit den Anwesenden. Ich suchte mir auf einer nahegelegenen Pyramide einen ruhigen Platz und beruhigte nach und nach meine in der Zeremonie hochgekommenen Gefühle.

Nun saß ich ein Jahr später auf einer Bank in der warmen Frühlingssonne meiner Tiroler Heimat und genoß die wunderbare Aussicht über die nahegelegenen Ortschaften Arzl und Wald, wissend, daß in unserer zweiten Heimat gerade wieder einiges im Umbruch war.

Vor einigen Wochen bekamen wir aus Guatemala die Nachricht, daß am selben unberührten Maya-Zeremonialort und im unmittelbaren Nahbereich der weltberühmten Maya-Stätten Tikál, Uaxactún und Laguna de los Tigres Ölgesellschaften erste Probebohrungen durchführten und die Schürfrechte bereits vertraglich gesichert waren. In dieser Region gibt es nur einfache Bauern und die Chicleros, Männer, die mit ihren Macheten die Rinde der Kautschukbäume ritzen und Gummimilch gewinnen. Wie sollten die sich gegen die Übermacht und die Versprechungen profitsüchtiger Ölgesellschaften und deren Verbündeten in den Regierungen wehren können? Der in weiten Bereichen noch unberührte Regenwald Guatemalas im Petén sollte zu einem Förderfeld für das Blut der Erde gemacht werden. Damit wäre die energetische Zerstörung der wohl berühmtesten Maya-Stätten Zentralamerikas eingeleitet.

Carla, die bereits die Regenzeremonien initiiert hatte, rief uns empört an und bat uns um Hilfe. Ein paar wenige Umweltschützer hätten eine kleine Demonstration im Petén abgehalten, die kaum beachtet worden sei. Ich nahm eine Landkarte der Region und spürte mit meinen Händen in den Ort. Eine beißende Energie in meinen Händen bestätigte mir Carlas Befürchtungen. Ich bat meine Frau um eine gemeinsame Meditation, und wir setzten uns an unseren Altar.

Christine legte eine Postkarte der Mondpyramide Tikáls hinter ihre Kristallkugel und rief plötzlich ganz aufgeregt :

„Ich sehe die Abuela, ihr Gesicht hat sich klar auf der Pyramide manifestiert. Ich spüre, was sie sagen möchte. Bitte, Norbert, stell dich hinter mich. Laß uns eine Zeremonie machen und die Abuela Ixmucané, die Urmutter der Maya, rufen."

Bereits nach wenigen Minuten meldete sich diese kosmische Wesenheit und begann zu sprechen. Sie meinte, daß wir uns zusammenschließen sollten. Eine gemeinsame Meditation könnte die dunklen Kräfte über diesem Ort läutern. Starke Erschütterungen des Erdbodens würden sonst die dortigen Energien und Wesen zerstören und vertreiben.

Darum sollten wir mit unserer Vorstellungskraft in den ersten Minuten der Zeremonie die dunklen Kräfte in uns, in der Region auflösen. Dadurch sei es für die dunklen Kräfte unmöglich, die Kraft der Zeremonie zu mißbrauchen. Danach sollten wir wie üblich Licht und Kraft, Heilung und Liebe in die Region senden. Dies sei am leichtesten in der Verbindung mit dem grünen und violetten Licht möglich. Später würden wir die weiteren Schritte mitgeteilt bekommen. Wir bekamen in dieser Durchsage den genauen Tag und Zeitpunkt für die Zeremonie mitgeteilt.

Ich setzte mich an meinen Computer und verband mich per E-mail mit vielen Freunden in Österreich, Deutschland, Schweiz, Holland, Guatemala und den USA. Zwei Tage später versammelten sich in den verschiedenen Ländern Gruppen, um die Heilungszeremonie für Uaxactún mitzutragen. In unserem Haus kamen Freunde zusammen, und jeder einzelne von uns spürte eine unglaubliche Kraft in der Verbindung mit den einzelnen Gruppen, in Verbindung mit den Kräften des heiligen Ortes im guatemaltekischen Urwald.

Ungeachtet dessen, wo wir leben, können wir in gemeinsamer Arbeit gefährdete Plätze heilen und schützen. Im gegebenen Fall kann ich nicht beurteilen, in welcher Form unsere gemeinsame Zeremonie ihre Wirkung zeigen wird. Als ich Wochen später nach Guatemala kam, erhielt ich die Bestätigung für die seismographischen Störungen durch Sprengungen der amerikanischen und argentinischen Erdölfirmen in den Regionen um die heiligen Stätten der Maya. Der Direktor der amerikanischen Umweltorgansiation „Wildlife Conservation Society" übergab mir eine Mappe mit allen notwendigen Belegen, die ich den uninformierten Maya-Organisationen und Freunden in Guatemala und Europa weitergeben konnte.

Durch den Zusammenschluß von Menschen für gemeinsame Rituale und Meditationen tun sich ungeahnte Möglichkeiten für die Heilung unseres Planeten, vor allem aber auch für unsere eigene Entwicklung auf. In Gruppenmeditationen werden wir selbst zu einem Teil dieser machtvollen Energie. Wir erhalten gleich den Orten, für die wir die Zeremonien machen, ganz persönliche Hilfe und Heilung.

Es war Zeit, vom Osterstein aufzubrechen. Die Sonne wurde von schweren Wolken verdeckt. Eben noch hatten wir in der Wärme der Frühlingssonne unsere Erinnerungen an Guatemala wachgerufen, jetzt blies uns mit einem Mal ein eisiger Wind ins Gesicht. In Gedanken an das paradiesische Klima unserer zweiten Heimat schloß ich den Reißverschluß meines Anoraks, wir gingen mit eingezogenen Köpfen zurück.

Bei Erkundigungen nach der Herkunft des Namens Osterstein erfuhren wir, daß dieser Name mit der germanischen Göttin Ostara zusammenhängt, für die in alten Zeiten zum Frühlingsbeginn Fruchtbarkeitsrituale abgehalten wurden. Von dieser Fruchtbarkeitsgöttin dürfte auch der Begriff Ostern kommen. Wir beide fühlten uns an diesem wunderschönen Frühlingsnachmittag von diesem Ort, von dieser Kraft gerufen. Enttäuschen mußten wir allerdings die Göttin der Germanen in bezug auf die Fruchtbarkeit. Diese wollten wir keinesfalls manifestieren. Drei Kinder sind eindeutig genug, da sollte auch der Frühlingsbeginn nichts daran ändern.

In unserer westlichen Kultur gibt es wie überall zahlreiche Kraftorte, die vergessen sind. Sie sind an stillen Orten in der Bergwelt, in unberührter Natur und öffnen sich, wenn wir mit Respekt und Liebe in ihr Geheimnis eindringen möchten. An vielen dieser Kraftorte wurden Kirchen und Kapellen gebaut. Der Dom des bekannten Wallfahrtsortes Espuipulas an der Grenze zu Honduras wurde über einer alten Kultstätte erbaut. Der Architekt dieses Domes, ein Peruaner, integrierte zahlreiche Elemente und Symbole der Maya-Kultur in dieses Bauwerk im Wissen um die Urkraft dieses seit Jahrhunderten bekannten heiligen Ortes.

Wir haben uns über Jahrhunderte einschränken lassen von der Ausschließlichkeit unserer Religion und unseres Glaubens. Je mehr wir zu den Ursprüngen zurückgehen, umso umfassender wird das Gesamtbild und umso deutlicher die Verbindung zwischen verschiedenen Glaubensrichtungen. Die Menschen suchten immer nach Orten der Kraft, um sich dort in Gebet oder Meditation zu sammeln und zu stärken. Die geistigen Kräfte finden an diesen Plätzen leichter Eintritt in die Materie und können sich so in Erscheinungen manifestieren. Wallfahrtsorte sind oft dort, wo solche ungewöhnlichen Erscheinungen stattgefunden haben.

Schon die Vorväter der Maya haben ihre Kraftplätze und Altäre für Zeremonien verwendet. In Guatemala gibt es Tausende dieser heiligen Stätten in freier Natur, an denen nach den Zeiten der Repression der letzten Jahrhunderte und vor allem der vergangenen Jahrzehnte wieder Rituale abgehalten werden. Die Kraft und Mystik, ausgehend von diesen Altären, ist im ganzen Land spürbar. Das mag wohl auch der Grund sein, warum es gerade in diesem Land so leicht ist, diese Energien zu spüren, sich mit ihnen zu verbinden und im Einklang mit diesen Kräften in Harmonie mit unserem Planeten Erde zu gelangen.

Die Ancianos und Ancianas verbinden sich durch das Dritte Auge mit ihren Stelen und Altären. Sie werden dadurch eins mit ihnen und dringen in das Geheimnis, in die Information ein. Wenn Don Cirilo an einen Altar kommt, den er selbst noch nicht kennt, begegnet er ihm wie einer Geliebten. Das Vertrauen, die Liebe auf den ersten Blick ermöglichen eine direkte energetische Verbindung. Er beginnt mit dem Altar zu sprechen, küßt ihn, legt seine Hände auf den Stein, zeigt seine Neugier, berührt ihn, macht ein Ritual, um schließlich zu wissen, welchen Namen dieser Stein hat. Jeder heilige Ort ist einer bestimmten Kraft und damit einem bestimmten Tag im heiligen Maya-Kalender zugeordnet.

Als ich Meister Cirilo erstmals auf unser Grundstück führte und ihm den heiligen Stein dort zeigte, näherte er sich ihm langsam. Er zeigte vorerst sein Erstaunen, seine Freude über diese Begegnung. Er kniete vor dem Stein nieder, küßte die Mutter Erde. Dann stand er auf, berührte und küßte den Stein, nahm mit seinem Dritten Auge den Kontakt auf und versenkte sich in einer Meditation. Dann stieg er auf den Stein hinauf und legte sich mit ausgestreckten Armen darauf, um seine Kraft voll und ganz in sich aufnehmen zu können. Danach kam er wieder herunter, sah mich an und sagte: „Dieser heilige Stein ist verbunden mit der Kraft des QUANÍL und mit der Kraft der heiligen Neun."

QUANÍL ist im heiligen Maya-Kalender die Kraft des Samens, die Kraft des Wachstums. Dies hat viele Aspekte, wir können uns darunter all das vorstellen, was wir eben mit Wachstum verbinden: unsere Sexualität, unsere Schaffenskraft, unsere Kreativität, die Schöpferkraft unserer Gedanken und Gefühle. Dieser Stein ist verbunden mit der Kraft der Mutter Erde und der dazugehörigen männlichen Kraft. Somit ist er das Symbol für das Zusammenfließen beider Energien, für die Vereinigung der polaren Gegensätze. In der Verbindung der beiden Kräfte erkennen wir unsere Göttlichkeit, unser Einssein mit dem göttlichen Kosmos und der Mutter Erde. Die Kraft QUANÍL ist aber auch verbunden mit dem Wachstum der Ideen, unserer Vorstellungen.

Viele Menschen wissen um ihre schlummernden Qualitäten, visualisieren sich Beruf und Lebensumstände und sehen, daß genau das auf sie zukommt, was sie sich vorgestellt haben. Das zeigt uns, wie sehr wir auf die Gestaltung unseres Lebens Einfluß nehmen können. Es ist nur eine Frage unserer Zentriertheit, unserer klaren Ausrichtung beim Visualisieren, dann manifestiert sich unsere Idee. Ein Maya würde also, um jemanden in den genannten Bereichen zu unterstützen, am Tag QUANÍL und, wenn möglich, an einem Altar QUANÍL eine Zeremonie abhalten.

Wir hatten also in unserem Zentrum das Maya-Symbol des Wachstums, und darum wurde diese Kraft bei der Eröffnung des Zentrums von einer Gruppe von Maya-Priestern in einer Zeremonie aktiviert. Die Nebel zogen am Nachmittag vom Atitlánsee hoch und hüllten den Stein in ein weißes, seidiges Gewand. Ich fühlte mich versetzt in die nebeligen Landschaften meiner Tiroler Heimat an einem kalten, feuchten Novembertag. Hier war es angenehm warm, eine leichte Brise zog vom See herauf und trug einen Falken über die Bäume. Ein Guardabarancavogel unterhielt sich über weite Distanz mit einem Artgenossen und zeigte seinen Anspruch auf sein Revier an.

Der Rauch des bereits gelöschten Zeremonialfeuers vermischte sich mit dem feuchten Nebel. Wassertropfen fielen von den Nadeln der Pinos und deuteten Regen an. Wir waren jedoch in der Trockenzeit, die trockene, staubige Erde sog jeden einzelnen Tropfen sofort in sich auf. Ich holte meinen Fotoapparat, um unseren Steinaltar in dieser mystischen Stimmung festzuhalten. Von allen Seiten machte ich Fotos, um in meinen Erinnerungen zu diesem heiligen Moment zurückkehren zu können. Am nächsten Tag bekam ich bereits die entwickelten Fotos. Ich setzte mich auf die Terrasse, verband mich mit dem Stein und verband mich über meine Intuition, über das Dritte Auge mit den heiligen Wesen des Steins.

In diesen Momenten der Betrachtung zeigen sich auf vielen meiner Fotos die Wesen in Manifestationen. Als ich nun das letzte der neuen Fotos in die Hand nahm, zeigte sich ein Gesicht. Augen, Nase, Mund zeichneten sich klar ab und erinnerten an einen Maya. Drehte ich das Foto um, manifestierte sich aus demselben Gesicht ein männliches Glied. Ich war recht erstaunt und angetan von dem, was ich da sah.

Ich drehte das Foto hin und her im Wechselspiel dieser beiden Manifestationen, als sich daneben plötzlich ein zweites, großes Gesicht abhob. Es war das Gesicht einer schlafenden Frau, die ihren Kopf auf die Seite gelegt hatte und sich gleichsam an das männliche Gesicht anschmiegte. Vor den beiden Gesichtern war das reale Dreieck sichtbar, das wohl vor Zeiten aus dem Stein gehauen worden war und auf dem man wie auf einem Thron sitzen kann.

Meister Cirilo breitete sich auf diesem Thron aus und legte sich über die beiden Gesichter. Konnte er die Kraft QUANÍL in der Verbindung dieser beiden Energien erkennen, die sich mir auf diesem Foto zeigten? Es war wohl nicht nötig, darüber zu sprechen. Die Kraft der Sexualität, die Kraft der Verbindung mit der Erde, die Verbindung von weiblicher und männlicher Energie ging von diesem heiligen Stein aus, und ich hatte die Bestätigung auf meinem Foto, das ich einrahmte und auf meinen Altar stellte.

Niemand hätte uns etwas über die jahrhunderte-, ja vielleicht schon jahrtausendealte Bestimmung dieses Altars etwas sagen können. Er war überwachsen mit Sträuchern, aber nun war der Moment gekommen, seine Identität zu erfassen. Dieser Maya-Altar ist mir seitdem auch ein Symbol für die Kraft der Geduld und des Wartens auf den richtigen Augenblick.

Wir alle tragen eine Fülle von Qualitäten in uns, die wir in verschiedenen Leben bewußt oder auch unbewußt schon lebten. Wie beim Stein QUANÍL kommt es auch in unserem Leben zu Begegnungen mit Menschen, die uns erkennen und vom Dickicht befreien.

So wie Meister Cirilo dem heiligen Stein begegnete, verhalten auch wir uns im Alltag, wenn wir einen Partner treffen, für den wir Freundschaft und Liebe empfinden. Wir berühren einander in Begrüßungsritualen, wir sprechen miteinander, zeigen unsere Wertschätzung durch die Wahl unserer Worte. Wir kommen einander allmählich immer näher, die Beziehung wird intensiver. Wir liegen beisammen, spüren einander in der sexuellen Verbindung, um auf diese Weise die Grenzen unserer Persönlichkeit zu durchbrechen und mit dem Partner zusammenzufließen zu Einem.

Wir integrieren im sexuellen Akt die Essenz unserer Wesen, die Qualität unseres Seins und werden zu Schöpfern eines physischen Körpers, in dem eine zurückkehrende Seele ihre vorübergehende Heimat findet. Ich spreche hier nicht von einer Vereinigung, die nur auf äußerlichen Reizen basiert, sondern von den Begegnungen mit Menschen, die unsere Seele berühren, die uns neugierig machen und in uns Freude, Liebe, Wertschätzung auslösen.

Wenn wir uns mit derselben Neugier, mit Liebe und Respekt einem heiligen Ort öffnen, dann enthüllen sich uns die Geheimnisse des Ortes, wir erhalten Informationen von dort Geschehenem und integrieren die verschiedenen energetischen Ebenen mit ihren unterschiedlichen Qualitäten.

Die Form, wie wir diese heilige Verbindung herstellen, ist individuell unterschiedlich. Manche Menschen gehen in die Meditation, in das Gebet, in die heiligen Stille. Voraussetzung für dieses Eindringen in das Labyrinth von Informationen ist der bewußte Wunsch, sich mit der Botschaft des Ortes zu verbinden. So können wir sie über unsere Intuition erfahren und verstehen. Es geht dabei nicht nur um das rationale Erkennen dessen, was der Ort zu sagen hat. Vielmehr wird die Botschaft integriert. Wir beginnen sie auszudrücken, zu fühlen, zu denken und sind damit Teil eines Ortes, einer Kraft, die sich dort manifestiert.

Über unser Sein, unser Wesen, über die Kraft der Weisheit drücken wir aus, was wir integriert haben. Dafür müssen wir nicht der jeweiligen Kultur entstammen. Wir öffnen durch unseren Glauben, durch Respekt und durch unseren Willen ein Erinnerungsprogramm in uns. Freilich müssen wir manchmal eine Zeitlang warten, bis sich dieses Programm auftut und entfaltet. Es kann uns natürlich nur das bewußt werden, was wir fähig sind zu erfassen. So können wir auch einem kleinen Baby nur die Nahrung verabreichen, für die der Körper bereits reif ist. Alles andere würde dem Baby schaden und Schmerzen und Leid verursachen. Doch alles, was wir aus tiefstem Herzen wünschen und erbitten, wird uns nach und nach entsprechend unserer Aufnahmefähigkeit gegeben werden.

In wohl allen alten Kulturen war die Verbindung von Kosmos und Mutter Erde eine Quelle von Kraft und Macht. Es bedurfte also der hohen Kunst und des Wissens der Menschen, sich diese Kraftquelle für die eigene Entwicklung verfügbar zu machen. In den verschiedenen Kulturen fand man viele unterschiedliche Methoden, um sich für diese Energie aufzumachen und dadurch in eine andere Dimension zu schauen, sich in diesem Kraftfeld mit den göttlichen Kräften zu verbinden, Informationen aus der anderen Welt zu erhalten oder auch als Heilungsquelle zu erschließen.

Viele Menschen machen Gott für die Geschehnisse in ihrem Leben verantwortlich. Die Erlebnisse in der Außenwelt spiegeln aber nur unser Inneres, unsere Gedanken und Emotionen. Wenn wir die Lichtquelle in uns öffnen, begegnet uns das Licht im Äußeren. Wir können die Liebe und das Licht nicht erkennen, wenn wir sie nicht in uns erweckt haben. Das haben schon Moses, Zoroaster, Jesus, Buddha und viele andere beschrieben. Die Grundwahrheiten bilden nicht nur in den östlichen Philosophien und Lehren die Essenz der heiligen Schriften, sie sind ebenso die Basis der Kosmovision der Essener und des Bewußtseins der Maya.

Die Maya waren immer große Kenner der kosmischen Zusammenhänge. In ihren Reihen wußte man um die großen Veränderungen im Wandel der Zeiten. Der Mensch lebt, fühlt, handelt und entwickelt sich im kosmischen Kraftfeld. Er ist als Hologramm Teil des Universums und spiegelt das Universum in sich. Wir müssen nach innen schauen, um uns für den Kosmos in uns zu öffnen, denn wir sind eins mit ihm. Der Garten ist erschlossen, seine Blumen und Bäume leben in Schönheit, Harmonie und Ordnung. Wir leben in Einheit mit den Urkräften des Corazón de la tierra, des Corazón del cielo und mit den vier Himmelsrichtungen, die alle in einer Maya-Zeremonie invokiert werden.

In der christlichen Schöpfungsgeschichte wurde dieses allumfassende Energiegeschehen als der Baum der Erkenntnis im Garten von Eden beschrieben, der von den Lichtkräften oder Engeln bewacht wurde. In den Essenerschriften vom Toten Meer spricht Jesus vom kosmischen Meer des Lebens, das dem kosmischen Bewußtsein gleichzusetzen ist. Der Mensch muß im Einklang mit diesem Bewußtsein leben, sonst wird er durch das kosmische Gesetz zerstört. Krankheiten entstehen durch die Disharmonie zwischen den Energiefeldern in uns und in unserer Umgebung.

Für viele Menschen sind diese Gesetze die Gebote eines strafenden Gottes. Sie sind aufgrund ihrer Erziehung gewohnt, nach Vorschriften und Gesetzen zu leben und ihre Gedanken und Gefühle gemäß diesen Geboten auszurichten.

Das kosmische Gesetz ist jedoch ein Gesetz der Liebe und der Harmonie im göttlichen Universum. Es gibt Freiheit und Entwicklung zum richtigen Zeitpunkt. Im Zentrum der Kosmovision der Maya steht die Liebe zu allem Existierenden. Diese göttliche Kraft lenkt alles, was besteht, und jeder Mensch hat Anteil an dieser Kraft. In dieser Vision ist die Mutter Erde ein heiliges Wesen. Mineralien, Pflanzen und Tiere sind Manifestationen dieses heiligen Wesens und stehen uns zu unserer Ganzwerdung zur Seite.

Die Liebe und das Licht manifestieren sich in allem Sein. Es obliegt aber unserer persönlichen Entscheidung, ob wir in uns das Gesetz der Liebe verwirklichen und so die Harmonie mit dem Kosmos erlangen. Der Mensch mit seinem Körper, mit seinen Gefühlen und Gedanken bildet in dieser Vision eine Einheit, die angelegt wäre, mit der kosmischen Einheit zu verschmelzen. Doch schon das Suchen unserer göttlichen Urquelle im Außen trennt uns von dieser Einheitserfahrung mit dem Kosmos und vom kosmischen Gesetz, das auch wir in uns tragen.

Infolge unserer Lebenseinstellung und unseres Verhaltens sind wir aber trotz all unserer großen Errungenschaften wieder bedürftig geworden. Die Bedürftigkeit kommt aus dem natürlich im Menschen angelegten Sehnen, Gott im Geheimnisvollen zu begegnen. Wir sind uns dessen bewußt, daß wir über unser logisches Denken keinen Zugang zum Mystischen finden können und nie die wahren Erklärungen für die großen kosmischen Zusammenhänge erkennen und erfassen können. Indianerkulturen können uns für unsere notwendige Neuorientierung sehr viel anbieten. Sie sind nach wie vor eingebettet in den Kreislauf der Natur und leben auch spirituell im Einklang mit den Kräften der Mutter Erde und des göttlichen Schöpfers. Dies bedeutet nicht, daß es nicht auch bei diesen Völkern Fehlentwicklungen gibt. Das können wir auf Reisen durch ferne Kontinente klar erkennen. So müssen wir also die noch heilen und stimmigen Puzzleteile der alten und neuen Kulturen zu einem harmonischen Ganzen zusammenfügen. Es haben sich in den letzten Jahrzehnten nahezu alle Kulturen dafür geöffnet und ihre Kraft, ihre noch heilen Strukturen, ihr altes Wissen angeboten.

Meister und Lehrer ziehen durch ferne Länder und finden Echo in anderen Kulturen. Es gibt immer mehr große spirituelle Wesen, die den Menschen ihre Urwurzel, ihre Religion lassen und sie über alle Dogmen hinweg zur Kraft der Liebe führen. Ich denke dabei im besonderen an den großen Vater der Liebe, Sai Baba, dessen Kraft auch in Guatemala sehr wirksam ist und mit dessen Kraftfeld sehr viele Schamanen und Heiler verbunden sind, ohne ihn persönlich zu kennen oder Näheres von ihm zu wissen.

Wenn wir diesen Schritt zur Vereinheitlichung unseres Bewußtseins setzen, müssen wir auch anerkennen, daß jegliche Form von Evolution notwendig war und ist. Wir können nur erkennen und lernen, wenn wir handeln, auch wenn wir dabei Fehler machen, die wir aus Unkenntnis bezüglich der größeren Zusammenhänge des Lebens begehen. Im Zusammenflechten der großen multikulturellen Erkenntnisse dürfen wir unsere eigenen Fähigkeiten und Entwicklungen nicht geringschätzen oder gar ablegen. Unsere mentale Entwicklung und Stärke, unsere Gabe des Analysierens und unsere technische Schöpferkraft lassen sich im Einvernehmen mit der Natur mit dem bewußten Umgang mit der geheimnisvollen, unsichtbaren Welt in sehr schöner Weise verbinden.

Früher war ich immer sehr ungeduldig bei dem, was ich mir von der geistigen Welt wünschte. Menschen an meiner Seite schienen oft mehr Kontakt zur geistigen Welt zu haben als ich. Sie konnten in andere Dimensionen eintreten, mit geistigen Wesen kommunizieren, sahen Manifestationen in ihrem Wasserkelch, in einer Kristallkugel. All das wollte und wollte sich bei mir lange nicht einstellen. Ich fühlte mich von der geistigen Welt benachteiligt, mußte ich doch blindlings an all das glauben, was ich weder sehen noch hören konnte. In diesen Phasen meiner Ungeduld vergaß ich manchmal, daß ich diese Verbindung durch mein Gespür und meine Intuition hatte. Ich arbeitete in erster Linie mit der Sensibilität meiner Hände, über die Eingebungen des Moments und konnte auf diese Weise Menschen dienlich sein. Lange konnte ich meine eigene Kapazitäten nicht erkennen, weil ich mich ständig an anderen orientierte.

Erst nach und nach merkte ich, wie einfach es war, die Verbindung mit der geistigen Welt, die ich mir immer gewünscht hatte, durch mein Spüren, durch meine intuitive Wahrnehmung herzustellen und die mir mitgegebenen Botschaften und Fähigkeiten in den Alltag zu integrieren. Mein Intellekt, meine mentalen Fähigkeiten waren dabei kein Hindernis, sondern vielmehr eine große Hilfe. Sie machten es mir möglich, die großen Zusammenhänge im göttlichen Universum besser zu begreifen.

ÖFFNUNG IN DIE GEISTIGE WELT

An einem regnerischen, nebeligen Tag fuhr ich zu Don Julián, um mit ihm über eine Frau namens Rina zu sprechen, die mit Schilddrüsenkrebs zu mir gekommen war. Ich wollte ihn fragen, ob er bereit wäre, mit mir zusammenzuarbeiten. Als junges Mädchen hatte die Frau diese Krankheit schon einmal gehabt, die damals von der Schulmedizin erfolgreich behandelt worden und nun vollkommen überraschend für sie zurückgekehrt war. Don Julián wollte sie sehen, und wir vereinbarten ein gemeinsames Treffen.

So fuhr ich in die Stadt zurück, rief die Frau an und lud sie zu einem Gespräch ein, in dem ich ihr erklärte, daß ich es für angebracht hielte, sie mit einem Maya-Meister zusammenzubringen. In Guatemala ist dies immer wieder eine heikle Sache. Viele Guatemalteken können die Hilfe eines Indigena nicht annehmen, da ihnen oft schon von klein auf beigebracht worden ist, Indigenas als minderwertig zu betrachten. Rina konnte den Kontakt zu einem Indigena sofort akzeptieren, sie erzählte mir, daß sie schon im Alter von zwanzig Jahren mit einem Maya-Anciano zusammengetroffen war.

Bei einem Familientreffen war ein alter Indigena auf sie zugekommen und hatte sie zu sich eingeladen. Er hatte gesagt, daß er ihr helfen könne, ihr aber nur die Zone und die Straße, in der er in Guatemala City wohnte, genannt. Sie hielt ihn für einen verrückten Alten und dachte daher nicht daran, diese Einladung wirklich anzunehmen. In ihren Augen war dieser Mann ein „Brujo", ein Hexer, vor dem man sich besser in acht nahm, und so vergaß sie diese Begegnung, bis sie nach Monaten plötzlich von ihm träumte.

So entschloß sie sich schließlich doch, ihn aufzusuchen. Da sie keine genaue Adresse hatte, fragte sie sich bei allen möglichen Leuten durch. Als sie an seiner Tür läutete, öffnete er ihr mit der Bemerkung, er habe gewußt, daß sie heute komme. Es stünde im heiligen Maya-Kalender, daß an diesem Tag die Begegnung mit einem Ajquíj, einem Maya-Priester, stattfinden werde. Dieses Zusammentreffen bewegte Rina sehr. Sie wurde von diesem Anciano, der in der jungen Frau bereits eine Priesterin sah, monatelang geführt und bekam dadurch erstmals Einblicke in die Kosmovision Maya, mußte sich aber aufgrund privater Umstände bald wieder von diesem Weg lösen. Nun wurde ihr wieder bewußt, was diese damalige Begegnung in ihr ausgelöst hatte.

So begann Rina den Weg mit Don Julián, mit seiner Form der Heilungsrituale mit Reinigungs- und Konzentrationsbädern, mit Heilpflanzenrezepturen und vielen Gesprächen. Ihre Krankheit wurde bei alldem nicht mehr erwähnt. Don Julián wußte, daß ihr über diese Krankheit ihr Weg bewußt werde. Es sei dies ein Geschenk des Himmels, meinte er, weil sie sonst nicht so leicht zu ihrer Lebensbestimmung gefunden hätte. Der Auslöser ihrer Krankheit sei ihr Licht, das an die Oberfläche dränge.

In Zeremonien bereitete er sie auf die Maya-Priesterschaft vor und eines Tages meinte er – wie bei uns allen, die wir den Weg mit ihm gingen –, daß er in einer Konzentration herausfinden wolle, mit welchen Kräften sie verbunden sei. Er wollte dieses Ritual in der Pyramide unseres Zentrums in Sololá machen, und so verabredeten wir uns für eines der folgenden Wochenenden.

Wir bereiteten die Zeremonie vor und besorgten Kerzen und Räucherwerk. Vor allem war es notwendig, Wasser aus dem Atitlánsees in die Pyramide zu bringen.

Dann saßen wir vor dem Altar, und Don Julián bat auch Rina sich hinzusetzen, da sie sich sonst verletzen könne. Wir waren über diese Äußerung einigermaßen überrascht. Wie konnte dieser Mann bereits ahnen, daß Rina hinfallen und sich verletzen würde? Nun, sie machte, was er sagte, und setzte sich auf eine Matratze, während Don Julián die Zeremonie eröffnete.

Ganz plötzlich fiel Rina auf die Seite und schien bewußtlos zu sein. Don Julián nahm keine Notiz davon und konzentrierte Gloria. Sein geistiger Führer, der Erzengel Michael, meldete sich und meinte, er habe heute eine wichtige Botschaft für uns alle, vor allem aber für Rina, die immer noch bewußtlos neben uns lag. Niemand schien es für notwendig zu halten, ihr zu helfen. Ich verließ mich auf Don Julián und fragte ihn, was denn mit Rina los sei. Ihr Körper sei einfach noch nicht fähig, den eindringenden Kräften standzuhalten, war seine Antwort. Aus diesem Grunde sei sie nun in einem Zustand, in dem die geistigen Kräfte, vor allem die Maya-Kraft Kukulcán, sie für ihren weiteren Weg vorbereiteten. Rina blieb noch weitere drei Stunden regungslos in der Pyramide liegen. Sie sollte also als Medium für die Kräfte des großen Kukulcán, des Trägers des Maya-Bewußtseins, des Corazón del cielo und des Corazón de la tierra, der Urkraft des Himmels und der Erde, initiiert werden.

Wir ließen sie auf der Matratze liegen und verließen die Pyramide. Don Julián erklärte noch, daß es ein großes Geschenk für uns alle sei, mit der großen Maya-Kraft Kukulcán in Verbindung treten zu können. Aus dieser Kraft und Verbindung würden wir viele Informationen für den kommenden Zeitenwechsel bekommen. Die vorausgesagte Rückkehr des Maya-Bewußtseins sei auch eine Rückkehr des Trägers dieses Bewußtseins, Kukulcán. Nur wenige Menschen seien von vornherein imstande, diese Kraft zu kanalisieren. Wir sollten uns also über Rinas Zustand keine Sorgen machen. Ihr physischer Körper werde nun nach und nach auf die Frequenz dieser großen Kraft eingestellt, damit sie später keinen Schaden erleide.

Ich habe in Zusammenhang mit der Kosmovision Maya immer wieder über die Urkraft des Bewußtseins der Maya, Kukulcán, gelesen. Nie konnte ich diese Kraft wirklich einordnen. Er wurde dargestellt als großer Zerstörer und Wiederhersteller, als Kraft, vor der die Maya großen Respekt, ja den Büchern nach sogar große Angst hatten.

Nach drei Stunden bat mich Don Julián, zu Rina zu gehen, es sei wohl Zeit, langsam aufzubrechen und den Heimweg anzutreten. Ich ging zu ihr und rief sie mit dem Klang der tibetischen Klangschalen und mit meiner Zeremonialtrommel zurück. Sie setzte sich auf, verblüfft über das, was geschehen war. Sie meinte, sie habe sich auf einer anderen Bewußtseinsebene befunden, habe aber auch alles mitbekommen, was sich in der Pyramide abgespielt hat. Sie machte einen gelösten Eindruck und freute sich mit uns über die Botschaft, daß Kukulcán eines Tages durch sie sprechen werde.

Wochen nach diesen Erlebnissen ergab es sich, daß ich gemeinsam mit Rina und meiner Frau Christine zu Don Julián fuhr. Am Abend zuvor hatten wir intensiv an unseren Maya-Begleiter gedacht, wir hatten das Gefühl, er brauche Hilfe. So machten wir uns auf den Weg zu ihm und waren eine Stunde später dort. Schon als wir in den Vorhof seiner Hütte traten, begrüßten uns einzelne Familienmitglieder. Seine Tochter umarmte uns, sie freute sich sehr über unseren Besuch, weil Don Julián in schlechtem gesundheitlichen Zustand war. Er saß in seinem alten Lehnstuhl neben seinem Altar, streckte uns die Hand entgegen und sagte, er habe uns gestern gerufen.

Diesen Ruf hatte jeder von uns gehört. Er bat mich, eine Zeremonie für ihn zu machen. Er habe die ganze Nacht kaum geschlafen und könne auch nichts essen. So half ich ihm, sich auf den Stuhl vor dem Altar zu setzen, und begann ein Ritual, indem ich die Kräfte, die uns miteinander verbinden, rief. Christine saß im Hintergrund und half mir auf ihre übliche, zurückhaltende, ruhige Weise. Nach dem Ritual ließ Don Julián seine Enkelin Gloria rufen. Sie war gerade auf dem Markt und half ihrer Großmutter beim Verkauf von Gemüse. Heute sollte ich zum ersten Mal mit ihr eine Konzentration machen und die Kräfte rufen.

Gloria kam, umarmte uns und setzte sich gleich auf den Stuhl vor dem Altar. Wie der Maya-Meister arbeitete ich erstmals auf seine Weise mit verschiedenen Essenzen, Siete Machos, Agua Florida, Agua de la Reina, um Glorias Kronenchakra zu öffnen. Ich bemühte mich, invokierte die einzelnen Kräfte, Gloria gähnte wie üblich, aber es wollte keiner der geistigen Führer durchkommen.

Ich wurde schon etwas unruhig, immerhin saß Don Julián neben mir und beobachtete, was ich machte. Ich hatte das Gefühl, zu versagen, für diesen heiligen Akt einfach noch nicht bereit zu sein. Christine saß ruhig im Hintergrund, und Rina saß neben Gloria. Nach fünfzehn Minuten beendete ich das

Ritual in der Meinung, es gelinge mir eben noch nicht, die geistigen Kräfte durch Gloria zu rufen.

Gloria selbst aber berichtete, es sei heute eine Wesenheit dagewesen, die sie noch nie zuvor gespürt habe. Es sei ihr unmöglich gewesen, sich dieser Kraft zu überlassen. In diesem Moment sahen wir, daß Rina, neben ihr sitzend, abwesend war. Sie hob langsam ihren Kopf und sagte zu Don Julián, wie sehr sie das Bedürfnis gehabt habe zu sprechen. In ihr sei eine Kraft gewesen, die sich mitteilen wolle. Julián verstand sofort, was das bedeutete. Rina setzte sich nun an den Altartisch, Don Julián erholte sich sichtlich, erhob seine Stimme, begann eine Zeremonie und verband sich immer wieder mit der Urkraft der Maya. Es dauerte vielleicht fünf Minuten, schon begann Rina im Namen Kukulcáns zu sprechen: Es sei nun der Zeitpunkt für Rina, in sein Energiefeld einzutreten. Für unsere Gruppe gäbe es wichtige Aufgaben zu bewältigen. Wir könnten ihn jederzeit rufen und um Hilfe bitten.

Nach einigen Minuten beendete Don Julián die Konzentration, indem er sich bedankte und versprach, alles in seiner Macht Stehende zu tun, um der geistigen Welt zu Diensten zu sein. Immer wieder bat er um Verzeihung für seine vielen kleinen Nachlässigkeiten und dafür, daß er vieles in seiner menschlichen Begrenztheit nicht wahrnehmen könne.

Dies war das erste Mal, daß nun Rina in direkten Kontakt mit dieser Maya-Kraft kam. Sie selbst war sehr euphorisch, sprang vor Freude in die Luft, umarmte Don Julián, küßte ihn unzählige Male. Sie war begeistert von dieser außergewöhnlichen Befindlichkeit. Ihr ganzer Körper war von ungeheurer Kraft und Vitalität durchflutet. Ganz im Gegensatz zur Erfahrung in der Pyramide unseres Zentrums war sie nun lebhaft und wach.

Als wir uns auf den Heimweg machen wollten, sagte uns ein Nachbar, drei Männer seien immer wieder um unser Auto herumgegangen. Sicher seien sie Diebe, die uns das Auto stehlen wollten.

Wir waren schockiert. Vor wenigen Minuten waren wir noch in einem unglaublich starken Kraftfeld von Freude und Vitalität, nun traf uns diese Information wie ein Hammerschlag.

Man gab uns den Rat, möglichst ohne stehen zu bleiben in die Stadt zurückzufahren, es sei nämlich möglich, daß die Männer uns verfolgten. Wir stiegen also ein und fuhren aus der Kleinstadt Palín Richtung Hauptstadt. Im Rückspiegel versuchte ich immer wieder, Verfolger wahrzunehmen, ich beanspruchte mein Auto wie schon lange nicht mehr, ohne auf Polizeikontrollen zu achten. Glücklicherweise ging alles in Ordnung, wir kamen ohne Probleme in die Stadt zurück.

Beim Verabschieden vereinbarten wir, uns gleich am nächsten Tag bei uns zuhause zu treffen, um gemeinsam eine Konzentration zu machen. Ich war sicher, daß wir es schaffen könnten, und hatte keinerlei Angst, in eine schwierige Situation zu kommen. Die vielen Konzentrationen mit Don Julián und seiner Enkelin gaben mir die Sicherheit, dies nun selbst tun zu können.

Ich freute mich schon sehr auf den kommenden Tag. Rina kam mit ihrem Priesterhuipil und mit der Vara, dem Zeichen der Priesterschaft. Obwohl sie von Don Julián immer wieder darauf aufmerksam gemacht worden war, daß es nicht angebracht sei, im Minirock am Altar zu sitzen, ließ sie sich nicht davon abhalten. Die Wesenheiten müßten damit zurechtkommen, meinte sie und lachte herzlich über den Reiz einer Begegnung mit Kukulcán im Mini. Sie habe Freude an ihrer Kleidung und diese Freude wolle sie sich auch nicht von den geistigen Kräften nehmen lassen.

Wir setzten uns zusammen, um zu besprechen, wie wir vorgehen würden. Christine sollte neben Rina sitzen, und ich hinter ihr stehend arbeiten, während sie auf dem Stuhl vor meinem Altar Platz nahm. So begannen wir also das Konzentrationsritual. Ich rief die Kräfte der vier Himmelsrichtungen, die Kräfte der Erde sowie die kosmischen Lichtkräfte, zu denen wir auf unserem gemeinsamen Weg Kontakt bekommen hatten. Schon nach kaum fünf Minuten meldete sich mit klarer, scharfer Stimme Kukulcán.

Wir wurden aufgefordert, in einer Gruppe von sieben Leuten nach Tikál zu reisen, um dort mit seinen drei Strahlen verbunden zu werden. Er wies uns an, die Reise zum nächsten Vollmond zu planen. Es wurde uns mitgeteilt, welche Art Zeremonien wir dort machen sollten. An drei verschiedenen Orten, auf drei verschiedenen Pyramiden könnten wir seine Kraft gleichsam als Initiation integrieren. Es würden in dem kommenden Zeitenwechsel viele Aufgaben auf uns zukommen, die nur mehr als Gruppe bewältigbar seien, deshalb sei es wichtig, den individuellen Weg mit der Arbeit in einer Gruppe zu verbinden. Jeder einzelne Teilnehmer der Gruppe werde diese Kraft gemäß seiner Schwingung, seinem Glauben, seinen Denkmustern auf seine Weise integrieren können und seinen Entwicklungsprozeß durchleben.

Ich verabschiedete mich von Kukulcán im Namen der Dreiergruppe und schloß Rinas Scheitelchakra wieder. Sie saß still und bewegungslos auf dem Stuhl, völlig zentriert und bat mich mit leiser Stimme, meine Schamanenfedern zu holen. Sie könne ihre Gliedmaßen nicht mehr bewegen. So holte ich den Federnpack, den mir ein Schamane beim Indianertreffen am Amazonas geschenkt hatte, und reinigte damit ihre Aura. Allmählich bewegte sie ihre Hände, sie streckte ihre Füße, stand vom Stuhl auf. Noch ganz aufgeregt umarmten wir einander als Zeichen unserer großen Freude. Erstmals war es uns gelungen, Kukulcán zu rufen, und dabei hatten wir gleich eine Einladung an eine der heiligsten Stätte der Maya erhalten.

Bei einer Tasse Tee setzten wir uns an den kleinen Tisch im Therapieraum und analysierten, was gesprochen worden war. Wir sollten also eine Reise nach Tikál unternehmen. Der Zeitpunkt war klar. Vollmond war in den ersten Novembertagen (1998), also stand der Reisetermin fest. Wir waren zu dritt. Wer sollten die restlichen vier sein, die uns begleiten würden? Es hieß, wir könnten bereits sieben Flugtickets reservieren, die restlichen Mitglieder der Gruppe würden uns in den nächsten Wochen zugeführt.

Bereits jetzt quälte uns die Frage, wer die Auserwählten für diese Initiationsreise sein sollten. Zu viele Menschen kamen dafür in Frage, wie sollten wir nur vorgehen? War es wichtig, Don Julián, Meister Cirilo oder einen anderen Anciano, der uns nahestand, einzuladen? Wie und wann würde sich entscheiden, wer nun wirklich für diese Reise auserwählt sein sollte? In den kommenden Tagen sollte eine Frau aus der Schweiz zu uns kommen, und für Anfang November war auch noch die Ankunft einer Frau aus Wien vorgesehen.

Es mußte einiges organisiert werden. Wie immer bei Vollmond waren die Flüge in den Petén schon recht ausgebucht, sodaß wir möglichst bald Plätze reservieren sollten. Wir standen vor einem großen Rätsel, das im Moment unlösbar schien. Es würde sich alles klar ergeben, hieß es in der Konzentration mit Kukulcán, und darauf mußten wir nun einfach vertrauen.

So notierten wir gleich die Dinge, die wir für die Zeremonien bräuchten. Wir hatten nur noch drei Wochen Zeit, um diese zu besorgen. Gebeten worden waren wir um unsere Zeremonialkleidung, Räucherwerk, Mais in den vier Farben Weiß, Rot, Schwarz und Gelb, drei Büschel der Heilkräuter Apazote, Chilca und Ruda, die zu einem Bund zusammengebunden sein sollten, Kerzen in den sieben Farben des Regenbogens, vier Klangschalen, die Zeremonialtrommel, die heilige Vara als Zeichen der Priesterschaft, und jeder, der die Priesterschaft noch nicht hatte, sollte einen Kristall mitbringen.

Die erste Zeremonie mußte zu Mitternacht beim Tempel II, dem Tempel des Mondes, zur Verbindung mit dem Blauen Strahl stattfinden. Auf dieser Pyramide sollten wir die blauen Kerzen anzünden, die Zeremonie auf der Plaza Mayor mit dem heiligen Feuer beginnen, dort die Kräfte invokieren und dann die Pyramidentreppen hinaufsteigen, um oben die Zeremonie zu beenden. Wenn wir dann Kukulcán in einer Konzentration mit Rina neuerlich riefen, werde er uns weitere Botschaften übermitteln.

Die zweite Zeremonie sollten wir zu Sonnenaufgang bei einer Pyramide im Mundo Perdido machen. Der richtige Platz für die Zeremonie würde uns dort gezeigt werden. Dies sei die Zeremonie für die Verbindung mit dem Grünen Strahl.

Die dritte Zeremonie sollten wir am späten Vormittag im Tempel der Inskriptionen zur Integration des Violetten Strahls abhalten. In Tikál würden wir dann auf eine vierte Zeremonie aufmerksam gemacht werden, hieß es.

Zum Abschluß der Zeremonien seien die Maiskörner mit den vier Farben in die vier Himmelsrichtungen zu werfen. Dies stehe symbolisch dafür, daß alle Gedanken und Gebete, alle Wünsche auf fruchtbaren Boden fallen und sich realisieren werden. Es sei vor allem aber auch ein Zeichen der Verbindung aller Rassen und Kulturen in der neuen Zeitepoche des fünften Sol. Der ewige Wunsch der Menschheit nach Frieden, nach Liebe und Harmonie werde in dieser kommenden Zeitepoche in Erfüllung gehen.

Die nächsten Wochen wurden spannend. Wir bereiteten uns auf diese Fahrt vor, sprachen immer wieder darüber, wer wohl schließlich im Kreise der Sieben mit dabei sein würde. Wir wußten nicht so recht, ob wir Don Julián informieren sollten. Auch dafür waren noch keine klaren Zeichen gegeben. Vor allem waren wir darauf hingewiesen worden, daß wir selbst die Zeremonien durchführen sollten. Würde Don Julián mitfahren, wäre es klar, daß er die Zeremonien in seiner Art leitete und führte.

Meister Cirilo hätten wir auch nicht informieren können. Er wußte nichts von den Konzentrationen und hätte uns vielleicht nicht einmal Glauben geschenkt. Wie würde er darauf reagieren, daß sich die höchste Maya-Kraft einer Ladinofrau als Sprachrohr bedient und die Gruppe vorwiegend aus Ausländern bestehen sollte? Wenngleich Meister Cirilo auch immer wieder darauf hinweist, daß es keine Frage der Rasse oder der Nationalität sei, ob jemand mit der Maya-Kraft verbunden werden könne oder bereits verbunden sei, wurde im Kreise der Indigena-Ancianos doch immer wieder die Frage aufgeworfen, inwieweit Ausländer wirklich die Kräfte der Maya integrieren könnten.

Wir hatten den Auftrag, verbunden mit Kukulcán den Weg an die heilige Stätte Tikál zu gehen, um dort in verschiedenen Konzentrationen und Zeremonien in engen Kontakt mit den Kräften der Maya zu treten. Unsere Spannung war groß. Täglich telefonierten wir miteinander, um ja nicht voreilig jemanden einzuladen, der vielleicht nicht dazupassen würde.

Als wir das folgende Wochenende in unserem Zentrum waren, kam Nan Cuz zu uns. Wir erzählten ihr von unserer Einladung nach Tikál, und sie entschied klar, daß sie dabei sein wollte. Auf diese Weise waren wir nun bereits vier. Manche Leute, die wir ansprachen, hatten keine Zeit, und das nahmen wir als Zeichen dafür, daß sie nicht dabei sein sollten. Als unsere Freundin aus der Schweiz angereist kam, war klar, daß auch sie dabei sein würde. Eine innere Stimme gab uns die Bestätigung dafür. Nun fehlten also noch zwei Personen.

Für das darauffolgende Wochenende vereinbarten wir mit Don Julián einen Ausflug nach Mixco Viejo, einem wunderschönen alten Ausgrabungsort ungefähr vierzig Kilometer von der Stadt Guatemala entfernt – das spirituelle Zentrum der Maya-Pocomames. Bevor wir uns zu dieser Fahrt trafen, wurde uns von den Geistwesen angekündigt, daß wir nach der Zeremonie in Mixco Viejo am Himmel ein Zeichen sehen würden als Dank der geistigen Welt für unser Kommen. Wir kamen bei strahlendblauem Himmel am Morgen dorthin und besuchten zuerst einen alten Mann, der als Wächter und zugleich Restaurator ein selbstgebautes Häuschen am Rande des heiligen Bezirks hatte, um von dort aus das Museum zu verwalten. Mit viel Liebe fertigt dieser Mann Kopien der Fundgegenstände an. Im Museum stehen neben den steinernen Originalen seine Kopien aus Holz. In seiner Bescheidenheit erzählt er keinem Menschen davon, daß er diese Kopien selbst angefertigt hatte. Seit nunmehr zwei Jahren arbeitet er mit einfachsten Werkzeugen Tag für Tag an einer großen Skulptur, die die verschiedenen Maya-Kräfte darstellen soll, an seinem Lebenswerk. Das macht er auf einer kleinen Terrasse, mit weitem Blick über die Hügel der Umgebung. Er kennt die Vögel, die ihn zu bestimmten Tageszeiten besuchen, und die Schlangen, die zum Vorschein kommen, wenn nach dem täglichen Besucheransturm an diesem heiligen Ort wieder Ruhe einkehrt.

Wir spazierten zuerst durch die wunderschöne, grüne Hügellandschaft von Mixco Viejo. Gleich einem Thron liegt dieser Platz hoch über den tief in die Landschaft eingeschnittenen Barrancos. Wir gingen vorbei an renovierten Tempeln und Pyramiden, die ganz andere Formen hatten als jene von Tikál, und kamen zu einer ganz besonderen Stelle neben einem alten Baum, die uns als Zeremonialplatz zugewiesen wurde.

Wir setzten uns hin und bereiteten die Zeremonie vor. Kerzen, Räucherwerk, Blumen, Wasser und all die anderen Gegenstände hatten wir mitgebracht. Don Julián begann das Ritual und bat mitten in der Zeremonie Rina um eine Konzentration mit dem großen Geist dieses Ortes, mit Gran Tepeu. Der heilige Platz von Mixco Viejo sei das zeremoniale Zentrum seines Volksstammes, und er würde sich freuen, heute auf diese Weise mit dem Herrn der sieben Strahlen, Gran Tepeu, sprechen zu dürfen.

Mit großer Ehrfurcht begrüßte er die Maya-Kraft, seine Stimme zitterte, und er bat um Hilfe und Information für seinen Lebensweg. Trotz unserer Anwesenheit wurde Don Julián mit aller Schärfe mitgeteilt, daß es für ihn an der Zeit sei, sich jünger zu fühlen. Infolge seiner Vorstellung, er sei schon alt, krank und gebrechlich, verschlechtere sich sein Zustand zusehends und er werde wirklich zu einem alten, schwachen Mann. Er wurde darauf aufmerksam gemacht, daß er ein junges und kraftvolles Herz habe und sich entsprechend fühlen solle. Dann stünden ihm noch viele Jahre in guter Verfassung bevor. Don Julián begann zu weinen. Zuviel hatte er in seinem Leben schon mitgemacht, er war verfolgt worden und immer wieder dem Tod nahe gewesen. Die Diabetes nehme ihm doch schon jahrzehntelang jegliche Lebensqualität. Wie sollte er sich in diesem Zustand nun plötzlich jung und kraftvoll fühlen? Seine Krankheit komme von den tiefen Verletzungen, die er als Kind und Jugendlicher erfahren habe, hieß es daraufhin, und eben von seiner eigenen Vorstellung, alt und schwach zu sein.

Uns wurde mitgeteilt, wir sollten mit Don Juliáns Innerem Kind arbeiten. Dies sei der Weg aus seiner Krankheit. Wir waren von der Prägnanz dieser Aussagen sehr überrascht. Rina sank in sich zusammen und legte sich rücklings ins Gras. Sie fühlte sich sehr unwohl und konnte nichts sagen. Ich nahm meinen Bund Federn und reinigte sie. Da begann sie Arme und Beine wieder zu spüren. Don Julián saß vor dem noch immer brennenden Zeremonialfeuer und machte einen sehr bedrückten Eindruck.

In dieser Stimmung holten wir etwas zum Trinken aus unserem Picknickkorb, verteilten Brote und begannen zu essen. Keiner von uns wollte diese Botschaft ansprechen. Es war uns aufgetragen worden, mit Don Julián zu arbeiten, sein Inneres Kind zu heilen. Würde er dazu bereit sein? Würde er den Mut haben, in die dunkelste Zeit seines Lebens hinabzusteigen, all den Schmerz neuerlich zu empfinden und dies alles vor den Augen seiner Schüler? Wir konnten dazu nichts sagen. Es war der freien Entscheidung des Maya-Meisters überlassen, ob wir in Verbindung mit Kukulcán die Heilung seines Inneren Kindes vornehmen konnten. Dies würde bedeuten, mit Don Julián, mit Rina und Christine erneut eine Konzentration in unserem Therapieraum durchzuführen und dabei Anweisungen aus der anderen Welt entgegenzunehmen, auf welche Weise wir weiter vorgehen sollten.

Nach und nach zogen Wolken auf. Durch die zauberhafte Landschaft gingen wir zurück zum Museum, wo uns der Maya-Künstler bereits erwartete. In seiner Freude, als Anciano erkannt worden zu sein, legte er uns jedes einzelne von ihm angefertigte Stück selbst in die Hand. Wir durften sogar die originalen Fundgegenstände anfassen. Voll Stolz zeigte er uns, wie weit er mit seinem Lebenswerk schon gekommen war. Als wir ihm einige aus unserer Stubaier Heimat mitgebrachte Schnitzmesser als Geschenk überreichten, freute er sich darüber wie ein kleines Kind. Wir hatten ihm nämlich ein paar Monate vorher versprochen, besseres Werkzeug zu besorgen.

Der Anciano zeigte uns ein Überbein an der Hand, das ihn beim Arbeiten immer mehr behindere. Er sollte sich operieren lassen, aber die Ärzte hatten ihm gesagt, er könne danach wahrscheinlich nicht mehr schnitzen. Für ihn bedeutete dies, wie er selbst meinte, das Ende seines Lebens.

Rina und Christine boten an, ihm zu helfen. Jeder von uns dreien nahm seine Hand und behandelte sie. Don Julián war vorerst etwas überrascht von unserer spontanen Entscheidung, mit diesem Mann zu arbeiten, und hielt sich abseits. Was nun passierte, konnte keiner von uns wirklich glauben. Nach einigen Minuten löste sich das Überbein auf, die innere Spannung in der Hand des Mannes ließ nach. Er betrachtete seine Hand von allen Seiten, als wolle er sagen, dies könne doch nicht seine eigene Hand sein. In nur wenigen Minuten war er von unserer Gruppe geheilt worden. Er war sprachlos, konnte es nicht glauben und sagte immer wieder: „No puede ser, no puede ser …“ (das kann nicht sein).

Es war schon Mittagszeit, und so beschlossen wir, uns auf den Heimweg zu machen. Wolken waren aufgezogen, leichtes Nieseln schien stärkeren Regen anzukündigen. Vor uns zeigten sich am Himmel zwei ineinandergehende Regenbogen.

Wir standen mit offenem Munde da, war uns doch angekündigt worden, daß wir ein Zeichen des Dankes aus der geistigen Welt erkennen würden. Die Kraft der sieben Strahlen, der sieben Farben, Gran Tepeu, zeige sich als Regenbogen, meinte Don Julián, und wir nahmen begeistert auf, was sich vor unseren Augen so klar und deutlich in aller Schönheit manifestierte.

Auf dem Heimweg nach Guatemala City erzählten wir Don Julián von unserer geplanten Fahrt nach Tikál. Er freute sich über diese Botschaft und bot sich an mitzufahren. So waren wir also sechs, die dem Ruf Kukulcáns folgen sollten. Auf der Heimfahrt wurde nicht mehr über die Konzentration in Mixco Viejo gesprochen. Wir warteten darauf, daß Don Julián den ersten Schritt setzen und uns anrufen werde, wenn er bereit sei. Oft schon hatte uns dieser Maya-Meister um Hilfe gebeten, wenn es ihm schlecht gegangen war, und wir hatten immer gerne gegeben, was wir geben konnten. Nun war die Situation freilich anders. Nun sollte in seine Vergangenheit, in alte Strukturen seines Lebens vorgedrungen werden.

Wir wissen aus Erfahrung, wie schwer es oft gerade für alte Menschen ist, sich der Erinnerung an alte Verletzungen zu stellen. Don Julián hatte einen Großteil seines Lebens als Heiler gearbeitet, nun sollte er sich öffnen und uns, seinen Schülern, seine Schwächen zeigen. Von unserer Seite war alles klar. Christine, Rina und ich waren bereit, alles zu tun, um diesem großen Mann in Demut und Wertschätzung für all das, was wir auf dem gemeinsamen Weg von ihm bekommen hatten, zur Seite zu stehen.

So verabschiedeten wir uns am Busterminal von Don Julián, der noch immer recht zermürbt war und sichtlich müde in den Bus einstieg, um nach Hause zu fahren. Wir drei trennten uns auch und vereinbarten, am nächsten Tag über die weitere Vorgangsweise für unsere Tikálreise zu reden. Es blieb uns nur noch eine Woche Zeit, und wir hatten noch immer keine Klarheit darüber, wer nun die weitere noch fehlende Person sein sollte.

In diesen Tagen meldete sich Carla, die immer wieder in wichtigen Momenten in unser Leben trat. Mit ihr standen wir seit Monaten in Verbindung. Sie ist die Frau, die monatelang in der Region um Tikál gelebt hatte und nahezu jeden Stein kennt. Carla hatte vor einiger Zeit die Regenzeremonie initiiert, sie kämpft auf verschiedenen Ebenen immer wieder um diese Region. Kurzerhand entschloß sie sich nun, mit uns mitzufahren. So hatten wir einige Tage vor Antritt unserer Initiationsreise die Gruppe von sieben Leuten beisammen.

Inzwischen stand auch die Ankunft der Frau aus Wien, Cecily, kurz bevor, und wir wußten noch nicht, wie wir ihr den Einstieg in dieses Land erleichtern könnten. Wir mußten für die ersten Tage einen Platz suchen, wo sie unabhängig von uns sein konnte, und entschlossen uns, ihr einen Sprachkurs in Antigua anzubieten.

Am Wochenende vor unserer Reise kündigte sich der Wirbelsturm Mitch an. Angst und Panik machte sich in den Küstengebieten Guatemalas breit. Die für Dienstag geplante Reise schien ins Wasser zu fallen. Am Freitagabend kamen wir zusammen, um das kommende Wochenende zu besprechen. Am selben Tag kam Cecily an und geriet gleich in den Trubel um Informationen und Reisepläne. Glücklicherweise war sie mit unserem Vorschlag, in Antigua eine Sprachschule zu besuchen, einverstanden. So konnten wir in ein paar Minuten alles für sie organisieren.

Noch am selben Abend rief uns erneut Carla an. Wiederum bat sie darum, Zeremonien zum Schutz des guatemaltekischen Regenwaldes und der vielen Menschen in dieser Region zu machen, die diesmal durch den Wirbelsturm Mitch in große Gefahr gekommen waren. Wir vereinbarten, Don Julián zu informieren, um mit ihm gemeinsam ein Ritual durchzuführen. Carla entschloß sich, selbst zu Don Julián zu fahren. Wir gingen mit Rina in unseren Behandlungsraum und machten eine Konzentration, um Klarheit darüber zu bekommen, ob es möglich sei, die enorme Kraft dieses Wirbelsturms zu beeinflussen. Wir erhielten detaillierte Anweisungen, was zu tun sei. Mit Don Julián sollten wir uns mental verbinden. Die Zeremonie sollte um zwölf Uhr Mitternacht in unserem Behandlungsraum stattfinden. Mit dreizehn Kerzen in einem Kreis, mit Trommel und Klangschalen, mit Mantras und Invokationen sollten wir uns mit den Elementarkräften des Wassers und der Luft verbinden.

Christine, unsere Schweizer Freundin, Rina und ich sollten in einem Karree sitzen und je eine Himmelsrichtung vertreten. Wie üblich sollten wir die Kräfte rufen und uns mit der Mutter Erde und dem göttlichen Kosmos verbinden. Jeder von uns sollte auf seine ihm übliche Weise den Kontakt zur geistigen Welt herstellen. Siebzigmal sollten wir ein bestimmtes, uns durchgesagtes Mantra singen und dann mit unserer ganzen Vorstellungsgabe den Hurrikan zu seinem Ursprung zurücksenden. Jeder von uns sollte sich dabei seiner geistigen Kapazität bewußt sein und in Demut vor dem göttlichen Geist in diesen Prozeß eingreifen.

Wir müßten möglichst zentriert vor unserem inneren Auge ein Bild des Hurrikan erstehen lassen und nach und nach unsere Vorstellung quasi im Rückwärtsgang bis zu seinem Entstehen als kleiner Wirbelwind zurückführen. Auf diese Weise wäre es möglich, zusammen mit dem großen Meister der Handhabung der Elemente, Don Julián, die Kraft dieses Ungetüms zu brechen.

Am Abend meldete das guatemaltekische Fernsehen Stundengeschwindigkeiten von 270 km, die Küstenbewohner Guatemalas seien alarmiert, gewisse Orte an der Karibikküste evakuiert. Es sei zu befürchten, daß der Wirbelsturm auch über den Petén komme und verheerende Schäden anrichten werde. Man erwarte den Sturm am nächsten Morgen.

Aber in dieser Nacht verlor der Hurrikan seine Kraft. Man sprach am nächsten Morgen in den Medien über eine Sturmgeschwindigkeit von 150 Kilometer pro Stunde, außerdem habe der Wirbelsturm die Richtung geändert und verliere weiterhin an Kraft. Zu befürchten seien nur noch Regengüsse als Ausläufer des Sturms.

Sicher ist es verwegen zu behaupten, daß wir es geschafft hatten, die Kraft von „Mitch“ zu brechen. Aber wir sprachen am nächsten Morgen mit Don Julián, und auch er meinte, daß es gelungen sei, in dieses Geschehen einzugreifen. Wie auch immer man dies nun sehen mag, jeder einzelne von uns vieren hatte bei dieser Zeremonie außergewöhnliche Erlebnisse. Eine unglaubliche Energie bewegte sich in unserem Kreis und erfüllte uns mit der Zuversicht, daß wir wirklich durch diese Form der Zusammenarbeit mit den Elementarkräften Wirkung erzielen könnten.

Am Wochenende wollten wir noch einmal nach Sololá fahren. Am besagten Freitagabend hatten wir über eine Konzentration mit Rina auch noch die Information erhalten, früh genug von Sololá aus in die Stadt zurückzukehren, sonst würden wir es nicht mehr schaffen. Wir sollten trotz der Warnungen in den Medien auf jeden Fall in den Petén fliegen. Tikál werde uns in vollkommener Reinheit erwarten.

Regengüsse prasselten am folgenden Tag und in der folgenden Nacht nieder. Don Julián rief uns an und sagte seine Teilnahme an der Tikálfahrt ab. Es sei in seinem Alter doch zu gefährlich, sich diesem Regen auszusetzen. Damit fiel wieder ein Mitglied unserer Gruppe aus, und es war klar, daß Cecily, die erst ein paar Stunden in Guatemala war, das Ticket von Don Julián übernehmen könnte.

So fuhren wir wie vereinbart vor zehn Uhr vormittag wieder von Sololá weg. Strömender Regen erschwerte die Sicht. Rundum gab es bereits Erdrutsche, die Bäche und Flüsse füllten sich mit riesigen Wassermengen. Die drei folgenden Tage und Nächte sollte es so weiterregnen. In Fernsehen und Radio gab es bereits die ersten Katastrophenmeldungen aus dem Tiefland. Man hörte von den ersten Toten in Honduras.

Für Dienstag früh war unser Flug geplant. Der Flughafen war am Morgen noch offen, und der Flugverkehr schien zu unserer Verwunderung an diesem Tag gesichert. So flogen wir also zu siebt in den Petén. Jeder von uns erwartete weitere Regengüsse im tropischen Regenwald der Region.

Als wir nach einer halben Stunde auf dem Flughafen in Flores landeten, war dort klares, wunderschönes Wetter. Es war kaum zu fassen. Wir waren bei strömendem Regen abgeflogen und wurden im Petén mit Sonnenschein begrüßt. Danach wurden übrigens alle weiteren Flüge in den Petén wegen Schlechtwetters in Guatemala City abgesagt.

Wir genossen einen prachtvollen Tag und besuchten Don Reginaldo, einen Anciano der Itzás, des ältesten noch lebenden Volksstammes der Maya. Carla kannte den freundlichen, alten Schamanen schon seit vielen Jahren, und so mußten wir ihn nicht suchen. Seine Familie begrüßte uns herzlich und bat uns einzutreten. Wir saßen nun in einem Kreis in seinem Altarraum, während er von sich und seinem Leben erzählte. Er sei einer der letzten Ancianos dieser Tradition, sagte er, es gäbe nach ihm wohl keinen mehr, der sein Wissen und seine Tradition des Heilens weitertragen werde.

Nach dem Besuch bei Don Reginaldo fuhren wir mit dem Boot nach Flores zurück und suchten uns eine Unterkunft. Unsere Anciana Nan Cuz rief bei Freunden in Panajachel an und erfuhr, daß ihre Nachbarn wegen der Gefahr eines Felssturzes evakuiert werden mußten. Unsere liebe Begleiterin war sehr angespannt, hatte Angst um ihr Haus und bat uns, dafür eine Schutzzeremonie abzuhalten. So setzten wir uns am Abend ans Ufer des Lago Petén und baten in einem Ritual um Schutz für ihr Zuhause. Ich tröstete Nan und erzählte ihr, wie Don Julián mit Zeremonien sein Haus, seine Felder schützte. Selbst beim schweren Erdbeben im Jahr 1976 seien zwar rund um sein Haus viele Adobehäuser eingebrochen, bei seinem Haus sei aber nicht einmal ein Riß aufgetreten. Durchziehende Wirbelstürme in Palín würden oft weitum Maisfelder zerstören, sein Feld bliebe aber unberührt. Es sei möglich, sich im Einklang mit den göttlichen Kräften der Elemente zu schützen, und sie solle darauf vertrauen, daß auch sie unter diesem Schutz stehe.

In der Stadt und in weiten Teilen des Landes regnete es, wie gesagt, seit Tagen heftig, während bei uns ein lauer, wunderschöner Abend einen herrlichen Tag beendete. Wir alle empfanden es als großes Geschenk, obwohl wir natürlich von den Katastrophen in Honduras und in den Küstenregionen Guatemalas wußten.

Im Kraftfeld von Kukulcán

Am folgenden Tag fuhren wir in den Nationalpark Petén. Die erste Zeremonie auf der Plaza Mayor und auf der Mondpyramide sollten wir um Mitternacht machen. Wir brauchten dafür die Erlaubnis der Parkverwaltung. Zu unserem Erstaunen erhielten wir die Erlaubnis, die Nacht im Park zu verbringen, ohne Probleme. Der Parkverwalter bot uns seinen Pickup für den Transport der Zeremonialmaterialien an und bat uns, selbst bei dem heiligen Akt dabeisein zu dürfen. Er werde auch einige seiner Mitarbeiter und Parkwächter zu den Ritualen einladen, wenn es uns recht sei. So bereiteten wir in der Nacht des Vollmondtages auf der Plaza Mayor die erste Zeremonie vor. Wir richteten das Kreuz nach den vier Himmelsrichtungen aus, legten Räucherwerk in den Kreis und füllten die Zwischenräume mit Pom, dem Baumharz, und vielfarbigen Kerzen, wie es bei den Maya-Quichés üblich ist. Wir stellten nach Tradition der Pocomames je zwei Kerzen der vier Maya-Farben in den vier Himmelsrichtungen auf, die gelben im Süden, die weißen im Norden, die roten im Osten und die schwarzen im Westen. Trommeln und Klangschalen lagen bereit.

Im Zentrum lagen die blauen Kerzen als Zeichen für die Integration des Blauen Strahls, als Symbol für Klarheit und Erkenntnis. Ich verband diese Energie mit meinem geistigen Führer, dem Erzengel Michael, und seinem Flammenschwert, das mit Liebe, Weisheit und Kraft geführt werden muß. In diesem Kraftfeld würden sich alle verkrusteten und auf Macht und Kontrolle aufgebauten Strukturen auflösen und gemäß dem kosmischen Gesetz Raum schaffen für Zusammenarbeit, Liebe und Weisheit. In diesem Strahl erkannte ich auch die Urkraft des Kukulcán, des großen Zerstörers und Wiedererrichters von Strukturen im Einklang mit dem göttlichen Gesetz der Liebe. Wir zündeten gemeinsam das heilige Feuer an und begannen die erste von drei, vielleicht auch vier Zeremonien. Das sollten wir ja im rechten Moment noch mitgeteilt bekommen.

Wir standen im Schein des Vollmonds, der Himmel war sternenklar, außer unserer Gruppe, dem Parkverwalter und einigen Parkwächtern war niemand anwesend. Die Stille und Kraft Tikáls berührte jeden einzelnen von uns auf seine Weise. Man hörte kaum Tiere. Nur hin und wieder vernahmen wir aus weiter Ferne den dumpfen Gesang eines Nachtvogels. Die Schwingungen der Klangschalen füllten die Plaza und brachten gleichsam die einander gegenüberliegenden Tempel I und II, den Sonnen- und den Mondtempel in Einklang miteinander. Zu diesen Klängen sangen wir die Kraftsilben TO-OM-RA, ein Mantra, das uns ein paar Wochen zuvor bei einem Ritual, bei einer Konzentration in unserem Zentrum, von der geistigen Welt eingegeben worden war. Die drei Silben brachten uns in eine synchrone Schwingung, vereinten uns im Bewußtsein, in der Spiritualität jedes einzelnen. In diesem Mantra manifestiert sich die Macht des Wortes im Gesetz der Liebe, die Kraft des göttlichen Willens und der Transformation auf Erden. Im TO erbaten wir die göttliche Präsenz, die göttliche Kraft, die dadurch in jedem einzelnen von uns aktiviert wird und der wir vertrauen können. Diese Silbe ist mit dem Violetten Strahl der Transformation und der Reinigung von niederschwingenden Energien verbunden. Im OM verbanden wir uns mit der Kraft des ICH BIN, einem universellen Bindeglied, das in jeder unserer Zellen wirkt und uns mit dem Universum in Einklang hält. In dieser Silbe drückt sich der Glaube an und das Wissen um die universelle Liebe, das Anerkennen des einen Gesetzes der Liebe aus, das Moses und später Jesus den Menschen vermittelten. Und mit der Silbe RA riefen wir die Kraft, die von der Erde aufsteigt und über das erste Chakra bis in den Himmel strahlt. Sie gehört zum Blauen Strahl der Klarheit und Reinheit unseres Seins, dem Strahl der Macht, der zusammen mit der Liebe uns dazu befähigt, zur Verwirklichung des göttlichen Plans auf Erden beizutragen.

Die Gesänge ließen unsere Kraft zusammenfließen. Vergangenheit und Zukunft lösten sich in der Schönheit und Stimmigkeit des gegenwärtigen Moments auf. In den Gesichtern der im Kreis sitzenden Menschen spiegelte sich die Erhabenheit der Situation. Über uns schien nicht nur der Vollmond, es waren Lichtwesen anwesend, die etwas in uns erhellten und uns in eine gemeinsame Schwingung versetzten.

Ich begann die Zeremonie mit der Anrufung der einzelnen Kräfte. Jedes Wort schien vom Echo zwischen den Tempeln und Pyramiden hin- und hergetragen zu werden. Wir fühlten uns im Kraftfeld von Tikál geborgen und getragen, an dem heiligen Ort, an den wir für eine gemeinsame Aufgabe gerufen worden waren. Nun gingen wir hintereinander auf die Pyramide der Abuela Ixmucané zu. Sie verkörpert in der Maya-Welt die göttliche Mutter.

Wir knieten uns vor der ersten Stufe der Pyramide hin, küßten den Boden in Ehrerbietung vor einer Urkraft, die sich in der Außenwelt als Steinpyramide manifestierte. Damit ehren wir auch in uns selbst die Kräfte, die wir wachrufen können. Auch ich selbst geriet durch dieses Ritual in das Gefühl des Einsseins. Es machte keinen Unterschied, welcher Religion und Kultur wir entstammten. Diese Erfahrung der „unio mystica" können wir über alle Grenzen der Kulturen und Philosophien hinweg machen. Zwei unserer Gruppenmitglieder standen dem Buddhismus nahe, andere fühlten sich dem Christentum oder der Maya-Kultur zugehörig. Das war einerlei, denn es ging nicht um eine bestimmte religiöse Tradition, sondern um eine Verbindung zu uns selbst. Aus diesem Grunde waren wir darauf hingewiesen worden, daß jeder von uns gemäß seinem Glauben, seiner Schwingung, seiner Philosophie am Geschehen teilnehmen solle. Auf diese Weise erreichte uns die unüberhörbare Botschaft, unser Weltbild miteinzubeziehen und uns innerhalb dessen anrühren zu lassen. Ich hatte dabei nicht das Gefühl, entweder Maya oder Christ zu sein, und ich spürte auch bei Nan Cuz, daß sie trotz des jahrzehntelangen Praktizierens im Buddhismus dieser Zeremonie gegenüber keinerlei Vorbehalte hatte. Auf diese Weise erschloß uns Tikál eine Dimension von Einheit, zu der alle Menschen auf diesem Planeten gemeinsam aufbrechen sollten.

Als wir auf dem Plateau der Pyramide ankamen, nahm jeder einzelne eine blaue Kerze in die Hand. Wir sieben standen im Kreis und machten eine Konzentration mit Rina. Schon nach wenigen Sekunden hatten wir neuerlich die Verbindung zu Kukulcán, der uns mitteilte, was die Prophezeiungen zum Wandel der Zeiten bedeuteten:

„Menschen, die in der Materie verhaftet sind, müssen diese Materie zuvor transformieren. Die Art des Transformationsprozesses ist dem Verständnis der jeweiligen Personen angepaßt. Wer aber weiterhin der Materie anhaftet, wird durch die Materie zerstört. Jedem steht es frei, sich hier auf der Erde im Kraftfeld der kosmischen Liebe weiterzuentwickeln oder das in einer anderen Dimension zu tun. In diesen Umwandlungsprozeß werden Wesen aus der für euch noch unsichtbaren Welt eingreifen und den Menschen zur Seite stehen. Diese Wesenheiten existieren bereits auf eurem Planeten. Infolge der niederen Schwingung der Materie können sie euch derzeit aber nur beschränkt helfen und von den meisten Menschen auch noch nicht wahrgenommen werden. Beginnt, nicht nur mit eurem Ego, sondern mit eurem ganzen Sein zu lieben, und nehmt wahr, was in euch erweckt wird!"

Dann warfen wir Maiskörner in den vier Farben in alle Himmelsrichtungen und baten die heiligen Wesenheiten, unsere Bitten zu erhören: „Mögen die Samen des Mais symbolisch für unser eigenes Wachstum aufgehen. Auch wenn die Farben der Maiskörner verschieden sind wie wir in Rasse und Kultur, die Blätter und Wurzeln unterscheiden sich nicht voneinander. So können wir in unserer Kultur die Früchte ernten, um sie gemeinsam wieder auszusäen als Zeichen der Verbindung innerhalb der Einheit des Kosmos."

Die Maiskörner prasselten über die Stufen der Pyramiden. Wahrscheinlich freuten sich am kommenden Morgen die Vögel über das ungewöhnliche Futter, so wie auch viele unserer Gedanken Nahrung sind für das Unbekannte, für das Unsichtbare. Manche Samenkörner fallen vielleicht auf fruchtbare Erde und gehen sichtbar als Pflanze auf. Viele Körner werden von vorbeiwandernden Menschen zertreten, andere liegen als Teil von Mutter Erde brach, bis sie von Suchenden wieder erkannt und als geballte kosmische Kraft wahrgenommen werden. Die Nahrung für das weitere Wachstum wird von anderer Seite gegeben, darum brauchen wir uns nicht mehr zu kümmern.

Auf diese Weise erfuhr ich auf der Pyramide der Maya-Mutter Ixmucané, auf dem Tempel des Mondes bei Vollmond die Bedeutung mancher Gleichnisse Jesu. Meine Gefühle in dieser Mitternachtszeremonie kann ich nicht beschreiben, es waren Gefühle des Glücks, der inneren Harmonie und des Geführtwerdens. Ich weiß bis heute nicht, in welcher Form die Initiation mit dem Blauen Strahl geschah. Was sie bewirken sollte, würde sich in meinem Leben schon herausstellen. Es war und ist mir auch nicht wichtig zu wissen, was wirklich passiert ist. Ich habe diese Nacht als unvergeßlich schön und kraftvoll in Erinnerung. Seither bin ich eng mit dem Energiefeld dieser Pyramide verbunden und kann mich schon mit Hilfe eines Fotos oder einer Postkarte auf dieses liebevolle Gefühl einstimmen.

Mir hat das wieder einmal ganz deutlich vor Augen geführt, daß an heiligen Plätzen bisher verborgene, schlummernde Aspekte in uns angerührt und aktiviert werden. Zu guter Letzt brauchen wir keine Pyramide, keinen Kraftplatz mehr, denn wir haben die entsprechenden Kraftzentren in uns geöffnet und unser Bewußtsein auf die heilige Schwingung zwischen Kosmos und Mutter Erde eingestimmt. Niemand von uns konnte erfassen, welche Aufgabe wir hier wirklich erfüllen sollten. Die ganze Vorgeschichte hatte schon allerhand Geheimnisvolles an sich, wenngleich wir alle akzeptieren konnten, was uns in den Konzentrationen angekündigt worden war. Die wirkliche Tragweite dessen, was in diesen Tagen passieren sollte, war keinem von uns bewußt. Die Zeremonie sollte auf jeden Fall ein Zeichen unserer Hingabe an die geistigen Kräfte und immateriellen Wesenheiten sein. So standen wir also im Herzen von Tikál, um uns für etwas Gemeinsames zusammenzutun. Auch wenn keiner eine Vorstellung hatte, wofür und wozu wir gerufen worden waren, setzten wir alle uns bereitwillig für das Unbekannte, das Kommende ein.

Jeder Mensch steht vor seiner individuellen Lebensaufgabe, jeder einzelne kommt aus einem bestimmten Umfeld und hat Stärken und Schwächen. Über all diese Unterschiedlichkeiten hinweg können wir uns aber in einer Gruppe zusammenfinden, unsere Lichtkapazität bündeln und so Aufgaben zur Veränderung und Heilung unseres Planeten erfüllen.

Wir hatten auf dieser Reise viele kleine Probleme und Unstimmigkeiten, die man durchwegs hätte wichtig nehmen können. In diesem Falle hätte sich die Energie auf dieser gemeinsamen Fahrt in der Lösung all dieser Ungereimtheiten aufgebraucht, und wir hätten uns erschöpft in der Auflösung der leichten Schatten, die der Vollmond jedem von uns zur Seite stellte. Doch wir alle waren uns während dieser Fahrt der Aufgabe bewußt, als Gruppe zusammenzuhalten und uns nicht in unwichtigen Dingen zu verzetteln.

Nan Cuz hätte durchaus Grund gehabt, drei Tage in Panik zu sein. Immerhin wäre die Zerstörung ihres Hauses durch einen Erdrutsch möglich gewesen. In weiten Landesteilen Guatemalas prasselte der Regen nieder und ließ die Flüsse über die Ufer treten, Muren verlegten Straßen und vernichteten Häuser.

Im Gegensatz zu dieser landesweiten Katastrophenstimmung lag über uns die Stille eines heiligen Moments, in dem nichts mehr trennend sein konnte. Erstmals verstand ich die Tradition der Maya, Unstimmigkeiten in der Gemeinschaft und die Aufregungen des Alltags vor dem Heiligen Feuer zu beruhigen.

Das Erfassen des gegenwärtigen Augenblicks, das Wahrnehmen der anwesenden Geistwesen und das vollkommene Vertrauen in unsere göttliche Führung ließen uns urplötzlich erkennen, welche Möglichkeiten wir haben, uns in Zeiten von Krisen und Katastrophen gemeinsam zu schützen. Wenn wir in den dunklen Wolken des Alltagsgeschehens unsere Verbindung zu unserem Innersten verlieren, verlieren wir uns in Ängsten und Zweifeln. Damit lassen wir dunkle Mächte eindringen, die in diesen Krisen frei werden und durch unsere negativen Emotionen zusätzlich Nahrung bekommen.

Wie leicht ist es, ein schwarzes Schaf, einen verantwortlichen Politiker zu finden und allen Haß auf diese Person zu konzentrieren! Sollten wir nicht erkennen, daß wir selbst der Urgrund dieser Situation und mitverantwortlich sind? Durch unsere Lebensweise, durch unzählige destruktive Gedanken und Gefühle bereiten wir den Boden für Krisen, die dann an den sensibelsten Punkten unseres Planeten auftreten. In den Programmen der Medien sehen wir, was die meisten Menschen täglich konsumieren und daher auch manifestieren.

Machthungrige Politiker waren in der Geschichte schon immer die Antennen für negative Kräfte, sie sind aber nur unser Werkzeug, Ausdruck unserer desorientierten Lebensform. Wir kreieren den Krieg und übersehen dabei, daß die Lösung weltweiter Krisen in uns selbst beginnen muß. Deshalb ist es so wichtig, daß sich Menschen in Gruppen zusammentun, um für gemeinsame Ziele jenseits der kurzfristigen Vorteile und Schwächen jedes einzelnen zu arbeiten. Am Schluß der Legende vom „Rainbow Warrior" der Cree Indianer in Nordamerika ist dieser Prozeß sehr schön beschrieben:

„Zusammen und vereint wie die Farben des Regenbogens werden viele Menschen weltweit Liebe und Respekt für die Mutter Erde lehren. Im Symbol des Regenbogens werden alle Rassen und Religionen zusammenfließen und das Wissen um das Geheimnis des harmonischen Zusammenlebens mit allen Kreaturen der Welt verbreiten. Diese Menschen werden Regenbogenkrieger genannt werden. Obwohl sie Krieger sind, werden sie den Geist ihrer Ahnen, das Licht der Erkenntnis und die Liebe des Herzens in sich tragen. Sie werden niemandem Leid zufügen. Nach einem großen Kampf der Liebe und Transmutation werden diese Regenbogenkämpfer der Zerstörung der Erde und der Degeneration der Menschheit ein Ende bereiten. Dies wird der Beginn eines goldenen Zeitalters des Friedens, der Liebe und der Freude für alle auf Erden sein."

Das Erfüllen gemeinsamer Aufgaben ist die größte Herausforderung und zugleich die größte Chance für die Menschheit im Wechsel der Zeiten. Wie könnten wir besser aus dem Allein- und Getrenntsein, aus wertenden, die Unterschiede betonenden Denkmustern herausfinden als durch den Entschluß, unsere persönlichen Eigenheiten und Vorlieben dem gemeinsamen

Interesse einer Gruppe unterzuordnen? Damit ist nicht gemeint, daß wir unsere Individualität, unsere Besonderheit aufgeben sollen. Wir können sie in die Gruppenstruktur und deren Anliegen integrieren und auf diese Weise Teil eines Ganzen werden.

Nach der Zeremonie fuhren wir mit dem Pickup des Parkverwalters zu unserem Hotel. Wir waren müde. Der Himmel war bedeckt, bald würde sich der Mond verabschieden. Als wir zu den Bungalows kamen, begann es zu regnen. Das Timing war perfekt, ein weiteres Zeichen der geistigen Welt, daß nun alles im rechten Fluß sei, wenn man so will. Es war auch ein Zeichen dafür, daß Chak, die Regenkraft der Maya, nahe war.

Das zweite Ritual sollte bereits zum Sonnenaufgang im Mundo Perdido gemacht werden. Wir hatten nicht einmal mehr vier Stunden Zeit, uns ein wenig auszuruhen. Ich legte mich ins Bett und schlief vor Erschöpfung augenblicklich ein. Um 4:30 Uhr läutete wieder der Wecker. Es war noch dunkle Nacht, als wir uns vor dem Hotel trafen und verschlafen zu den Pyramiden hinauf wanderten. Im Morgengrauen erreichten wir die Tempel des Mundo Perdido und erkannten gleich, daß unser Zeremonialort nicht die große Pyramide, sondern ein gegenüberliegender, noch nicht freigelegter Tempel sein sollte. Wir zeichneten auf der Plattform den Zeremonialkreis und bereiteten die Zeremonie für den Grünen Strahl vor. Es war uns allen bewußt, daß die Verbindung mit dem Grünen Strahl die Verbindung mit der kosmischen Liebe war. Mit der Kraft der Liebe in Verbindung zu kommen ist wohl die schwierigste Aufgabe unseres Lebens. Keine andere Kraft wird derart mißbraucht, mißverstanden und in ihrer Wirkungsweise verkannt.

Während dieser Zeremonie kam langsam die Sonne hinter der großen Pyramide zum Vorschein. Mit der Kraft des TO-OM-RA riefen wir erneut die Kraft des Vertrauens in die Gottheit, die Macht der kosmischen Liebe, der Klarheit und Stärke.

Die Zeremonie zur Integration des Grünen Strahls der kosmischen Liebe im Mundo Perdido war für mich am wenigstens spektakulär von allen. Waren die Energien und Wesenheiten am Vorabend direkt körperlich spürbar gewesen, so fühlte ich während dieses zweiten Rituals „nur“ die Schönheit des Augenblicks. Ich empfand die Gruppe als harmonisch, trotz der allgemeinen Müdigkeit. Vielleicht war die Botschaft dieses Moments auch, daß es nicht genügt, die Liebe in einem zeremoniellen Akt einzubeziehen. Sie kann sich nur in der Gestaltung unseres Lebens, in unserem Tun manifestieren.

Die Zeremonie war schlicht und schön, ich hoffte, daß mich der Grüne Strahl überall dort erfaßt hatte, wo es notwendig war. Danach legten wir uns ins Gras, manche schienen ein wenig zu schlafen. Ich genoß die Ruhe und den Frieden des beginnenden Tages.

Schon am Vortag hatte ich die große Steinmaske des Chak, der Regenkraft der Maya, in seiner dunklen Kammer aufgesucht. Um zu ihr zu gelangen, muß man durch einen circa fünfzehn Meter langen, finsteren Tunnel gehen. Rina und ich waren zusammen dorthin gegangen, hatten aber vergessen, eine Kerze mitzunehmen. So konnten wir nichts sehen und betasteten schließlich mit den Händen die Konturen der Maske. Schon bei der Regenzeremonie mit den Maya hatte ich dort ein besonderes Erlebnis gehabt. Nun sollte sich Chak erneut melden.

Rina sank in sich zusammen und setzte sich auf den Boden. Ich spürte die Anwesenheit der Kraft Chaks. Ein kaltes Rieseln ging durch jede einzelne Zelle meines Körpers. Rina begann in Chaks Namen zu sprechen. Er hieß uns herzlich willkommen und bat uns, am nächsten Tag mit der ganzen Gruppe wiederzukommen. Es sei der Zeitpunkt, einige von uns mit seiner Energie zu verbinden. Wir sollten seine Freude über unseren Besuch auf dem Weg zu ihm spüren und das Zeichen erkennen. Vielleicht war es eine Täuschung, vielleicht hatten sich auch meine Augen an die Dunkelheit gewöhnt, auf jeden Fall hatte ich den Eindruck, daß es im Raum heller geworden sei. Ich konnte die Maske des Chak deutlich sehen. Ich spürte vor allem in mir viel Helligkeit und Klarheit. Durch Rina hatte ich die Möglichkeit, mit Chak zu sprechen, und das tat ich ausgiebig. Er meinte unter anderem, daß seine Kraft in der christlichen Welt mit der des Moses zu vergleichen sei. Auch Moses habe Gewalt über das Element Wasser gehabt, als er das Meer teilte. In der Kultur der

Maya habe man mit dieser Kraft sehr viel gearbeitet und vor allem in das Wettergeschehen eingegriffen.

Es war bereits mitten am Vormittag, als wir zur Plaza gingen, um in Chaks Höhle ein Ritual zur Verbindung mit der Kraft des Wassers durchzuführen. Auf dem Weg schien vorerst wie am Vortag die Sonne, es war angenehm warm, doch plötzlich überraschte uns ein Sekundenregenschauer. Keiner konnte wirklich glauben, was er gerade erlebt hatte. Ein paar wenige Sekunden hatte es geregnet, während zugleich die Sonne schien.

Ich interpretierte dies freilich als Chaks angekündigtes Zeichen der Freude, daß wir nun zu ihm kommen würden. Wir gingen mit roten Kerzen in den dunklen Gang und richteten uns in diesem engen Raum ein, um dort das Ritual mit der roten Kraft zu gestalten. Für einige in der Gruppe war dies wohl die am stärksten wahrnehmbare Kraft. Mir wurde in diesem Ritual bewußt, wie stark diese Energie über das Sexualzentrum eindringt. Obwohl wir nur eine kurze Zeremonie abhielten, wurde ich von einer unglaublichen Kraft durchflutet, und ich war mit dieser Erfahrung nicht allein.

Wir gingen zum Tempel der Inschriften weiter, bei dem wir Verbindung zum Violetten Strahl bekommen sollten. Da es viele Anzeichen und Hinweise in unseren Gesprächen gegeben hatte, daß dieses Ritual von einer Frau geleitet werden sollte, bat ich die Frauen unserer Gruppe darum. So suchten wir einen geeigneten Ort für die Zeremonie und bereiteten nun die violetten Kerzen für diesen heiligen Akt vor. Wir saßen in einem kleinen, offenen Raum im Tempel der Inschriften. um diese Zeit waren bereits zahlreiche Touristen unterwegs, und wir mußten uns einen Platz suchen, an dem wir ungestört bleiben konnten. Dieses Ritual bedurfte der Stille.

Mit wenigen Anrufungen drangen wir tiefer und tiefer in diese Energie ein, in die Verbindung mit dem Violetten Strahl. Diese Kraft gehört für mich zum großen Meister der Heiligen Weißen Bruderschaft, Saint Germain. Sie steht für Transformation, für die Veränderung im violetten Feuer, das unsere Kerzen repräsentierten. Während wir uns auf diese von oben herabfließende Kraft konzentrierten, wurde mir klar, wie wichtig diese kosmische Kraft für den Wechsel der Zeiten sein werde. Viele Suchende verlassen die etablierten Kirchen, weil sie erkennen, daß deren Strukturen nicht mehr mit ihrer Denk- und Empfindungsweise vereinbar sind. Sie haben aber dennoch den Wunsch, in das spirituelle Leben einer Gruppe eingebunden zu sein. Das sind die Menschen, die von der Kraft des Violetten Strahls aufgeweckt worden sind. Bei ihnen beginnt sich die innerliche Veränderung im Außen, in ihren Entscheidungen und Handlungen, zu zeigen. Sie sind es, die zwar in einem spirituellen Kraftfeld bleiben möchten, aber eben auch den Mut haben, Konsequenzen zu ziehen und Abhängigkeiten aufzulösen, wenn sie die Strukturen in ihrer Umgebung als unstimmig erkennen. Von der Kraft des Violetten Strahls geleitet zu werden, bedeutet, sich in Freiheit zu bewegen und sich in dieser Freiheit auch bewegen zu lassen.

In unserem Mantra TO-OM-RA ist diese Kraft durch die Silbe TO ausgedrückt. Sie bedeutet das göttliche Vertrauen, in welchem ruhend wir uns der Transformation in uns selbst und in unserem Umfeld stellen können. Veränderung erleben wir alltäglich. Viele verschiedene Situationen fordern uns heraus, Stellung zu beziehen oder uns an die Gegebenheiten anzupassen. Das gesamte Universum befindet sich ständig in Bewegung und entwickelt sich immer weiter. Wir Menschen spiegeln diesen unaufhaltsamen Regenerationsprozeß, er findet auch in uns selber statt, in jeder einzelnen Zelle unseres Körpers. Voraussetzung für das Erfahren dieser kosmischen Erneuerung ist unsere Bereitschaft, wach und aufmerksam zu sein. Die großen Dinge des Lebens passieren in der Stille. Gerade weil unsere äußere Welt immer lauter wird, ist es umso wichtiger, diese innere, oft fast unmerkliche Bewegung bewußt mitzuvollziehen.

Wir haben für die Zeremonie mit dem Violetten Strahl einen geeigneten Ort gesucht, um in der Stille zu unserer inneren Wachheit zu finden. So saßen wir ungefähr eine Stunde ruhig da. In meinem Blickfeld war ein moosüberwachsener Stein. In dieser Meditationsphase erfaßte ich die Schönheit dieses Steins, der wahrscheinlich seit Jahrhunderten nahezu unbeachtet an derselben Stelle liegt. Ich verstand die Botschaft an mich, die

Kraft der Natur auf mich einwirken zu lassen und mich ohne jegliche Erwartungshaltung den feinen Schwingungen des göttlichen Kosmos anzuvertrauen.

In dieser intensiven Zeit und Welt sind wir herausgefordert, besonders aktiv, wachsam und entscheidungsfreudig zu sein. Lassen wir uns von der Unruhe des Alltags anstecken, blockieren wir den Fluß unserer Lebensenergie und werden in vielfältigen Spannungszuständen aufgerieben, unfähig, uns auf unsere Umgebung einzustimmen und einzustellen.

Wir müssen lernen, auch inmitten äußeren Getriebes in die innere Stille und zu innerem Frieden zu finden, um so die richtigen, uns adäquaten Entscheidungen fällen zu können. Vereinzelt treffen wir Menschen, die wir bewundern, weil sie trotz Streß, Hektik und Druck von außen ihre Gelassenheit und Besonnenheit nicht verlieren. Das sind die zukünftigen Führungskräfte, die die Kraft der Transformation, des Violetten Strahls in sich tragen und weitergeben können.

Während dieser Zeremonie der Achtsamkeit kam mir eine Situation in den Sinn, die ich am Vortag auf der Mondpyramide erlebt hatte: Nach dem Ritual in der dunklen Kammer des Chak war ich sehr müde, immerhin fehlten mir einige Stunden Schlaf. Wir hatten vereinbart, danach unsere eigenen Wege zu gehen und uns erst gegen Mittag wieder auf der Plaza Mayor zu treffen. Ich stieg also auf die Mondpyramide, legte mich dort auf eine kleine Terrasse und schlief ein.

Im Hintergrund hörte ich noch die Urwaldgeräusche und die ersten Touristen, die einen Tagesausflug nach Tikál gebucht hatten und nun die heiligen Stätten in wenigen Stunden erkunden wollten. Nachdem ich wunderbar gerastet hatte, setzte ich mich auf und schaute nach unten. Die Plaza war überfüllt von Gruppen, die sich um ihre Führer scharten. Die Leute bekamen ihre Erklärungen, um dann loszustarten und die Pyramiden zu besteigen. Ein paar Franzosen gingen auf die Pyramide zu, auf der ich saß. Sie erklommen, behängt mit Kameras, Stufe um Stufe. Als die ersten das Ziel erreichten, verschnauften sie etwas. Ein kurzer Blick in die Weite, ein paar Worte der Begeisterung ob der schönen Aussicht, ein Foto und weiter ging es.

Nun kamen zwei ältere Frauen und ein Mann. Ich saß meditierend auf dem Plateau, auf dem wir am Vorabend unser Ritual abgehalten hatten. Eine der beiden Frauen sprach mich an und bat mich, von ihnen ein Foto zu machen. Sie hatten es wie alle anderen sehr eilig, und so sagte ich zu ihnen, ich täte ihnen den Gefallen, wenn sie sich dessen bewußt würden, daß sie auf einem der heiligsten Plätze des Landes stünden. Dies könne man spüren, wenn man sich einige Minuten Zeit ließe, um dem Ort die gebührende Reverenz zu erweisen. Die beiden Frauen starrten mich an und sagten vorerst nichts. Sie gingen durch das Tor ins Innere der Pyramide, und ich setzte mich nieder, neugierig darauf, was nun weiter passieren würde.

Bald kamen sie wieder heraus, setzten sich ebenfalls und verweilten zehn Minuten in Stille. Dann erhoben sie sich und bedankten sich bei mir. Das sei der schönste Moment ihrer Reise durch Mexiko und Guatemala gewesen, sagten sie. Es sei nämlich schrecklich, von den Reiseveranstaltern an den Schönheiten des Landes vorbeigetrieben zu werden. Man habe keine Chance mehr, irgendwo auch nur ein paar Minuten lang in Ruhe zu bleiben, weil die Programme so dicht gedrängt seien. Ich nahm die Kamera, machte ein Foto von ihnen und wies sie darauf hin, daß sie die Kraft dieses Ortes auch zu Hause immer wieder spüren könnten. An ihren Augen konnte ich ablesen, daß sie mir für diese Minuten der Stille dankbar waren und daß es ihnen leid tat, schon gehen zu müssen. Zeit ist relativ, das war uns einmal mehr bewußt geworden. In diesen wenigen Minuten war etwas passiert, was uns alle miteinander und mit dem Energiefeld von Tikál verband.

Diese Situation ist bezeichnend für unsere westliche Lebensweise. Wir eilen von einem Ort zum anderen, immer unter Druck, immer in Zeitnot. Arbeit, Kinder, Ehepartner, Schulden und Ausgaben, Schule und Freizeitprogramme, all das zieht uns in einen Strudel von Unruhe und Getriebensein, der sich mehr und mehr beschleunigt. Da braucht es manchmal jemanden, der uns aufhält und auf unseren alltäglichen Wahnsinn aufmerksam macht. So eine unerwartete Begegnung rüttelt uns auf und verhilft uns zur Erkenntnis, daß wir dieses Chaos um uns selbst verursachen.

Dadurch wird uns klar, daß es noch andere, stillere Werte gibt, die sehr wohl auch Teil unseres Lebens sind. Es ist wichtig, diese Momente des Erwachens wahrzunehmen und in der Erinnerung zu speichern. Darauf können wir zurückgreifen, wenn wir wieder allzu sehr ins Alltägliche eingetaucht sind. Aus dieser Haltung entstehen nach und nach Wachsamkeit und die Erkenntnis, daß wir in Eigenverantwortung unseren Weg beschreiten können.

Die Kraft der Klarheit und Transformation zeigt sich manchmal in Augenblicken, die uns erkennen lassen, in welche Strömungen wir uns hineinziehen und wovon wir uns mitreißen lassen. Das kann durchaus auch mit dem Auftreten einer Krankheit zu tun haben. Schon viele Menschen habe ich getroffen, die die schwersten Zeiten ihres Lebens als die sinnvollsten und wertvollsten erlebt haben.

Wenn wir die Kraft der Transformation blockieren, dringt sie häufig auf dem Weg einer Erkrankung an die Oberfläche und zwingt uns zu weiterer Entwicklung. Das ist ein Gesetz des Kosmos, dem wir nicht entkommen können. Dies war wohl auch die wichtigste Botschaft für Rina in ihrem Bemühen, mit ihrer Krankheit fertigzuwerden, sie nämlich bewußt als Impuls zu einer notwenigen Veränderung anzunehmen.

Unsere Zeremonie mit dem Violetten Strahl ging genauso ruhig zu Ende, wie sie begonnen hatte. Meine Gedanken bewegten sich in erster Linie um die Erlebnisse der letzten zwei Tage und ihre Bedeutung für mich. Wir standen auf und gingen eine kurze Strecke abwärts zu einem Restaurant, um zu frühstücken. Wir waren ausgehungert. Am Vortag sollten wir vor der Zeremonie nichts Schweres essen, ja, wenn möglich, fasten, und an diesem Morgen hatte es auch noch kein Frühstück gegeben. So war es nun an der Zeit, einen kräftigen Brunch zu uns zu nehmen.

Unser Tisch war beladen mit Früchten, Kaffee, Frijoles, Eiern, Omelettes, mit allem, was auf der bescheidenen Speisekarte zu finden war. Wir sprachen nicht viel über all das, was mit jedem einzelnen von uns geschehen war. Keinem war es möglich, das Erlebte schlüssig zu deuten, jeder ging eben auf seine Weise damit um. Nach dem Essen hatten wir noch zwei

Stunden Zeit, um zurück zum Flughafen zu kommen, und suchten uns ein Taxi.

Inzwischen schienen auch die Regengüsse über dem Land ihr Ende gefunden zu haben. Die Zeitungen waren voll von Katastrophenmeldungen, es gab zahlreiche Tote in Guatemala, noch mehr aber im angrenzenden Honduras, wo sich die Ausläufer von „Mitch" verheerend ausgewirkt hatten. Wir flogen zurück in die Stadt Guatemala, verabschiedeten uns und ließen offen, ob wir als Gruppe weitergehen konnten. Carla hatte alle Hände voll zu tun mit ihrem Reisebüro für Menschen, die abseits der üblichen Routen ihren Urlaub verbringen wollten. Sie lebt ihr Leben, vernimmt die Botschaften der heiligen Plätze, ist immer in wichtigen Momenten an der richtigen Stelle, um Hilfe für Orte, die in Gefahr sind, zu organisieren.

Unser gemeinsamer Ruf nach Tikál war ein Zeichen für mich, die Kraft der Transformation, der Liebe, der Klarheit und Stärke in Gebeten, Ritualen und in gemeinsamen Zeremonien zu manifestieren. Unser Zusammensein als Gruppe war ein erster Schritt zur Verbindung mit den vielen Heilern und Helfern, mit den vielen Lichtboten auf unserem Planeten und in der geistigen Welt.

Viele Menschen werden täglich von dieser Kraft berührt und beginnen, ihre Welt zu erhellen und zu verändern. Sie beginnen damit in ihrem Inneren, stellen sich in Frage und orientieren sich neu, zeigen Interesse, beginnen zu lesen und stellen neue zwischenmenschliche Kontakte her. Die wahren Regenbogenkämpfer, von denen die indianische Legende spricht, sind all jene, die aus der Kraft der Veränderung, verbunden mit der Kraft der Liebe, von innen heraus agieren und ihre Mitmenschen mitzuverändern beginnen. In dieser Legende wird uns gezeigt, daß die Zeit der gewaltsamen Revolutionen und Missionen vorbei ist. Die wahren Neuerungen müssen aus unserem Inneren kommen. Wir selbst müssen das Wissen um die großen Zusammenhänge integrieren und weitertragen zu den Menschen, denen wir nahe sind.

Die magische Reise nach Tikál war zu Ende. Jeder einzelne von uns ging zurück in seine Struktur, in sein persönliches

Umfeld. Nan Cuz nahm sich ein Taxi, um nach Panajachel zu reisen, wo sie hoffte, ihr Heim nicht von einem Murenabgang oder Felsabbruch zerstört vorzufinden. Cecily, unsere Besucherin aus Wien, beschloß nach diesem intensiven Guatemala-Einstieg, sich der spanischen Sprache anzunähern, und ging für einige Tage nach Antigua in die Sprachschule. Unsere Freundin aus der Schweiz blieb im Petén, um in Uaxactún von einer Privatlehrerin Spanischunterricht zu bekommen. Rina ging zurück zu ihrer Familie und ihrer Arbeit als Biochemikerin, sie mußte ihre neuen Erfahrungen in ihrem Laboratorium integrieren und verarbeiten.

Zu uns kam einige Tage später die Spedition, um unsere Übersiedlung, teils nach Tirol, teils nach Sololá, abzuwickeln. Wir befanden uns ab diesem Zeitpunkt in einem wochenlang andauernden Chaos von Schachteln und Kisten und machten noch alle Erledigungen, die nötig waren, um uns von der Hauptstadt Guatemalas verabschieden zu können. Als ich die vielen Steine, Figuren und Bilder auf zwei Haushalte in zwei verschiedenen Kontinenten aufteilen sollte, bewegte ich meine Hand über die Tonfiguren, Kristalle und Fotos, die unseren Therapieraum in der Stadt schmückten, und erspürte so, was wohin paßte. Die alte Maya-Keramik, unser Maya-Buddha, der uns vor Jahren zugeführt worden war, wollte in Guatemala bleiben. Über eine Konzentration mit Rina bekam ich die Information, daß er das Maya-Bewußtsein Kukulcán darstellt. So beschloß ich, diese Figur in unsere Heilungspyramide zu stellen und all den Menschen zugänglich zu machen, die den Weg zu ihm und zu uns finden würden. Auch dieses Buch sollte seine Kraft tragen und die Menschen mit der Sprache des Herzens der Erde, mit der Sprache der geistigen Wesen des göttlichen Kosmos im Kraftfeld des „Corazón de la tierra“ und des „Corazón del cielo“, Kukulcán, verbinden. Aus diesem Grund ist sein Abbild auf dem Umschlag dieses Buches.

In diesem Kraftfeld wandelte sich vor Tausenden von Jahren der Lemurier zum Atlanter. Das intuitive Wissen, die Verbindung mit den Naturreichen wurde durch die Intelligenz des Menschen erweitert und ergänzt. Die Impulse dazu kamen aus der Verbindung der drei Strahlen. Kukulcán ist die Kraft Orions, die die Rasse der Lemurier in eine höhere Frequenz hob. Das bewirkte damals ein großes Ungleichgewicht zwischen den Bewohnern des Planeten, das zu Kriegen führte. Weiter fortgeschrittene Menschen waren den weniger fortgeschrittenen überlegen und trachteten danach, die Unterlegenen zu beherrschen.

Die Meister der Atlanter konnten allerdings das vollkommene schamanische Wissen, die Einheit mit der Natur und die Kraft der drei Strahlen Kukulcáns integrieren. Sie waren weise im Umgang, und das Unbewußte fing an, erste Zeichen der Liebeskraft unserer göttlichen Seele, unseres Höheren Selbst zu erahnen. Die tierisch-instinktive Lebenswelt erweiterte sich um Aspekte des Fühlens, der Emotionen. Es wuchsen die Begierden, Ideen begannen zu keimen, und die Menschheit wuchs gleich einem Baum, der aus den Nebeln ins Licht ragte. Die Menschen wurden neugierig und wissensdurstig. Damit wurde der Grundstein gelegt zum Erkennen unseres Anteils an der Göttlichkeit.

Die großen Magier von Atlantis wußten all diese Energien zu handhaben. Jahrtausendelang konnten sie gut damit umgehen und ihre Völker in großer Harmonie mit Weisheit und Magie führen. Doch die Menschheit entwickelte sich weiter und wurde mehr und mehr vom Wunsch erfaßt, über sich hinauszuwachsen. Immer mehr Atlanter fielen aus der schamanisch-lemurischen Welt hinaus und interessierten sich nicht mehr für die Einheit der Menschen mit der Natur. Das Wissen um die Verbundenheit mit allen Wesen wurde immer nebelhafter und verschwommener, und die kalte, kristallene Magie trat mehr und mehr in den Vordergrund. Die alten Verbindungen mit den Naturreichen verloren ihren Wert. Kukulcán sah den Mißbrauch seiner Kräfte und warnte die Menschen vor den Folgen dieses Mißbrauchs.

Unsere gemeinsame Fahrt nach Tikál ließ mich erkennen, auf welche Weise wir uns in das energetische Netz des Kosmos einbinden können. Die Strahlen, die ursprünglichen Bauherrn unseres Universums, wirken auf uns ein und bringen uns dazu, zu fühlen, zu denken und zu handeln. Die menschliche Evolution ist ein Ausdruck der auf unseren Planeten einwirkenden Kräfte. Das Erkennen des All-Einen, Göttlichen resultiert aus der Integration aller Energien, der Baumeister und Urkräfte des uns umgebenden Universums.

Die Vereinigung der Einflüsse der Plejaden und des Orion ist die Synthese von Liebe und Weisheit, von Willenskraft und der Macht der aktiven Intelligenz. In Ritualen und Zeremonien, in denen wir die elementaren Kräfte der Mutter Erde und des göttlichen Kosmos vereinen, machen wir sie für uns zugänglich, um sie zu unserer Ganzwerdung und zum Wohl unseres Planeten einsetzen zu können.

Botschaften der Propheten

Meine Kinder waren schon in Österreich und wurden von unseren Verwandten dort versorgt. Mein Vertrag an der Österreichischen Schule war ausgelaufen und mein letztes Gehalt bereits auf dem Konto. Zugleich waren die Bauarbeiten an unserem Seminarhaus voll im Gange. Viele Fragen waren nach wie vor offen: Wie sollten wir unseren Lebensunterhalt im Hochland Guatemalas bestreiten, wie unser weiteres Familienleben gestalten? Wie würde sich unsere Partnerschaft zwischen zwei Kontinenten entwickeln?

Oft wurden wir von den Maya-Ancianos darauf hingewiesen, daß alles im Fluß sei, daß uns alles „zufallen" werde. Wir sollten aufmerksam und achtsam bleiben, unserer Intuition folgend und in unser Schicksal vertrauend handeln und unseren Weg ohne jeglichen Zweifel weitergehen. In dieser Haltung entschloß ich mich schließlich, mein Karenzansuchen abzusenden, das auch bewilligt wurde.

Wir standen wieder einmal an einem Scheideweg, waren aufgefordert, Vergangenes als vergangen zu betrachten und uns nicht an vordergründig Sicheres zu klammern. Doch die Gedanken an die Zukunft lösten starke Zweifel und Ängste in uns aus, all das bewältigen und unsere derzeitige Lebenssituation als Neubeginn akzeptieren zu können. Alles schien offen zu sein. Die Informationen aus der geistigen Welt deuteten darauf hin, daß wir uns für die Erfüllung unserer Aufgabe frei machen sollten, worin auch immer sie für jeden einzelnen bestehen würde. So vertraute ich eben darauf, daß sich alles zum rechten Zeitpunkt ergeben werde. Inzwischen kamen die ersten Menschen aus Europa nach Sololá, um dort Heilung und Transformation zu erfahren, und ich fühlte mich stark genug, die Verantwortung für mein Tun zu übernehmen.

In diesen Tagen erkrankte meine Frau Christine schwer. Sie kam mit all den Geschehnissen nicht mehr zurande. Binnen weniger Tage manifestierte sich ein schweres Leber- und Nierenleiden. Die starken Zweifel hatten ein Chaos in Christines Körper ausgelöst, die Ängste hatten sich in einer Blockade der Nieren manifestiert. Freunde standen uns beiden zur Seite, Heiler kamen ins Zentrum, um Christine in ihrer schweren Krise zu helfen.

Am Heiligen Abend feierten wir mit der kleinen Gruppe von Freunden und Besuchern unseres Zentrums eine Zeremonie beim „Ehrwürdigen Baum“. Dieser uralte Baum gleicht einer gebärenden Frau. Sein wuchtiger, innen hohler Stamm setzt sich zum Boden hin in zwei starken Wurzeln fort. Die Verdickung des Stammes ähnelt dem Bauch einer Schwangeren. Das Weihnachtsfest bei und mit diesem Baum zu feiern, schien uns allen eine gute Idee. Ich bat die anwesenden Frauen, die Zeremonie bei diesem Baum zu gestalten und unsere Vorstellungen und Konzepte von Weihnachten im Reich der Natur zu manifestieren. Erneuerung und Geburt haben doch unmittelbar mit der Bereitschaft zu Offenheit, Wachheit und Veränderung, mit dem Erkennen des Neuen zu tun.

Wir bereiteten die Weihnachtszeremonie vor, für die wir erst selbst die entsprechende Form finden mußten. Der Baum wurde mit Blumen und Moos geschmückt. In der Höhlung des Stammes lagen Früchte und kleine Gaben aus der Natur. Auf den Boden davor legten wir Kerzen und Räucherwerk. Meine Frau lag inzwischen schwerkrank im Zimmer und bat mich, in Ruhe das Weihnachtsfest zu feiern, sie werde in Gedanken bei uns sein. Ich konnte ihr die Bitte nicht abschlagen, zumal noch Besucher kommen sollten, um Weihnachten mit uns gemeinsam zu verbringen. Wir beide wollten es niemanden merken lassen, daß wir in diesem Moment in einer unserer größten Lebenskrisen steckten. Ich akzeptierte den Wunsch meiner Frau, nicht in die Klinik gebracht zu werden, und vertraute vollkommen auf den Schutz der Geistwesen.

Die Feier begann im Zeremonialrad vor der Pyramide, wir riefen die Kraft des Mondes, der strahlend hell über uns stand. Wir luden die Wesenheiten der Natur ein, baten die geistige Welt um Begleitung und gingen durch den Wald hinunter zum

„Ehrwürdigen Baum“, um dort das Weihnachtsfest mit Gesängen und Mantras, mit einer Danksagung an den göttlichen Kosmos fortzusetzen. Danach bereitete uns Cecily, unsere Bekannte aus Wien, ein wunderbares Abendessen. Im Haus herrschte fröhliche Stimmung, es wurde gesungen und gescherzt.

Immer wieder ging ich die Stufen in den ersten Stock hinauf, um nach Christine zu sehen. Sie meinte, es werde sich schon geben. Wir sollten uns durch ihr Kranksein nicht stören lassen. In den späten Nachtstunden verschlechterte sich ihr Zustand derart, daß wir beide in Panik gerieten. Beide Nieren schienen zu versagen. Ich sah nur noch die Möglichkeit, mit ihr zusammen eine Konzentration mit unseren geistigen Führern zu machen und um Hilfe zu bitten. Sie erklärte sich trotz ihrer schlechten Verfassung einverstanden, und so begannen wir das Ritual zur Verbindung mit der geistigen Welt. Es dauerte nur wenige Minuten, und Christines geistiger Führer, Saint Germain, meldete sich. Er forderte uns auf, Vertrauen zu haben, es werde alles gut gehen. Christine müsse durchs Feuer gehen, so wie sie es aus den spirituellen Büchern von Alice Bailey kenne. Das trage zu ihrem inneren Wachstum bei und werde ein gutes Ende finden. Sie werde durch diese Krise als Heilerin gestärkt und aufgrund dieser Erfahrung vielen Menschen helfen können. Am Morgen sollten wir einen Arzt rufen und ihn bitten, Infusionen zu geben. Dies würde die im Moment blockierten Nieren wieder durchgängig machen.

So rief ich also einen Arzt in Sololá an, erklärte ihm die Lage und bat ihn, Christine Infusionen zu geben, damit wir ohne große Gefahr in die Stadt fahren könnten. Eine halbe Stunde später kam ein junger Arzt und legte die Infusionen an, worauf die Nieren wirklich wieder zu arbeiten begannen. Zur weiteren Behandlung machten wir Tee aus Avocadokernen, Boldotee für die Leber und verschiedene Heilungsrituale. Während der folgenden Tage beruhigte sich ihr Zustand, Christine kam nach und nach wieder zu Kräften.

Erneut waren wir zwischen zwei Welten geraten, den dunklen Bereich der Krankheit meiner Frau und den hellen eines wunderschönen Weihnachtsfestes. Die Tatsache, daß wir immer wieder so heftig in diesen Doppelzustand, in die Spannung zwischen Licht und Schatten kommen, war für mich ein klarer Hinweis auf unsere Fähigkeit, in Zeiten der Not die Energie zu halten und uns mit der Lichtseite zu verbinden. Wie anders könnte ich die Mitteilung aus einer Konzentration interpretieren, die wir einmal mit Santiago gemacht hatten? Er meinte:

„In den Turbulenzen des Zeitenwechsels werdet ihr mit Liebe und Weisheit beschenkt. Gebt dies an die Menschen weiter, die euch zugeführt werden. Es wird für euch sein wie Weihnachten. Ihr werdet mit kosmischen Geschenken überhäuft werden. Ihr könnt nicht die Verantwortung für andere Menschen übernehmen. Es ist ihre persönliche Entscheidung, welchen Weg sie in dieser Phase der Veränderungen auf dem Planeten Erde gehen möchten. Im Kosmos geht nichts verloren. Wer sich entscheidet, in die andere Dimension zu gehen, wird dort seinen Beitrag leisten. Urteilt nicht über andere Menschen und erfüllt die Aufgaben, die auf euch zukommen. Ihr seid alle eingebunden in einen Entwicklungsprozeß und habt die Wahl, diese Entwicklung mitzutragen oder euch dagegenzustellen. Letzteres erfordert sehr viel Kraft und endet schließlich im Zusammenbruch. Niemand kann sich auf Dauer gegen Entwicklung stellen, das ist ein kosmisches Gesetz."

Im Rahmen unserer persönlichen Veränderungen, der äußerlichen und der innerlichen, wurden Christine und ich aufgefordert, uns anzupassen, mit den Lichtwesen zu verbünden und im Vertrauen auf die göttlichen Kräfte unseren weiteren Weg zu gehen.

Ich hatte mir bisher nicht vorstellen können, wie ich in einem Prozeß der Zerstörung mit Schönem beschenkt werden sollte. Und doch scheint es möglich zu sein, im selben Augenblick die wunderbare Schönheit des Lebens zu erfassen und den Lichtkräften zu begegnen, während rundherum Krankheit, Chaos und Zerstörung um sich greifen. Wir mußten es wohl erst am eigenen Leib erfahren, um die Botschaft weitertragen zu können. In dieser unserer Lebenskrise erfuhren wir beide die wahre Kraft des violetten Feuers. Christine tat ihren ersten Schritt zu ihrer wahren Bestimmung als Heilerin und Medium, und ich war mir sicher, daß alles im Einklang mit dem Kosmos passieren würde. Selbst unsere finanzielle Situation machte mir keinerlei Sorgen mehr.

In dieser Gewißheit fuhren wir für einige Monate zurück nach Europa, um uns wieder um unsere Kinder zu kümmern. Wir richteten in Tirol einen Platz ein, den wir mit unserem Zentrum in Sololá energetisch verbanden, und besuchten Kraftorte in unserer Heimat. Nach drei Monaten wechselte ich erneut den Kontinent, um unser Zentrum wieder durch Meditationen zu beleben, die Bauarbeiten zu überwachen und in Kontakt mit den Maya-Kräften dieses Buch fertigzuschreiben. Vor allem freute ich mich wieder auf Begegnungen mit den Ancianos.

Im Flugzeug sitzend nahm ich meinen Block aus der Tasche, um noch einmal Teile einer Botschaft zu lesen, die wir in Tirol von der Mutterkraft der Maya, der Abuela Ixmucané, erhalten hatten:

„Es ist schön, daß du, Christine, meinen Ruf erkannt hast. Du hast auf dem Bild der Pyramide (Mondpyramide = Tempel II in Tikál) mein Gesicht erkannt und warst dir darüber im klaren, daß ihr mich rufen solltet. Wenn du mich fragst, für welche Kraft ich stehe, möchte ich dir sagen, daß ich die gebende, mütterliche kosmische Kraft bin. Du kannst mich auch als kosmische Mutter sehen wie die göttliche Mutter Maria, es ist alles EINS. Im Kosmos gibt es keine Spaltung.

Auf dem Bild seht ihr hinter mir eine männliche Figur stehen. Es ist meine männliche Schutzkraft Kukulcán. Alles auf eurem Planeten ist zwischen diesen beiden Polen geordnet. Du, Christine, hast erkannt, daß du über die Tür in der Pyramide in mein Bewußtsein hineingehen kannst.

Ich habe heute eine Botschaft für euch:

Viele Menschen sind in diesen Monaten und Jahren in großer Bedrängnis. Sie rufen uns um Hilfe und bitten uns, ihnen ihre großen Lasten abzunehmen. Sie haben eine falsche Vorstellung von unserer Macht. Es ist für uns sehr schwer, in die dichte Materie zu gehen und in diese dunklen Energiefelder hineinzuwirken. Wir müssen tatenlos zusehen, sind sehr traurig über das, was geschieht, können aber nicht eingreifen. Es tut uns weh, daß wir bei so vielen Menschen, die sich zu sehr in die Materie verstrickt haben, machtlos geworden sind. Wir haben zwar unter den Menschen so viele Lichtboten, über die wir uns ausdrücken können, aber die werden leider von so wenigen wahrgenommen und erkannt. Fühlt unsere Verzweiflung darüber, zu vielen Menschen auf dem Planeten Erde keinen Kontakt mehr zu haben.

Seid euch dessen bewußt, daß jeder Mensch die Verantwortung für sich selber trägt. Wenn Menschen durch Gedanken, Gefühle und Handlungen unsere Kraft mißbrauchen, dann schaden sie dem Ganzen, sie schaden eurem Planeten, allen dort lebenden Menschen und ganz besonders sich selbst. Die Menschheit befindet sich in einer Art Tiefschlaf. Wenn die Menschen nicht aufwachen, nicht auf unsere Boten hören und unsere Stimme nicht vernehmen, dann gibt es keine Hilfe. Stellt euch vor, ihr hättet ein strahlendes Bild vom Paradies vor euch, aber jeder einzelne Mensch malt nun schwarze Linien über dieses Bild. Dann ist das Bild vom Paradies zwar noch da, aber eben nicht mehr sichtbar. Die Menschen akzeptieren das einfach und geben sich zufrieden. Im Herzen wissen sie, was dahinter ist, aber sie haben nicht die Kraft, diese schwarze Übermalung zu entfernen. Viele sensible Menschen nehmen all das wahr. Sie saugen es wie ein Schwamm auf, wissen nicht, wie sie damit umgehen sollen, und werden daran krank.

In der physischen Welt könnt nur ihr selbst wirksam sein, von uns bekommt ihr die Energie zur Bewältigung eurer Aufgaben. Das ist es, was wir euch in Zeremonien und Ritualen, in den wahren Begegnungen mit den unter euch lebenden Lichtboten vermitteln können. Ihr müßt die Schwingungen mit niedrigeren Frequenzen täglich in euch auflösen, damit wir unsere Kraft in euch entfalten können. Ihr müßt in allem klar sein. Es ist wie mit einem Wasserglas. Wir können unentwegt reinstes Wasser eingießen, aber das hilft nichts, wenn das Wasser im Glas schon verschmutzt ist und durch die Energie destruktiver Gefühle, Gedanken und Handlungen ständig zusätzlich verunreinigt wird. Die Reinigung eures materiellen und immateriellen Körpers, eures gesamten Energiefeldes müßt ihr selbst durchführen, damit wir euch als reines Gefäß verwenden können und unsere Botschaften durch euch wirksam werden.

Verbindet euch täglich mit eurem Seelenbewußtsein, mit eurem Höheren Selbst, und bittet täglich euer Persönlichkeitsbewußtsein, hinter euer Seelenbewußtsein zu treten, damit eure Seele die Führung in eurem Leben übernehmen kann. Dadurch werdet ihr frei von eurem Ego, von euren Begierden und niedrigschwingenden Energien.

Sucht Kraftplätze auf, wo wir uns mit euch verbinden können. Diese Kraftplätze gibt es in allen Kulturen, sie wurden von unzähligen Generationen erkannt und genutzt. Umgebt euch mit Gleichgesinnten, mit Menschen gleicher Schwingung, und macht zusammen Meditationen, Zeremonien, oder was auch immer eure Form der Verbindung mit dem Göttlichen ist.

Geht auf Menschen zu und helft ihnen zu erkennen, daß sie sich von uns leiten lassen können, wenn sie dazu bereit und offen sind. Bittet darum, und es wird euch gegeben werden, darin besteht der Prozeß des Öffnens. Dadurch ladet ihr uns ein, euch zu führen und euch zu helfen."

Die Wiederkehr des Maya-Bewußtseins wird die Menschheit an ein kosmisches Programm erinnern. Die vorausgesagte Rückkehr der Ahnen und Lichtboten bringt auch die Wiedervereinigung von Liebe, Weisheit, Licht und Kraft zu den Menschen, die die Illusion, in der ein Großteil der Menschheit lebt, durchschauen und sich durch die Veränderungen leiten lassen. Das sind die Menschen, die bereit sind, als Lichtwesen, als Kinder des Lichts, wie sie in den Essenerschriften genannt werden, an der Verwandlung unseres Planeten mitzuwirken. Die Kosmovision des Christentums und seine Entwicklung seit der Überreichung des Heiligen Gesetzes an Moses im Alten Testament sowie die Botschaft der Essener legten in mir die Basis für meinen spirituellen Weg. Die Kosmovision Maya schenkte mir dazu viele praktische Erfahrungen und Erlebnisse. Für mich gibt es dabei keine Widersprüche, im wesentlichen sind beide Zugänge ident.

Moses wurde auf den Berg Sinai gerufen, wo ihm die göttliche Kraft im Feuer erschien und zu ihm sprach: „Komm zu mir, denn ich will deinem Volke das Gesetz verkünden, das die Kinder des Lichts binden soll. Wenn du meinen Geboten folgst, sollst du in den unendlichen Garten eingehen, wo der Baum des Lebens inmitten des ewigen Meeres steht." Moses hörte diese Stimme und besiegelte einen Bund zwischen den göttlichen Kräften und den Kindern des Lichts. Er ging den Berg hinab und behielt das Bewußtsein dieses heiligen Bundes in seinem Herzen. Das Volk wußte nicht, was Moses geschehen war, und konnte seine Sprache des Herzens weder hören noch verstehen.

Die Antwort der göttlichen Quelle war eine wunderschöne Aufforderung, die mir für meinen Weg und für all meine Erlebnisse in der Begegnung mit den Weisen und den Geistwesen Sicherheit und Kraft gegeben hat: „Nur die Kinder des Lichts können den Geboten des Gesetzes folgen. Die Tafeln, die du zerbrochen hast, sollen niemals mehr in Menschenworten erstehen. So wie du sie der Erde und dem Feuer zurückgabst, so sollen sie unsichtbar in den Herzen der Menschen existieren, die imstande sind, ihnen zu folgen.

Und Moses verschloß das unsichtbare Gesetz in seiner Brust und bewahrte es als Zeichen für die Kinder des Lichts. Nun gab Gott Moses die geschriebenen Gesetze für das Volk. Die zerbrochenen Tafeln des Unsichtbaren Gesetzes aber lebten in Moses Brust verborgen, bis es geschah, daß die Kinder des Lichts in der Wüste erschienen und die Engel auf Erden wandelten."

In den Anales de los Kakchikeles heißt es:

„Die Lichtwesen einer anderen Dimension wurden nicht als Menschen geboren, sondern kamen aus der Urquelle des Lichts, aus einem Wunder des großen Schöpfers Tepeu oder Gucumatz. Sie wurden nicht geboren, sondern nahmen einfach die Gestalt der Menschen an und konnten sprechen, sehen und hören, gehen und Dinge berühren. Sie waren gute Menschen, nach dem göttlichen Ebenbild geschaffen.

Sie waren mit hoher Intelligenz gesegnet und sie konnten über große Distanzen und in andere Ebenen sehen. Wenn sie sahen, sahen sie das Geschehen in allen Zusammenhängen als Ganzes und betrachteten den Kosmos und die Mutter Erde zur gleichen Zeit.

Selbst die versteckten Dinge konnten sie sehen, ohne zu reisen und sich zu bewegen. Sie sahen die Geschehnisse auf der Mutter Erde verbunden mit den Geschehnissen des Ortes, von dem sie kamen.

Sie waren bewundernswerte Menschen, und ihre Weisheit war groß. Sie konnten über Wälder, Berge und Täler, Seen und Meere sehen. Ihr Schöpfer machte sie auf all diese Schönheiten aufmerksam, und sie erkannten seine Größe in allem.

Sie bedankten sich immer wieder bei ihrer Lichtquelle, konnten in Vergangenheit und Zukunft sehen und die Zusammenhänge erkennen. Sie erkannten das Große und das Kleine im Kosmos und auf der Mutter Erde. Sie waren fähig, alles zu erkennen und zu wissen, und so fanden sie die vier Kraftquellen des Himmels und der Erde.

Die vier großen Maya-Boten der Vergangenheit brachten der Menschheit Weisheit und das kosmische Gesetz, im Einklang mit der Mutter Erde und dem Kosmos zu leben. Ihre Namen waren Balam-Quitzé, Balam-Acab, Mahucutah und Iqui-Balam. Im heiligen Buch der Maya, dem Popol Vuh, werden sie als die ersten Mütter und Väter der Menschheit bezeichnet. Aus den ursprünglich vier Lichtboten und Urkräften bildeten sich dreizehn Stämme, in der Bibel die Stämme Israels genannt.

Diese dreizehn Stämme sind im Popol Vuh und in den Anales de los Kakchikeles festgehalten, und es ist anzunehmen, daß die Geschichtsschreibung der Bibel in dieser Sache nicht ganz korrekt ist. Es wird nämlich auch ein verlorener Stamm erwähnt. Die heiligen Bücher der Maya bezeichnen die dreizehn Stämme als Vukamag. In diesen heiligen Büchern ist selbst die Geschichte des Moses festgehalten, auch seine Flucht aus Ägypten, und Moses wird dabei als Balam-Quitzé bezeichnet, der mit seinem Stab die Meere teilte. Sie waren die ersten Stämme, die fähig waren, sich an die neuen Lebensbedingungen anzupassen, und sie hatten dafür alle kosmische Hilfe, wie man der Bibel entnehmen kann.

Bevor diese vier Boten des Lichts, die vier Weisen sich von der Erde zurückzogen, machten sie die Menschen darauf aufmerksam, daß man sich ihrer Weisheit und ihrer Kraft besinnen möge. Sie hinterließen der Welt ihr heiliges Wissen und kündeten von ihrer Rückkehr und der Erfüllung des Werks. Bevor sie uns verließen, sagten sie: „Kinder, laßt uns nicht in Vergessenheit geraten. Wir haben euch Hilfe, weise Ratschläge und das heilige Wissen hinterlassen. Es kommt die Zeit unserer Rückkehr und der Erfüllung unserer Mission auf Erden.“

Nach einer Zeit der Trennung, des Übergangs und der Warnungen beginnt für die Menschheit die Zeit der Vorbereitung auf eine neue Epoche des Friedens, der Harmonie und des Glücks. Meister Cirilo hat einmal zu mir gesagt: „Die Lichtboten eines neuen Bewußtseins haben sich wieder der Erde genähert. Sie manifestieren sich in unseren Kindern, in all den Menschen, die bereit sind, die Lichtbotschaft zu erkennen. Viele Menschen sind in Guatemala, um diese Wiederkunft des Maya-Bewußtseins mitzuerleben. Manche kommen aus weit entfernten Ländern und spüren vorerst einfach eine magnetische Kraft, eine tiefe Verbindung zu Plätzen und Zeremonialorten. Sie sitzen auf den Pyramiden, meditieren in eine andere Zeit, in ein verborgenes Bewußtsein. Die Rückkehr des Maya-Bewußtseins kennt in Wirklichkeit weder Rasse noch Nation noch soziale Schicht. Der Fincero und der Großgrundbesitzer, der spirituell Suchende, der Ausländer, der religiös Gebundene, sie alle werden von dieser Kraft angenommen und weitergeführt, wenn sie dafür offen und bereit sind.“

Wenn wir die Idee der Wiedergeburt in unser Lebenskonzept integrieren können, dann löst sich jegliche Form von Rassismus, jeglicher Fanatismus für Religionen und Philosophien auf. Die Geburt in einem bestimmten Kulturkreis gibt uns die Möglichkeit, den bisherigen Erfahrungen aus früheren Leben neue hinzuzufügen und das gesammelte Bewußtsein in unserem Selbstfindungsprozeß zu entfalten. Es ist ein ständiges Kommen und Gehen zwischen den Dimensionen des Seins. Die Seele sucht sich ihre Lernschritte in der physischen Welt unserer Mutter Erde wie in anderen Dimensionen des Kosmos.

Dieses Lebensprogramm wurde in früheren Zeiten umso leichter erkannt, als man noch fähig war, Kontakte zu anderen Dimensionen zu pflegen und daraus Wissen und Weisheit zu beziehen. Auf dem Weg der Öffnung und Veränderung verbinden wir uns im Wechsel der Zeiten, im neuen Sol, mit der Summe unserer Lebenserfahrungen, die in unserem Sein, in jeder Zelle unseres Körpers gespeichert sind.

Ich hörte von Freunden in Guatemala, daß es meinem lieben Begleiter, Don Julián, wieder sehr schlecht gehe. Als ich zu ihm kam, warteten zu meiner Verblüffung zahlreiche Menschen vor seinem Haus. Drei Monaten hatten wir einander nicht mehr gesehen. Als ich den Metallriegel an seiner Gartentür zurückschob, kam er auf mich zu, umarmte mich und sagte mir, er habe die Tage bis zu unserem Wiedersehen gezählt. Ich nahm seinen Kopf in meine Hände, spürte die Kraft seines Herzens und gab ihm zu verstehen, wie sehr ich mich freute, wieder mit ihm zusammenarbeiten zu dürfen.

Die innere Einsamkeit Don Juliáns ließ ihn vor kurzem den Entschluß fassen, aus diesem Leben zu gehen. Nach unserer Zeremonie in Mixco Viejo sprachen wir nie wieder davon, uns im Kraftfeld Kukulcáns zu treffen und miteinander an der Heilung seines Inneren Kindes zu arbeiten. Es stand mir nicht zu, ihn an diese gemeinsame Konzentration, an dieses Angebot seiner eigenen göttlichen Führer zu erinnern. Gloria erzählte mir, daß er immer öfter in Konzentrationen mit ihr den Wunsch geäußert habe, aus diesem Leben zu scheiden. Die göttlichen Kräfte hatten ihn nun erhört, denn seine Zuckerwerte stiegen auf über 500 Einheiten an, und er mußte in ein Spital gebracht werden. Nach einigen Tagen wollte er wieder zu seiner Familie zurückkehren. Die Bank vor seiner armseligen Hütte füllte sich mit Menschen, die um Hilfe zu ihm kamen. Im Moment der Erfüllung seines Wunsches begann sich etwas in ihm zu wehren. Er erkannte, daß er seine Lebensaufgabe noch nicht ganz erfüllt hatte. So konnte ich ihn glücklicherweise doch noch lebend wiedersehen.

Der riesige Vulkankegel des Vulkans Agua stand im Hintergrund. Der Rauch zahlreicher Brände verdeckte schon die Sicht. „Wir müssen eine Regenzeremonie machen", meinte Don Julián, „die Menschen um mich herum spüren die Trauer und Notwendigkeit der Natur nicht mehr. Sie haben kein

Interesse mehr und nehmen einfach hin, was auf sie zukommt. In der Osterwoche war ich allein. Niemand wollte mehr mitgehen, um die Santa Neblina zu rufen. So ging ich erstmals allein mit Gloria und einer Frau, die half, die Gaben der Mutter Erde für die Zeremonie zu tragen. Zwei Tage danach hat es geschüttet, aber nun haben sich die Brände wieder ausgebreitet. Komm morgen zu mir, wir werden zusammen die Kräfte des Regens rufen. Ich habe die Tage bis zu deinem Kommen gezählt, ich fühlte mich einsam, weil es kaum noch Menschen gibt, denen ich vertrauen kann. Sie alle wollen nur haben, ohne etwas zu geben. So gehen sie miteinander um, und so gehen sie auch mit der heiligen Natur und mit den göttlichen Kräften um.“ Als hätte es eines Beweises für die Richtigkeit seiner Worte bedurft, dröhnte bereits zur Mittagsstunde Musik und das Grölen der Betrunkenen aus einer Kantine in der Nachbarschaft des Maya-Ancianos.

Auf einem Feld Don Juliáns, am Fuße des Vulkans, saßen wir wenig später vor dem kleinen Erdloch voll mit Früchten, Brot, Frijoles, Mais und den bescheidenen Kostbarkeiten, die man auf dem Markt in Palín finden konnte. Don Julián kniete neben mir am gelben Punkt des Südens, wo die Kräfte des Regens sich sammeln. Chenoa, eine Indianerfrau aus den USA, die mit mir gekommen war, kniete im Norden und rief mit ihren sakralen Gesängen die Energien der Indianerstämme des Nordens. Zwei Himmelsrichtungen mußten frei bleiben, wir luden dorthin die wenigen Menschen ein, die wie wir mit den Kräften der Pocomames verbunden sind und die heute nicht dabeisein konnten. Meine Frau war in Österreich, aber ich spürte trotz der großen Distanz ihre Anwesenheit.

Im Schatten eines Baumes lag ein Stein, auf dem das Gesicht eines Ancianos von der Natur nachgeformt worden war. Ich fühlte die Kraft, die in diesem Stein schlummerte, und wußte, daß die Zeit kommen wird, wo all die Geheimnisse des Kosmos uns offenbar werden.

Die Sonne ging im Rauch der brennenden Felder und Wälder hinter dem Vulkan Agua unter. Es wollte mir nicht eingehen, daß ein Meister und Weiser einer wiedererwachenden Kultur wirklich den Entschluß fassen konnte, aus diesem Leben zu gehen, weil er sich nicht mehr gebraucht fühlte.

Schon Moses hatte sich von seinen Mitmenschen verlassen gefühlt und das Gesetz der göttlichen Liebe, das die anderen noch nicht annehmen konnten, in seinem Herzen weitergetragen. Er hatte verstanden, daß dieses Gesetz nur gelebt werden konnte, wie es im Hymnenbuch der Schriftrollen vom Toten Meer berichtet wird:

„Ich habe die innere Vision erlangt,
und durch deinen Geist in mir
dein wunderbares Geheimnis erfahren.
Durch deine mystische Einsicht
hast du einen Quell des Wissens
in mir aufsprudeln lassen,
einen Springbrunnen der Kraft,
aus dem lebendige Wasser aufsteigen,
eine Flut von Liebe
und allumfassender Weisheit,
gleich dem Glanz des ewigen Lichts.“

GLOSSAR

Abuela Ixmucané: Urmutter der Maya
Abuelas, abuelos: Ahnen, Großmütter und Großväter
ACABAL: Tag und Kraft im heiligen Maya-Kalender
Adobehäuser: aus Lehmziegel errichtete Häuser
Ajquíj: Maya-Schamane
Anales de los Kakchikeles: heiliges Geschichtsbuch der Kakchikeles
Anciana, anciano: Weise(r)
Apazote, Chilca, Ruda: Heilkräuter für Zeremonien verwendet
Apostolos: Schüler
Arguelles, José: Maya-Forscher und Autor aus den USA
Atitlán: Region im Hochland
BAATZ: Tag und Kraft im heiligen Maya-Kalender
Balam-Acap: einer der ursprünglichen vier Lichtboten der Maya
Balam-Quitzé: einer der vier Lichtboten der Maya
Barranco: Tal
Ceiba: Nationalbaum Guatemalas
Centro Espacio Sagrado: Zentrum heiliger Platz
Chak: Regengott der Maya
Chichen Itzá: Tempelanlage in Yucatán
Chichicastenango: Maya-Pilgerort im Quiché-Gebiet
Chicleros: Männer, die in der Kautschukgewinnung tätig sind
Chief: Indianerführer
Chimaltenango: Bezirksstadt
Cobán: Bezirkshauptstadt der Region Alta Verapaz
Coguis: Indianerstamm in Kolumbien
Colóm, Alvaro: Präsidenschaftkandidat der vereinten Linken, Maya-Priester
Colóm, Jolanda: Lebensgefährtin von Payeras, engagiert in der Guerillabewegung, Autorin
Contierra: staatliche Organsiation zur Regelung von Grundstücksfragen
Consejo Invisible: unsichtbarer Maya-Rat
Corazón del cielo: Göttliche Urquelle
Corazón de la tierra: Herz der Erde
Corte: Wickelrock
Costumbre: Traditionelles Ritual
Elder: Weiser
Faja: gewebtes, breites Hüftband
Flores: Dorf am Lago Petén
Fonapaz: staatliche Friedensorganisation
Frijoles: Bohnen
Gran Tepeu, Gucumatz: Schöpfergott, Herr der sieben Strahlen
Guachipilín: heiliger Baum der Maya
Guerillero: Widerstandskämpfer
Huevos Rancheros: gebratene Eier mit Tomaten
Huipil: blusenähnliches Kleidungsstück der Indigenafrauen
Indigena: Indio
Iqui-Balam: einer der vier Lichtboten der Maya
KAAN: Tag und Kraft im heiligen Maya-Kalender
Kakchikeles: Maya-Volksstamm in der Region Sololá, Chimaltenango
Kaminal Juyu: Zeremonialort in der Stadt Guatemala
KAWOQ: Tag und Kraft im heiligen Maya-Kalender
Kukulcán: Herr der drei Strahlen, Träger des Maya-Bewußtseins
Ladino: nichtindianische Bevölkerung Guatemalas
Lago Atitlán: See umgeben von Vulkanen im Hochland Guatemalas
Lago Petén Itzá: See im Petén
Laguna de Tigre: Biotop im Petén
Lanquin: Höhle in der Region Alta Verapaz
Lobo Errante: umherschweifender Wolf,
Machete: langes Messer (für die Feldarbeit)
Mahucutah: einer der vier ursprünglichen Lichtboten der Maya
Malocca: Tempelbezeichung im Amazonasgebiet

Maria Tecún: Altar in Santa Lucia Cotzumalguapa, Finca El Baúl
Marimba: xylophonähnliches Volksinstrument der Indigenas
Mercedes: Dorf im Hochland
Mixco Viejo: alte Hauptstadt der Maya-Pocomames, restaurierte Tempelanlage
Momostenango: Kleinstadt im Hochland
Morral: gewebte Tragtasche der Indigenas
Mundo Perdido: Tempelanlage in Tikál
Nebaj: Dorf im Hochland
NOJ: Tag und Kraft im heiligen Maya-Kalender
Palín: Stadt im Süden von Guatemala City
Panajachel: Touristenort am Atitlánsee
Payeras, Mario: Guerillero und Poet
Petén: Region des tropischen Regenwaldes
Peyote: halluzinogener Kaktus
Pocomames: Volksstamm der Maya
Pom, Copal: Baumharz, Weihrauch
Pom, Cuil pom, Kaxlan: traditionelles Räucherwerk bei Zeremonien
Poncho: traditioneller Umhang
Popol Vuh: heiliges Buch der Maya
QUANÍL: Tag und Kraft im heiligen Maya-Kalender
Quiché: größter Volksstamm der Maya
Quetzal: heiliger Vogel der Maya, Währung des Landes
Rancho: offener Bambus- oder Holzbau, Hütte
San Francisco: Dorf im Quiché-Gebiet
Santiago: Apostel Jakobus
Semuk Champey: Wasserbecken und Wasserfälle in der Region Alta Verapaz
Sendama: Organsiationsgruppe in Kolumbien (Indianertreffen 1997)
Ser Puente: Brückenbauer
Siete Machos, Agua Florida, Agua de la Reina: Pflanzenessenzen für Zeremonien
Suite: zeremonielles Kopftuch der Maya
Sololá: Kleinstadt über dem Atitlánsee
Sumpango: Ortschaft im Hochland
Tamales: in Palmblätter gekochte Masse aus Maismehl
Terminal: Busbahnhof und Großmarkt in Guatemala City
Tikál: heilige Maya-Stadt mit Pyramiden und Tempeln im Regenwald der Region Petén
Tipi: Zeremonialzelt der nordamerikanischen Indianer
TO-OM-RA: Mantra, Name des Heilungs- und Transformationszentrums in Sololá
Tortilla: Maisfladen, Grundnahrungsmittel der Indigenas
Uaxactún: Tempelstadt in der Nähe von Tikál (40 km entfernt)
Vara: Beutel mit Reliquien, Symbol der Maya-Priesterschaft
Vukamag: nach dem Popol Vuh die 13 Stämme von Tecpán, vergleiche 13 Stämme Israels
Xibalba: Schattenkraft
Xela: zweitgrößte Stadt Guatemalas im Hochland (Quetzaltenango)
Yaché: Ayahuasca, halluzinogene Liane
Zuníl: Dorf im Hochland

LITERATURHINWEISE

Das Evangelium der Essener, Dr. E. Bordeaux Szekely, Verlag Bruno Martin ISBN 3-921786-61-4
Popol Vuh, Adrián Recinos, Verlag Piedra Santa ISBN 0-8061-2266-8
Anales de los Kakchikeles, Adrián Recinos, Verlag Piedra Santa ISBN 84-8377-006-7

Unser Planet „Mutter Erde" und alle seine Bewohner leben in der Polarität, im Spannungsfeld zwischen Stärken und Schwächen, Wachsen und Vergehen, Tag und Nacht, Leben und Tod. Beide Seiten gehören untrennbar zur irdischen Existenz, eine ist ohne die andere nicht vorstellbar. So wie der Baum nur gedeihen kann, wenn er mit seinen Wurzeln im Erdreich verankert ist und gleichzeitig seine Krone dem Sonnenlicht zuwendet.

Die dunkle Seite unseres Lebens manifestiert sich nur solange in Unglück, Zerstörung und Haß, solange wir Menschen sie nicht als einen Teil unserer selbst begreifen und dieses Potential verantwortungs- und respektvoll einsetzen. Das sogenannte „Böse" kreieren wir also selbst, indem wir nur die lichtvollen Aspekte fördern und glauben, den dunklen Kräften zu entkommen, indem wir sie ignorieren oder bekämpfen. Solange wir die Welt und alle ihre Erscheinungsformen bewerten, einen Teil akzeptieren und einen anderen ablehnen, hindern wir uns selbst daran, die Vereinigung der Gegensätze, das „Göttliche" in uns zu verwirklichen.

Norbert Muigg zeigt anhand seiner Erfahrungen mit den Maya-Schamanen, wie unmittelbar sich diese Bewertung in der magischen Praxis, im Umgang mit den Wesenheiten des Lichts und der Dunkelheit und im Leben einzelner Personen auswirkt. Heilung besteht darin, mit den dunklen Energiefeldern in Kommunikation zu treten und sich mit den eigenen dunklen Facetten zu versöhnen. Nur so werden wir ganz, das heißt heil und manifestieren das göttliche Gesetz der Liebe im Irdischen.